PANTHÉON POPULAIRE

LE CAPITAINE
MAYNE REID
ILLUSTRÉ
PAR JANET-LANGE.
TRADUCTION DE LA BÉDOLLIÈRE.

GUSTAVE BARBA, ÉDITEUR.

BEST ET HOTELIN, GRAVEURS.

LES TIRAILLEURS AU MEXIQUE.

CHAPITRE I.

La terre d'Anahuac.

Loin, bien loin, par delà les vagues du grand Atlantique, derrière les îles brûlantes de l'Inde occidentale, se trouve une vaste terre du plus agréable aspect. A sa surface s'étend comme un immense tapis le vert brillant de l'émeraude ; le ciel y est comme un dais de saphir ; son soleil est semblable à un globe d'or ; cette terre, c'est le pays d'Anahuac.

Le touriste dirige ses pas vers l'Orient ; le poëte pense aux gloires passées de la vieille Grèce, le peintre va demander ses tableaux aux paysages tant de fois reproduits des Alpes et des Apennins, le romancier emprunte à l'Italie les mœurs et les scènes pittoresques de ses bandits, ou bien, comme le héros de Cervantes, retournant de plusieurs siècles en arrière, il s'enfonce dans les mystères du moyen âge, et entretient les miss romanesques et les apprenties modistes de mensongers combats où se trouvent mêlés des coursiers fabuleux et des héros impossibles. Pourquoi tous, peintres, poëtes, tou-

— A la mémoire de l'homme immortel dont nous célébrons la fête !

ristes et romanciers, en recherche du pittoresque et du poétique, ne tournent-ils pas plutôt leurs regards et leurs pas vers ce riche et splendide pays ?

Ce que personne n'a encore osé faire, nous allons aujourd'hui l'essayer. Courage ! Comme le hardi aventurier génois, dirigeons notre esquif sur les vagues de l'Atlantique, traversons les archipels américains et tout là-bas abordons à la terre d'Anahuac. Osons essayer de débarquer sur ses côtes, de pénétrer dans la sombre horreur de ses forêts épaisses, de gravir ses montagnes élevées et de traverser ses vastes plateaux.

Suivez-nous, touristes, ne craignez rien. Devant nous vont bientôt se dérouler des scènes à la fois pleines de grâce et de majesté. Poëtes, vous y trouverez une nature qui inspirera vos accents ; peintres, il y a là pour vos pinceaux de fraîches et brillantes couleurs qui semblent à peine échappées de la main de Dieu ; écrivains, il y a là pour vos livres bien des récits qu'aucune plume humaine n'a encore racontés, bien des légendes d'amour et de haine, de reconnaissance et de vengeance, d'hypocrisie et de franchise, de nobles vertus et de crimes ignobles, des légendes émouvantes comme des romans, réelles comme la vérité.

Nous continuons à gouverner sur le grand Atlantique, à travers les archipels de l'Inde occidentale, en avant, toujours en avant, vers les côtes d'Anahuac.

L'aspect de cette terre est comme un riche tableau où les scènes se multiplient et varient comme les nuances de l'opale. Rien de ravissant comme le spectacle qu'offrent ces brillants tableaux. Ici, ce sont des vallées qui semblent vouloir s'enfoncer dans les entrailles de la terre; là, ce sont des montagnes qui élèvent jusqu'au ciel leurs pics sourcilleux, plus loin ce sont des plaines qui s'étendent aux limites de l'horizon jusqu'à ce que le bleu du ciel se mêle et se confonde avec les lignes indéterminées de leurs indécises limites. Ailleurs, c'est un paysage hérissé de monticules sans nombre qui présentent à l'œil l'aspect des vagues nombreuses d'un océan de verdure.

Hélas! la parole est impuissante à donner une idée de ce tableau, et la plume ne peut que bien imparfaitement retracer des sensations à la fois sublimes et profondes que produisent sur l'esprit du spectateur la vue des larges vallées ou celle des hautes montagnes du Mexique.

Bien infructueux sans doute seront mes efforts, pourtant je n'en veux pas moins essayer de retracer de mémoire quelques imparfaites esquisses, un panorama des tableaux qui se sont déroulés sous mes yeux pendant un seul voyage.

Je suis sur les côtes du golfe de Mexique; les vagues viennent mollement s'abattre à mes pieds sur une grève de sable aussi blanc que l'argent. L'onde est pure et transparente; rien ne trouble l'azur de ses flots, si ce n'est, d'espace en espace, les blancs flocons d'écume qui s'attachent autour des récifs de corail.

Mes regards se portent vers l'est. Bien au delà de la portée de ma vue s'étend une mer paisible dont le magnifique aspect semble inviter à la navigation. Mais où sont les ailes blanches des messagers du commerce? A peine si j'aperçois l'esquif solitaire d'un sauvage *pescador* laissant à la surface de l'eau sa trace fugitive, ou quelque *bumble polacca* occupée à jeter sur la côte son chargement de contrebande. Une pauvre *piragua* est à l'ancre dans une crique voisine, c'est là tout! Mes yeux et ma longue-vue ont beau interroger l'espace, aucune autre voile ne paraît à l'horizon. La mer qui déploie devant moi sa magnifique étendue est une route encore inconnue aux navires du commerce.

Cette absence de voiles ramène ma pensée sur la terre d'Anahuac et sur ses habitants; l'idée que j'en prends n'est pas favorable ni à leur état moral ni à leur état matériel. Il ne doit y avoir là ni commerce, ni industrie, ni prospérité. Mais je m'arrête. Qu'aperçois-je plus loin?... Si.... Un objet d'une couleur sombre, semblable par la forme à une tour, se dessine à l'horizon. C'est la fumée d'un steamer, signe certain d'une civilisation avancée, emblème d'une vie active. Il s'approche de la côte... Ah! un pavillon étranger!... Oui, le pavillon d'une autre terre se distingue sur son couronnement, ce sont des couleurs étrangères qui flottent à sa corne d'artimon. Les visages qui paraissent au-dessus de ses bastingages ont aussi le type étranger, et c'est dans un idiome étranger aussi que le commandant donne ses ordres. Ce bâtiment n'appartient point à ce pays, ma première conjecture est juste.

Il fait route pour le principal port. Il jette à terre quelques paquets de lettres et de papiers, un petit nombre de marchandises et une demi-douzaine de malheureux que la fièvre dévore; puis il retourne sa proue, tire un coup de canon et reprend sa route. Bientôt il disparaît dans le vague de l'Océan. Les flots ont repris leur silence et leur solitude, et si quelque chose trouble encore l'aspect monotone de leur surface brillante, c'est le vol du gigantesque albatros ou le plongeon de l'orfraie de mer.

. . . .

Mes regards se portent vers le nord. Une ceinture de sable blanc entoure la mer azurée. Je me tourne vers le sud, et je distingue de ce côté une ceinture de la même espèce. Des deux côtés, aussi loin que la vue peut s'étendre, et à des centaines de milles au delà, c'est toujours un large ruban d'argent qui sert de limite à la mer du Mexique. Cette bande blanche forme une ligne de démarcation entre l'eau aux teintes de turquoise et les forêts aux couleurs d'émeraude. Toutefois, cette large bande est loin d'offrir cette surface unie, caractère ordinaire aux plages de l'Océan; au contraire, ce rivage, que des millions d'atomes brillants font resplendir aux rayons du soleil du tropique comme une cuirasse étincelante, tourmenté constamment par l'aile des vents, s'est creusé en vallées profondes ou formé en hautes collines qui s'étendent çà et là dans toutes les directions, et présentent à l'œil étonné l'aspect d'un chaos de neige.

Je m'avance avec peine sur cette côte si stérile, que la moindre plante n'y saurait trouver sa nourriture; je parcours ces vallées mouvantes, enfonçant et trébuchant à chaque pas; j'essaye de gravir ces collines de sable à l'aspect étrange et fantastique, tantôt semblables à des dômes, tantôt taillées à pic, d'autrefois aussi coupées en plateau. On dirait que le vent a joué avec ces masses énormes comme un enfant qui se serait amusé à tasser l'argile d'un potier. Il y a d'immenses bassins, semblables à des cratères de volcan, formés par quelque tourbillon, des vallées aux abîmes profonds qui s'enfoncent entre de hautes murailles de sable, coupées la plupart du temps à pic, et parfois aussi surplombant le précipice comme des voûtes à moitié détruites.

L'espace d'une seule nuit, un coup de baguette magique suffisent pour changer de fond en comble l'aspect de ce singulier paysage. Si le vent du nord est le magicien: s'il souffle, tout est bouleversé; où la veille il y avait une vallée le lendemain s'élève une colline, et l'abîme du soir est remplacé par la montagne du matin.

Je monte sur le sommet de ces montagnes de sable, et je frissonne sous la froide haleine de la brise du golfe. Je descends dans les vallées, et je suis brûlé par un soleil du tropique. Des milliers de cristaux réfléchissant autour de moi la lumière et la chaleur de ses rayons, mes yeux en sont éblouis, ma cervelle en bouillonne. Plus d'un voyageur, dans ces conditions, a péri victime d'une insolation.

Voici venir le terrible *norté.* Voyez! là-bas du côté du nord, l'horizon change tout à coup; l'azur du pavillon céleste se transforme en une couleur sombre et plombée. Le tonnerre, avec sa grande voix et ses langues de feu, annonce le changement de température; en son absence, d'ailleurs, mes sens suffiraient pour m'en avertir. L'atmosphère brûlante qui m'accablait il n'y a qu'un moment s'est métamorphosée comme par enchantement en une brise piquante dont l'haleine glaciale gerce la peau de mon visage et occasionne dans tout mon corps un tremblement involontaire. C'est la fièvre que ces nuages portent dans leurs flancs, et cette fièvre est la mort; son nom, c'est le *vomito.*

La brise augmente, elle est devenue un vent violent; maintenant c'est une tempête. Soulevés par son souffle impétueux, les sables volent de tous côtés, des nuages épais obscurcissent la lumière du ciel, des tourbillons immenses roulent dans l'espace, s'élevant et s'abaissant tour à tour au gré du fléau qui les pousse. Impossible de rien voir, impossible de respirer, c'est un véritable simoun. Si j'osais me lever de terre, je serais infailliblement aveuglé par la poussière et percé dans tout mon corps par les myriades d'atomes anguleux que le vent a mises en mouvement.

Le norté dure des heures entières, quelquefois même il règne pendant plusieurs jours, puis il s'éloigne comme il est venu, sans cause apparente, sans transition, et va faire sentir plus au sud les effets de sa terrible influence.

Son passage a singulièrement modifié l'aspect de la zone de sable, tout y est changé. Bien des collines ont disparu, et, à la place où elles s'élevaient, des vallées profondes ont été creusées.

Telles sont les côtes d'Anahuac, ces rivages de la mer du Mexique, sans commerce et presque sans port. Ce n'est qu'une vaste étendue de sable, mais cependant elles offrent à l'œil un aspect imposant et un cachet de pittoresque d'une incontestable beauté.

. . . .

Maintenant, à cheval, et en avant! disons adieu aux flots bleus du golfe.

Nous avons traversé la ceinture de sable qui s'étend le long de la côte, et nous voici cheminant sous les ombrages épais des forêts de la Vera-Cruz. C'est bien là une forêt du tropique. La forme des feuilles, leurs brillantes couleurs, leur variété, tout le révèle. L'œil se repose avec bonheur sur un feuillage où toutes les nuances du vert se fondent avec les riches couleurs de l'or. Voici l'arbre embaumé d'où découle une cire odorante; voici les fleurs du magnolia et les feuilles gigantesques du bananier. A côté s'élève le tronc élancé du palmier, cet arbre élégant disposé par assises comme une colonne, et qui semble supporter la voûte du ciel. La vigne parasite mêle son feuillage à celui des arbres qui lui servent d'appui, et les lianes géantes s'élancent d'un tronc à l'autre en se tordant autour de leurs branches comme autant de monstrueux serpents. Là se rencontre à chaque pas la tige flexible du bambou; à ses côtés croissent d'énormes fougères. Quelque part que le regard se porte, des fleurs aux corolles épanouies viennent réjouir et flatter la vue. Parmi ces fleurs, je distingue surtout celles de l'arbre du tropique, les pétales de la vigne écarlate, et les longs tubes du bignonia semblables à des trompettes.

Cette flore qui m'entoure a pour moi tout l'attrait de la nouveauté; j'admire le port élégant du *palma real*, dont la tige s'élève sans aucune feuille jusqu'à plus de cent pieds de hauteur; sa tête est couronnée par un vaste parasol de feuilles légères comme des plumes que le moindre souffle de la brise suffit pour agiter doucement. A ses pieds se trouve sa compagne inséparable, la canne de l'Inde, petit palmier dont le tronc mince et l'humble stature contrastent admirablement avec les proportions colossales de son noble protecteur. Non loin de là j'admire aussi le *corozo*, autre genre de palmier royal, dont le magnifique feuillage s'étend au loin et se recourbe en voûte gracieuse comme pour protéger contre le soleil ses noix rondes qui pendent en grappes à l'extrémité de ses branches. Voici maintenant l'*abanico* avec ses énormes feuilles taillées en forme d'éventail, le palmier à cire d'où découle un suc résineux, et le *pirrijao* avec son tronc rugueux et ses énormes régimes de fruits dorés. Je voyage à cheval en suivant le cours d'un ruisseau sur les bords duquel s'élève une gracieuse colonnade formée par les *morichés* (coccus mauritia), ces arbres au port si noble et au fruit si savoureux, que les premiers missionnaires, dans leur enthousiasme d'admiration, l'avaient nommé le *pain de vie* (pan de vida).

Je contemple avec étonnement les fougères qui croissent de tous côtés, créatures étranges du monde végétal! Sur le sol de ma terre natale, elles atteignent à peine la hauteur du genou; dans les forêts du Nouveau Monde, elles rivalisent avec les palmiers par la majesté de leur stature, et comme eux elles portent à leur sommet un panache ondoyant de longues feuilles recourbées, semblables par la forme aux plumes arrachées à l'aile de l'autruche.

J'admire le magnifique *mammé*, dont le fruit ovale renferme une pulpe safranée.

Je m'avance à l'ombre des branches touffues du *moagani*, et j'observe en passant ses feuilles ovales et pennées qui cachent de grosses capsules en forme d'œuf gonflées par la semence reproductrice. A chaque pas que je fais le soleil ardent du tropique, perçant la voûte du feuillage, vient se jouer sur la verdure et sur les fleurs; cette végétation luxuriante, illuminée de ses brillants rayons, offre de tous côtés aux regards des couleurs non moins riches que celles de l'arc-en-ciel.

On ne sent point de vent, et c'est à peine si la brise a assez de force pour faire osciller légèrement les feuilles supérieures des arbres. Tout un peuple brillant d'oiseaux agitent ses ailes en volant à travers les arbres. Les tanagres au plumage éclatant, les trogons resplendissants, les bavards loriots, les toucans au gros bec s'y trouvent mêlés avec les oiseaux abeilles (les trochilis et les colibris). Les rayons du soleil, en tombant sur leurs brillants plumages, en font encore ressortir les couleurs éclatantes; ils resplendissent comme des pierres précieuses.

L'oiseau charpentier (le grand pic) frappe de son bec le tronc creux d'un magnolia; la rude écorce résonne sous ses coups, et de temps à autre le travailleur emplumé s'interrompt pour jeter ce cri strident comme une note de clairon qui dénonce sa présence à plus d'un mille de distance.

Sous l'ombre des arbres qui bordent le ruisseau le curassow huppé sautille et voltige, tandis que le superbe turkey de Honduras étale dans une clairière aux rayons du soleil les couleurs métalliques de son riche vêtement.

Je vois s'enfuir devant moi le gracieux roé (*cervus mexicanus*), qu'ont effrayé les pas de mon cheval. Sur la rive le caïman rampe paresseusement, ou bien plonge dans le fleuve pour aller cacher dans les eaux la laideur de son corps difforme. Non moins hideux, l'iguane, reconnaissable à sa crête dentelée, se glisse en rampant le long d'un vieux tronc d'arbre ou suit la branche tortueuse de quelque énorme liane. Le lézard gris traverse le sentier. Caché à la naissance de quelque branche, le basilic darde au loin son regard perçant. Le geckotin à la morsure vénéneuse court à travers les feuilles sèches à la poursuite de quelque insecte, tandis que le caméléon saute de branche en branche et s'efforce, en changeant de couleur, de tromper et de fasciner ses victimes.

Les serpents se rencontrent à chaque pas. Çà et là ce sont d'énormes boas ou des macaurels presque aussi gros enroulés autour des arbres. Plus loin le serpent tigré se dresse sur sa queue et montre en sifflant sa tête menaçante. Le cascabel dort au soleil, enroulé comme un câble; le serpent corail déploie sur le sol les replis de son corps rayé rouge et noir. Ces deux dernières espèces, quoique bien inférieures par la force au boa, sont cependant plus à craindre encore, et mon cheval se rejette brusquement en arrière chaque fois qu'il aperçoit le premier briller à travers les herbes ou qu'il entend le second annoncer sa présence par un sifflement aigu.

Les quadrupèdes et les quadrumanes peuplent aussi ces forêts. Voici le singe rouge qui s'enfuit à l'approche du voyageur et s'élance sur un arbre, où il saute avec agilité de branche en branche. Le gracieux ouistiti joue innocemment à travers le feuillage; tandis que le féroce zambo remplit le bois de ses cris, qui se rapprochent de la voix humaine.

A quelque distance le jaguar est couché dans une jongle impénétrable. Au repos pendant tout le jour, il ne déploie son activité que pendant la nuit et ce n'est guère qu'aux rayons de la lune qu'on peut entrevoir sa robe mouchetée. Si je le rencontre parfois pendant que le soleil brille au-dessus de l'horizon, c'est qu'il a été chassé de son repaire par des chiens mis à sa poursuite. Dans le fourré dorment aussi l'once, la panthère et le lynx, et de temps à autre j'aperçois le lion du Mexique couché sur quelque branche horizontale; il y guette en silence le cerf timide, sur lequel il médite de s'élancer au passage. Pour moi, je me détourne prudemment de ce redoutable veilleur.

La nuit arrive, et tout change d'aspect. Les oiseaux au brillant plumage, perroquets, toucans et trogons, disparaissent jusqu'au matin et laissent à d'autres créatures ailées la possession du royaume de l'air. Parmi les nouveaux venus qui leur succèdent, beaucoup portent avec eux la lumière qui leur est nécessaire pour se guider au milieu des ténèbres. Tels sont les cocuyos, dont le corps, éclairé d'une lueur phosphorescente, ressemble à un globe d'or frappé des rayons du soleil, ou mieux encore à une lampe brillante. A les voir parcourir les airs, on dirait autant d'étoiles en mouvement. Tels sont aussi les guyanitos: la femelle, insecte privé d'ailes, est semblable au ver luisant; elle s'attache aux feuilles des arbres, tandis que le mâle, possesseur d'ailes légères, voltige autour d'elle et la courtise à la manière dont les papillons caressent les fleurs. Mais, hélas! l'éclat de ces brillants insectes est trop souvent la cause de leur mort. Il sert à révéler leur présence à leurs cruels ennemis l'oiseau de proie, le hibou et la chauve-souris.

Le hideux vampire étend dans l'ombre ses larges et sombres ailes et fournit sa modeste carrière en tournant incessamment sur lui-même, tandis que la grande lechuza (*stryx mexicana*), sortie du creux d'un tronc d'arbre, fait entendre ses cris effrayants, semblables au râlement d'un homme qu'on étrangle. Voici maintenant les hurlements du cougar et les accents féroces du tigre du Mexique. Le cri strident de l'alouate se mêle à l'aboiement du chien loup, tandis que du fond des marais le crapaud confond les accents de sa voix gutturale avec le coassement de la grenouille.

Pendant la nuit les parfums sont moins vifs, et l'arome des fleurs se trouve souvent absorbé par les fétides odeurs que répand autour d'elle l'infecte *chinga;* car c'est l'heure où ce singulier animal quitte sa retraite et parcourt les bois.

Telles sont les particularités les plus saillantes que présentent aux yeux du voyageur les forêts tropicales situées entre le golfe et les montagnes du Mexique. Malgré ce que nous venons d'en dire, il ne faut pas croire que ce pays soit tout à fait inhabité. Quelques parties sont cultivées, et l'on rencontre, quoiqu'à de grandes distances, des établissements agricoles.

La forêt s'ouvre, et tout à coup la décoration change. Devant moi s'étend une plantation. Au milieu s'élève l'habitation (*hacienda*) d'un riche propriétaire, *un rico*. Les champs qui entourent sa demeure sont cultivés par ses serfs ou péons, qui travaillent en chantant; mais tristes sont leurs chants! Leur voix est pleine de mélancolie: c'est la voix d'un peuple esclave.

Pourtant la nature autour d'eux est pleine d'animation et de joie. Tout y semble heureux, excepté l'homme. La végétation s'y déploie avec une force et une richesse admirables. Les fruits et les fleurs se confondent sur les mêmes plantes et les mêmes arbres: l'homme est le seul qui souffre au milieu de toutes ces splendeurs.

Les champs sont traversés par un ruisseau au cours sinueux, dont les eaux limpides et fraîches proviennent des neiges fondues de l'Orizava. Sur ses bords heureux poussent le palmier, le cocotier et le superbe bananier. Près de là des jardins élégants et de riches vergers sont ornés de tous les fruits des tropiques. Voici l'orange au globe d'or, le limon doux, la magnifique pamplemousse et la goyave au suc rafraîchissant.

Je me promène sous l'ombre de l'aguacate, et je cueille en passant le fruit succulent de la cherimolle. La brise en passant sur ces champs fertiles charge ses ailes du parfum du café, de l'indigo, de la vanille et du cacao; et, de quelque côté que je regarde, je vois les feuilles lancéolées de la canne à sucre briller sous les rayons du soleil, tandis que son aigrette d'or s'agite au souffle de la brise.

Les champs cultivés du tropique ne sont pas moins beaux à l'œil que ses forêts vierges.

Je continue à m'avancer dans l'intérieur des terres en m'élevant graduellement au-dessus du niveau de la mer. Déjà ce ne sont plus des routes horizontales que je parcours, ce sont des sentiers appliqués aux flancs des montagnes ou descendant presque à pic dans les profondeurs des vallées et des ravines. Le sabot de mon cheval n'enfonce plus dans le sable ou dans la terre d'alluvion; au contraire, il résonne en frappant les rochers de porphyre. Le paysage a changé autour de moi, la mise en scène n'est plus la même; tout, jusqu'à l'atmosphère qui m'entoure, est entièrement différent. La température a considérablement baissé, sans être pourtant descendue jusqu'au froid. Je suis toujours dans cette partie du pays qu'on appelle *Pied Mont* ou *tierras calientes*. Ce n'est que plus haut que je dois rencontrer les *tierras templadas*. Elevé seulement de mille pieds au-dessus de la mer, je n'ai encore atteint que le pied des Andes septentrionales.

Quelle métamorphose! Il y a une heure à peine que j'ai quitté la plaine, et pourtant, à la vue de tout ce qui m'entoure, je crois être transporté dans un autre climat, sur une terre tout à fait différente. Je m'arrête sur une place découverte; mes yeux se portant de tous côtés, mon étonnement redouble à chaque instant.

Ici la végétation est moins puissante, l'herbe est moins épaisse, les feuilles moins fournies, les taillis moins fourrés. Les palmiers ont disparu, mais à leur place s'élèvent d'espace en espace des végétaux qui leur ressemblent sous certains rapports : ce sont en effet les palmiers de la montagne. J'aperçois le grand palmetto avec son feuillage en éventail, le yuca, dont les feuilles sont semblables à des baïonnettes. Cet arbuste, peu gracieux mais pittoresque, avec ses grosses capsules pleines de graines, donne au paysage un caractère tout particulier. Voici à côté l'aloès *pita* avec ses panaches de plumet et ses feuilles armées d'épines. De tous côtés j'aperçois des cactus aux formes étranges, le cactus cochinéal, le tuna, l'ocuntias, le grand cactus foconoztle et le pitahaya, élancé comme la flèche d'un clocher gothique et garni de tous côtés par des sortes de bras qui lui donnent l'apparence d'un candélabre gigantesque. Autour de moi des centaines de plantes grasses, singulières ou informes, rampent à la surface de la terre, ou s'élèvent de quelques pieds seulement au-dessus de la surface du sol.

Plus loin voici les cardonals et les mimosas ; à côté s'élève cet arbrisseau curieux nommé par la science *mimosa frutescens*, dont la sensibilité est si vive qu'à mon approche il reploie ses feuilles sur elles-mêmes et ne les ouvre que lorsque je me suis éloigné.

Cette région est la terre favorite de l'acacia. Cet arbre pousse de toutes parts, et forme, avec ses branches entrelacées et ses épines, d'impénétrables fourrés connus dans le pays sous le nom de *chapparal*.

C'est au milieu de ces fourrés que poussent le caroube à miel, l'algarobo, le mezquite épineux et plus remarquable encore que tous ces végétaux la *fouquiera splendens*, dont les tiges élancées et garnies au sommet de grappes de fleurs rouges présentent de loin l'aspect d'une bannière déployée.

A cette hauteur, on trouve moins d'animaux que dans les régions inférieures ; cependant cette terre n'en est pas entièrement dépourvue. La cochenille vit et meurt sur la feuille du cactus ; la grande fourmi ailée attache son nid d'argile aux branches de l'acacia ; le fourmilier, accroupi sur la terre, tend, comme un filet, sa langue gluante sur le chemin que doivent parcourir les insectes pour rentrer dans leurs demeures ; l'armadille au pelage rayé se réfugie dans les trous de rochers, ou se roule en boule pour échapper à la poursuite de ses ennemis. De grands troupeaux à demi sauvages broutent l'herbe des clairières, ou descendent la colline pour gagner quelque ruisseau, tandis que le vautour étend ses ailes dans le ciel, cherchant de l'œil quelque proie sur laquelle il puisse s'abattre.

Ces lieux ne sont point non plus entièrement abandonnés par l'homme : il y a porté son industrie. Çà et là s'élèvent la hutte du péon ou le *rancho* du petit propriétaire. Ces constructions sont plus solides que celles de la région des palmiers. On y a employé la pierre. Là aussi se rencontre la demeure du rico, l'*hacienda* avec ses murs blancs et ses ouvertures semblables à des fenêtres de prison. De distance en distance, je rencontre un petit village (*pueblita*) avec son église et son clocher peint de vives couleurs.

Le blé indien a remplacé la canne à sucre. Je traverse aussi de grands champs plantés de tabac. C'est là que se trouvent également le jalap, le gayac, le sassafras odorant et le salutaire copahu.

Je m'avance toujours, tantôt escaladant des collines, tantôt descendant dans la *barranca*, sortes de ravines creusées par les lits des torrents. Plusieurs de ces barrancas ont jusqu'à mille pieds de profondeur, et la route qu'il me faut suivre pour pénétrer entre leurs flancs n'est le plus souvent qu'un étroit sentier bordé d'un côté par un rocher à pic et de l'autre par un torrent qui mugit au-dessous à une distance effrayante.

C'est en voyageant de la sorte que je traverse la région qui s'étend au pied des montagnes et que je pénètre enfin dans ces montagnes elles-mêmes par un défilé des Andes mexicaines.

La gorge que je suis, couverte de bois épais et sombres, est surplombée de chaque côté par des masses de porphyre bleu. Je parviens enfin à la traverser, et je débouche de l'autre côté de la sierra. Un tableau d'un nouveau genre vient alors se dérouler à mes yeux.

Autour de moi tout est si calme, si pur et si agréable, que j'arrête mon cheval et que je regarde avec un sentiment d'admiration moins encore peut-être que d'étonnement. J'ai devant moi une des *vallées* du Mexique, grands plateaux situés au milieu des Andes à plusieurs milliers de pieds au-dessus du niveau de la mer, et qui s'étendent du centre de ces montagnes presque jusqu'aux côtes de l'océan Arctique.

La plaine qui se déploie à mes yeux est unie comme une glace ou comme la surface d'un lac ; des montagnes l'environnent de toutes parts, mais ces montagnes sont percées çà et là par des défilés qui conduisent à des vallées de la même nature que celle que j'examine. Des mamelons s'élèvent brusquement dans la plaine et sans transition : tantôt ce sont de grands cônes, tantôt des murs coupés à pic dont le faîte se perd dans la nue.

Je parcours cette plaine et j'en examine les détails. Rien n'y ressemble à la région que j'ai laissée au-dessous de moi, la *tierra caliente*. Je suis maintenant dans la *tierra templada*. Les objets qui frappent mes yeux, l'aspect général de la nature, l'atmosphère qui m'environne, tout est changé, tout est nouveau. L'air est plus frais, l'on jouit ici de la température du printemps, je sors d'une région plus chaude, et la transition subite me fait éprouver une sensation de froid : je rapproche autour de mon corps les plis de mon manteau.

Ma vue découvre au loin le pays, car la vallée est presque sans arbres. Je ne tarde pas à y reconnaître des traces de culture ; la civilisation se révèle partout, ces hauts plateaux, les *tierras templadas*, sont le siège de la civilisation mexicaine. C'est là que se trouvent les villes, les grandes cités, les riches couvents et les superbes cathédrales ; là que la population se presse en masses plus serrées. C'est dans ces campagnes qu'on rencontre les ranchos construits en briques crues (*adobés*) ; c'est là aussi qu'on trouve des villages entiers de cabanes en terre, entourées la plupart par des haies de cactus et habitées par les descendants basanés des anciens Aztèques.

Partout s'étendent des champs fertiles. C'est là que l'agave atteint ses gigantesques proportions et que le maïs couvre des plaines entières de ses épis jaunes, qui, lorsqu'ils sont agités par la brise, offrent aux yeux l'aspect d'une mer aux flots d'or. Le froment y croît avec abondance à côté du piment et de la fève d'Espagne ; la rose présente de tout côté sa corolle embaumée : elle tapisse les murs et décore le portail des maisons. Cette terre est encore le sol natal et favori de la patate douce.

Dans les vergers, les branches des arbres s'affaissent sous le poids des poires, des grenades, des coings, des pommes et d'autres fruits savoureux. Par une heureuse confusion, les graines des zones tempérées poussent à côté des cucurbitacées du tropique.

Je quitte cette vallée, et je passe dans une autre en traversant une gorge de la montagne. Le spectacle n'est plus le même ; pourtant il n'est pas moins attrayant. Je suis maintenant dans un vaste pâturage que couvre une herbe luxuriante et où paissent des troupeaux innombrables sous la conduite de vaqueros à cheval.

Je traverse un autre défilé. Nouvelle vallée, nouveau tableau. C'est un désert de sable. A sa surface se dressent de sombres colonnes de poussière, gigantesques fantômes qui semblent se mouvoir sous le souffle de quelque génie.

J'entre dans une autre vallée, et mes pas sont arrêtés par une vaste nappe d'eau. A mes pieds s'étend un lac grand comme une mer intérieure. De vastes savanes forment ses rives. Sur ce terrain marécageux, les joncs et les cactus poussent en abondance.

Plus loin, c'est encore une plaine ; mais on n'y trouve ni eau, ni végétation, ni fraîcheur. La lave et les scories la couvrent seules. C'est une surface désolée, où l'on ne voit ni arbres, ni plantes, ni rien qui rappelle la vie.

Tels sont les traits principaux mais incomplets qui caractérisent ces grands plateaux, théâtre de scènes sans cesse nouvelles et toujours pleines du plus puissant intérêt.

J'abandonne cette région pour m'élever plus haut encore. Chaque pas que je fais me rapproche des nuages. Je gravis les flancs escarpés des Cordillères : j'arrive enfin à la région froide, *tierra fría*.

. . . .

Me voici maintenant à dix mille pieds au-dessus du niveau de l'Océan ; je voyage à couvert sous l'ombre d'une épaisse forêt. Les arbres gênent ma vue et m'empêchent de distinguer à une grande distance. Où suis-je ? Certes, ce n'est pas sous le tropique, car je reconnais autour de moi la végétation des pays septentrionaux. Voici le chêne avec ses branches noueuses et ses feuilles découpées, le frêne à l'écorce blanche, le pin à la forme conique.

Le vent gémit à travers les feuilles mortes, et son haleine me fait frissonner ; les branches dépouillées se choquent entre elles : ce sont bien là les bruits de l'hiver. Cependant je suis toujours sous la zone torride, et ce soleil sans force, dont les rayons se font jour à travers les branches de chêne, est le même qui me brûlait il y a quelques heures à peine quand je voyageais au milieu des palmiers.

La forêt cesse, et je me trouve au milieu de collines cultivées : ce sont des champs couverts de chanvre, de lin et de céréales assez vigoureuses pour résister aux frimas des zones froides. Le rancho du laboureur est une cabane en bois couverte d'un toit de tuiles ; il est tout à fait différent, par l'aspect, de celui qu'habite le cultivateur des grandes vallées ou des tierras calientes.

Je passe au milieu des fourneaux fumants du *carbonero* et je rencontre l'*arriero* avec son *atajo* de mules pesamment chargées de glaces enlevées au sommet des montagnes. Ce sont des cargaisons destinées à rafraîchir le vin dans la coupe des habitants des grandes villes de la plaine.

Je monte, je monte toujours. Les chênes sont laissés loin derrière moi ; je ne trouve plus que le tronc rabougri des pins nains. Le vent devient de plus en plus froid, l'aspect de l'hiver m'environne.

Je monte encore. Les pins ont disparu ; aucuns végétaux ne s'offrent à mes yeux, si ce n'est pourtant les mousses et les lichens qui pendent aux rochers. On se croirait dans les terres arctiques. Je suis arrivé dans la région des neiges éternelles. Mon pied foule les glaciers, j'aperçois des lichens qui ont poussé dans les fissures de leurs masses transparentes.

Tout est glacial et désolé. Je me sens gelé jusque dans la moelle de os.

Plus haut, plus haut ! je n'ai point encore atteint le sommet. A travers les neiges amoncelées, sur la surface des champs glacés, le long des pics escarpés et rugueux, avec des abîmes à mes pieds, les genoux tremblants, la poitrine haletante, les doigts crispés par le froid, je m'avance encore, je monte toujours. Ah ! enfin j'ai atteint mon but, je suis tout au haut.

Me voici sur le sommet de l'Orizava, — la montagne de l'Étoile brûlante, — à plus de quatre milles au-dessus du niveau de l'Océan. Le visage tourné vers l'orient, je regarde en bas. La neige, la ceinture de lichens et de rochers, la région des pins, celle des chênes, les champs d'orge, la plaines de maïs, les taillis de yucas et d'acacias, la forêt de palmiers, la côte et la mer elle-même avec ses rayons d'azur, tout m'apparaît à la fois. Du sommet de l'Orizava aux côtes du Mexique, j'embrasse d'un seul regard tous les degrés d'un immense thermomètre ; je suis au pôle, je distingue jusqu'à l'équateur.

Je suis seul... Le froid a gagné jusqu'à ma cervelle, les mouvements de mon pouls sont irréguliers, les battements de mon cœur se font entendre au milieu du silence, je suis écrasé par le sentiment de mon propre néant, je me sens un atome à peine visible sur la surface du globe terrestre.

Je regarde et j'écoute. Je vois, mais je n'entends pas. D'ici, la vue est immense, mais le bruit n'arrive pas jusque-là. Tout autour de moi règne un imposant silence. C'est le silence sublime du Tout-Puissant, dont la majesté seule habite ces déserts.

Ecoutez ! Quel bruit affreux vient tout à coup rompre ce silence ? Serait-ce le roulement du tonnerre ? Non, non ! ce sont les craquements affreux de l'avalanche. Je frémis à ce bruit. Est-ce la voix de l'Invisible, est-ce donc un avertissement de Dieu ?

Je tremble et j'adore.

. . . .

Lecteur, si vous pouviez gravir le sommet de l'Orizava et regarder de là les côtes du Mexique se déroulant à vos pieds, vous auriez devant vous, comme sur une carte, la scène du drame que je vais essayer de vous raconter.

CHAPITRE II.

Aventure chez les créoles de la Nouvelle-Orléans.

Dans le cours de l'année 1846, je me trouvais dans la ville de la Nouvelle-Orléans, et j'y faisais une de ces pauses indispensables entre les différents chapitres d'une vie aventureuse. Je n'y avais aucune occupation. J'ai qualifié ma vie d'aventureuse, et ce n'est pas sans raison, car en reportant mes souvenirs jusqu'à dix années en arrière, je ne trouve pas, dans ce long espace de temps, deux ou trois semaines passées à la même place.

J'avais traversé le continent du nord au sud, et d'une mer à l'autre. Mes pieds avaient successivement foulé les sommets des Andes et ceux des Cordillières de la Sierra-Madre. J'avais gagné ces premières montagnes en remontant le Mississipi, et les secondes en suivant l'Orénoque. J'avais chassé les buffles avec les Pawnies de la Platte, et les autruches dans les pampas de la Plata ; un jour grelottant sous la hutte des Esquimaux, un mois après faisant ma sieste dans une couche aérienne, sous l'ombre protectrice du palmier corozo. J'avais mangé de la viande crue avec les trappeurs des montagnes Rocheuses, et pris ma part d'un singe rôti chez les Mosquites indiens. En un mot, j'avais fait beaucoup de choses dont le détail fatiguerait le lecteur sans lui donner une bien haute idée de la sagesse de l'écrivain ; je venais, pour dernier exploit, de visiter les Cumanches du Texas occidental, et me trouvais en fin de compte plus désireux que jamais de courir de nouvelles aventures.

Que vais-je faire maintenant ? pensais-je. Ah ! la guerre avec le Mexique !

La guerre entre cette nation et les Etats-Unis venait en effet de commencer. Mon épée, fine lame de Tolède que j'avais reçue d'un officier espagnol à San-Jacinto, pendait encore vierge à ma ceinture. Près d'elle, mes pistolets, paire de revolvers de Colt, restaient également dans un maussade silence. Un belliqueuse ardeur s'empara de moi, et saisissant non pas mon épée, mais ma plume, j'écrivis au département de la guerre pour obtenir une commission. Ce soin pris, je fis provision de patience pour attendre la réponse.

J'attendis longtemps, mais en vain. Chaque bulletin venu de Washington contenait la liste des nouveaux officiers, mais mon nom ne s'y faisait point remarquer. A la Nouvelle-Orléans, cette ville la plus patriotique des cités républicaines, des épaulettes brillaient sur toutes les épaules, et moi, misérable Tantale, j'en étais réduit à contempler ces insignes avec un œil de dépit et d'envie. Des dépêches arrivaient chaque jour du théâtre de la guerre, remplies de noms glorieux. Les steamers qui venaient du même lieu apportaient aussi des fournées toutes fraîches de héros, les uns sans jambes, d'autres sans bras, d'autres, la joue traversée d'une balle, avec une douzaine de dents de moins, mais, en revanche aussi, tous couverts des lauriers de la gloire.

Novembre arriva, mais de commission point. L'impatience et l'ennui me gagnaient. L'attente commençait à me devenir insupportable.

Que faire pour tuer le temps ? Si j'allais à l'Opéra français entendre la Calvé ?

Telles étaient les réflexions que je m'adressais chaque soir dans ma chambre solitaire, et le lendemain, par suite, je reparaissais au théâtre. Mais les belliqueux refrains de l'Opéra, au lieu de me calmer, ne faisaient qu'exciter mon ardeur guerrière, et je rentrais chez moi en donnant à tous les diables le président et le secrétaire de la guerre, avec tout le gouvernement législatif, judiciaire et exécutif par-dessus le marché.

— Les républiques sont des ingrates, me disais-je à part moi dans la violence de mon dépit. J'ai tout fait pour mon pays, mes convictions politiques sont connues ; ce serait bien le moins que le gouvernement m'accordât la faveur de le servir.

— Retirez-vous, nègres ! que demandez-vous ?

Ces mots parvinrent à mon oreille au moment où je traversais l'endroit le plus retiré du faubourg Tremé. Ils furent suivis de quelques exclamations en français. J'entendis le bruit d'une lutte, un pistolet fut tiré, et la même voix reprit en criant :

— Quatre contre un ! Indiens ! assassins ! Au secours ! au secours !

Je m'avançai. Il faisait très-sombre, mais la lueur d'un réverbère qui brûlait à quelque distance me permit de distinguer un homme qui, debout au milieu de la rue, se défendait lui seul contre quatre autres. Il paraissait de très-grande taille, et maniait avec dextérité une arme brillante que je reconnus pour un couteau de chasse, tandis que ses adversaires le pressaient de tous côtés avec leurs cannes et leurs stylets. Un petit garçon placé derrière lui avait grimpé sur une borne, et appelait au secours de toute la force de ses poumons.

Imaginant que cela devait être quelque querelle de carrefour, je voulus essayer d'apaiser les parties par mes remontrances. Je me précipitai donc au milieu des combattants sans autre arme que ma canne, que je tenais à la main ; mais un coup violent que je reçus sur la tête, de la part d'un des agresseurs de l'homme seul, me guérit bien vite de toute idée d'intervention pacifique, d'autant mieux qu'il n'y avait point à se méprendre sur l'intention qui avait dirigé le coup. Et soudain, jetant les yeux sur celui qui m'avait frappé, je saisis un pistolet et je tirai, n'ayant point d'autre manière de me défendre. L'homme tomba mort sur le coup, sans même avoir poussé un seul cri. Ses compagnons, entendant que je me disposais à recommencer, n'en demandèrent pas davantage, et disparurent rapidement dans une allée voisine.

Toute cette scène n'avait pas pris le temps que j'ai mis à la raconter. Une minute avant je regagnais tranquillement ma demeure, et je me trouvais maintenant au milieu de la rue, à côté d'un étranger aux gigantesques proportions, ayant à mes pieds une masse inanimée, le corps d'un homme mort étendu dans la boue. Sur la borne je distinguais la forme d'un enfant; tout autour de nous d'ailleurs était ombre et silence.

J'allais presque prendre la chose pour un rêve, quand la voix de l'homme me rappela au sentiment de la réalité.

— Monsieur, me dit-il en croisant les bras sur sa poitrine et me regardant en face, si vous voulez me dire votre nom, je vous promets de ne jamais l'oublier. Non, Bob Lincoln s'en souviendra toujours.

— Quoi ! Bob Lincoln ! Bob Lincoln des Pics !

A la voix de celui qui me parlait, j'avais reconnu un célèbre trappeur des montagnes, vieille connaissance à moi, que je n'avais pas rencontré depuis plusieurs années.

— Quoi ! Dieu nous garde des Indiens ! N'êtes-vous pas le capitaine Haller ? Je veux être damné si ce n'est pas vous. Hourra ! bravo ! je ne vous avais pas reconnu quand vous avez tiré. Où es-tu, Jack ?

— Me voici, répondit une voix de dessus la borne.

— Approche-toi. Tu n'es pas blessé, je suppose ?

— Non ! reprit d'une voix ferme l'enfant en s'approchant.

J'ai reçu ce jeune drôle d'un scélérat de Crow que j'ai rencontré dans le Yellerstone. Il m'a établi à son sujet une longue généalogie dont je ne puis vous rendre qu'un compte très-imparfait. Tout ce que j'y ai compris, c'est qu'il avait lui-même reçu cet enfant des mains des Cumanches, auxquels il s'était trouvé en contact sur les bords de la Grande. Il y a dans tout cela un embrouillamini ; mais je crois que l'enfant est issu de parents blancs, d'Américains même, ce que je puis croire, car on n'a jamais vu une Peau-Jaune du Mexique avec ces yeux et cette chevelure.

— Jack, venez ici, ajouta le trappeur en s'adressant à l'enfant. Regardez bien monsieur, c'est le capitaine Haller, et si jamais vous pouvez sauver sa vie même aux dépens de la vôtre, j'espère que vous n'y manquerez pas. Vous m'entendez ?

— Comptez sur moi, reprit l'enfant avec résolution.

— Allons, Lincoln, fis-je, cela n'est pas nécessaire. Souvenez-vous que je suis votre débiteur.

— Ne parlons pas de cela, capitaine ; laissez-moi faire, je vous en prie.

— Mais qui vous a conduit à la Nouvelle-Orléans, et comment se fait-il que vous vous trouviez dans ce mauvais cas ?

— Capitaine, cette dernière question étant la plus particulière et la plus pressante, c'est à celle-ci que je vais d'abord répondre. Je me trouvais avoir douze dollars dans ma poche, et je me mis à penser que ce serait une bonne chose de les doubler. Dans ce but, j'allai m'asseoir à une table de creps. Après quelques passes, je me vis à la tête de cent dollars ; c'était tout ce qu'il me fallait. Je fis un signe à Jack, et nous sortîmes du tripot. Mais je n'avais pas tourné le coin de la rue, que les quatre drôles que vous avez vus se précipitèrent sur moi comme une bande de chats sauvages. Je les pris d'abord pour des compagnons que j'avais vus assis au jeu à côté de moi, et je me figurai que c'était une plaisanterie de leur part ; mais un coup de bâton que je reçus sur la tête, et qui fut suivi de la détonation d'un pistolet, ne me laissa pas longtemps dans cette erreur; je tirai mon bowie, et la bagarre commença. Vous savez le reste aussi bien que moi, capitaine, car c'est à ce moment-là que vous êtes arrivé.

Mais, continua le chasseur en se penchant, laissez-moi voir un peu comment va ce gaillard-là. Son affaire est faite; il n'en reviendra pas; il est roide mort. Tonnerre! vous lui avez logé le plomb droit entre les deux yeux. C'est un de mes drôles, ou je perds mon nom de Bob Lincoln; je reconnaîtrais ses moustaches entre mille.

A ce moment survint une patrouille de gardes de nuit. Lincoln, Jack et moi nous fûmes emmenés à la calebasse, où nous passâmes le reste de la nuit. Le lendemain matin on nous conduisit devant le *recorder*, mais j'avais eu la précaution de faire prévenir quelques-uns de mes amis, qui me mirent au mieux dans les papiers du juge par le témoignage qu'ils lui rendirent de moi; d'ailleurs mon récit se trouvait de tout point conforme à celui de Lincoln, et la version de l'enfant corroborait encore nos deux interrogatoires. Les camarades du créole mort ne se présentaient point pour le réclamer, et il fut constaté de plus que le cadavre trouvé sur le lieu de la scène était celui d'un voleur bien connu de toute la police; en conséquence, le recorder nous renvoya de toute plainte, comme n'ayant agi qu'en cas de légitime défense. Sur quoi le chasseur et moi nous quittâmes le prétoire sans qu'il en résultât pour nous rien de plus fâcheux.

CHAPITRE III.

Le Rendez-vous des Volontaires.

— Maintenant, capitaine, dit Lincoln après que nous nous fûmes assis à une table de café, je vais répondre à la première des questions que vous m'avez posées la nuit dernière. J'étais sur les sommets de l'Arkansas quand j'appris que les volontaires devaient se former ici, et je pris le parti de venir les joindre. Il n'entre guère dans mes habitudes de fouler le sol des établissements; mais j'éprouve un penchant irrésistible, comme disent les Français, à me mesurer avec les boules jaunes du Mexique, je n'ai point oublié la manière dont ils se sont conduits envers moi il y a environ deux ans, lors de mon passage à Santa-Fé.

— Ainsi vous vous êtes joint aux volontaires?

— Ma foi oui! Mais pourquoi ne feriez-vous pas un tour au Mexique? Je m'étonne, capitaine, que vous n'ayez pas déjà pris ce parti. C'est là que vous en trouverez des aventures, vous qui êtes amateur! Des Mexicains, des Indiens et des bêtes, vous aurez là tout à souhait. Pourquoi ne venez-vous pas?

— C'est depuis longtemps mon intention, et j'ai écrit à Washington pour avoir une commission; mais le gouvernement paraît m'avoir oublié complétement.

— Bah! qu'avez-vous besoin du gouvernement pour cela? Donnez-vous votre commission vous-même.

— Comment cela? demandai-je.

— Joignez-vous à nous, et faites-vous nommer officier.

Cette idée m'avait déjà passé par l'esprit; mais comme j'étais tout à fait inconnu aux volontaires, je l'avais bientôt abandonnée. Une fois enrôlé avec eux, il fallait marcher bon gré, mal gré, et si je n'avais pas la chance d'être élu officier, je faisais la campagne le fusil sur l'épaule, et cette considération m'avait retenu. Mais les explications de Lincoln donnèrent un nouveau cours à mes idées : j'appris de lui que tous ces hommes étaient étrangers entre eux, et que j'avais autant de chances qu'un autre pour être élu.

— Je vous assure, me dit-il, que vous n'avez rien de mieux à faire que de m'accompagner au rendez-vous et de voir les choses par vous-même, et si, après avoir vu, il vous convient de vous engager, je parie un paquet de peaux de castor contre un mauvais cuir de rat que vous serez choisi pour capitaine de la compagnie.

— Je me contenterais très-bien d'une lieutenance, fis-je.

— Pourquoi se contenter à si bon marché, capitaine? Il ne faut pas faire les choses à demi. Personne n'a plus que vous de titres à ces fonctions, et je puis, moi, vous donner un bon coup d'épaule auprès des chasseurs qui se trouvent dans les rangs; seulement il y a là aussi une bande de créoles chez lesquels nous trouverons un peu d'opposition : ils mettent en avant l'un des leurs, grand gaillard qui ne sort pas des tavernes depuis le matin jusqu'au soir.

Ma résolution fut bientôt prise. Une demi-heure après je rentrais avec Lincoln dans une vaste salle d'armes, lieu de rendez-vous des volontaires. Presque tous y étaient réunis; et jamais, peut-être, assemblage plus singulier et plus bizarré ne s'était trouvé sous le même toit. Toutes les nations du monde semblaient avoir envoyé leurs représentants au congrès; et certes, si l'on n'eût consulté que la confusion des langues, on nous eût pris pour les ouvriers de la tour de Babel.

Au fond de la salle était une table sur laquelle on remarquait un grand parchemin couvert de signatures. J'ajoutai mon nom à la liste de ceux qui s'y lisaient déjà. Par cet acte, si simple en apparence, je venais d'engager ma liberté, j'étais lié par un serment.

— Voilà mes rivaux, les candidats au grade! pensai-je en regardant un groupe debout près de la table et composé d'hommes de meilleure apparence que la multitude. Quelques-uns de ces futurs guerriers affectaient même jusqu'à un certain point l'allure et le costume militaires, et portaient le bonnet de police couvert d'une brillante toile cirée et orné de boutons de métal au-dessus des oreilles.

— Ah! Clayley! dis-je en apercevant une ancienne connaissance à moi, jeune planteur de coton, garçon d'esprit et joyeux compagnon qui avait dissipé sa fortune dans le culte trop fervent de Momus et de Bacchus.

— Comment c'est vous, Haller, mon brave ami! enchanté de vous voir! Que venez-vous faire ici? êtes-vous des nôtres?

— Oui, je viens de signer. Quel est cet homme?

— Un créole du nom de Dubrosc.

C'était une figure du type normand et digne à tous égards d'attirer l'attention. Son visage ovale était encadré d'une forêt de cheveux noirs flottants et parfumés; ses grands yeux noirs étaient surmontés de sourcils épais et bien arqués; des favoris qui se prolongeaient seulement jusqu'au menton laissaient à nu la partie inférieure des mâchoires, dans lesquelles on distinguait un caractère bien tranché de résolution et de fermeté; ses lèvres minces et fraîches étaient entourées de superbes moustaches, et lorsqu'elles s'entr'ouvraient, elles laissaient voir des dents bien rangées et d'une blancheur éclatante. Ce visage était sans contredit d'une grande beauté, mais c'était une de ces beautés négatives, pour ainsi dire, qu'on admire, mais qu'on n'aime pas, quelque chose comme la beauté du serpent et du léopard. Le sourire était cynique, l'œil froid, quoique brillant; son éclat avait quelque chose de fauve; c'était plutôt la lueur de l'instinct que la lumière de l'intelligence qui l'éclairait; en un mot, c'était un visage qui présentait un singulier mélange de beauté et de laideur, beauté physique, laideur morale. La beauté y avait un caractère de brutalité qui en détruisait tout le charme.

Par un sentiment dont je ne me rendais pas compte, j'éprouvai au premier aspect pour cet homme un mouvement instinctif de répulsion. C'était celui dont Lincoln m'avait parlé, mon rival futur à l'emploi de capitaine. Était-ce le motif qui me le rendait odieux? Non. Il y avait encore autre chose. J'avais du premier coup reconnu en lui un de ces êtres pervers auxquels répugne toute occupation honnête et qui spéculent pour vivre sur les sympathies et souvent sur le fol amour qu'ils inspirent par leur extérieur séduisant. Il y a dans le monde beaucoup de gens de cette espèce. J'en ai rencontré dans les jardins de Paris, dans les casinos de Londres, dans les cafés de la Havane et dans les bals publics de la Nouvelle-Orléans. Partout où la foule s'assemble, on est sûr d'en voir. Pour moi, j'ai toujours éprouvé à leur aspect un sentiment de haine et surtout de mépris.

— Ce garçon-là sera probablement notre capitaine, me dit tout bas Clayley voyant que j'observais le créole avec une attention toute particulière, quoiqu'à coup sûr cependant ce ne soit pas moi qui le nommerai. Pour ma part, je le regarde comme un infâme gredin.

— C'est aussi l'effet qu'il me produit. Mais si son extérieur est réellement son caractère, comment peut-il être élu?

— Oh! personne ne se connaît ici! Ce garçon est un magnifique soldat, comme vous pouvez voir. C'est quelque chose auprès des créoles; et c'est avec ses avantages physiques qu'il a produit une certaine impression sur les esprits. Ah çà! mais, j'y pense, que comptez-vous faire en vous enrôlant? Avez-vous quelque idée?

— Me faire nommer capitaine, si c'est possible, dis-je.

— Très-bien. Alors nous tâcherons de tourner la chance en votre faveur. Pour moi, je postule pour la première lieutenance. Nous voterons du moins l'un pour l'autre. Voulez-vous joindre nos fortunes?

— De tout mon cœur, dis-je.

— Vous êtes venu avec ce chasseur à longue barbe, c'est votre ami?

— Oui.

— C'est une bonne connaissance que vous avez là. C'est un garçon qui est fort aimé d'un grand nombre de ces gens-là, et je ne doute pas qu'il ne puisse nous être fort utile. Voyez déjà comme il se remue.

J'avais remarqué moi-même que Lincoln était entré en conversation avec plusieurs hommes vêtus comme lui d'une casaque de cuir, et qu'à ce costume je reconnaissais facilement pour des chasseurs de la montagne. Je vis alors tous ces hommes, d'un caractère généralement taciturne, se mettre en mouvement tous à la fois, s'éparpiller dans la salle et entrer en conversation avec les volontaires auxquels ils n'avaient pas paru faire attention jusque-là.

— Voilà la brigue qui commence, dit Clayley.

Au même instant, Lincoln, s'approchant de moi, me dit à l'oreille :

— Capitaine, je vois que tout va mieux que vous ne pouvez l'imaginer. Tâchez de vous mêler aux groupes et d'entrer en conversation avec tout le monde; payez surtout à boire, c'est le meilleur moyen. Faites-vous connaître, rendez-vous populaire.

— Excellent avis, fis-je, et si vous pouvez seulement faire comprendre à ces gens-là que tout l'éclat de ce fat n'est que du clinquant, la partie est gagnée. Et, ma foi, Haller, je ne crois pas que cela vous soit difficile.

— Je suis résolu à tout essayer.
— Bien. Mais cela ne doit être fait que le dernier jour, quelques heures seulement avant l'élection.
— Vous avez raison, le mieux est d'attendre. Je prendrai vos avis. Permettez-moi en même temps de ne point dédaigner ceux de Lincoln.
— Ah! très-bien, très-bien! Ici, messieurs, ajouta-t-il en se tournant vers un groupe de gens très-altérés. Il faut les égayer. Venez, capitaine Haller. Laissez-moi vous introduire.

L'instant d'après, j'étais présenté à un groupe de gentilshommes passablement râpés, et bientôt après, autour d'une table chargée de verres et de bouteilles, nous causions ensemble aussi familièrement que si nous eussions été des amis de quarante ans.

. . . .

Pendant les trois jours suivants, l'enrôlement continua, et la cabale alla son train avec une énergie toujours croissante. L'élection était indiquée pour le soir du quatrième jour.

Durant ce temps ma répulsion pour mon rival avait augmenté, par suite des observations que j'avais été à même de faire de plus près, et, comme cela arrive presque toujours, ses sentiments à mon égard étaient absolument de la même nature que les miens pour lui.

Dans l'après-midi du jour en question nous nous trouvâmes en face l'un de l'autre, ayant chacun un fleuret à la main. Nous étions tous deux animés d'une haine d'autant plus forte, qu'elle n'avait point encore trouvé l'occasion de se faire jour. Notre aversion mutuelle était d'ailleurs connue de la plupart des spectateurs, qui s'étaient rapprochés et se tenaient en cercle autour de nous. Tous étaient vivement intéressés au résultat de l'assaut, car ce résultat devait être d'un grand poids dans la balance de nos destins et l'élection pouvait en dépendre.

Comme je l'ai déjà dit, le lieu où on se réunissait était une salle d'armes, et l'on y trouvait par conséquent tous les instruments nécessaires pour les exercices militaires. Il y avait principalement un grand nombre de fleurets. L'une de ces dernières armes se trouvait démouchetée et pouvait devenir dangereuse entre les mains d'un homme malintentionné. Je remarquai que mon adversaire avait précisément choisi ce fleuret.

— Votre fleuret n'est pas en bon état, il a perdu le bouton, fis-je observer.
— Ah! monsieur, pardon, je ne m'en étais pas aperçu.
— Singulière méprise, murmura Clayley en me lançant un coup d'œil significatif.

Le créole rejeta l'arme défectueuse et en prit rapidement une autre.
— Choisissez à votre convenance, lui dis-je, monsieur.
— Merci, je suis content de celui que j'ai.

Pendant ce temps, toutes les personnes présentes dans la salle s'étaient rapprochées de nous et paraissaient attendre l'issue de l'événement avec une certaine anxiété. Quant à nous, placés l'un en face de l'autre, nous avions plutôt l'air de deux hommes qui vont engager un duel à mort que de deux amateurs qui s'escriment à armes courtoises. Mon adversaire devait être un tireur de première force, j'en avais jugé rien qu'à la manière dont il était tombé en garde. Pour moi, j'avais pris quelques leçons d'escrime au collège, mais depuis plusieurs années j'avais négligé cet exercice et je me trouvais alors très-rouillé.

L'assaut commença sur-le-champ. Excités tous deux par nos sentiments respectifs, nous engageâmes la lutte avec plus d'ardeur que d'habileté. Les premiers coups ne furent pas mieux dirigés que parés. Nous nous précipitions l'un sur l'autre avec une sorte de rage furieuse, et les éclairs jaillissaient à chaque instant de l'acier agité par nos mains convulsives. Pendant quelques minutes la lutte fut sans résultat, mais je reprenais mon sang-froid; et mon adversaire, au contraire, irrité d'un faible avantage que je venais de remporter, perdait le sien de plus en plus. A la fin, par un coup plus heureux qu'habile, je parvins à porter le bouton de mon fleuret à la joue de mon adversaire. Un vivat suivit ce beau coup. Je reconnus la voix de Lincoln criant à tue-tête :

— Bien fait, capitaine! hourra pour les hommes de la montagne!

Cet incident redoubla l'exaspération du créole et lui fit perdre encore davantage la sûreté de son coup d'œil et la précision de sa main. Je n'eus pas de peine à répéter mon premier coup. Cette fois, l'intention y avait plus de part que le hasard. Après quelques nouvelles passes, mon adversaire, touché une troisième fois, perdit un peu de sang. Un vivat plus bruyant que le premier s'éleva à cette vue. Le créole, incapable de cacher plus longtemps sa fureur, prit son fleuret à deux mains et le cassa brusquement sur son genou, puis il sortit de la salle en jurant et en grommelant quelques paroles, parmi lesquelles je distinguai : « J'aime mieux les épées. A une autre occasion. »

Deux heures après ce combat, j'étais son capitaine. Clayley avait été nommé premier lieutenant. Une semaine plus tard, toute la compagnie, formée et réunie, entrait au service du gouvernement des États-Unis, armée et équipée en corps franc, sous le nom de *tirailleurs*.

Et le 20 janvier 1847 un beau navire nous emportait à toutes voiles vers les côtes de la terre ennemie.

CHAPITRE IV.

Séjour dans l'île de Lobos.

Après avoir touché à Brazos Santiago, nous reçûmes ordre de gagner l'île de Lobos, située à cinquante milles environ au nord de Vera-Cruz. C'était là que nous devions séjourner pour nous exercer à la manœuvre. Nous eûmes bientôt atteint cette île. Des détachements de plusieurs régiments y débarquèrent ensemble. On attaqua le bois par le fer et le feu, et quelques heures après la verdure avait disparu et faisait place à une ville de maisons de toile surmontées de leurs pavillons. Tout cela avait été l'ouvrage d'un seul jour.

Au lever du soleil, Lobos était une île déserte couverte de bois et de jongles, et ne présentait partout qu'une forêt vierge aussi verte que l'émeraude. Lorsque la lune vint éclairer la même île, on eût dit à la voir qu'une ville de guerre avait tout à coup surgi du sein des eaux avec un navire ancré sous ses murailles couvertes de bannières flottantes.

En peu de jours, six régiments complets campèrent sur cette île naguère inhabitée, et l'on entendit de tous côtés retentir les bruits éclatants de la guerre.

Ces régiments étaient tous encore sans expérience et fort inhabiles dans l'art militaire ; mes fonctions et celles des autres officiers consistaient à les instruire. C'était du matin jusqu'au soir des manœuvres et toujours des manœuvres. Aussi, quand sonnait la retraite, j'étais heureux de me retirer sous ma tente et d'y dormir, si toutefois on peut appeler dormir se coucher au milieu des scorpions, des lézards et des crabes; car la petite île où nous étions campés semblait contenir un spécimen complet de tous les reptiles de la création.

Le 22 février étant le jour anniversaire de la naissance de Washington, je ne pus pas aller me coucher d'aussi bonne heure que d'habitude, forcé que je fus d'accepter une invitation que Clayley m'avait apportée pour passer la soirée sous la tente du major Twing, où, pour me servir de l'expression de Clayley lui-même, on devait faire la nuit complète.

La retraite sonnée, nous nous dirigeâmes vers le quartier du major, qui se trouvait à peu près au centre de l'île au milieu d'un bois d'arbres à caoutchouc. Il ne nous fut pas difficile de trouver sa tente, guidés que nous étions par le choc des verres et les éclats de voix qui accompagnaient ce joyeux bruit.

La tente avait été agrandie à l'aide de plusieurs toiles qu'on avait tendues à l'entrée et ornée d'un grand pavillon qui flottait au haut de son mât. De gros madriers empruntés aux bâtiments et appuyés sur des barils à biscuit servaient de tables. Sur ces tables on distinguait toutes sortes de bouteilles, de verres et de coupes; des boîtes de sardines ouvertes, des piles de biscuits de mer, des quartiers de fromage remplissaient les espaces vides, des bouchons encore humides et des fragments de plomb brillants éparpillés tout autour des tables témoignaient, avec un certain nombre d'objets sombres et coniques jetés sous la table, que déjà à notre arrivée bon nombre de bouteilles de champagne avaient été réduites à l'état de cadavre.

Tout autour de la table était assis un nombreux personnel de colonels, de capitaines, d'officiers inférieurs et docteurs confondus sans aucune distinction d'âge ni de rang, et dans le seul ordre où le hasard les avait placés. Il y avait aussi quelques officiers de marine, et, chose extraordinaire, on voyait parmi les convives des hommes moitié bourgeois, moitié marins, tels que conducteurs de transport et maîtres de steamboat, etc. Twing se piquait de démocratie, et d'ailleurs la circonstance du jour effaçait toute distinction de rang et de personnes. Au haut bout de la table se tenait le major lui-même.

Ce major était un tout petit homme bruyant, un peu mauvaise tête et surtout beau buveur. Il portait toujours en sautoir une bouteille de chasse, suspendue par un cordon vert, et personne ne pouvait dire qu'il eût jamais vu le major Twing sans sa bouteille; il ne l'eût certes pas conservée avec plus de soin si c'eût été la marque distinctive de son grade. Aussi n'était-il pas rare d'entendre quelque officier fatigué de la route, s'écrier : « Si je pouvais seulement donner un baiser à la gourde du vieux Twing ! » et « Ça vaut la bouteille de Twing » était une expression devenue proverbiale pour expliquer qu'une liqueur était d'une qualité supérieure.

C'était donc là une des singularités du major, mais ce n'était pas à beaucoup près la seule.

Au moment où mon ami et moi fîmes notre entrée sous le pavillon la gaieté des convives était montée à son diapason, et chacun en prenait à son aise avec ce sans-façon et cette égalité particuliers aux réunions d'officiers américains. Les distinctions de rang y sont généralement comptées pour peu de chose.

Clayley était pour le major une espèce de favori. Aussi, dès que ce dernier l'eut aperçu :

— Ah! Clayley, s'écria-t-il, c'est vous! Approchez-vous avec votre ami; asseyez-vous, messieurs.
— Le capitaine Haller, major Twing, dit Clayley en me présentant.
— Enchanté de faire votre connaissance, capitaine. Pouvez-vous trouver des siéges ici, non, eh bien, nous allons aviser... Cudjo, garçon, allez sous la tente du colonel Marshall et prenez-y une couple de tabourets. Allons, vite! Tordez le cou à cette bouteille. Où est la pince? où est donc cette pince? Ne la trouvera-t-on pas?
— Pas besoin de pince, major! cria l'adjudant, voilà qui la remplace avec avantage.

Tout en parlant de la sorte, il saisit une bouteille de champagne de la main gauche, et d'un coup appliqué d'une manière particulière avec la main droite, il enleva le goulot de la bouteille aussi carrément que si on l'eût coupé avec un diamant.

Dubrosc.

— Seigneur! s'écria Hennessy, officier irlandais placé au bout de la table, évidemment très-enthousiasmé du beau coup que venait de faire l'adjudant.
— C'est ce que nous appelons un tire-bouchon du Kentucky, dit froidement ce dernier; il offre un double avantage : il épargne du temps et ne trouble pas le vin.
— Mes respects, messieurs, capitaine Haller! monsieur Clayley!
— Merci, major Twing. A vous, monsieur!
— Ah! voici les siéges, enfin! Quoi! rien qu'un seul! Ce diable de Cudjo n'en fait jamais d'autre. Allons, messieurs, tâchez de vous serrer un peu de côté. Mettez-vous ici, Clayley, mon brave. Nous sommes serrés comme des cartouches dans une giberne; mais tout le monde finira par se tasser. Eh bien! vous êtes assis, capitaine? Il y a des cigares devant vous.

A peine nous avions trouvé tant bien que mal moyen de nous asseoir, que nous entendîmes plusieurs voix crier :
— La chanson! la chanson! il faut chanter à la ronde!

Et l'on me mit au courant de l'ordre qui portait une chanson ou une histoire pour chacun des convives sous peine d'une amende d'une demi-douzaine de bouteilles de champagne.
— C'est au tour de Sibley! cria quelqu'un.
— Oui, oui! Sibley, Sibley! répétèrent plusieurs voix.
— Bien, messieurs, dit l'officier interpellé, jeune homme de la Caroline du Sud; mais comme je suis incapable de chanter, vous me permettrez de m'acquitter par une histoire.
— Une histoire! Tant mieux : il n'y a rien de beau comme la variété.
— Lieutenant, prenez un peu de ce grog avant de commencer.
— Merci, capitaine Hennessy. A votre santé!

CHAPITRE V.

Histoire de l'hôtel de Géorgie racontée par le lieutenant Silbey.

Messieurs, il y a six mois environ, j'eus l'occasion de faire à cheval un voyage à Pensacola. Partant de la Caroline du Sud, j'avais à traverser l'État de Géorgie.

Vous savez tous, messieurs, qu'il existe dans cette dernière province une grande étendue de territoire qui s'est toujours montrée rebelle aux travaux du laboureur; aussi plusieurs districts sont-ils très-peu habités, et par suite très-mal approvisionnés des choses les plus nécessaires à la vie.

En prononçant ces derniers mots, le lieutenant jeta un regard significatif au major, qui était originaire de l'intérieur de la Géorgie.

Le troisième jour de mon voyage, j'avais pénétré depuis vingt milles environ dans un de ces terrains incultes, véritable désert, sans y rencontrer la moindre trace d'habitation humaine. J'étais tourmenté par la faim et la soif; mon cheval souffrait autant que moi, et en baissant piteusement la tête, la pauvre bête se plaignait de sa manière de voir à chaque pas s'ouvrir devant nous un nouvel horizon de solitude et de sables brûlants. Il nous semblait à tous deux que cela ne devait jamais finir; aucun secours ne paraissait probable, et nous cheminions lentement les yeux fixés vers la terre. Vous ne pouvez vous figurer quelle fut ma joie lorsqu'en tournant un angle de la route je vis se dresser devant moi une grande maison de bois avec un mât planté près de sa porte, et une large et brillante enseigne sur laquelle on distinguait en caractères gros et lisibles ce mot réjouissant : Hôtel. Je me frottai les yeux et me fis de mes deux mains une sorte de longue-vue dans le but de m'assurer que ce que je voyais n'était point un effet du mirage, phénomène qui se produit assez souvent dans ces plaines sablonneuses; mais, ma foi, non : c'était bien un hôtel!

Je m'affermis sur ma selle, et voyant que mon cheval, excité comme moi par cette vue, reprenait une allure plus vive, je lui caressai l'encolure en lui disant doucement :
— Allons, mon vieux compagnon, un peu de courage, nous arrivons! Tu seras bientôt, la tête plongée jusqu'aux oreilles, dans le meilleur maïs de Géorgie. Et quant à moi...

Je n'en pus dire davantage. La perspective d'avoir bientôt à mon service des œufs frais, des poulets tendres, du café généreux, des biscuits et autres victuailles me réjouissait à tel point, que j'en perdis l'usage de la parole et que ce fut en silence que je continuai de me diriger vers l'hôtel.

Plus j'approchais de la maison, et plus elle prenait à mes yeux un aspect sombre et désolé; je commençais à craindre qu'elle ne fût inhabitée. Grâce au ciel, mes craintes étaient chimériques, le maître d'hôtel et ses deux fils se tenaient sous la galerie extérieure. Tout est pour le mieux, pensai-je. J'étais arrivé, je descendis et j'allai jusqu'à la porte en tenant mon cheval par la bride.

Depuis que j'avais aperçu sous la galerie les trois individus dont j'ai parlé, trois pauvres diables blêmes, pâles, maigres et vêtus de chemises sans manches, ils n'avaient pas remué d'un pouce. Je n'étais même pas certain qu'ils eussent changé une seule fois la direction de leurs regards. Deux maigres chiens jaunes couchés à leurs pieds demeuraient également sans donner signe de vie.

— Diable, pensai-je, voilà un accueil bien froid pour les gens qui font métier d'héberger les autres. Ils doivent savoir, d'après la direction dans laquelle ils m'ont vu venir, que je ne puis manquer d'être dévoré de soif et de faim, et que j'ai besoin de repos pour la nuit. Il n'y a donc personne ici pour prendre mon cheval? fis-je en élevant la voix.

Mais on ne bougea pas.

Je commençai à soupçonner que je m'étais sans doute trompé en prenant la maison pour une auberge. Je regardai de nouveau l'enseigne; j'avais bien vu, cependant, et le mot hôtel s'y prélassait toujours en lettres majuscules.

— Est-ce qu'on peut passer ici la nuit? criai-je à haute voix.

J'attendis une réponse, personne ne bougea encore. Je répétai la question d'un ton plus élevé que la première fois.

— Vous le pouvez si c'est votre bon plaisir, étranger.

Telle fut la réponse qui me fut faite par le plus âgé de ces trois singuliers hôtes sans que je visse remuer en lui autre chose que les muscles de sa bouche.

— Avez-vous du maïs? demandai-je désireux de m'assurer avant tout si je trouverais quelque chose pour mon cheval dans une auberge d'aussi piètre et misérable aspect.
— Du maïs, dites-vous? répéta le même interlocuteur sans perdre son impassibilité.
— Oui, je vous ai dit du maïs?
— Non, nous n'en avons pas, me fut-il répondu.
— Avez-vous du fourrage, alors?
— Du fourrage, dites-vous?
— Oui, du fourrage?
— Non, nous n'en avons pas.

Cela va mal, pensai-je. Mon pauvre cheval! si encore il y avait moyen de le détacher et de le laisser paître en liberté! Mais j'eus beau regarder autour de moi, ma vue, qui s'étendait à plusieurs milles, ne put découvrir un seul brin d'herbe. Le mieux que j'aie à faire, c'est de le laisser à la porte, de boire rapidement un coup, d'avaler un morceau sous le pouce et de remonter en selle pour gagner au plus tôt une maison plus hospitalière. Mais voyons ce qu'on peut me donner à manger.

Pendant le temps que ces quelques réflexions me prirent, les trois hommes continuaient de rester dans leur silence et leur immobilité; et si cette placidité vraiment surnaturelle était troublée de temps à autre, c'était par de brusques mouvements dont je ne me rendais pas compte. Je voyais, en effet, ces pauvres gens porter leurs mains tantôt à leurs cous, tantôt à leurs cuisses, tantôt aussi derrière leurs têtes en accompagnant ce geste d'un petit cri comme s'ils eussent été tous affligés de la maladie de saint Vitus.

Le major Twing.

Je fus d'abord fort surpris de ces singulières démonstrations; mais un examen plus approfondi m'en fit bientôt connaître la cause. Mes silencieux hôtes se livraient à la chasse aux moustiques.

— Avez-vous du jambon et des œufs?... demandai-je après une pause.

— Du jambon et des œufs! répéta mon unique interlocuteur avec un ton qui dénotait de sa part la surprise la plus grande.

— Oui, du jambon et des œufs?

— Non, nous n'en avons pas.

— Tant pis, car je raffole du jambon et des œufs. Vous avez au moins des poulets?

— Des poulets, dites-vous?

— Oui, des poulets?

— Non, nous n'en avons pas.

— Avez-vous toute autre espèce de viande?

— De la viande, dites-vous?

— Eh! oui, de la viande, n'importe de quelle espèce, bœuf, veau, porc ou mouton, je n'y regarde pas de si près, je meurs de faim?

— Non, nous n'en avons pas.

— Avez-vous du pain?

— Du pain, dites-vous?

— Eh! oui, du pain, un morceau de pain et un verre d'eau, c'est un festin pour un homme affamé comme je le suis?

— Non, nous n'en avons pas.

— Eh bien! mon ami, avez-vousque lque chose à me donner à manger, quoi que ce soit?

— Quelque chose à manger, quoi que ce soit? fit mon écho.

— Oui, n'importe, j'ai l'appétit d'un loup?

— Non, nous n'en avons pas; nous n'avons rien du tout.

— Eh bien! pouvez-vous donner un peu d'eau à mon cheval avant que je remonte dessus?

— Nous n'en avons pas de puisée, étranger; mais il y a un ruisseau à deux milles d'ici tout au plus, et vous y trouverez de l'eau.

— Bon Dieu! m'écriai-je involontairement, ni pain, ni viande, ni grain, ni eau, ni rien!... Mais, mon vieux brave, dites-moi, c'est le diable qui vous a conduit dans une pareille bicoque! Comment vous y trouvez-vous?

Sans paraître offensé de ma question, le maître d'hôtel tourna tranquillement les yeux de mon côté et me répondit :

— Pas mal, étranger, je vous remercie. Et vous?

Je remontai sur mon cheval, et lui enfonçant de colère les éperons dans le ventre, j'eus bien vite repris ma route en laissant derrière moi ce singulier hôtel. Tout stimulant était d'ailleurs peu nécessaire à l'égard de ma monture; car, soit que la pauvre bête eût compris à l'inspection des lieux qu'il n'y avait là rien de bon pour elle, soit qu'elle eût saisi le sens de la conversation, toujours est-il qu'elle prit un galop désespéré, et ne ralentit sa course que lorsque nous fûmes arrivés au pied d'une longue côte escarpée. Arrivé à ce point, la curiosité me fit retourner sur ma selle pour regarder en arrière. A mon grand étonnement, mes hommes étaient toujours dans la même position, et, ma foi! je ne voudrais pas jurer que le jour du jugement dernier ne les surprenne dans cette même place et dans ce même état.

— Capitaine Hennessy, je prendrai la permission de m'adresser encore à vous?

— Avec le plus grand plaisir. A la vôtre, lieutenant!

— Remplissez vos verres, messieurs, remplissez vos verres ! fit entendre la voix de notre joyeux amphitryon aussitôt que les éclats de rire se furent un peu calmés; remplissez vos verres, il y a encore un panier de vin à votre gauche; et puis quand il n'y en aura plus, le vieux Blowhard, que voici, saura bien en faire sortir quelque autre des entrailles de son steamer.

Il s'écria d'un air triomphant : — Regarde, Harry! voilà notre affaire.

— Oui, j'en ai, et plus d'une douzaine, à votre service, et ce n'est pas trop pour un jour comme celui-ci! dit un gros maître de transport connu parmi tous les officiers présents sous le nom du vieux Blowhard.

— Puisqu'on vient de parler de ce jour, permettez-moi, messieurs, de porter un toast de circonstance que le hasard seul nous a fait jusqu'à présent oublier.

Ces paroles étaient prononcées par un officier de haute taille auquel ses cheveux gris donnaient un air tout à fait respectable.

— Ecoutez le toast du colonel Harding !

— Oui, voyons le toast du colonel !

— Emplissons nos verres pour lui faire honneur ! versez du champagne !

— A la mémoire de l'homme immortel dont nous célébrons la fête !

Pour répondre dignement à ce toast patriotique, chaque convive se leva et se découvrit dans le plus respectueux silence. Cette tente, qui l'instant d'avant retentissait des joyeux éclats d'une gaieté bachique, s'était tout à coup transformée en une sorte de sanctuaire où planait le souvenir du héros. Mais ce silence fut de courte durée, et semblables à des vagues qui se seraient un instant abaissées faute de vent, les cris, les ris et les conversations tumultueuses s'élevèrent bientôt de nouveau.

Au milieu de tous ces bruits, plusieurs voix se firent entendre, réclamant de tous les coins de la table l'histoire de Twing, la revanche de la Géorgie.

— Bien, bien, messieurs, répondit le major ; mais avant remplissez et videz vos verres ; je tiens à n'être pas interrompu. Allons, corbleu ! videz vos verres ! Faites-moi sauter ces bouchons. Cudjo, apportez le tire-bouchon. Qu'est-il devenu ? Sans doute il est tombé dans le sable. Regardez un peu sous vos pieds, messieurs ; peut-être est-il mêlé avec tout ce tas de bouteilles vides.

— Inutile de se donner tant de peine, j'ai toujours là mon tire-bouchon du Kentucky, et il est entièrement à votre disposition, dit l'adjudant Hillis dont nous avons déjà parlé.

Et joignant le geste à la parole, il brisa successivement le fil de fer de plusieurs bouteilles de champagne à l'aide des seules tenailles que la nature lui avait données.

— Maintenant, messieurs, dit le major après avoir sablé son verre de champagne, je suis tout à votre service.

Le silence se rétablit peu à peu, et les regards de tous les convives se tournèrent avec curiosité du côté de notre hôte. Chacun savait que le major avait la riposte prompte, et personne ne doutait que le Yankee de la Géorgie ne donnât à l'enfant de la Caroline du Sud un Roland pour un Olivier.

Ce fut au milieu de cette attention générale que le Géorgien commença.

CHAPITRE VI.

Histoire du guyas-cutis racontée par le major Twing.

— C'est aussi une histoire de voyage que j'ai à vous raconter, messieurs.

Et en parlant de la sorte, le major regardait avec affectation du côté de Sibley.

— Il y a longtemps de cela. A l'époque où j'étais encore un tout jeune homme, je me rendais à la ville de Washington en compagnie d'un de mes amis, un pur Géorgien comme moi-même. Notre but était d'essayer un peu de notre adresse à la chasse dans le pays que nous allions visiter. Vous n'ignorez pas, messieurs, que la route de Géorgie à Washington traverse l'Etat de Palmetto, Etat aussi remarquable par la fertilité de son sol que par la beauté, la noblesse et l'intelligence de ses habitants.

Et tout en prononçant ces derniers mots, l'orateur, d'un œil, regardait la compagnie, tandis que de l'autre il fixait le Carolien du Sud.

— J'avais déjà quelque habitude des voyages, mais comparé à mon compagnon, je n'étais, sous ce rapport, qu'un novice. Esprit naturellement délié, l'expérience et le contact des hommes l'avaient tellement perfectionné, qu'il était devenu fin... comme quoi... vous dirai-je,... comme la pointe d'une aiguille à coudre dans de la batiste. Il se nommait Cobb, Willey Cobb.

Nous partîmes de chez nous propriétaires d'un capital de trois cents dollars ; c'était tout ce que nous avions pu rassembler ; de plus, chacun avait enfourché un vigoureux poney de Géorgie ; et nous trouvions qu'il y avait là de quoi nous conduire à Washington et nous en ramener.

— D'ailleurs, avait objecté fort sensément Cobb, si nous nous trouvons à sec, nous vendrons nos chevaux.

— Malheureusement, au moment d'entrer dans l'Etat de Palmetto, notre mauvaise chance nous fit passer à Augusta, petite ville à l'extrémité de la Géorgie, où nous nous arrêtâmes pour manger et passer la nuit. Augusta a toujours eu la réputation d'une ville de plaisir, et nous trouvâmes si bien qu'elle était digne de sa renommée que non-seulement nous y passâmes la nuit, mais encore toute la journée suivante. Nous étions tombés là au milieu d'une troupe des plus charmantes connaissances. Nos nouveaux amis se firent un véritable plaisir de nous conduire d'abord au *poker* à dix-huit sous, puis au *loo* à un quart de dollar, puis encore au *brag*, et finalement nos chers amis d'Augusta nous firent faire connaissance avec le jeu si intéressant du *ílaro*. On joua toute la nuit, et quand l'aurore vint éclairer le matin du second jour, il se trouva que nos trois cents dollars avaient passé de nos poches dans les coffres de la *banque*.

— Qu'allons-nous faire ? dis-je à Cobb.

— C'est à quoi je pense, répondit celui-ci.

— Si nous vendions les chevaux et retournions sur nos pas ? fis-je observer.

— Non pas ! non pas ! reprit Cobb avec force.

— Mais que pouvons nous faire de mieux ? Nous n'avons pas d'argent, il nous est impossible d'aller jusqu'à Washington ; le seul parti à prendre n'est-il pas de retourner à la maison ?

— Qu'as-tu dans ta valise ? demanda brusquement mon ami sans prendre la peine de répondre à ma dernière interrogation.

— Une chemise, une paire de pistolets, un paquet de tabac et un couteau de chasse, telle fut ma réponse.

— Nous allons d'abord vendre le couteau, cela nous donnera le moyen d'acquitter nos frais d'hôtel et de sortir de cet affreux coupe-gorge.

— Et ensuite, pour aller jusqu'à Washington ? demandai-je.

— Pourtant, dit Cobb, il ne faut pas songer à retourner en arrière. Nous serions la risée de tout notre pays.

— Mais, voyager sans argent ? fis-je avec obstination.

— Bah ! sortons d'abord d'ici, dit Cobb d'un air aussi satisfait que s'il avait eu des relais établis sur la route jusqu'à Washington et qu'on eût acquitté par avance toutes ses dépenses d'auberge.

— J'ai, continua-t-il, une connaissance qui demeure au premier relais en sortant d'ici. Nous irons lui demander à coucher pour cette nuit, cela ne nous coûtera rien. Et puis, ma foi ! nous réclamerons la généreuse hospitalité des planteurs que nous trouverons sur notre route. Nous allons traverser la Caroline du Sud, un beau pays dont les habitants passent pour des hôtes francs et généreux.

Ici, à cette réflexion, Cobb cligna de l'œil d'une façon toute particulière en regardant successivement tous ses auditeurs.

— Nous n'aurons plus, continua toujours Cobb, que l'état de Turpentine à traverser, et alors, s'il en est besoin, nous aurons recours à nos pistolets. Mais, voyons, vendons d'abord notre couteau de chasse, et tirons-nous du repaire de ces chevaliers d'industrie.

Cobb était mon aîné ; de plus, il passait à mes yeux pour un grand génie : je résolus de m'abandonner à ses conseils. Le couteau fut vendu pour six dollars à un de nos camarades de jeu. Sur cet argent, la note d'hôtel fut acquittée, et il nous resta trois ou quatre schellings pour continuer notre route.

Nous étions entrés sur le territoire de la Caroline du Sud.

A la fin de cette première journée de marche, nous nous arrêtâmes chez l'ami de Cobb. Nous y fûmes admirablement traités. Cobb avait grande envie de lui emprunter de l'argent, mais il fut retenu par la honte de lui avouer la cause de notre pénurie.

Nous quittâmes la demeure de notre aimable hôte avec un excellent déjeuner dans l'estomac et des chevaux bien soignés et bien reposés. Mais le même vide se faisait toujours sentir dans notre bourse. Bien plus, nous avions été forcés de donner un schelling au garçon qui avait sellé nos chevaux.

Ce fut alors seulement que nous pûmes nous dire parfaitement en route ; nous étions tout à fait sur une terre étrangère : *terra incognita*.

A la nuit, nous nous arrêtâmes chez un planteur. Le lendemain matin, au moment où nous prenions congé de lui, je ne sais pas trop ce que Cobb lui dit, mais j'entendis de dessus ma selle, où j'étais déjà installé, le planteur grommeler en ricanant qu'il ne savait pas que ce fût la mode de voyager sans argent ; puis il continua à murmurer entre les dents certaines épithètes qui n'avaient rien de très-flatteur pour des oreilles susceptibles.

— Voilà un drôle bien peu hospitalier, dis-je tout bas à Cobb au moment où nous quittions la maison.

— Dites-donc qu'il n'entend rien du tout à l'hospitalité. C'est d'autant plus extraordinaire que c'est un Carolien du Sud. Mais c'est une exception, j'aime à le croire.

C'était en effet une exception, car à la maison où nous nous arrêtâmes le soir on nous accompagna jusqu'à la porte de la cour en nous traitant de voleurs. Le lendemain, l'hôte chez qui le hasard nous avait fait descendre, c'était un tavernier du village, menaça de saisir nos valises ; menace qu'il aurait certainement effectuée si Cobb ne lui avait fait observer d'un air très-significatif qu'elles ne contenaient qu'une paire de pistolets chargés, lesquels pourraient très-bien par ir. En parlant ainsi, Cobb enleva les deux pistolets, m'en donna un, et se mit en train d'armer le sien, après quoi il dit au maître d'hôtel qu'il pouvait prendre les valises maintenant qu'elles étaient vides.

Mais Cobb était un grand gaillard de six pieds de haut, avec une grosse paire de favoris et des yeux noirs comme du charbon. L'aubergiste comprit que ce qu'il avait de mieux à faire, c'était de laisser les valises à leurs places et de nous engager à décamper ; ce que nous fîmes sans retard.

— Cela ne peut pas toujours durer ainsi, Harry ! me dit Cobb lorsque nous eûmes remis nos chevaux au pas.

— Je suis assez de cet avis, répondis-je.

— Tâche de trouver quelque chose, fit-il.

— J'y vais songer, repris-je. Et, en effet, je me mis à me creuser la tête pour découvrir un moyen de nous tirer de ce mauvais pas. Mais je ne suis point un homme d'invention, et j'avais déjà pris, abandonné et repris vingt projets, tous plus absurdes les uns que les autres, quand je vis Cobb, qui me devançait de quelques pas, arrêter brusquement son cheval, et se retourner en plein de mon côté et crier à haute voix :

— Harry, j'ai notre affaire !

— Tant mieux ! fis-je, mais qu'est-ce que c'est ?

— Pas encore; je te dirai cela cette nuit. J'ai encore besoin d'y réfléchir un peu. A quelle distance crois-tu que nous soyons de Colombia? demanda Cobb.
— Mais à environ vingt milles, je suppose. Nous en avons fait cinq à peu près depuis la taverne où l'on nous avait dit qu'il y en avait vingt-cinq.
— Très-bien. Allons doucement; il ne faut pas arriver avant la nuit. Qu'est-ce que c'est que cette ville?
— Je n'en ai aucune idée, lui répondis-je. Mais je suppose que ce doit être une place assez considérable, puisque c'est une capitale d'Etat.
— Oui, oui! cela doit être. Tu as parfaitement raison, ajouta mon compagnon, et là dessus nous nous mîmes à marcher en silence, mon camarade plongé dans une profonde méditation, et moi attendant avec curiosité qu'il daignât me faire connaître les plans qu'il combinait.

Il faisait nuit depuis une demi-heure environ quand nous entrâmes dans la ville. Cobb paraissait examiner avec soin les différentes boutiques situées sur les rues que nous traversions. Tout d'un coup je l'entendis s'écrier : Voilà mon affaire! Nous étions devant la boutique d'un cordonnier, il arrêta son cheval, mit pied à terre et entra dans le magasin. De la rue où j'étais resté à garder les chevaux, je le voyais parler et gesticuler avec le propriétaire de l'établissement, et je compris qu'il était en marché d'acheter une grande caisse à souliers, qui se trouvait au milieu de la boutique. Voici d'ailleurs tout ce que je pus saisir de ses paroles :

— Après que vous aurez pratiqué l'ouverture, disait-il au cordonnier, vous clouerez avec soin le couvercle de la boîte, et vous y ferez peindre ce que je vais vous donner.

En parlant ainsi, il avait pris une feuille de papier, y avait écrit quelques mots et l'avait remise au marchand.

— J'enverrai chercher cette boîte dans une demi-heure, continua-t-il en en payant le prix. Puis, souhaitant le bonsoir à son vendeur, il me rejoignit et sauta sur son cheval.

Nous continuâmes à traverser la ville jusqu'à ce que nous fussions arrivés devant la porte du principal hôtel, où nous nous arrêtâmes et mîmes pied à terre.

— Je serai de retour dans une heure, Harry, me dit Cobb en me jetant la bride de son cheval, pendant ce temps occupe-toi du souper, fais-toi donner une bonne chambre, et attends-moi. Surtout garde-toi de nous inscrire sur le registre d'hôtel avant mon arrivée. Cela dit, il disparut dans la rue.

Conformément à ses instructions, je ne donnai point nos noms; mais comme la cloche de l'hôtel sonna avant le retour de Cobb, je descendis à la salle à manger et je soupai avec d'autant plus d'appétit que je n'avais rien pris depuis le matin et que j'avais voyagé toute la journée. Ce soin accompli, je gagnai mon appartement et j'attendis plus patiemment la rentrée de mon ami. J'en étais encore à me perdre en conjectures sur les moyens que Cobb comptait employer pour payer le repas que je venais de prendre, quand la porte s'ouvrit et qu'il parut en personne. Il n'était pas seul. Deux garçons le suivaient portant sur leurs épaules la grande boîte dont je lui avais vu faire l'acquisition. Le couvercle avait été replacé, et on lisait dessus en belles lettres majuscules l'inscription suivante :

LE MERVEILLEUX GUYAS-CUTIS!

Sur l'un des côtés de la boîte, il y avait une petite ouverture oblongue nouvellement pratiquée au ciseau.

Cobb avait à la main une grande feuille de papier ; et aussitôt que les garçons furent sortis de la chambre, il la posa sur la table, et me la désignant du doigt, il s'écria d'un air triomphant :

— Regarde, Harry ! voilà notre affaire.
— Qu'est-ce? voyons, fis-je.
— Lis toi-même, mon vieux brave, me dit-il.

La pancarte était ainsi conçue :

LE MERVEILLEUX GUYAS-CUTIS!

Capturé dans les déserts de l'Orégon par 54° 40''.

Ce titre était en grosses lettres. Suivait en caractères plus modestes la description ci-après :

« Ce remarquable animal, demeuré jusqu'à présent inconnu à tous les naturalistes, possède l'intelligence de l'homme combinée avec la férocité du tigre et l'agilité de l'orang-outang. Sa peau est du plus beau bleu de ciel; il est moucheté de onze taches sur le corps, et d'une dernière auprès du nez: ce qui fait la douzaine complète. Aucune de ces taches ne ressemble aux autres.

» Dans sa cruauté on l'a vu emporter de malheureux Indiens jusque sur le sommet des arbres les plus élevés, et les y condamner à périr misérablement de faim, de soif et de désespoir, aussi est-il la terreur des Peaux Rouges.

» Le propriétaire de cet intéressant animal a l'honneur d'avertir messieurs les habitants de Colombia, si justement renommés par leur esprit, et si connus comme véritables appréciateurs des curiosités de la nature, que ce merveilleux quadrupède vient d'arriver au milieu d'eux et qu'il sera visible, aujourd'hui mardi, à huit heures du soir dans la salle de Minerve.

PRIX DES PLACES :

1/4 dollar.

— Mais, dis-je, mon cher Willey Cobb, commençant enfin à entrevoir le projet de mon camarade, tu ne prétends pas...

— Je ne prétends pas, fit-il en m'interrompant brusquement, je veux, aussi vrai que je m'appelle Willey Cobb, et que je suis de l'Etat de Géorgie.

— Mais, enfin, mon cher, tu ne feras pas prendre à ce peuple si intelligent de la Caroline...

Ah! bah! peuple intelligent!... tu ne connais pas le monde, reprit-il avec un air de souverain mépris.

— Quel rôle me destines-tu dans cette comédie? demandai-je.

— Rien de bien difficile. Reste dans cette chambre et empêche que personne ne regarde dans cette boîte.

— Oui, mais ce soir?

— Ah! ce soir! tu te tiendras à la porte de la salle de Minerve pour recevoir l'argent; et quand tu m'entendras grogner et remuer la chaîne, tu passeras derrière le rideau, la farce sera jouée.

Regardant la chose comme une plaisanterie assez réjouissante, je promis à mon ami d'en passer par tout ce qu'il voudrait. Pour parler franchement, cependant, ce n'était pas sans quelque appréhension désagréable, car j'entrevoyais la possibilité d'aller passer la prochaine nuit à la prison de Colombia.

Le lendemain matin Cobb fut sur pied de très-bonne heure. Après avoir hurlé d'une manière plaintive, avoir grogné sur tous les tons les plus désagréables qu'il pût arracher de son gosier, et entremêlé le tout de : Tenez-vous tranquille, Guy! A bas Guy! répétés plusieurs fois, il sortit en me recommandant une surveillance sévère.

Il n'eut pas mis le pied dehors, que j'entendis derrière ma porte plusieurs personnes qui chuchotaient entre elles ; bientôt après, un garçon se présenta en me demandant si je n'avais pas besoin de quelque chose.

— De rien du tout, répondis-je.

Le garçon en se retirant jeta sur la boîte un regard de terreur, et eut grand soin de fermer la porte sur lui.

Peu après, les chuchotements recommencèrent à ma porte, qui s'ouvrit de nouveau, et donna passage au maître de l'hôtel lui-même, que la curiosité amenait auprès de notre intéressant quadrupède.

— C'est un animal bien féroce, n'est-ce pas? dit-il en passant seulement la tête dans l'entre-bâillement de la porte.

— Oui, c'est un animal terrible! répondis-je.

— Ne pourrais-je pas le voir un peu? demanda-t-il.

— Non, ça m'est défendu; et puis la présence d'un étranger le fait toujours entrer en fureur.

— Voyez-vous, cette méchante bête! Vous aurez une salle complète pour le voir.

— Je l'espère, fis-je.

— Les billets sont déjà placés, M. Van Amburgh est sorti sans doute pour cela ce matin ?

— M. Van Amburgh? demandai-je avec surprise..

— Mais, oui, M. Van Amburgh, votre associé.

— Ah! oui! M. Van Amburgh, répétai-je comprenant tout d'un coup que c'était le nom dont s'était affublé mon ami Cobb, mais M. Van Amburgh ne parle pas ses billets lui-même.

Je parlais de la sorte pour embrouiller un peu les idées du maître d'hôtel, et réparer ainsi la bévue que j'avais été sur le point de faire.

— Oh! non, reprit l'autre ; il aura loué quelqu'un pour cela.

— Certainement, ajoutai-je.

— Le déjeuner sera prêt dans une minute, si vous voulez descendre.

— De tout mon cœur.

Et à ces mots le Boniface me priva de sa présence, dont je commençais à être fort embarrassé.

Un instant après, Cobb rentra. Il était porteur d'une grosse chaîne d'environ six pieds de long. Il la tenait enveloppée dans du papier.

Quand il eut fait une nouvelle répétition de ses grognements et de ses hurlements sauvages, nous allâmes déjeuner, mais non pourtant sans que Cobb eût eu grand soin de fermer la porte et de mettre la clef dans sa poche.

Nous fûmes à table d'hôte l'objet de l'attention générale. Cobb m'appelait M. Wolfe ; je ne lui adressais la parole qu'en le nommant M. Van Amburgh. Les domestiques étaient aux petits soins pour nous. Après le déjeuner nous regagnâmes notre chambre, où Cobb répéta de nouveau ses exercices. Bientôt après il sortit et me laissa seul.

Les grognements se reproduisirent à plusieurs reprises pendant la journée, toujours avec un accent et une tonalité de plus en plus terribles.

La nuit vint enfin. La boîte, soigneusement enveloppée dans une couverture de lit de l'hôtel, fut transportée à la salle de Minerve. Je m'y rendis de mon côté. C'était un grand amphithéâtre brillamment éclairé. Cobb avait fait placer la boîte et la chaîne derrière le rideau, sur la scène, et restait auprès pour les garder, tandis que moi, préposé à la recette, j'attendais à la porte. Mes fonctions étaient fort simples, nous n'avions point de cartes, on donnait son argent, et je laissais entrer. En peu de temps la salle fut pleine de dames, de messieurs et d'enfants. Il y avait des ouvriers avec leurs femmes, des négociants avec leur famille, des dandys, des élégantes, et même bon nombre des personnages politiques les plus influents de l'Etat. L'annonce avait fait merveille, chacun voulait voir le fameux guyas-cutis.

L'impatience gagnait déjà la foule, lorsque enfin on entendit un grognement sourd sortir de dessous le rideau.

— A bas, Guy ! à bas ! tenez-vous, chien ! criait une voix forte.

Toute l'assemblée était réunie, et déjà l'on commençait à frapper des pieds, des mains et à donner des signes d'impatience. On entendait crier par intervalles :

— Le guyas-cutis ! le guyas-cutis !
— S'il ne vient pas allez le chercher, monsieur Showman !
— Oui, oui, amenez-nous cette grosse bête, fit un autre plaisant.

A ce moment, le guyas-cutis fit entendre un hurlement affreux.
— Donnez-lui un os, cria quelqu'un.
— Miss Sarah, par exemple ! reprit une autre voix.

Puis suivirent des rires et d'autres quolibets tout aussi spirituels.

Pendant que l'assemblée trompait ainsi les longueurs de l'attente, les grognements et les hurlements continuaient derrière le rideau avec une intensité de plus en plus effrayante et n'étaient guère interrompus que par les apostrophes de Cobb, qui s'efforçait de calmer la fureur du guyas-cutis. Cela dura quelques instants, puis on entendit un bruit de ferraille : c'était la fameuse chaîne qu'on mettait en mouvement.

Je n'attendais que ce moment. Aussitôt, me précipitant avec des signes de frayeur dans l'espace qui séparait les spectateurs de la scène, je passai rapidement derrière le rideau. Tout en exécutant cette manœuvre, je jetai un regard sur l'assemblée ; et je pus me convaincre que la peur commençait à gagner les plus braves, et que beaucoup de spectateurs, tout pâles et tout tremblants, se disposaient à sortir pour peu que la chose continuât.

Derrière le rideau, c'était autre chose : Cobb arpentait la scène, de droite et de gauche, de long en large, en frappant le parquet du pied, en traînant sa chaîne dans toutes les directions et en apostrophant dans les termes les plus énergiques un objet imaginaire. En corps de chemise, et les manches retroussées jusqu'aux coudes, il était couvert de sueur, et des taches rouges, figurant parfaitement le sang, se voyaient sur ses bras, sa poitrine, son visage et son cou. Il était vraiment magnifique dans son rôle.

— A bas, sauvage ! à bas ! criait Cobb.
— Brouhouhou ! brouhouhou ! hurlait le guyas-cutis.
— O monsieur Wolfe, criait Cobb, venez à mon secours, à mon secours ! il va s'échapper.
— Tenez-le bien, fis-je de mon côté.
— Brouhouhou ! brouhouhou ! brouhouhou ! hurlait le guyas-cutis.
— Tenez-le bien, disais-je.

A ce moment, Cobb saisit la chaîne des deux mains, la secoua violemment à plusieurs reprises, puis, s'élançant éperdu sur le devant de la scène, s'écria d'une voix de tonnerre :

— *Sauvez-vous, messieurs, sauvez-vous ! prenez garde à vos femmes et à vos enfants ! le guyas-cutis est échappé !*

— Messieurs, dit le major en respirant avec force, je n'essayerai pas de vous dépeindre la scène de confusion qui suivit cette annonce. En moins de dix minutes la salle était vide, et lorsque Cobb et moi nous regagnâmes l'hôtel nous ne trouvâmes personne dans les rues. Hommes, femmes, enfants, tout le monde s'était calfeutré chez soi.

De retour à l'hôtel, nous ordonnâmes de seller nos chevaux en toute hâte et la raison, ainsi que Cobb prit la peine de l'expliquer au maître d'hôtel, que, le guyas-cutis ayant gagné les champs, il fallait courir après lui. Nos chevaux prêts, les frais d'hôtel furent payés avec l'argent que nous venions de gagner ; et nous partîmes au grand galop, jugeant prudent de ne nous arrêter que lorsque nous eûmes en entre nous et la bonne cité de Colombia vingt milles de distance. Arrivés là, nous réglâmes nos comptes : notre argent se montait à…

— A combien se montait-il, monsieur Cobb ?
— A soixante-six dollars soixante-quinze centièmes tout juste, répondit un grand et gros personnage assis en face du major et qu'à sa mine taciturne et renfrognée on n'aurait jamais pris pour le héros de l'aventure.

C'était lui pourtant, et de joyeux éclats de rire saluèrent cette découverte.

. . . .

— Au major ! au major et à son histoire ! crièrent simultanément plusieurs voix.

Au même instant, on entendit un coup de feu en dehors de la tente, et une balle traversant le mur de toile vint enlever le bonnet de police de dessus la tête du capitaine Hennessy et frapper une carafe dont le cristal fut brisé en mille pièces.

— Voilà un diable de coup ! qui peut l'avoir tiré ? dit Hennessy en ramassant froidement son bonnet. C'est juste de la grosseur d'un doigt de demoiselle, ajouta-t-il en examinant le trou formé par la balle.

Pendant que le brave capitaine faisait ces réflexions, tous les officiers s'étaient levés et précipités vers l'entrée de la tente.

— Qui a tiré ce coup ? crièrent en même temps une douzaine de voix.

Personne ne répondit, et plusieurs officiers s'élancèrent dans le bois à la poursuite du coupable. Mais il faisait sombre, aucun bruit ne servait à guider leurs pas, et bientôt ils rentrèrent sans que leur recherche eût amené aucun résultat.

— C'est sans doute quelque soldat dont le mousquet aura parti par hasard et qui se sera sauvé pour éviter d'être puni, fit observer le colonel Harding.

— Revenez prendre vos sièges, messieurs, dit Hennessy, et laissez ce pauvre diable en repos. Heureusement que le projectile était une balle et non pas un obus.

— C'est surtout pour vous que la chose est heureuse, capitaine.

— Ma foi ! cela pour moi ne m'importe guère. Obus ou boulet de vingt-quatre, j'aurais toujours été frappé à la même place. Mais un projectile plus gros aurait eu de grands inconvénients pour la tête de mon ami Haller.

Il disait vrai. Ma tête se trouvait presque sur la même ligne que la direction de la balle, et si le projectile eût été plus gros j'aurais été frappé à la tempe gauche. Dans la position que j'occupais, j'avais senti le vent de la balle ; et j'en avais même éprouvé aux yeux une sensation assez douloureuse.

— Je serais tout de même curieux, ajouta Hennessy, de savoir à l'adresse duquel de nous deux cette missive était envoyée.

— Si ce n'est pas un effet du hasard, je désire vivement que ce ne soit à l'adresse de vous ni de moi ; mais j'incline à penser avec le colonel Harding que c'est l'effet d'un simple accident.

— Déplorable accident toujours que celui qui gâte le bonnet brodé d'un élégant capitaine, et qui, de plus, détruit un flacon tout entier de la meilleure eau-de-vie qu'on ait jamais mêlée avec de l'eau chaude et du jus de citron.

— Au diable la chose, messieurs ! cria le major. Allons, qu'on emplisse les verres et qu'on fasse sauter ces bouchons ! Cudjo, où est le tire-bouchon ? l'avez-vous trouvé enfin ?

— Inutile, major ! fit l'adjudant répétant sa plaisanterie.

Et en même temps il fit sauter avec l'ongle le goulot d'une bouteille qui se trouvait près de lui.

Grand nombre d'autres eurent le même sort. Les verres furent vidés et remplis tour à tour, et l'assemblée devint aussi gaie et aussi bruyante qu'auparavant. L'incident du coup de fusil était tout à fait oublié. On rit, on but, on chanta, on raconta des histoires, on porta des toasts, et la nuit tout entière s'écoula rapidement dans ces tumultueux plaisirs.

Hélas ! pour beaucoup de ces jeunes cœurs que remplissait l'espérance et qu'animait l'ardeur d'une noble ambition, cette nuit était le dernier anniversaire de Washington. La moitié de ceux qui avaient célébré la fête n'étaient pas destinés à voir l'anniversaire suivant.

CHAPITRE VII.

Rencontre d'un squelette.

Il était plus de minuit lorsque je quittai le théâtre de la fête. Quant à Clayley, c'était un de ces joyeux caractères qui peuvent boire depuis le coucher du soleil jusqu'au lever de l'aurore ; et comme il paraissait désireux de demeurer en son bon lieu, je sortis seul sans le prévenir. Le sang me portait à la tête, et je descendis sur le rivage pour jouir de la fraîcheur qu'apportait sur ses ailes la petite brise qui soufflait de la mer du Mexique.

Le tableau qui se déroulait à mes yeux était empreint d'une majesté pittoresque, à laquelle les fumées bachiques qui troublaient un peu mon cerveau prêtaient un caractère plus grandiose encore.

Une magnifique lune des tropiques brillait au zénith d'un ciel sans nuages ; les étoiles commençaient à s'éclipser pour la plupart, mais quelques-unes encore scintillaient dispersées dans l'espace. On distinguait, à la splendeur de leurs feux, Vénus, la Ceinture d'Orion et surtout la radieuse Croix du Sud.

A mes pieds s'étendait, jusqu'aux limites de l'horizon, une longue bande blanche à laquelle le reflet de la lune donnait l'éclat de l'argent. Une ligne tracée au loin par les récifs de corail brisait seule l'uniformité de cette nappe, sur laquelle on voyait aussi courir çà et là des lueurs phosphorescentes. Ces récifs, qui s'étendaient en cercle autour de l'île, semblaient une ligne de gardiens préposés à sa sûreté. Dans la nature qui m'entourait, seules les vagues avaient un mouvement qui semblait leur être communiqué par un pouvoir sousmarin ; car c'était à peine si l'haleine de la brise était assez forte pour rider légèrement la surface de l'eau.

Du côté du sud, on voyait en rade une centaine de bâtiments mouillés à une encablure les uns des autres. Aux lueurs tremblantes de l'astre des nuits, les carènes, les vergues et les mâts prenaient des proportions gigantesques qui donnaient à cette flotte une apparence fantastique. Tous ces navires étaient aussi immobiles que si les flots qui les portaient eussent été changés en un cristal solide. Les pavillons retombaient inertes le long des mâts ou pendaient nonchalamment enroulés autour de leurs drisses.

Sur la terre s'étendait en amphithéâtre la ligne des tentes, dont les toits blancs et coniques ressemblaient, sous les rayons de la lune, à autant de pyramides de neige. Çà et là, dans quelques-unes de ces tentes, brillait encore la lumière de la lampe qui éclairait dans ses travaux guerriers un soldat occupé à nettoyer son fusil ou à polir les cuivres de son ceinturon.

De temps à autre passaient quelques formes noires revêtues d'un costume uniforme : c'étaient des militaires qui rentraient dans leur tente après avoir rendu visite à quelque camarade. Tout autour du camp se dressaient d'autres formes humaines, séparées entre elles par des espaces égaux. La lune, en se reflétant dans l'acier poli de leur mousquet, indiquait à l'observateur que c'étaient des sentinelles qui veillaient à la sûreté commune.

Le clapotement de l'eau frappée par l'aviron de quelque embarcation qui s'éloignait ou s'approchait d'un navire à l'ancre, le murmure de la vague qui se brisait contre un rocher, les qui-vive répétés des sentinelles, le colloque à voix basse qui les suivait, le chant monotone de la cigale cachée dans le fourré, le cri de l'oiseau de mer que quelque ennemi chassait de sa retraite, tels étaient les seuls bruits qui troublaient le repos silencieux de cette nuit pleine de charmes.

Je continuai ma promenade jusqu'à ce que je fusse arrivé au point de la côte qui se trouve directement opposé à la terre du Mexique. A cet endroit, la forêt devenait plus épaisse et plus sombre ; et se prolongeait jusqu'à la mer, où elle se terminait par un fourré de palétuviers dont les pieds baignaient dans l'eau. Comme aucune troupe n'avait établi son campement de ce côté, le bois n'y avait point été coupé et cette partie de l'île conservait le caractère sauvage et solitaire qu'elle avait avant notre invasion.

La lune commençait à descendre, et quelques-uns de ses rayons venaient en biaisant se réfléchir sur la surface de l'eau. Tout à coup je crus entendre du bruit dans les broussailles. Certainement les feuilles avaient remué. Sans doute c'était quelque soldat qui avait franchi la ligne des sentinelles et qui n'osait pas rentrer au camp. Mais n'aperçois-je pas un bateau ? Oui. Voici un esquif et des filets. Aussi n'est-ce pas un bateau ? Oui. Voici un esquif et des filets. Aussi n'est-ce pas ? C'est sans doute une ruse des Mexicains. Peut-être cependant est-ce un pêcheur de la côte de Tuspan. Non, non ; il ne se serait point aventuré jusque-là. Ce doit être...

Un étrange soupçon venait de me traverser l'esprit, et je me précipitai dans le fourré de palétuviers à l'endroit où j'avais cru voir remuer quelque chose. Je n'avais pas fait trois pas que je reconnus ma sottise. Je m'étais engagé dans un labyrinthe inextricable où j'étais entouré de toutes parts par un mur presque infranchissable de branches et d'épines. Les tiges des palétuviers, pressées les unes contre les autres, étaient en outre enlacées avec force par les liens de la vigne sauvage, et tout cela formait une barrière que je ne pouvais parvenir à briser.

— Si ce sont des espions, me dis-je, il faut avouer que j'ai pris un bien mauvais moyen pour les découvrir.

Et, tout en me parlant ainsi, je me disposais à regagner le camp, dont les derrières ne devaient pas être à une grande distance.

J'avançais péniblement, me heurtant à chaque pas contre des troncs d'arbre couchés, ou m'embarrassant les jambes dans les longues cordes de la vigne. Des broussailles épaisses entravaient ma marche ; les épines me pénétraient dans les chairs ; les mezquites m'écorchaient le visage et faisaient couler mon sang. Bientôt je fus obligé pour me soutenir de m'accrocher avec force à une branche pendante. Je venais d'être atteint violemment par un gros objet, qui m'avait sauté sur les épaules et qui de là avait pris sa course au milieu des feuilles mortes. Je reconnus fort objet à son haleine fétide, ainsi qu'à l'impression de froid qu'il m'avait causée en me frappant la joue : c'était un hideux iguane.

L'aile d'une chauve-souris vient me frapper au visage : elle s'enfuit, revient et s'enfuit encore, trahissant à chaque pas son approche par une odeur nauséabonde qui fait soulever le cœur. A deux fois j'essaye de la frapper avec mon épée ; deux fois je n'attrape que le vide de l'air. Au troisième coup, mon épée s'embarrasse dans un treillis de plantes parasites. Je commence à m'effrayer d'une lutte nocturne avec ces étranges adversaires.

A la fin, après de nombreux efforts, j'avance un peu, et je puis apercevoir une clairière. Je me précipite vers ce point lumineux.

— Quel bonheur ! m'écriai-je en sortant des ténèbres.

Mais aussitôt je me rejette en arrière avec un cri d'horreur, mes jambes se dérobent sous moi, mon épée échappe à ma main, je demeure immobile et sans voix comme si je venais d'être frappé par la main de Dieu.

Devant moi, à trois pas de distance seulement, se dresse une image terrible, l'image de la mort elle-même : c'est un squelette qui étend ses bras décharnés pour me saisir. J'essaye de rassembler mes esprits. C'est une vision, me dis-je. Mais non ! ce n'est point un fantôme. Voici son crâne blanc et dépouillé, ses orbites vides de leurs yeux, ses longues jambes osseuses, ses côtes à jour, ses doigts sans muscles son sourire sans lèvres, c'est bien la mort elle-même.

Pendant que mon esprit se perd en conjectures devant cet étrange objet, j'entends du bruit dans les broussailles : on dirait des personnes engagées dans une dispute violente.

— Emile, Emile ! disait une voix de femme, ne l'assassinez pas ! je vous en prie, épargnez-le !

— Laissez-moi, Marie, laissez-moi, répondait un homme d'un ton de colère.

— Non, non, continuait la femme, ne faites pas cela, ne le faites pas !

— Malédiction sur les femmes ! me laisserez-vous tranquille maintenant.

En même temps j'entendis un coup asséné avec violence, un cri suivit, puis un homme s'élança des broussailles et se précipita sur moi en disant :

— Ah ! monsieur le capitaine, coup pour coup.

Je n'en pus entendre davantage. Je venais d'être frappé violemment à la tempe. Je tombai par terre, et j'y demeurai privé de sentiment.

Lorsque je revins à moi les premiers objets qui s'offrirent à ma vue furent les gros favoris bruns de Lincoln, puis je distinguai Lincoln lui-même, la figure pâle du petit Jack, et bientôt après plusieurs soldats de ma compagnie. J'étais dans ma propre tente couché sur mon lit de camp.

— Quoi ! comment ? qu'y a-t-il ? qu'est-ce ? dis-je en portant mes mains au bandeau de toile dont mes tempes étaient entourées.

— Prenez garde, capitaine, dit Bob en saisissant mes mains et en les replaçant à côté de moi sur le lit.

— Ah ! sur mon âme, capitaine ! vous devez un fameux cierge à la sainte Vierge, et vous avez eu bien du bonheur ! dit Chane soldat d'origine irlandaise.

— Du bonheur ! et que m'est-il arrivé d'heureux ? demandai-je.

— Ah ! capitaine, Votre Honneur a failli être assassiné par ces brigands de créoles, et vous avez eu bien de la chance d'en échapper !

— Assassiné, ces brigands de créoles !... Qu'est-ce que tout cela, Bob ?

— Comme vous pouvez vous en apercevoir, capitaine, vous avez un trou à la tête, et nous pensons que c'est l'ouvrage des créoles.

— Ah ! bien, je me rappelle maintenant ! Un grand coup en effet. Mais la mort, la mort !

Je me levai tout de bout sur mon lit, mon imagination exaltée me faisait revoir l'affreux fantôme.

— La mort, capitaine ! et que voulez-vous dire ? fit Lincoln en me saisissant dans ses deux bras vigoureux.

— Le capitaine veut sans doute parler du squelette, dit Chane.

— Quel squelette ? demandai-je.

— Un squelette que les camarades ont trouvé dans le fourré et qu'ils se sont amusés à dresser contre un arbre. Nous avons rencontré en effet Votre Honneur étendu à ses pieds.

J'en savais assez sur ce sujet.

— Mais que sont devenus les créoles ? demandai-je après un moment de silence.

— Ils ont décampé, capitaine ! reprit Chane.

— Comment, décampé ?

— Oui, capitaine, c'est comme il a l'honneur de vous le dire, reprit Lincoln à son tour, ils sont partis.

— Partis, mais par quel moyen ? demandai-je.

— Ils ont déserté, capitaine.

— D'où le savez-vous ?

— Parce qu'ils ne sont pas ici.

— Dans l'île ?

— Certainement. Nous avons battu tous les buissons sans pouvoir les trouver.

— Mais encore, qui sont ces créoles ?

— Dubrosc et le jeune homme qui était avec lui, ils ont déserté tous deux.

— Oui, et le diable les accompagne ! Quant à moi, je ne suis pas fâché que nous soyons débarrassés de M. Dubrosc ; c'est un garçon qui ne m'allait pas.

— Êtes-vous sûrs qu'ils soient partis ?

— Très-sûr, capitaine. Gravenitz a vu Dubrosc s'enfoncer dans le fourré avec son mousquet. Peu de temps après, nous avons entendu un coup de feu ; mais ce n'est que ce matin que nous avons appris qu'un soldat avait trouvé un sombrero espagnol du côté du bois, et que Chane nous a raconté que la toile de la tente du major Twing avait été percée par une balle. Nous avons encore ici, comme pièce de conviction, le couteau de boucher qui a servi à vous frapper.

Et en prononçant ces derniers mots Lincoln étalait à mes yeux une espèce d'arme mexicaine connue sous le nom de machete.

— Ah ! bien.

— Voilà, capitaine, tout ce que nous savons de positif. De plus, on soupçonne qu'il y avait quelques Mexicains sur l'île et que les deux créoles se sont enfuis avec eux.

Après le départ de Lincoln, je demeurai pendant assez longtemps préoccupé de cette mystérieuse affaire. Peu à peu, cependant, mes souvenirs devinrent plus précis, et tous les événements de la nuit précédente se représentèrent à mon esprit, formant entre eux les différents anneaux d'une chaîne non interrompue. La balle qui avait passé si près de moi dans la tente de Twing, le bateau, la conversation que j'avais entendue avant d'être frappé, l'exclamation de *coup pour coup* qui m'avait été adressée, tout venait confirmer les soupçons de Lincoln.

Évidemment c'était Dubrosc qui avait tiré le coup de feu et qui m'avait frappé à la tempe.

Mais quelle pouvait être la femme dont j'avais entendu la voix plaider en ma faveur?

Je pensai alors au jeune garçon qui était parti avec Dubrosc et que je me rappelais parfaitement avoir vu souvent dans sa société. Un attachement singulier paraissait exister entre ces deux êtres. L'enfant obéissait au farouche créole comme un esclave à son maître; ce devait être une femme.

Je me souvenais en effet d'avoir été frappé de la délicatesse des traits de ce jeune homme, de la douceur de sa voix, et de la petitesse de sa main. Il y avait également dans l'expression de sa figure des choses qui m'avaient étonné; et j'avais été à même d'observer fréquemment qu'en l'absence de Dubrosc, ses yeux se portaient sur moi avec un intérêt étrange dont je m'expliquais maintenant la cause.

Plusieurs autres circonstances dans lesquelles Dubrosc et son jeune compagnon se trouvaient mêlés se présentaient à la fois à mon souvenir et contribuaient encore à me confirmer dans l'idée que le créole était mon assassin et que son jeune compagnon n'était autre que la femme dont j'avais entendu la voix dans le fourré.

Telles furent les aventures de cette nuit, dont je m'efforçai de cacher toute la partie relative au squelette.

Peu de jours après, les forces m'étaient revenues; le coup que j'avais reçu n'ayant pas pénétré bien avant, grâce à ma coiffure d'uniforme et au peu de poids de l'arme du créole.

CHAPITRE VIII.

Débarquement à Sacrificios.

Dans les premiers jours de mars, les troupes de Lobos se rembarquèrent et vinrent mouiller à Anton-Lizardo. Les bâtiments américains furent bientôt rejoints sur cette rade par une centaine de bâtiments de transport.

Dans cette partie, la côte n'offre à l'œil ni ville ni village; elle est presque déserte, et c'est à peine si l'on aperçoit çà et là quelques rares habitations; elle est hérissée de tous côtés par de hautes collines de sable, auxquelles le feuillage des palmiers qui les couronnent donnent un aspect qui n'est pas sans charme et sans grâce.

La plage unie et découverte nous engageait à venir nous y reposer, mais nous n'osions nous exposer au danger de rencontrer quelques postes détachés du corps d'armée ennemi qui campait derrière les montagnes voisines. De temps en temps même, des patrouilles venaient se montrer jusque sur la côte.

Je ne sais point au juste quels furent les sentiments des habitants de ce pays à moitié sauvage à la vue de nos grands navires, mais ce fut sans doute avec crainte et émotion qu'ils virent approcher de leur terre ces vastes casernes de bois portant dans leurs flancs une légion d'envahisseurs. Laocoon ne dut pas regarder le cheval de bois avec plus de défiance et de surprise que n'en témoignèrent les ignorants paysans d'Anahuac en apercevant nos grands léviathans s'approcher de leurs côtes.

Cette scène avait pour nous un intérêt d'un genre tout différent. Nous considérions avec orgueil ces magnifiques produits d'architecture navale; nous admirions leur force, leur nombre et leur légèreté. Nous étions fiers d'appartenir à un peuple puissant et libre dont ils étaient les instruments... et ce n'était pas sans un martial et légitime orgueil que du sommet des mâts où flottaient les couleurs nationales nous reportions nos yeux sur nos uniformes, où brillaient les mêmes insignes.

Nous voyions briller les fusils, resplendir les épaulettes et luire les baïonnettes; nous entendions les accents bruyants de la trompette, les appels guerriers, le bruit des armes, les roulements des tambours, la voix aiguë des clairons; en un mot, les yeux aussi bien que les oreilles étaient frappés de cette rude harmonie et de cet éclat qui élèvent et transportent le cœur et forment, par leur ensemble, la magique poésie des combats.

Le débarquement était fixé au 9 mars. Le point sur lequel il devait s'effectuer était déterminé à l'avance : c'était le côté opposé de l'île de Sacrificios, position dans laquelle nous devions prendre terre à l'abri du canon de Vera-Cruz. . . . .

Le 9 mars arriva; c'était un jour magnifique, plein de soleil et de lumière. La mer était calme, et c'est à peine si ses flots étaient ridés par une faible brise des tropiques; mais cette brise, si faible qu'elle fût, suffisait pour nous conduire au rivage vers lequel elle soufflait.

De grand matin, je remarquai dans la flotte un mouvement inaccoutumé : les signaux s'échangeaient sans cesse, et les canots couraient rapidement d'un bord à l'autre.

Avant l'aurore, toutes les embarcations avaient été détachées de leurs supports, descendues à la mer, mises à flot et attachées par des câbles le long des navires et des steamers.

La descente est sur le point de s'effectuer; le sombre nuage qui depuis quelque temps menace le Mexique va maintenant éclater et lancer la foudre contre cette terre.

Mais où tombera-t-elle? L'ennemi ne s'en doute guère et se prépare à nous recevoir sur la côte voisine.

Les machines commencent à chauffer; un nuage épais de fumée noire obscurcit l'air et dérobe à moitié la flotte. Çà et là une grande voile s'agite sous le souffle de la brise; on n'a pas encore eu le temps de la serrer autour de la vergue.

Sur les ponts, les soldats se tiennent debout, les uns entièrement armés et équipés, les autres bouclant leur ceinturon ou attachant leur giberne, d'autres enveloppant par précaution les batteries de leurs fusils pour les préserver du tout contact avec l'eau de la mer. Les officiers, avec la ceinture et l'épée, sont debout sur les bancs de quart, ou, mêlés aux groupes, examinant les soldats, ou bien encore jetant par-dessus les bastingages un regard sur les autres navires.

Des sons inusités se font entendre de tous côtés : on distingue la voix des marins, le bruit des ordres qui se transmettent, le grincement de la dent de fer des cabestans, les gémissements des chaînes, le craquement des mâts; en un mot, ces mille bruits divers qui annoncent l'approche d'un grand mouvement.

Au-dessus de tout ce vacarme se distinguent les roulements d'un tambour. L'alarme est donnée, un autre lui répond, puis un autre encore, et bientôt tous les bruits sont couverts par ces accents retentissants. Puis suivent de nouveaux commandements. Des voix brèves et fortes donnent des ordres précipités. Les bancs de quart sont occupés par les officiers. C'est de là que partent les ordres. Le pont de tous les navires est maintenant couvert de matelots et de soldats dont chacun a les yeux fixés sur le petit steamer noir monté par le commandant en chef.

Du côté de ce dernier, on voit tout à coup paraître un petit nuage de fumée; un jet de flammes s'échappe dans une direction horizontale, un coup de canon vient d'ébranler l'atmosphère. Avant que les échos aient fini de répéter ce bruit majestueux, une vie nouvelle semble s'être emparée de toute la flotte. Les bâtiments, emportés par une force qu'on dirait surnaturelle, s'élancent à l'envi les uns des autres. Le mouillage est abandonné, nous voguons avec la légèreté du vent. On se dirige vers le nord-ouest; nous sommes en route pour l'île de Sacrificios.

Les navires à voile s'avancent rapidement sous le souffle de la brise. Plus rapides encore, les vapeurs les devancent. Tout est sur la flotte bruit et mouvement, et les échos de la côte, dont nous nous rapprochons à chaque instant, répètent déjà les commandements de nos officiers et les cris joyeux des soldats impatients de fouler le sol de la terre ennemie.

L'alerte est donnée à terre. Les ennemis ont pris l'alarme. De brillants cavaliers arrivent au grand galop sur la côte. Des lanciers débouchent avec leurs pennons au vent à travers les défilés des collines. L'artillerie se range sur le bord de la mer; le canon gronde, et les boulets, qui se croisent avec rapidité, abattent de tous côtés les cactus et les autres plantes.

Andela! andela! tel est le cri de nos ennemis. Mais c'est en vain qu'ils excitent leurs chevaux et qu'ils enfoncent leurs éperons dans leurs flancs sanglants, les éléments sont contre eux et combattent pour nous.

La terre et l'eau les arrêtent, tandis que pour nous l'eau et l'air sont des alliés. Nous les voyons bondir à travers le nuage de sable jaune que soulèvent les pieds de leurs coursiers ou fouler les bords marécageux de la Mandinga et de Medellin, tandis que la vapeur et le vent nous entraînent sur l'eau avec la rapidité de la flèche. Nous nous rions de leurs efforts impuissants.

L'alarme se propage rapidement sur la côte. Les clairons sonnent, des estafettes sont envoyées de Vera-Cruz dans toutes les directions, la générale bat dans la ville. L'écho nous apporte tous ces bruits divers.

Des signaux sont échangés avec San-Juan; on leur répond de Santiago et de la Conception.

Des milliers de formes humaines couvrent les toits de la ville et les remparts du château. Des cris de terreur partent de tous côtés.

— Les voilà! les voilà! dit-on de toutes parts.

Cependant ils ignorent encore de quel côté l'attaque sera dirigée et où s'effectuera notre descente.

Ils s'imaginent que nous allons essayer de bombarder leur citadelle imprenable de Saint-Jean, et s'attendent à voir nos vaisseaux venir se perdre et se détruire sur les récifs qui bordent les remparts de leur ville.

La flotte s'avance à peu près sur la même ligne de front. Les navires fendent les flots, qu'ils semblent dominer en maîtres. La foule des soldats et des matelots se presse sur les ponts et jette par-dessus le bastingage des regards de défi à la ville qu'ils vont bientôt attaquer. A Santiago, les artilleurs, rangés autour de leurs canons, attendent en silence l'ordre de commencer le feu. La poudre, les boulets, les bombes, les obus, tout est prêt; les lances à feu tout allumées brillent dans les mains des pointeurs, quand tout à coup part des remparts ennemis un cri terrible, cri de rage, de désappointement et de désespoir.

Celui de nos vaisseaux qui forme l'extrémité extérieure de la ligne vient de changer brusquement la direction de sa route et obéissant à la savante impulsion du timonier, marche droit sur la rade de Sacrificios.

Le second bâtiment imite le mouvement du premier, un troisième suit bientôt, et avant que la foule ébahie de nos ennemis soit revenue de sa stupéfaction, notre flotte tout entière est arrivée à une portée de pistolet de l'île.

C'est alors seulement que les Mexicains comprennent la ruse et commencent à en calculer les résultats probables. Ces immenses navires, que quelques instants auparavant ils se flattaient de voir brisés sur leurs récifs et foudroyés par le feu de leurs forts, allaient jeter sur leurs côtes sans défense une armée nombreuse d'ennemis braves et disciplinés. C'est en vain que la trompette sonne le boute-selle, en vain que l'artillerie se rassemble et s'aligne le long des remparts, nous sommes désormais hors de ses atteintes.

Pendant ce temps, les vaisseaux arrivent au mouillage ; les chaînes crient sous un bruit épouvantable ; les ancres vont mordre le fond de la mer ; les voiles sont repliées autour des vergues ; matelots et soldats descendent dans les embarcations. Déjà les avirons sont prêts à frapper en cadence la surface de la mer. Au commandement de l'officier qui dirige chaque bateau, les embarcations, rangées sur une même ligne, présentent un front redoutable.

Les bâtiments de guerre, placés sur nos flancs, sont disposés de manière à protéger notre descente par les feux croisés de leurs batteries. Cependant aucun ennemi ne s'est encore montré aux regards impatients de nos soldats, qui se dirigent vers la terre avec une expression menaçante. Tous les cœurs sont remplis de belliqueux désirs : on n'attend plus que le signal.

Enfin un coup de canon est tiré à bord de l'amiral. Au même instant, des milliers d'avirons frappent la mer ; des flots d'écume blanche jaillissent de tous côtés sous leurs coups. Plus de cent bateaux s'élancent à la fois ; c'est à qui se devancera. Chacun veut le premier arriver au rivage ; c'est une régate guerrière. L'enthousiasme est à son comble.

Nous approchons de la côte. Les officiers sont debout, l'épée à la main. A côté d'eux, les soldats, armés de leurs mousquets, se tiennent prêts à exécuter leurs ordres. A un signal donné, mille hommes se précipitent à la fois dans la mer et s'avancent vers la terre en suivant le mouvement de la marée. Des milliers d'autres guerriers s'élancent à leur suite en élevant au-dessus de leurs têtes les gibernes qui contiennent leurs cartouches. Les fusils, les baïonnettes, les épées étincellent sous les rayons du soleil. Les bannières flottent, et c'est avec cet appareil guerrier et en poussant des cris d'enthousiasme que l'armée mexicaine atteint enfin le rivage ennemi.

Un long hourra de triomphe retentit alors sur toute la ligne. On leur répond des navires, et ces bruits, répétés par les échos du rivage, vont apprendre aux Mexicains la réussite de notre entreprise.

Un porte-étendard plante son drapeau au haut d'une colline de sable : la République-Unie a pris possession de cette terre lointaine.

La noble bannière se déploie sous le souffle de la brise, et son apparition est saluée par de nouveaux cris de triomphe. Les bâtiments de la flotte se pavoisent au même instant, les couleurs nationales flottent au haut de tous les mâts. Une bordée partie de tous nos vaisseaux salue le pavillon, tandis que les canons du fort Saint-Jean, se réveillant enfin de leur sommeil léthargique, font gronder au loin un tonnerre inutile dont les éclats ne peuvent nous atteindre.

Les derniers rayons du soleil éclairent notre débarquement. Les troupes, à mesure qu'elles prennent terre, se déploient vers l'intérieur. Quelques dunes de sable sont escaladées ; enfin notre position est bien prise. Nous faisons halte, notre aile gauche restant toujours appuyée à la mer.

Les soldats campent à la belle étoile sans dresser de tentes, et bientôt s'endorment à terre ; le sable leur sert de lit et leur tête est appuyée sur leur cartouchière, qui leur tient lieu d'oreiller.

CHAPITRE IX.

Vera-Cruz.

Vera-Cruz est une ville fortifiée entourée de tous côtés par une muraille et défendue par des batteries régulières. En venant du côté de la terre, on pénètre dans la ville par trois portes ; du côté de la mer, on y arrive par un superbe môle en pierre qui se prolonge à une assez grande distance. Ce môle est une construction toute moderne. Lorsque le soleil a disparu à l'occident derrière les Cordillères du Mexique et que la brise de mer est venue rafraîchir l'air, à l'heure où le commerce cesse son mouvement de chaque jour, c'est sur ce môle que les beautés au teint pâle de la Vera-Cruz aiment à se produire aux yeux de leurs admirateurs.

D'un côté, la mer baigne le pied de la ville. Un grand nombre de maisons ont vue sur les eaux. De tous les autres côtés, à plusieurs milles de distance des murs, s'étend une plaine de sable, aux limites de laquelle s'élèvent quelques-unes de ces collines, également de sable, qui forment un des traits caractéristiques des côtes du golfe de Mexique. Pendant les hautes marées, et par les vents du nord, la mer couvre cette plaine, et la ville de Santa-Cruz paraît alors entièrement isolée au milieu des vagues. Il n'y a qu'un seul point où l'aspect du paysage soit différent et où l'on trouve quelque trace de végétation, des arbres rabougris et des buissons. Une ligne noire se dessine au loin, c'est une forêt intérieure. De ce côté, quelques rares maisons s'élèvent aussi en dehors des murs. On y rencontre une station de chemin de fer, un cimetière, un aqueduc, un petit cours d'eau, des marais et des eaux stagnantes.

Sur le front de la ville s'élève, sur un récif de corail, le célèbre fort de Saint-Jean d'Ulloa, situé à environ mille pas du môle. Il porte un phare à l'un de ses angles ; ses murailles et le récif sur lequel il est construit (Gallega) forment le port de Vera-Cruz, port qui n'est, à vrai dire, qu'un ancrage protégé contre les vents du nord. C'est à l'abri de ce fort de Saint-Jean que viennent mouiller les bâtiments du commerce. On n'en voit jamais qu'un très-petit nombre.

A l'angle septentrional de la ville domine un autre grand fort, celui de la Conception. Un troisième fort défend la ville du côté du sud : c'est celui de Santiago. Un bastion circulaire, armé de canons de gros calibre, protégé la place contre toute attaque du côté de la plaine, qu'il commande jusqu'aux collines de sable.

Sous quelque aspect qu'on envisage Vera-Cruz, soit qu'on la regarde du côté de la mer, soit qu'on l'examine du haut des buttes de sable de l'intérieur, cette ville présente un aspect agréable. Ses dômes massifs, ses clochers élevés, ses maisons à tourelles, son architecture moitié mauresque, moitié moderne, l'absence de faubourgs ou de tous autres objets extérieurs capables d'attirer les yeux, tout contribue à rendre cette grande cité digne d'attention et même d'admiration. Les monuments ont un caractère si pittoresque et l'enceinte de laves tranche tellement avec sa couleur foncée sur l'éclatante blancheur des sables, que tout cela semble, au premier aspect, avoir été disposé dans l'unique but d'étonner l'œil et d'impressionner l'esprit. Pour moi cette vue me rappelait involontairement les gravures de villes que j'avais si souvent examinées pendant le cours de mes études géographiques dans l'*Epitome* de Goldsmith.

. . . .

Le 10, à la chute du jour, notre armée se mit en marche à travers les collines de sable, s'avançant, division par division, régiment par régiment. Notre ligne s'étendait en forme de demi-cercle irrégulier. Les chasseurs à pied et l'infanterie légère poursuivaient l'ennemi de colline en colline et le débusquaient des bouquets de bois où il s'était logé, tandis que la colonne principale continuait sa marche tortueuse, tantôt s'enfonçant dans la profondeur des défilés, tantôt, au contraire, s'élevant sur le sommet des hautes collines blanches. On eût dit un grand serpent qui déroulait ses anneaux.

Le mouvement s'opérait à portée du canon de la ville ; nous n'étions protégés que par les seuls accidents du terrain. De temps à autre, lorsqu'un régiment se montrait à découvert, soit en traversant un défilé, soit en gravissant quelque colline, on entendait gronder l'artillerie de Santiago. Le bruit continuel des carabines et de la mousqueterie nous disait assez aussi que nos éclaireurs étaient aux prises sur nos devants. Bientôt un ouvrage avancé fut emporté à la suite d'une charge brillante, et le pavillon américain flotta sur les ruines du couvent Malibran.

Le 11, la route d'Orizava fut traversée, et les troupes légères de l'ennemi débusquées de toutes les hauteurs environnantes. Elles se retirèrent rapidement jusque sous l'abri des canons, et bientôt après rentrèrent dans l'intérieur des murailles.

Dans la matinée du 12, nous avions fini d'entourer la place. Nous formions un demi-cercle dont Vera-Cruz était le point central. Une ceinture de régiments ennemis embrassait la cité mexicaine. Notre aile droite avait dressé ses tentes en face de l'île de Sacrificios, tandis que l'aile gauche s'appuyait au hameau de Vergara. L'autre partie du cercle était formée par la mer et gardée par une flotte de bâtiments de guerre.

Le diamètre de la circonférence diminuait de plus en plus, les lignes de circonvallation se rapprochaient toujours davantage de la ville assiégée, jusqu'à ce qu'enfin les palissades des Américains se dressèrent le long des collines les plus voisines de la ville à portée de canon de Santiago, de la Conception et d'Ulloa.

Les assiégeants et les assiégés n'étaient séparés que par une largeur d'un mille au plus.

. . . .

Le soir du 12, après la retraite, je gravis, en compagnie de quelques officiers, une haute colline au pied de laquelle serpente la route qui vient d'Orizava. Cette colline domine toute la ville de Vera-Cruz.

Parvenus au sommet après une ascension pénible, nous nous arrêtâmes à l'abri d'un rocher.

Pendant un assez long temps, chacun de nous, vivement impressionné par la vue de la scène majestueuse qui se déroule à nos pieds, garde un silence profond, qui n'est troublé que par les rares exclamations que nous arrachent malgré nous la surprise et l'admiration.

La lune brillait dans le ciel avec un éclat qui nous permettait de distinguer jusqu'aux moindres détails de ce magnifique tableau. A nos pieds, du milieu d'une plaine de sable blanc, s'élevait comme par enchantement la ville de la Vraie-Croix; derrière s'étendait à perte de vue une mer aux flots azurés.

Les grosses tours avec leurs dômes peints de couleurs brillantes, les tourelles gothiques et les minarets mauresques ramenaient nos esprits vers des temps depuis longtemps écoulés, tandis qu'un tamarin

— C'est un animal bien féroce, n'est-ce pas? dit-il en passant seulement la tête dans l'entre-bâillement de la porte.

poussé sur quelque azotea ou le feuillage léger de quelque palmier s'élevant au-dessus d'une muraille nous rappelaient que nous étions près d'une ville moderne de l'Amérique méridionale.

Des dômes, des clochers, des coupoles dominent les remparts; des bannières aux couleurs diverses flottent de toutes parts: nous reconnaissons les pavillons des consuls de France, d'Espagne et d'Angleterre.

De l'autre côté de la ville, nous voyons les flots transparents venir mollement se briser contre les murs du fort Saint-Jean en formant autour de ses remparts une blanche ceinture d'écume.

Au sud, nous distinguons l'île de Sacrificios, et au milieu des rochers de corail qui la bordent, nous voyons se balancer comme de noirs fantômes les navires de notre flotte.

Du côté de la terre, en dehors de la muraille de pierres volcaniques qui enceint la ville, s'étend une plaine unie qui se termine au pied de la colline sur laquelle nous sommes placés. A droite et à gauche, sur la crête des hauteurs de Punta-Hornos jusqu'à Vergara, se prolonge une ligne de formes noirâtres: ce sont les postes américains, dont les sentinelles vont et viennent en enfonçant jusqu'au genou dans un sol de sable jaunâtre.

Pendant que nous contemplons ce spectacle intéressant, la lune disparaît tout à coup derrière une masse de nuages. Les feux de la ville, que son éclat éclipsait auparavant, brillent maintenant dans l'obscurité et forment une décoration nouvelle au tableau qui se déroule à nos yeux.

Les cloches retentissent du haut des clochers, les clairons sonnent dans toutes les rues; de temps à autre on entend les sentinelles qui s'avertissent par ce cri: Centinela, alerte! Les patrouilles échangent les Quien viva?

Voici maintenant des accords harmonieux, des voix de femmes s'y mêlent; ces bruits nous indiquent qu'on se livre à la danse, et que

dans quelque joyeuse assemblée des femmes chaussées de fins bas de soie effleurent de leurs pieds légers le parquet de quelque joyeuse salle de bal.

Plusieurs de nous, excités par cette enivrante harmonie, lancent sur la ville assiégée des regards d'envie, et se demandent avec impatience les uns aux autres quand on livrera l'assaut.

Nous continuons à regarder. Mais soudain un jet de flamme s'échappe horizontalement de dessus le parapet de la Puerto Nuevo.

— Garde à vous! crie Twing.

Et au même instant il va se mettre à l'abri derrière une petite butte de sable.

La plupart d'entre nous suivent son exemple. Mais avant que nous ayons pu nous mettre tous à couvert, un corps pesant passe auprès de nous avec un bruit qui dénote un boulet de vingt-quatre.

Le projectile frappe avec force une butte de sable à quelques pas de nous, rebondit et va s'enfoncer en ricochant au milieu des collines voisines.

— C'est à recommencer, dit l'un de nous.
— Ce garçon a perdu un souper au vin de Champagne, dit Twing.
— Oui, d'autant mieux, ajoute un autre officier, qu'il a complétement manqué son but.
— De bonne foi, il devrait aussi payer les huîtres! dit Clayley.
— Fermez votre bouche, Clayley, ou, sur mon âme! je vous envoie par-dessus les remparts.

Cette dernière réflexion partait de Hennessy, dont le champagne et les huîtres excitaient la mauvaise humeur en lui rappelant par contraste le biscuit et le porc souillé de sable auxquels nous étions condamnés depuis plusieurs jours.

— Voilà qu'on recommence! cria Twing, dont les yeux n'avaient pas quitté le rempart.

Devant moi, à trois pas de distance seulement, se dresse une image terrible...

— C'est une bombe, ma foi! par terre, messieurs, et laissons-lui le temps d'éclater! continua-t-il pendant que lui-même et plusieurs autres officiers se jetaient la face sur le sol.

La bombe arrivait au même moment sur nous en sifflant et en décrivant dans l'air sa courbe gracieuse et brillante.

Presque au même instant elle tombait assez près de nous pour que nous pussions entendre distinctement le bruit qu'elle faisait en continuant de brûler dans le sable.

Le messager de mort roula jusqu'au pied d'un poste situé à peu de distance de nous. Stupéfait par l'arrivée de ce projectile, qu'il prenait peut-être pour un boulet de canon, le soldat en sentinelle ne fit aucun mouvement pour échapper à l'effet de ses redoutables éclats.

— C'est déjà très-fort pour eux d'attraper la colline, dit un jeune officier.

Ces mots étaient à peine prononcés, que nous entendîmes un sourd craquement semblable à un coup de canon qui serait parti sous nos pieds. Le sol s'entr'ouvrit comme dans un tremblement de terre, et le sable, chassé au loin par la force du coup, vint nous frapper le visage.

Un nuage de poussière couvrit en un moment la place de l'explosion. A cet instant la lune reparut, la poussière se dissipa peu à peu, et nous pûmes voir le corps mutilé de la pauvre sentinelle étendu sur le flanc de la colline, à trente pas de distance du poste.

Un cri de triomphe partit du rempart de la Conception, c'était de ce fort qu'était venu l'obus.

Affligés de cette circonstance, désolés surtout d'avoir, par notre imprudence, attiré l'attention de l'ennemi et causé involontairement le malheureux événement dont nous venions d'être témoins, nous nous disposions à quitter la colline, lorsqu'un cri d'appel sortit d'un massif de broussailles.

Ce bruit provenait du chapparal, à environ un quart de mille au-dessus du camp, et, chose singulière, un coup de feu, parti presque simultanément de la Porte-Neuve, semblait indiquer que ce cri n'était qu'un signal attendu, auquel on répondait de la ville par un autre signal également convenu à l'avance.

Au même instant un cavalier sortit du bois, se dirigeant vers les buttes de sable. Après deux ou trois bonds, le superbe mustang qu'il montait gagna la crête de la colline où se trouvaient les restes inanimés de notre pauvre soldat. Arrivé à ce point, le cavalier arrêta subitement son cheval et parut un moment incertain s'il devait avancer ou reculer. Nous, de notre côté, le prenant pour un officier des nôtres, nous le regardions immobiles et étonnés, ne comprenant pas ce qui pouvait le déterminer à galoper ainsi à cette heure.

— Par le ciel! c'est un Mexicain! dit tout à coup Twing au moment où le cavalier apparaissait plus distinctement sous un rayon de la lune.

Avant que personne eût pu répondre au major, l'étrange cavalier se jeta brusquement à gauche, saisit un pistolet, tira au milieu de nous, et enfonçant les éperons dans le ventre de son cheval, s'élança au galop entre deux collines de sable.

— Vous êtes un tas d'imbéciles d'Yankees! nous cria-t-il en disparaissant dans le défilé.

Une demi-douzaine de coups de feu répondirent à cette impertinente allocution. Mais le cavalier était déjà hors de la portée de nos pistolets bien avant que nous fussions revenus de l'étonnement que nous avait causé son audace.

Peu de minutes après nous vîmes le cheval et l'homme galopant vers les murs de la ville, ils ne paraissaient plus que comme un point sur la plaine; puis nous entendîmes un bruit sourd de portes qui s'ouvraient et se fermaient. C'était la Porte-Neuve qui donnait passage au cavalier.

Personne de nous n'avait été atteint par le coup de pistolet, mais nous n'en étions pas moins furieux; et ce fut en chargeant notre ennemi d'imprécations que nous descendîmes de la colline.

— Avez-vous reconnu cette voix, capitaine? me dit Clayley en retournant au camp.
— Oui.
— Et qui croyez-vous que ce soit?
— Dubrosc.

CHAPITRE X.
Le major Blossom.

En rentrant au camp, je trouvai devant l'entrée de ma tente une ordonnance à cheval.

— De la part du général, me dit le soldat en portant la main à son chapeau et en me présentant une lettre cachetée.

Je pris la lettre, et l'ordonnance partit de suite sans attendre la réponse.

Je rompis le cachet et lus avec plaisir :

« Monsieur,
» Vous vous joindrez avec cinquante hommes au major Blossom demain matin à quatre heures.
» Pour ordre,
» Signé A. A. A. G.
» Au capitaine Haller, commandant la compagnie de tirailleurs. »

— Le vieux Blossom!... ah! je le connais, c'est le quartier-maître d'avant-garde, dit Clayley en regardant en même temps que moi le contenu de l'ordre.

— Probablement c'est pour aller aux tranchées. Ma foi, j'en ai assez!...

— Si c'eût été pour cela, on eût choisi un autre que Blossom; par exemple, le brave Daniel. Avec celui-là, nous pourrions compter sur une belle et bonne corvée; mais cette vieille baleine de Blossom peut à peine se tenir droit sur sa selle, que peut-il y avoir à faire avec lui?

— Nous ne serons pas longtemps dans le doute. Donnez ordre au sergent que les hommes soient prêts pour quatre heures.

Je me mis à traverser le camp à la recherche de la tente de Blossom, et ce ne fut pas sans peine que je parvins à la découvrir sous un bouquet d'arbres hors de la portée des projectiles de la Vera-Cruz. Je trouvai le major assis dans un large fauteuil de campêche, qu'il s'était procuré dans quelque ferme voisine, et qui certes n'avait jamais été aussi bien rempli qu'à cette heure.

Si je voulais faire une description complète de ce personnage, j'en aurais pour tout un chapitre. Aussi me bornerai-je, pour en donner quelque idée au lecteur, à dire que c'était un grand et gros homme, fort gras et de bonne mine, connu parmi ses compagnons d'armes sous le briquet du *major jureur*.

Elles tombèrent dans les bras l'une de l'autre, tremblantes et presque sans vie.

Si quelqu'un dans toute l'armée aimait à bien vivre, c'était le major Blossom; et si quelqu'un détestait voir son repos troublé, c'était encore le major Georges Blossom. Il haïssait les Mexicains presque à l'égal des moustiques, des scorpions, des serpents, des sables volants et de tous les autres ennemis de son bien-être; et la manière dont il nommait ses adversaires eût fait qu'il les envoyât au diable lui aurait, sans contredit, par son originalité, mérité une place distinguée dans la célèbre armée de Flandre.

Le major Blossom était un quartier-maître dans toute la force du terme, car il occupait plus de place et de *quartiers* que qui que ce fût dans l'armée, sans en excepter le général en chef; et quand vingt-cinq livres de bagage suffisaient amplement aux plus braves et aux meilleurs officiers, il ne fallait pas moins qu'un train de wagons ou d'artillerie pour transporter l'attirail du major Blossom y compris sa gracieuse personne.

Quand j'entrai sous sa tente, il était en train de souper. Les mets étalés devant lui faisaient un singulier contraste avec ceux qui servaient de nourriture à l'armée toute entière. Il n'y avait pas de risque que le major s'exposât à avoir les dents cassées par quelque grain de sable mêlé à son porc salé ou quelque débris de rocher envoyé par une bombe au fond de sa tasse à café. Notre homme avait pris toutes ses précautions en conséquence.

Une bonne tranche de saumon, une aile de dinde froide, un plat de langues fourrées et un jambon de Virginie formaient le fond du souper du major. Comme accessoire se dressait sur la table une cafetière de France contenant de l'essence de moka en ébullition. Auprès de lui était une grande coupe d'argent, que de temps à autre le major remplissait jusqu'au bord. Près de sa main droite se dressait une bouteille d'eau-de-vie, à laquelle il faisait souvent appel.

— Le major Blossom, n'est-ce pas? dis-je.

— C'est mon nom, murmura le gros homme entre deux bouchées.

— J'ai reçu l'ordre de me joindre à vous, monsieur.

— Ah! mauvaise affaire! mauvaise affaire! cria le major ajoutant quelques jurons pour donner plus de poids à son assertion.

— Comment, monsieur?

— Oui. Très-mauvaise affaire; service dangereux. Ne voyez-vous pas qu'ils veulent se débarrasser de moi?

— Je suis venu, major, pour savoir quelle est la nature du service commandé, afin de pouvoir disposer mes hommes en conséquence.

— Un fichu service très-dangereux.

— Qu'est-ce que c'est?

— Un infernal coupe-gorge. Il y a des milliers de ces gredins dans tous les buissons, et ils vous jettent un homme à bas dans un clin d'œil. Ces diables de peaux jaunes sont pires que des...

Ici le major lâcha un mot que le respect que j'ai pour le lecteur me force à ne pas répéter.

— Ne voyez-vous pas qu'ils veulent se défaire de moi? Ils avaient sous la main Hiers, Waine, Wood, Allen et tant d'autres. Ce n'était pas mon tour; mais le général veut me faire assassiner. Nous serons dévorés par les mille-pieds sans même qu'il soit besoin d'un seul coup de fusil pour nous détruire. Je voudrais que le chapparal fût...

Ici de nouvelles exclamations du major, que je crois prudent de garder pour moi.

Je vis qu'il était inutile de le déranger avant que la première bordée de sa mauvaise humeur fût passée, et je le laissai sans rien dire anathématiser à son aise les buissons et les chapparals, satisfait de comprendre d'après toutes ses exclamations que le service auquel j'étais appelé consistait en une excursion hors du camp. Mais, excepté cela, je ne pus rien saisir du but de notre expédition, au milieu des extravagances auxquelles le major s'abandonna pendant quelques minutes.

Enfin, je trouvai moyen de placer quelques mots sur le but de ma visite.

— Ce que nous allons faire? répliqua le major. Nous allons battre la campagne pour trouver des mules. Oui, ma foi! des mules. Et Dieu sait s'il y en a à dix lieues à la ronde une seule qui ne porte sur son dos un Mexicain à peau jaune. Oh! celles-là ne manqueront pas. Ah! les volontaires sont de la partie! Ils feront bien de s'approvisionner de tout ce qu'il faut pour traverser la montagne, car, dans ce chien de pays, ils ne trouveront à aucun prix ni un pied de céleri ni même une tête d'oignon.

— Combien de temps croyez-vous donc que nous devions être dehors?

— Combien de temps? Mais un seul jour! Et si je passe la nuit dans ce maudit chapparal, je veux bien que le loup me croque; si nous ne trouvons pas de mules avant la fin du jour, aille en chercher désormais qui voudra.

— Alors je vais leur faire prendre une ration pour un jour, dis-je au major.

— Pour deux jours, pour deux jours, vos hommes pourraient avoir faim. Roberts, l'officier de tirailleurs, qui connaît très-bien la campagne, m'a assuré qu'on n'y trouvait pas de quoi nourrir un chat. Ainsi, faites-leur prendre deux jours de biscuit. Quant au bœuf, inutile de s'en occuper, on doit en rencontrer dans les fermes, quoique à vrai dire j'aimerais mieux un bifteck acheté au marché de Philadelphie que tous les bœufs du Mexique. Au diable leurs bœufs! c'est dur comme du cheval.

— Ainsi, major, à quatre heures je serai près de vous, dis-je en me disposant à partir.

— Demeurez encore un peu, capitaine. Aussi bien je ne pourrais pas dormir avec tout ce tracas et cet embarras dans la tête. Encore un moment. Combien avez-vous d'hommes?

— J'en compte quatre-vingts dans ma compagnie, mais l'ordre porte de n'en prendre que cinquante.

— Cinquante!... Quand je vous disais qu'ils voulaient me faire assassiner! Il leur tarde d'être débarrassés du vieux Blossom. Cinquante hommes! lorsqu'on a vu dans la plaine plus de mille de ces cuirs jaunes. Cinquante hommes! grand Dieu! cinquante hommes!... une belle escorte pour battre le chapparal.

— Mais je vous promets, major, cinquante hommes de choix, qui en valent cent au moins.

— Et quand ils en vaudraient cinq cents, ce ne serait pas assez. Je vous dis que le chapparal est plein, plein comme... (Ici le major nomma certain lieu de tourments dont le nom revenait fort souvent à ses lèvres.)

— Nous marcherons avec les plus grandes précautions, répliquai-je.

— Que les précautions aillent au diable! Au contraire, amenez-les, tous vos tambours et vos trompettes aussi.

— Mais, major, cela est contraire aux ordres du général.

— Au diable les ordres du général! Si vous voulez suivre les ordres du général, ici, vous ferez de belles choses. Amenez-les tous, vous dis-je, suivez mes avis; sinon, ma foi, je ne réponds de la vie de personne. Cinquante hommes!

J'allais partir, quand le major me retint en s'écriant : Vraiment, j'ai perdu l'esprit! Excusez-moi, capitaine. Mais cette maudite affaire m'absorbe à un point... Enfin, que voulez-vous boire? Voici d'excellente eau-de-vie.

Je mêlai de l'eau-de-vie et de l'eau, le major en fit autant de son côté; et après avoir bu à nos santés respectives nous nous séparâmes en nous souhaitant le bonsoir.

CHAPITRE XI.

Battue du Chapparal.

Entre les côtes du Mexique et le pied de la grande chaîne des Andes se trouve une vaste étendue de basses terres. Dans certains endroits cette ceinture n'a pas moins de cent milles de large, mais généralement elle n'en compte pas plus de cinquante. Le caractère brûlant de cette zone lui a fait donner dans le pays le nom de *Tierra caliente*. Elle est presque partout couverte de forêts épaisses dans lesquelles on rencontre le palmier, l'acajou, l'aguacate, le bambou, la liane et autres parasites gigantesques. Parmi les plantes qui croissent à l'ombre de ces grands végétaux se trouvent l'aloès épineux, la pita, et le mezcal sauvage; des cactus de formes diverses et un grand nombre de fleurs à peine connues des botanistes s'y rencontrent également à chaque pas. Dans les bas-fonds s'étendent des marais d'eau stagnante, du sein desquels s'élèvent de hauts cyprès couronnés de guirlandes de mousse. Ces marais sont des foyers de pestilence d'où s'échappent des miasmes putrides, qui vont porter au loin le terrible vomito. Cette région malsaine est d'ailleurs peu habitée, et l'on n'y voit guère que quelques hommes issus des races africaines qu'on ne rencontre point ailleurs. Dans la ville il existe bien, quoique en petit nombre, des mulâtres et des quarterons aux longs et flottants cheveux noirs, mais ce n'est que dans les établissements épars dans la campagne que vivent les individus issus du croisement des nègres avec les habitants primitifs du pays; on les nomme Zambos.

Le long des côtes, dans l'intérieur du pays, derrière Vera-Cruz, cette population mène une vie paresseuse et moitié sauvage. Les hommes qui la composent sont de petits cultivateurs, des bergers, des pêcheurs ou des chasseurs.

En traversant les forêts, une clairière se présente de temps à autre aux yeux du voyageur; le terrain porte les traces d'une grossière culture. C'est un petit champ imparfaitement défriché, entouré d'une mauvaise palissade, et sur lequel croissent entremêlés la patate, le chilé, le melon et la citrouille. A l'un des angles du champ s'élève ordinairement une misérable hutte construite en forme de hangar; quelques perches verticalement plantées en terre en soutiennent d'autres qui sont placées horizontalement : par-dessus ces dernières s'étend un toit de feuilles de palmier, suffisant à peine pour mettre à l'abri des rayons du soleil. C'est tout le bâtiment.

Sous ces pauvres abris vit toute une famille humaine : homme, femme, enfants. Un mauvais morceau de toile écrue, attaché autour des reins, forme tout le vêtement de ces malheureux. Le reste de leur corps est entièrement nu et présente à l'œil une peau brune ou presque noire. Leurs cheveux sont crépus et laineux. Ils ne sont ni nègres ni Indiens, mais Zambos; c'est le mélange des deux races. Leurs habits, quand ils en portent, sont grossiers. Leurs traits sont rudes et difformes; c'est à peine si à quelque distance on peut reconnaître les sexes. Un œil habitué les distingue cependant à des signes certains. Ceux qui se balancent paresseusement dans les hamacs, ou demeurent couchés sur quelque lambeau de natte, sont les hommes. Les femmes, au contraire, sont le plus souvent debout et occupées des soins de leur pauvre ménage. De temps en temps les premiers stimulent par quelques coups de fouet l'activité des dernières : c'est à peu près la seule manière dont l'homme constate sa supériorité sur la femme.

Quelques instruments grossiers jonchent le sol; un *metaté*, sur lequel on broie le maïs destiné à faire les *tortillas*; des ollas ou vases en terre rouge, quelques assiettes en calebasse, une ou deux haches grossières, une *machete*, quelques gourdes qui servent de bouteilles, une grosse selle, une bride, un lasso, quelques gousses de piment suspendues en liasse à une perche, un sac de maïs dans un coin, voilà le mobilier et les approvisionnements.

Un maigre chien dormant devant la case, un mustang efflanqué attaché au pied d'un arbre, une couple d'ânes et parfois une misérable mule à moitié poussive paissant dans une enclôture voisine, voilà toute la richesse du Zambo.

D'ordinaire le Zambo savoure les douceurs du *far niente* tandis que sa femme se livre au travail. Encore ce travail, qui suffit au couple, est-il bien peu de chose. La paresse et l'abandon semblent régner en maîtres absolus sur la demeure et ses dépendances. Les patates douces, les melons, les chilés, à moitié cachés dans les herbes du jardin, poussent presque sans culture, et c'est la chaleur bienfaisante du soleil, bien plus que les soins du propriétaire, qui conduit ces fruits jusqu'à leur maturité.

Une nouvelle clairière s'ouvre, un tableau d'un autre genre vient frapper l'œil de l'observateur. Ici tout porte les traces d'une culture plus avancée, bien qu'on y remarque encore l'indolence et la négligence du cultivateur. C'est l'établissement du rancho (petit fermier), ou bien celui du vaquero (éleveur de troupeaux). La demeure de ceux-ci est presque une maison ordinaire avec des pignons et un toit en pente; les murs seuls sont de construction particulière: ils sont formés de gigantesques bambous, ou façonnés avec les perches élancées du *fouquiera splendens*. Ces pieux sont réunis entre eux par des cordes d'aloès pita, le tout formant une espèce de claire-voie qui laisse librement circuler l'air. Ces constructions ont pour but de préserver non pas du froid, mais de la chaleur. Le toit, formé de feuilles de palmier, est garni tout autour de grands bambous creux et fendus en deux qui servent de chenal pour recueillir l'eau de la pluie, cette chose précieuse et si rare sous les tropiques.

Cette construction en quelque sorte aérienne a un caractère plus pittoresque encore que les gracieux chalets de la Suisse. Le mobilier qui la garnit est des plus simples. On n'y voit point de table, seulement quelques chaises formées d'un châssis grossier supportant un fond en jonc natté. Quelques lits de bambous, un moulin à broyer le maïs, des nattes de palmier, des paniers de même matière, un petit foyer élevé au milieu du plancher comme un autel, une mandoline suspendue au mur, une selle en cuir imprimé, couverte d'ornements d'argent et de plaques de cuivre, une bride en crin avec son mors à la mameluk, une escopette et une épée nommée *machete*, un grand nombre de vases couverts de peintures, des tasses, des coupes, voilà les meubles d'un rancho de la *Tierra caliente*. Les couteaux, les fourchettes et les cuillers y sont un luxe inconnu.

Si le ranchero n'est pas sur le seuil de sa porte, c'est qu'il est à rôder quelque part sur son cheval, vif et infatigable animal dont il fait son compagnon inséparable. Le ranchero est ordinairement ou un Espagnol pur sang ou un *mestizo* (métis). Rarement c'est un pur sang indien. Ceux de cette race sont plus communément désignés sous le nom de *peons* ou laboureurs; le terme de ranchero s'applique principalement à ceux qui ont dans les veines du sang européen.

Le ranchero est un personnage pittoresque. La singularité de son costume contribue beaucoup à lui donner ce caractère. Son teint est basané, ses cheveux sont noirs comme les ais, ses dents, au contraire, blanches comme l'ivoire. La plupart du temps il porte les moustaches, mais ce n'est que par exception qu'il trouve le temps de les peigner et de leur donner un pli convenable. Comme ses moustaches, ses favoris sont ordinairement épais et croissent sans ordre comme des broussailles. Ses culottes, qu'il nomme *calzoneros*, en velours de couleur verte ou brune, ouvertes de chaque côté, l'intérieur et le fond en sont doublé de basane pour protéger les jambes contre la piqûre des cactus et autres plantes épineuses qui peuplent le chapparal. Une rangée de boutons en forme de clochettes, le plus souvent en argent, sert à fermer le calzonero lorsque la température exige cette précaution. Dessous les calzoneros le ranchero porte sur la peau un large vêtement de fine toile de coton nommé *calzoncillos*, dont les amples bouffants s'échappent par les crevés de la culotte de velours et tranchent agréablement sur la sombre couleur de ce vêtement. Une ceinture de soie, le plus souvent de couleur écarlate, entoure la taille; ses bouts frangés retombent avec grâce sur les hanches; un couteau de chasse est bouclé par-dessus cette ceinture; la partie supérieure du corps est couverte d'une petite veste ou jaquette de velours couverte de boutons de métal et de broderies brillantes. Sur sa poitrine une fine chemise de batiste blanche travaillée et piquée avec soin; sa tête est couverte d'un grand chapeau à larges bords connu sous le nom de sombrero, orné de ganses d'argent et d'aiguillettes qui pendent de chaque côté des oreilles; ses pieds sont chaussés de grandes bottes de cuir écru auxquelles sont attachés d'énormes éperons ornés de petites sonnettes. On ne le voit jamais sans son *sérapé*, grande mante qui lui sert à la fois de lit, de manteau, de couverture et de parasol.

La femme du ranchero n'est pas moins remarquable que son mari. Son costume consiste en une jupe ou chemise de couleur brillante qui dessine sa taille bien prise; ses jambes sont nues, et l'on peut admirer dans toute leur grâce ses pieds espagnols, dont la petitesse est proverbiale; les bras, le cou et une partie du sein sont également nus, mais en partie cachés par une écharpe d'un gris bleuâtre nommée *reboza*, qui couvre également la tête et le visage.

Le ranchero mène une vie insouciante et libre que peu de soucis viennent troubler. C'est le meilleur cavalier du monde, aussi ne quitte-t-il son cheval que rarement. Comme l'Arabe, c'est à cheval et la carabine au poing qu'il pousse ses troupeaux devant lui dans la plaine ou sur la montagne. Quand il se décide à marcher à pied, ce n'est que pour des courses sans importance. Ses délassements consistent à chanter, en s'accompagnant de la mandoline, quelques vieilles romances d'Andalousie; ses passions sont le chingarito (eau-de-vie de mezcale) et le fandango.

Tel est le ranchero de la *Tierra caliente* autour de Vera-Cruz, tel on le trouve encore sur tous les points du Mexique depuis ses limites les plus septentrionales jusqu'à l'isthme.

Sur la *Tierra caliente*, on trouve encore le riche planteur de coton, de canne à sucre ou de cacao, ainsi que celui qui spécule sur la culture de la vanille. Sa maison est la *hacienda*, demeure plus animée et plus opulente que celle du ranchero. Elle est entourée par des champs enclos et cultivés dans lesquels des canaux d'irrigation amènent l'eau de quelque ruisseau voisin. C'est là que s'élève le cacaotier, là aussi que du sol humide sort le bananier majestueux dont les immenses feuilles s'étendent comme de vastes parasols, arbre aussi agréable qu'utile. Il est par sa beauté l'un des plus gracieux ornements des pays tropicaux, en même temps que son fruit à la pulpe savoureuse fournit un des mets les plus agréables de ces brûlantes contrées.

Au milieu de ces champs couverts d'une végétation abondante se dresse un bâtiment au joyeux aspect. Des murs peu élevés, blancs où d'une couleur vive, en dessinent les contours, un petit clocher le domine; c'est la *hacienda* du planteur, le *rico* ou seigneur de *Tierra caliente*, c'est là son château et sa chapelle.

En approchant de son habitation, des tableaux d'industrie champêtre se déroulent aux yeux. Ce sont des *péons* vêtus de coton blanc et de toile écrue qui travaillent dans les champs; leur tête est couverte de grands chapeaux tressés avec la tige du palmier, leurs jambes sont nues et leurs pieds sont chaussés de grossières sandales qui s'attachent à la jambe avec des courroies de cuir; ces sandales se nomment *guarachés*. Leur peau est brune sans être noire, leurs yeux sont brillants et sauvages, leurs regards graves et solennels, leur chevelure épaisse et noire comme l'aile du corbeau. Quand ils marchent, leurs pieds se tournent un peu en dedans, ce sont les mêmes hommes que l'on rencontre dans les villes y apportant l'eau et le bois nécessaires à la consommation, ce sont les Indiens civilisés, *Indios mansos*, véritables esclaves qui n'ont de libre que le nom, bien que leur indépendance cependant soit écrite dans les lois du Mexique. Ce sont eux ou laboureurs sont les serfs du pays, les descendants de la race conquise, de ceux qui jadis ont possédé l'Anahuac.

Telle est en résumé la population que l'on rencontre sur la *Tierra caliente* du Mexique, dans les environs de Santa-Cruz. Cette population diffère peu de celle des hautes plaines. Ce sont les mêmes costumes, les mêmes mœurs et les mêmes habitudes. En fait, ces hommes sont de la même race que tous ceux qui peuplent l'Amérique espagnole. La différence des climats a seule produit les caractères particuliers qui distinguent les uns des autres ces enfants d'une même patrie.

. . . .

Le lendemain de mon entrevue avec le major jureur, le jour ne paraissait pas encore qu'un homme se montra à l'entrée de ma tente; c'était le sergent Bob Lincoln.

— Les hommes sont sous les armes, capitaine.

— Très-bien, dis-je en sautant à bas de mon lit et me mettant en devoir de m'équiper.

Je regardai dehors; la lune brillait encore de tout son éclat, et j'aperçus à la lueur de ses rayons un certain nombre d'hommes en uniforme qui se tenaient, comme pour la parade, sur une double file. Juste en face de moi se trouvait un jeune drôle sur un petit cheval. L'enfant, c'était le petit Jack, comme les soldats l'appelaient; le cheval, c'était le mustang du petit Jack, nommé Twidget.

Jack était vêtu d'une courte jaquette de couleur verte, ornée d'une ganse jaune et boutonnée sur la poitrine, et d'un pantalon vert clair à bandes et moitié collant. Sa tête était couverte d'un bonnet de police de dessous lequel sortait une profusion de cheveux bouclés. Un sabre de dix-huit à vingt pouces de long et une paire de longs éperons mexicains complétaient son costume.

Ainsi armé et équipé, le petit Jack présentait en miniature le portrait presque exact des tirailleurs.

Twidget avait aussi ses particularités. C'était un petit et vif animal, assez efflanqué, mais qui avait une qualité inappréciable, celle de pouvoir vivre un temps indéfini avec des fèves de mezquites et des feuilles de cactus. Cette précieuse frugalité eut souvent l'occasion d'être mise à l'épreuve. Plus tard, entre autres, pendant les batailles qui eurent lieu dans la vallée du Mexique, Jack et Twidget se trouvèrent séparés, et ce dernier dut passer quatre jours dans le cellier d'un couvent en ruine sans avoir à sa portée autre chose que des pierres et du mortier.

D'où lui venait le nom de Twidget? Personne ne l'a jamais su. C'était sans doute pure fantaisie de son cavalier.

Quand il parut à l'entrée de ma tente, Jack, qui m'aperçut, s'élança à bas de sa selle mexicaine, et vint aussitôt à moi pour me servir à déjeuner. Mon repas expédié, je pris en silence avec ma troupe à travers une contrée plongée dans le sommeil. Peu de temps après, nous fûmes rejoints par le major monté sur un grand cheval efflanqué et suivi d'un domestique appelé Doc qui portait avec

2.

lui un sac de maïs pour le cheval et un grand panier contenant des provisions de bouche pour le maître. Cette précieuse bourriche ne quittait jamais le major. C'était son *vade mecum*.

Nous fûmes bientôt sur la route d'Orizava. Le major et Jack tenaient la tête de la colonne, et je ne pus m'empêcher de sourire du contraste que formaient entre eux ces deux cavaliers. Le premier, sur son grand cheval maigre, semblait, sous les rayons d'un jour encore douteux, un de ces gigantesques centaures dont nous parle la fable, tandis que Jack et Twidget présentaient naturellement à l'esprit l'idée de deux habitants de Lilliput.

En tournant un angle de la forêt, nous aperçûmes un cavalier sur la route, à quelque distance devant nous. Soudain le major ralentit sa marche pour attendre la colonne, au milieu de laquelle il se plaça. Cette manœuvre fut exécutée par lui avec un naturel parfait; mais je n'en demeurai pas moins convaincu que la vue du Mexicain à cheval avait causé à notre commandant une certaine frayeur.

Le cavalier se trouva être un Zambo à la poursuite d'un troupeau qui s'était échappé dans le *corral* voisin. Je le questionnai sur ce qui faisait l'objet principal de notre expédition. Le Zambo m'indiqua le sud, en me disant en espagnol que nous trouverions dans cette direction une grande quantité de mules.

— *Hay muchos, muchissimos!* (Il y en a beaucoup!) dit-il en montrant du doigt une route qui traversait les bois situés à notre gauche.

Conformément à cette indication, nous prîmes le chemin en question, qui bientôt ne se trouva plus être qu'un sentier très-étroit. Nous fûmes obligés de marcher à la file, ce qu'on appelle dans le pays s'avancer à l'indienne. Le sentier que nous parcourions était très-sombre, obscurci qu'il était par de grands arbres qui se recourbaient en voûte au-dessus de nos têtes.

De temps à autre, les branches des arbres, unies entre elles par les plantes parasites, se rapprochaient tellement du sol que le major était obligé, pour les éviter, de courber son grand corps jusque sur le pommeau de la selle. Il fut même forcé, à deux ou trois reprises différentes, de descendre de cheval et de marcher à pied au milieu des broussailles d'acacia, dont les épines lui déchirent les joues : ce qu'il ne fit pas sans jurer, comme on peut le croire.

Cependant, nous continuions à nous avancer sans bruit, et le silence n'était guère troublé que par les imprécations du major, encore pourtant ne les prononçait-il qu'à voix basse, car nous étions dans les bois, et cette circonstance le rendait très-circonspect.

Après avoir marché assez longtemps de la sorte, la route s'élargit enfin, et nous nous trouvâmes dans une petite prairie ou clairière au bout de laquelle s'élevait une butte couverte de broussailles.

Laissant la troupe au pied de cette éminence, je grimpai au sommet pour prendre connaissance du pays environnant. Il faisait alors grand jour, et un soleil magnifique se réfléchissait dans les eaux transparentes du golfe. Ses rayons, en frappant les vagues, donnaient à la surface liquide des reflets métalliques qui m'éblouirent d'abord et ne me permirent qu'au bout de quelques instants de distinguer les mâts des vaisseaux et les tours de la ville.

Au sud et à l'ouest s'étendait une vaste campagne découverte, parée de tout le luxe de la végétation tropicale. C'étaient des champs de verdure, des forêts d'un vert plus sombre entremêlé de larges places où les feuilles des arbres avaient des reflets jaunes et couleur de bronze. D'espace en espace on voyait briller comme un ruban d'argent; c'était le reflet de quelque lac paisible ou de quelque cours d'eau silencieux. En un mot, j'avais à mes pieds un spectacle trop magnifique pour que j'ose essayer de le peindre.

Au bas même de la colline se trouvait une vaste forêt. Au delà de ses limites, que déterminaient des palmiers au feuillage élégant, s'étendait une grande prairie, au milieu de laquelle paissaient de nombreux troupeaux. La distance ne me permettait pas de déterminer au juste l'espèce de ces bestiaux, mais certaines formes particulières me faisaient espérer cependant que nous trouverions dans cette direction les objets de nos recherches.

Ce fut donc vers cette prairie que nous nous dirigeâmes.

Pour y arriver il fallait traverser la forêt dont je viens de parler, et ce fut dans ce but que nous nous engageâmes dans un sentier qui paraissait devoir aboutir à la prairie en question.

A mesure que nous avancions, le bois s'épaississait, et le sentier paraissait de moins en moins tracé. A quelque distance, nous rencontrâmes un petit ruisseau; là, le sentier s'effaça complètement. Aucun signe de chemin ne se trouvait sur la rive opposée. Le sol était couvert de broussailles, de vigne sauvage et de grandes herbes avec des fleurs rouges, le tout présentant une sorte de muraille infranchissable.

Cela était étrange. Evidemment le sentier conduisait jusque-là : comment ne poursuivait-il pas plus loin? Plusieurs hommes se mirent à la recherche d'un passage. Après quelques minutes, une exclamation poussée par Lincoln nous avertit du succès de ses démarches. Je m'avançai du côté du chasseur, et je le trouvai occupé à tirer à lui un fouillis de broussailles et de lianes derrière lequel je pus apercevoir un sentier étroit, mais parfaitement tracé, qui conduisait dans l'intérieur de la forêt. Les branchages enlevés par Lincoln avaient tellement obstrué l'entrée, qu'on eût pu croire que la main de l'homme les avait placés là à dessein. Des empreintes de pieds de chevaux étaient encore visibles sur le sol sablonneux de cet étroit sentier.

On y pénétra à la file les uns après les autres. Le major Blossom seul éprouva quelque difficulté à cause de sa grande taille et des gigantesques proportions de son cheval. Ce léger inconvénient à part, nous avançâmes assez facilement sous l'ombrage touffu des arbres.

Nous gardions toujours le silence le plus complet. Après une marche de plusieurs milles, pendant laquelle nous rencontrâmes quelques ruisseaux et fûmes obligés de nous ouvrir une route à travers les touffes de nopals et de cactus, nous vîmes s'ouvrir devant nous un grand espace libre. Des traces de culture se distinguaient encore sur ce terrain, quoiqu'il parût avoir été négligé depuis plusieurs années. Les fleurs de toutes couleurs avaient poussé pêle-mêle avec les broussailles. Des bosquets de rosiers fleuris, des massifs d'hélianthes jaunes, des bouquets de cocotiers mêlés à des bananiers sauvages, formaient dans ce lieu un contraste aussi agréable que pittoresque. Sur l'un des côtés, à la lisière de la forêt, s'élevait un toit à moitié caché dans le feuillage. Ce fut vers ce toit que nous nous dirigeâmes à travers un sentier bordé de deux *guarda-rayas* d'orangers, dont les branches se rejoignaient sur notre tête en formant une voûte odoriférante.

Les rayons du soleil perçaient à travers ce toit fleuri, d'où s'échappaient des parfums qui embaumaient l'air.

Le chant des oiseaux formait autour de nous un concert délicieux, et le charme de cette scène était encore rehaussé par l'aspect négligé et presque sauvage du paysage.

Arrivés près de la maison, nous fîmes halte. Pour moi, ayant ordonné à mes hommes de se tenir en silence, je m'avançai seul pour faire une reconnaissance.

CHAPITRE XII.

Rencontre d'un caïman.

Le sentier débouchait dans un pâturage; mais une haie épaisse de jasmin formait un cercle qui obstruait à la fois le passage et la vue.

C'était dans l'intérieur de ce cercle que s'élevait la maison dont on ne pouvait du dehors apercevoir que le toit.

Ne trouvant dans la haie de jasmin aucune ouverture pour me livrer passage, j'écartai quelques branches avec mes mains et je regardai dans l'intérieur. Ce que je vis était si singulier, que je pus à peine en croire mes yeux, et me figurai d'abord être le jouet d'un songe.

Sur la crête d'une petite éminence s'élevait une maison d'une construction telle que je n'avais encore rien vu de semblable. Les murs, si on peut leur donner ce nom, étaient formés de bambous plantés verticalement et reliés entre eux par les fibres de la pita. Le toit, en feuilles de palmier, s'avançait en forme d'appentis, et présentait l'aspect d'un cône ; il était terminé par une petite coupole de bois, surmontée d'une croix. Ce bâtiment était sans fenêtres. Qu'en était-il besoin, en effet, avec des murs construits de manière à laisser passer la lumière et l'air!

A travers les interstices du bambou on distinguait quelques articles d'ameublement : un rideau de barège vert supporté par une tringle et roulant sur des anneaux formait la porte. Ce rideau était tiré et laissait apercevoir dans l'intérieur une ottomane; près de ce meuble, il y avait une harpe élégante.

La maison tout entière ressemblait à une grande cage avec des bâtons dorés. Le terrain qui l'entourait était en rapport avec l'édifice. On ne voyait plus aucune de ces traces de négligence et d'abandon que nous avions remarquées au dehors. Tout, au contraire, y était parfaitement en ordre, et témoignait d'une sollicitude aussi éclairée que soutenue.

Dans la partie la plus éloignée s'élevait un petit bois d'oliviers dont le sombre feuillage servait de fond au tableau. A droite et à gauche, des bosquets d'orangers et de citronniers avec leurs fruits d'or et leurs fleurs d'albâtre, leurs feuilles vertes et jaunes, étalaient dans toute leur splendeur les richesses de l'automne et du printemps confondues sur les mêmes branches.

Quelques arbustes exotiques croissant dans de grands vases en porcelaine du Japon. Les teintes bleues et les figures grotesques qui décoraient ces vases servaient encore à rehausser l'éclat de ce délicieux tableau.

Au milieu du jardin, un jet d'eau transparent comme le cristal s'élançait à la hauteur de vingt pieds pour retomber en une pluie de globules brillants au travers desquels se jouaient toutes les couleurs de l'arc-en-ciel. Le bassin qui recevait ce jet d'eau était couvert de nénuphars et d'autres plantes aquatiques qui étendaient leurs larges feuilles vertes à plus de vingt pieds à l'entour.

Malgré tout ce luxe, rien ne dénotait pourtant à mes yeux la présence d'aucun habitant. Les oiseaux paraissaient être les seuls propriétaires de ce paradis des tropiques. Une couple de paons se promenaient majestueusement dans le parterre en étalant au soleil l'éclat de leur brillant plumage. Dans la fontaine apparaissait la forme élancée d'un grand flamant, dont l'écarlate contrastait avec l'émeraude des feuilles des plantes aquatiques, parmi lesquelles il se jouait. Chaque branche d'arbre servait de demeure à quelque chanteur. L'oiseau moqueur, perché sur la cime d'un palmier, imitait les cris monotones du perroquet. Les toucans et les trogons volaient d'arbre en arbre en traversant en se poursuivant la voûte humide du jet d'eau, tandis que l'oiseau-mouche suçait le calice d'une fleur, ou voletait comme une abeille en faisant miroiter au soleil les couleurs de son gracieux corsage.

Je regardais de tous côtés pour voir si je ne découvrirais point quelque figure humaine, quand les accents frais et sonores d'une voix de femme arrivèrent jusqu'à moi en passant par-dessus les plants de bananier. Ces accents furent bientôt suivis de nouveaux, entremêlés de brèves exclamations et d'un clapotement qui semblait dénoter qu'une main agile battait l'eau avec rapidité.

Ce devait être l'Eve de ce paradis terrestre. La voix était pleine de promesses. C'était d'ailleurs la première voix de femme qui eût frappé mon oreille depuis un mois; elle fit sur moi une impression délicieuse.

Mon cœur bondit de joie. Mon premier mouvement fut de m'élancer en avant. Je n'avais pour cela qu'à écarter un peu les branches des jasmins; mais la crainte d'être l'Actéon d'une nouvelle Diane me retint à temps; je changeai de projet, et me disposai à me retirer sans bruit.

J'allais opérer ma retraite, et déjà j'avais reculé d'un pas, lorsqu'une voix brusque, qui me parut appartenir à un homme, vint se mêler aux doux accents de la première voix.

— Anda! anda! Hace mucho calor, vamos a volver. (Allons! vite! vite! Il fait très-chaud, allons-nous-en.)
— Ah! no, Pepe! un ratito mas! (Ah! non, Pepe! encore un peu!)
— Vaya, carrambo. (Allons, soit.)

Et de nouveau j'entendis de joyeux éclats de rire mêlés à un bruit de mains qu'on frappait l'une contre l'autre; c'étaient des exclamations de plaisir.

— Allons, pensai-je, je puis maintenant entrer dans le parterre; il y a ici un homme, et, quel qu'il soit, il ne saurait trouver mauvais que, vu la circonstance, je me permette de le troubler un peu dans ses amusements.

Tout en faisant ces réflexions, je m'étais approché de la ligne de bananiers dont le feuillage dérobait à mes yeux les interlocuteurs inconnus.

— Lupe! Lupe! mira, que bonito! (Lupe, voyez, quelle jolie petite bête!)
— Ah! pobrecito! Echalo, Luz, echalo! (Ah! pauvre petite! Rejetez-la, Luz, rejetez-la.)
— Voy luego. (Tout à l'heure.)

De nouveau je m'arrêtai court, et écartant quelques feuilles de bananier, je regardai. J'avais sous les yeux le plus délicieux spectacle.

Dans le milieu du parterre un bassin, de forme circulaire, contenait une eau aussi pure que le cristal. De plusieurs pieds de diamètre, ce bassin était entouré de tous côtés par une haie vive de superbes bananiers dont les feuilles, en s'étendant horizontalement, le protégeaient presque en entier contre les rayons du soleil.

Un petit parapet en pierres dessinait la circonférence du bassin. La maçonnerie était couverte de plaques de porcelaine du Japon, dont les couleurs tranchées et les figures grotesques formaient le plus charmant effet.

C'était du centre de ce bassin que s'élançait le grand jet d'eau dont j'ai déjà parlé. Le mouvement continuel imprimé aux eaux par la chute de la gerbe mobile occasionnait à la surface de ce petit lac un effet de mirage qui multipliait à l'infini les poissons d'or et de pourpre dont les ondes étaient peuplées.

Tout près du parapet s'élevait un berceau de plantes aquatiques habité par des cygnes. L'un de ces superbes oiseaux, réfugié dans sa fraîche demeure, laissait paraître au dehors la courbe gracieuse de son cou, tandis que plus loin, sur la rive, un autre oiseau de la même espèce séchait au soleil la neige de son plumage.

Mais un spectacle plus attrayant que tout cela attira bientôt toute mon attention. Dans le bassin, près du jet d'eau, se tenaient deux belles jeunes filles vêtues d'une sorte de tunique grise sans manches; elles étaient dans l'eau jusqu'à la ceinture, et l'onde du bassin était si pure et si transparente, qu'on distinguait parfaitement leurs pieds, qui brillaient comme de l'albâtre sur le sable fin et doré dont le fond du bassin était tapissé.

Les anneaux de leur magnifique chevelure se déroulaient sur leur cou, et jusque sur leurs bras et sur leurs épaules. Grandes et gracieuses toutes deux, elles avaient acquis tout le développement de leur beauté, et l'œil suivait avec amour sur les contours voluptueux de leurs corps cette ligne serpentine qui, selon Hogarth, est le caractère distinctif de la beauté chez la femme.

La ressemblance de leurs traits les faisait, au premier abord, reconnaître pour sœurs, bien que leur teint et leur carnation fussent tout à fait différents. Le sang coulait dans les veines de l'une plus foncé que dans celles de l'autre, et sa peau, douce et unie comme la cire, avait une légère teinte olivâtre sur laquelle contrastait avec charme l'incarnat de ses joues et le pourpre de ses lèvres. Sa chevelure était noire, et au-dessus de sa lèvre supérieure un léger duvet ou, pour dire le mot, une petite moustache semblable à quelque coup d'estompe donné par une main légère, servait à mieux arrêter les contours de la bouche et à faire ressortir avec plus de vivacité la blancheur de ses dents d'ivoire. Ses yeux, noirs comme ses cheveux, grands et fendus en amande, avaient cette expression de douceur et de profondeur avec laquelle nous aimons à nous représenter dans nos rêves poétiques les fières beautés Abencerrages qui peuplaient les palais de l'Alhambra.

C'était évidemment l'aînée des deux sœurs.

La cadette avait un genre de beauté tout différent. C'était une blonde. Ses yeux, grands et à fleur de tête, étaient bleus comme la turquoise; sa chevelure, d'un châtain clair, était aussi longue qu'épaisse; sa peau, moins mate, mais plus blanche que celle de sa sœur, avait, aux bras et au cou, des teintes nacrées et rosées. A la fois brillante et transparente, cette peau, fine comme le satin, reflétait les rayons du soleil avec autant d'éclat que le poisson aux écailles dorées que la jeune fille tenait à la main.

Je demeurais rivé à ma place. J'avais d'abord voulu essayer de me retirer en silence, mais un charme tout-puissant me retenait malgré moi. Etait-ce un rêve?

— Ah! que barbara! Pobrecito! ito! ito! (Ah! que vous êtes barbare! Pauvre petite bête!)
— Comeremos! (Nous le mangerons!)
— Por Dios! No! Echalo, Luz, o tirare la agua en sus ojos de V. (Bonté divine! Non pas! Rejetez-la, Luz, ou je vous jette l'eau à la figure.)

Et en parlant ainsi la jeune fille se mettait en devoir d'exécuter sa menace.

— Ya, no! (Non, pas maintenant), dit Luz résolûment.
— Guardate! (Garde à vous, alors!)

Et la jeune brune, réunissant ses deux mains de manière à en faire une espèce de coupe, se mit à jeter de l'eau au visage de la maligne blonde.

Celle-ci rejeta le poisson, et riposta par une manœuvre pareille à l'attaque.

Un joyeux combat s'ensuivit. Les gouttes d'eau s'attachaient en perles brillantes aux cheveux des jeunes filles comme aux ailes d'un cygne, et à chaque instant de joyeux éclats de rire signalaient la victoire et la défaite des combattantes.

A ce moment les rudes accents que j'avais déjà entendus vinrent distraire mon attention. Mes yeux en suivirent la direction, et je vis une grosse négresse couchée sous un cacaotier et qui, la tête appuyée sur son coude, riait à gorge déployée de la lutte des jeunes filles. C'était sa voix que j'avais prise pour celle d'un homme.

Commençant enfin à comprendre l'inconvenance de ma présence, j'allais définitivement opérer ma retraite, lorsque je fus arrêté par un cri perçant parti de l'étang.

Tout avait subitement changé d'aspect: les cygnes criaient en battant l'eau de leurs ailes avec tous les signes de la frayeur; les petits poissons couraient dans l'eau, cherchant de tous côtés, mais en vain, un lieu pour se cacher; les oiseaux eux-mêmes paraissaient effrayés et restaient immobiles et silencieux.

Je me penchai en avant pour voir quelle était la cause de cette terreur subite; mes regards tombèrent sur la négresse: elle s'était levée et approchée du parapet, au bord duquel ses deux bras étaient levés au ciel en criant avec désespoir: — Valgame Dios, niñas! El cayman! el cayman! (Que Dieu vous protége, mes filles! le caïman, le caïman!)

Je portai mes regards de l'autre côté de l'étang, un objet épouvantable s'y faisait remarquer: c'était un caïman du Mexique.

L'affreux saurien s'avançait en rampant le long du petit mur, le corps à moitié caché par les feuilles des plantes aquatiques.

Déjà la partie antérieure de son corps quittait le parapet, et il se disposait à se précipiter dans le bassin; il n'y avait plus que sa longue queue qui restât encore sur le mur. Les écailles du hideux reptile brillaient au soleil; ses yeux féroces, illuminés par une joie cruelle, lançaient des lueurs fauves et semblaient prêts à s'échapper de leurs orbites saillantes.

J'avais armé ma carabine. La porter à mon épaule, ajuster et tirer, tout cela fut l'affaire d'un instant. La balle frappa le monstre entre les deux yeux, mais je la vis glisser et rebondir sur ses écailles comme si elle eût frappé sur une plaque d'acier. C'était un coup inutile, peut-être pis encore, car, à l'instant même où il était frappé, le reptile furieux se précipita dans l'eau et nagea vers ses victimes.

Les jeunes filles, qui venaient d'abandonner leurs joyeux ébats, parurent à cette vue avoir entièrement perdu l'esprit, car, au lieu de fuir vers la rive, elles tombèrent dans les bras l'une de l'autre, tremblantes et presque sans vie.

Quel tableau! Ces deux jeunes corps enlacés l'un à l'autre dans un embrassement de terreur, les bras aux teintes brunes pressant les épaules de neige, tandis que les bras d'albâtre s'enroulaient autour du cou brun! Deux belles statues vivantes!

Leurs visages tournés vers le ciel semblaient invoquer le secours d'en haut. C'était un groupe de douleur et d'effroi aussi beau que celui de Laocoon.

D'un bond je franchis le parapet, et, l'épée à la main, je m'avançai dans le bassin.

Les jeunes filles en occupaient à peu près le centre. Le caïman le plus éloigné de moi était à l'autre extrémité du bassin. L'eau, qui avait à peu près trois pieds de profondeur, gênait considérablement ma marche. Le fond du bassin était d'ailleurs si glissant, qu'à deux fois différentes je tombai sur les mains. Je me relevai et m'avançai avec une nouvelle ardeur vers mon gigantesque ennemi, tout en criant aux jeunes filles de gagner le parapet.

Malgré mes avis, elles ne firent aucun effort pour se sauver, la frayeur les rendait incapables d'aucun mouvement.

Le caïman s'avançait avec toute la rapidité de la fureur. Bientôt il ne fut plus qu'à cinq ou six pas de la proie qu'il convoitait. Son long museau était tout entier hors de l'eau, et sa large gueule entr'ouverte laissait apercevoir la quadruple rangée de ses dents blanches et aiguës.

Je poussais des cris désespérés. La profondeur de l'eau ralentissait ma course. J'avais dix ou douze pas au moins à parcourir avant de pouvoir m'interposer entre le monstre et ses victimes.

— J'arriverai trop tard !

Tout à coup je vis le caïman s'écarter de la ligne qu'il suivait. Sur sa route il avait rencontré un des conduits du jet d'eau. Ce détour ne lui prit qu'un moment; mais il avait suffi pour me donner le temps de dépasser le groupe des jeunes filles immobiles, et je me tenais prêt à recevoir l'attaque de l'ennemi.

— A la orilla ! a la orilla ! (A la rive ! à la rive !) m'écriai-je.

Et en parlant ainsi je poussais les jeunes filles d'une main, tandis que de l'autre je présentais au reptile, qui s'avançait toujours, la pointe de mon épée.

Sous mon impulsion, les jeunes filles, rendues un peu à elles-mêmes, sortirent de leur terreur léthargique et se précipitèrent vers le bord.

Le monstre continuait à s'avancer. Ses dents se heurtaient de rage, et des cris sourds sortaient de sa gueule enflammée.

Aussitôt que je le vis à ma portée, je le frappai à la tête d'un coup de mon épée ; mais la lame glissa sur la surface écailleuse, et le coup retentit comme le choc de deux fers.

Cependant le coup avait eu pour effet de le détourner de sa route, et, manquant son but, il me dépassa avec la rapidité d'une flèche. Je me retournai avec un sentiment profond de désespoir ; mais, grâce au ciel, elles étaient sauvées.

Au même moment je sentis contre ma cuisse le contact des écailles du monstre ; je fus obligé de faire un bond de côté pour éviter d'être frappé par sa queue, dont il battait l'eau avec fureur. L'ennemi s'était retourné et revenait à ma rencontre.

Sans attendre qu'il fût tout à fait sur moi, je lui portai mon épée directement dans la gueule ; mais la lame, rencontrant ses dents, se brisa comme du verre. Il ne me restait plus à la main qu'un tronçon d'épée tout au plus de douze pouces de long, à l'aide duquel j'essayais de me défendre avec l'énergie du désespoir.

Ma situation était des plus critiques. Quant aux jeunes filles, elles avaient gagné la rive et, appuyées sur le parapet, appelaient au secours avec de grands cris.

Bientôt l'aînée saisit une longue perche, qu'elle souleva avec peine, et, armée de la sorte, retourna en toute hâte vers le bassin pour me porter secours. Cette intervention était sans doute plus généreuse qu'utile. Au même moment un éclair sortit du milieu des bananiers, et la détonation d'une arme à feu se fit entendre ; une balle venait de passer en sifflant auprès de moi. Presque aussitôt un homme aux formes colossales apparut à mes yeux : il était suivi d'une douzaine d'autres qui arrivaient au pas de course. Ils atteignirent le parapet, l'enjambèrent et se précipitèrent dans le bassin.

Suivit une grande agitation dans l'eau avec des cris et des cliquetis de baïonnettes ; puis, au bout d'un instant, le reptile demeurait sans vie, percé d'une douzaine de coups.

CHAPITRE XIII.

Don Cosme Rosalès.

— Sauvé, capitaine !

C'était la voix de Lincoln.

Autour de moi se pressaient plusieurs de mes hommes : ils avaient de l'eau jusqu'à la ceinture. Quant au petit Jack, dont on ne voyait au-dessus de l'eau que l'extrémité de son bonnet de police, il avait bravement enfoncé son épée de dix-huit pouces dans la carcasse du reptile mort. Je ne pus m'empêcher de sourire à cette vue.

— Oui, sauvé ! repris-je en respirant fortement, sauvé ! mais il était grand temps !

— Nous avons entendu votre coup de feu, capitaine, dit Lincoln, et comme j'ai pensé que vous n'aviez pas tiré sans motif, j'ai pris avec moi quelques camarades, et nous sommes venus.

— Vous avez bien fait, sergent ! mais où sont...

En parlant ainsi, je regardais du côté où j'avais vu les jeunes filles un instant auparavant : il n'y avait plus personne.

— Si vous voulez parler des femmes qui étaient là, dit Chane, elles se sont évanouies à travers les arbres. Par saint Patrick ! la brune est une belle fille ! Elle vous a les yeux aussi beaux que ceux des créoles de Demerary.

Nous remontâmes sur le parapet, et les soldats se mirent en devoir d'essuyer leurs armes.

Au même moment, Clayley arrivait près du bassin en tête de son détachement. Quand je lui eus expliqué l'aventure, il en rit de tout son cœur.

— Par Jupiter ! s'écria-t-il, cela ne pourra jamais faire l'objet d'un bulletin : il n'y a qu'un mort du côté des ennemis et pas un de nous n'a reçu une blessure. Ah ! si, pourtant, il y a quelqu'un de nous qui en est trop bon état.

— Qui ? demandai-je.

— Et qui voulez-vous que ce soit si ce n'est le gros Blossom !

— Mais où est-il ?

— Dieu seul le sait. La dernière fois que je l'ai aperçu il allait se cacher derrière une ruine, et l'on ne voyait que sa figure, qui brillait comme la pleine lune, dont elle avait à la fois l'éclat et la rondeur. Comme dernier trait de ressemblance avec l'astre des nuits, ses grosses joues étaient marbrées, par la peur, de larges plaques blanches et pourpre pareilles aux taches qu'on distingue dans la lune.

Quand le major eut bien vu de quoi il s'agissait, il sortit de ses broussailles et s'avança vers nous en soufflant comme un éléphant. Pour se donner une contenance, il avait tiré son grand sabre et le brandissait d'un air menaçant.

— Chétive affaire, s'écria-t-il au moment où il arrivait au bord du bassin. C'est là tout, continua-t-il en désignant du doigt le caïman ; j'avais compté sur mieux que cela. J'espérais que nous étions aux prises avec quelques peaux jaunes.

— Non, major, fis-je en m'efforçant de garder mon sérieux, nous n'avons pas été si heureux.

— Mais, ajouta Clayley avec un malin sourire, ce qui est différé n'est pas perdu ; nous allons les voir arriver avant qu'il soit longtemps. Ils auront nécessairement entendu nos coups de fusil.

Un changement complet se manifesta à ces mots dans la contenance du major. La pointe de son sabre retomba par terre, et les plaques bleues et blanches recommencèrent de nouveau à marbrer le pourpre de ses joues.

— Ne pensez-vous pas, capitaine, dit-il en s'adressant à moi, que nous avons assez battu la campagne ? Il n'y a pas une mule ici, je vous assure qu'il n'y en a pas une seule. Ce que nous avons de mieux à faire, c'est de retourner au camp.

Avant que je pusse répondre, un nouveau personnage vint attirer notre attention ; sa présence compléta la mosaïque qui se dessinait si agréablement sur les joues de notre major.

Un homme singulièrement costumé descendait la colline et s'avançait de notre côté.

— Les guerrillas, ma foi ! s'écria Clayley en donnant à sa voix un accent de terreur simulé.

Et en même temps il désignait la ceinture écarlate qui entourait la taille du nouvel arrivant.

Le major jeta autour de lui un regard interrogateur, pour voir s'il n'y avait pas quelque objet qui pût lui servir d'abri en cas de besoin. Il venait d'aviser un point élevé du parapet, derrière lequel il comptait sans doute se réfugier, quand l'étranger, arrivé près de nous, lui jeta ses deux bras autour du cou, en lui adressant en espagnol un petit discours dans lequel le mot *gracias* était souvent répété.

— Que veut cet homme avec ses *gracias* ? murmurait le major en s'efforçant de s'arracher aux embrassades du Mexicain.

Mais ce dernier ne lui répondait point, car, apercevant mes vêtements tout ruisselants d'eau, il laissa le major et vint m'adresser ses caresses et ses *gracias*.

— Ah ! capitaine, me dit-il toujours en espagnol en me serrant contre sa poitrine, acceptez mes remercîments ! Ah ! monsieur, c'est vous qui avez sauvé mes enfants ! Comment pourrai-je jamais vous marquer ma reconnaissance ?

Suivit une foule de ces expressions louangeuses particulières à la langue de Cervantes, le tout terminé par l'offre de sa maison, que l'Espagnol mettait à ma disposition avec tout ce qu'elle contenait.

Je répondis à tant de politesses que j'étais confus d'être aussi peu en état de recevoir ses embrassades, d'autant mieux que je remarquais que l'eau qui saturait mes vêtements avait par suite de l'accolade complètement mouillé ceux de l'étranger.

Ce fut alors que je l'examinai tout à loisir.

Notre hôte était un grand, mince et pâle gentilhomme déjà sur le retour. Sa figure au type espagnol avait un remarquable caractère d'intelligence et de distinction ; ses cheveux étaient blancs et courts ; une moustache grisonnante garnissait ses lèvres ; des sourcils noirs et épais ombrageaient ses yeux vifs et pénétrants. Son habit, très-ample, était en fine toile blanche, avec un gilet et un pantalon de même étoffe. Au bas du gilet, sa taille était entourée d'une riche ceinture de soie rouge. Ses pieds étaient chaussés de souliers de maroquin vert. Un grand chapeau de Guayaquil, qui protégeait son visage contre les rayons du soleil, complétait ce costume pittoresque. Malgré ces vêtements de coupe tout à fait mexicaine, tout dans l'extérieur et dans la manière de celui qui les portait trahissait l'hidalgo de pur sang espagnol.

Ces observations ne m'avaient pris que quelques instants, et j'essayai d'exprimer à mon interlocuteur, dans mon meilleur espagnol, les regrets que j'éprouvais de la frayeur qu'avaient dû ressentir les jeunes dames, ses filles, à ce que je supposais.

Le Mexicain me regarda avec une apparence de surprise.

— Comment, seigneur capitaine, dit-il, votre accent... Seriez-vous donc étranger ?

— Est-ce étranger au Mexique que vous voulez dire ?

— Oui, señor. Me serais-je trompé ?

— Non, je suis en effet étranger, répondis-je un peu embarrassé de ma position.

— Et y a-t-il longtemps que vous êtes dans l'armée, señor capitaine ?

— Très-peu de temps seulement.

— Comment trouvez-vous le Mexique, señor ?

— Je n'ai encore guère pu m'en faire une idée.

— Depuis combien de temps êtes-vous dans le pays ?

— Depuis trois jours seulement. Nous avons débarqué la nuit.

— *Por Dios !* trois jours, et déjà dans notre armée, murmura l'Espagnol avec un étonnement qui n'avait rien de simulé.

Je commençais à croire que j'avais affaire à un lunatique.

— Oserais-je vous demander de quel pays vous êtes ? continua le vieux gentilhomme.

— Je suis Américain.

— *Un Americano !* répéta-t-il, car nous conversions en espagnol.

— *Y son esos Americanos ?* (Et ce sont aussi des Américains ?) demanda vivement ma nouvelle connaissance.

— *Si, señor*, répondis-je.

— *Carrambo !* s'écria l'Espagnol avec un tressaillement involontaire.

Et en même temps ses yeux lançaient des flammes.

— Il n'est pas exact de dire que ce soient des Américains, ajoutai-je, car il y a parmi eux un Irlandais, un Français, un Allemand, un Suédois et un Suisse. Mais quant à présent du moins ils sont tous sous le drapeau américain.

Mais le Mexicain n'était plus là pour entendre mon explication ; car, après être revenu de son étonnement, il s'était précipité à travers un massif, et s'éloignait rapidement en nous faisant un signe de la main et prononçant ce seul mot : *Esperate !* Bientôt on le perdit de vue sous les bananiers.

Les soldats, réunis en groupe près du bassin, étaient partis d'un grand éclat de rire avant que j'eusse pu rien faire pour les en empêcher. Je dois d'ailleurs convenir que la terreur du vieux Don en découvrant qui nous étions avait été si comique, que ma propre gravité n'y put tenir. Aussi ce ne fut pas sans sourire plus d'une fois que j'écoutai les propos que nos hommes échangeaient entre eux à quelques pas de moi.

— Ce monsieur est un vieux dur à cuire bien peu hospitalier, murmurait Lincoln d'un air de mépris.

— Il me semble, disait Chane, qu'il aurait bien pu offrir au capitaine de se rafraîchir, c'était le moins après ce qu'il a fait pour ses jolies filles.

— Le diable emporte la maison ! elle paraît sèche comme l'âme d'un pendu, ajoutait un autre enfant de la verte Érin.

— C'est tout de même une belle cage, reprenait Chane, et avec de jolis oiseaux dedans, encore. Cela me rappelle la vieille Demerary, à cette différence près que dans ce dernier pays il y a de quoi boire. C'est là qu'on trouve du rhum comme je vous en souhaite à tous tant que vous êtes.

— Une maison où il n'y a rien à boire ne peut être que la demeure d'un brigand, ajoutait un autre.

— D'un brigand, dis-tu ? reprenait un camarade.

— Et certainement. D'ailleurs ces Mexicains sont tous des voleurs.

— Avez-vous vu sa ceinture rouge ? faisait observer un Irlandais.

— Oui, après ?

— Après, cela signifie, j'en suis sûr, que c'est un chef de brigands ; de *guerrilleros*, comme on les appelle dans ce maudit pays.

— Ma foi ! tu as raison, c'est peut-être leur capitaine.

— Il n'y a pas de doute que c'est le capitaine, le luxe de cette habitation le prouve assez.

— Et puis avez-vous vu quelles amitiés le vieux drôle nous faisait d'abord, et comme il a changé de ton quand il a su qui nous étions ?

— C'est à tel point que Raoul prétend qu'il a offert d'abord au capitaine sa maison et tout ce qu'elle contient.

— Ah ! mère de Moïse ! et les deux jolies filles avec ?

— Oui, par-dessus le marché.

— Par ma foi ! si j'étais le capitaine, je n'hésiterais pas à accepter.

— Cela est en faïence ? dit un soldat en indiquant les murs du parapet.

— Non !

— Eh bien, c'est en brique alors ?

— Pas davantage.

— En quoi est-ce donc ?

— Ne vois-tu pas que c'est de la pierre peinte, gros niais.

— De la pierre peinte ? C'est bien possible. Est-ce solide ?

— Essaye avec la baïonnette, Jim, tu verras.

Aussitôt fait que dit. Et dans le même moment j'entendis le grincement du fer sur un corps dur et poli. Je me retournai : c'était un de mes hommes qui était en train de démolir avec sa baïonnette la muraille ornée de porcelaine du Japon.

— Finissez de suite ! criai-je à ce Vandale.

Chane fit suivre mes paroles d'une réflexion qui parvint à mes oreilles, quoiqu'elle fût faite à demi-voix. Cette réflexion était fort réjouissante.

— Le capitaine, disait-il, vous recommande de ne rien détruire ici, parce qu'il épousera bientôt une des jeunes demoiselles, et il ne serait pas aise de voir à l'avance abîmer sa propriété.

Je riais encore de ce propos, quand je vis notre Don qui revenait vers nous porteur d'un large parchemin qu'il tenait tout déployé à la main.

— *Eh ! señor !* lui dis-je, qu'est-ce que cela ?

— *No soy Mexicano, soy Español* (Je ne suis pas Mexicain, je suis Espagnol), répondit-il avec la fierté d'un véritable hidalgo.

Je jetai alors les yeux sur la pièce qu'il me présentait, et je vis que c'était un sauf-conduit délivré par le consul d'Espagne à la Vera-Cruz, et attestant que le porteur, don Cosme Rosalès, était originaire d'Espagne.

— Señor, lui dis-je en lui rendant le parchemin, ceci était tout à fait inutile. Les circonstances dans lesquelles nous nous sommes rencontrés suffisaient pour vous mettre à l'abri de tout mauvais traitement de notre part. D'ailleurs nous faisons la guerre aux soldats armés et point du tout aux citoyens paisibles.

— *Es verdad ?* Mais, señor, vous êtes mouillé et vous devez avoir faim.

Je ne crus pas devoir nier la chose, d'autant mieux que j'étais ruisselant et de plus fort affamé.

— Vous devez avoir besoin de vous rafraîchir. Si vous vouliez entrer dans ma demeure.

— Permettez-moi, señor, dis-je alors à l'hidalgo, de vous présenter le major Blossom, le lieutenant Clayley et le lieutenant Oakes. Messieurs, continuai-je en m'adressant à ces derniers : don Cosme Rosalès.

Mes amis et l'Espagnol se saluèrent. Le major paraissait enfin avoir recouvré toute sa tranquillité.

— *Vamonos, caballeros !* (Allons, messieurs !) dit l'Espagnol en se dirigeant vers la maison.

— Mais vos soldats, capitaine ? ajouta-t-il en s'arrêtant tout à coup.

— Ils resteront ici, répondis-je.

— Me permettrez-vous de leur envoyer de quoi dîner ?

— Certainement, don Cosme, repris-je, pourtant je ne voudrais pas que cela vous occasionnât du dérangement.

Quelques minutes après, nous avions atteint le seuil de la maison, qui n'était autre que la grande cage dont j'ai donné plus haut la description.

CHAPITRE XIV.

Un Dîner mexicain.

— *Pasan a dentro, señores !* dit don Cosme en ouvrant le rideau du rancho et nous engageant à entrer.

— Ah ! s'écria le major surpris du coup d'œil qu'offrait l'intérieur de cette habitation.

— Asseyez-vous, messieurs, je serai de retour dans un instant.

Tout en parlant de la sorte, don Cosme disparut derrière la maison dans une petite galerie que dérobait aux regards un store en treillage de rotin.

— C'est superbe ici, ma foi ! dit Clayley à voix basse.

— Superbe ! sur ma parole, répéta le major en appuyant son opinion d'un de ces mots dont il avait habitude d'accentuer sa conversation.

— Tout est du meilleur goût.

— Oui, du meilleur goût, répéta le major.

— Des meubles en bois de rose, continua Clayley, une harpe, une guitare, un piano, des ottomanes, un sopha, des tapis dans lesquels on enfonce jusqu'aux genoux, peste !

Sans m'occuper du mobilier, je regardais de tous côtés... en quête de quelque objet que mes yeux ne découvraient pas.

— Ah! ah! dit Clayley, que cherchez-vous donc, capitaine ?
— Rien.
— Oh! rien! Ne seraient-ce point les nymphes du bassin qui vous préoccuperaient ? Mais où sont-elles passées ?
— Je ne sais, fis-je assez contrarié de leur absence.
— Des nymphes, des nymphes ! demanda le major, qui n'était pas très-au courant de notre aventure aquatique.

A ce moment, nous entendîmes la voix de don Cosme qui appelait quelqu'un.

— Pepe, Ramon, Francisco ! criait-il, servez le dîner et dépêchez-vous.
— Qui diable appelle-t-il ainsi, dit le major avec un commencement d'inquiétude, je ne vois personne ?

Le major Blossom.

Nous n'apercevions personne en effet, et, curieux de savoir à qui s'adressait le maître de la maison, nous nous approchâmes pour vérifier de quoi se composait le derrière de la maison.

La pièce où nous nous trouvions paraissait en être le seul appartement. Il y avait bien encore la petite verandah dans laquelle nous avions vu entrer don Cosme ; mais, bien que le rideau nous empêchât d'en voir l'intérieur, nous pouvions facilement juger à son apparence qu'elle n'était pas assez grande pour contenir toutes les personnes dont l'Espagnol venait de prononcer les noms.

Un peu plus loin s'élevaient, dans un bois d'oliviers, deux petits bâtiments isolés du logis principal ; mais leur construction à claire-voie nous permettait de distinguer ce qu'ils contenaient. Il n'y paraissait pas figure humaine. Derrière les oliviers s'étendait une place vide d'une centaine de pas environ, puis, par delà, une haie de mezquites à feuilles rouges et de magueys sauvages formait la séparation entre le jardin et la forêt.

Le lieu où s'étaient réfugiées les jeunes doñas et celui d'où sortaient Pepe, Ramon et Francisco constituèrent pour nous les deux inconnues d'un problème dont rien ne pouvait nous donner l'explication.

Le bruit d'une clochette qui retentit à nos oreilles nous arracha à nos conjectures et nous vîmes en même temps don Cosme, qui s'approchait de nous demandant poliment si nous n'avions point quelque mets favori dont nous désirions manger.

Nous répondîmes que non.

— Dieu me damne ! s'écria le major, je crois qu'il pourrait se procurer tout ce que nous lui demanderions rien qu'en frappant la terre du pied ou en agitant sa sonnette. N'est-ce pas votre avis ?

Ces marques d'admiration étaient arrachées au major par l'arrivée de cinq ou six domestiques richement habillés qui entraient dans l'appartement avec des plateaux chargés de plats et de carafes. Ils venaient par la galerie ; mais d'où sortaient-ils ? Ce ne pouvait être du bois, car nous les aurions infailliblement vus s'approcher de la maison. C'était à s'y perdre.

Le major ne tarissait pas d'exclamations, et répétait à chaque instant : — C'est apparemment l'Aladin du Mexique !

J'avoue que je n'étais pas moins surpris que lui. Pendant ce temps néanmoins les domestiques allaient et venaient, apportant à chaque instant de nouveaux objets destinés au service. En moins d'une demi-heure la table craquait sous le poids d'un magnifique dîner, et ce n'est point ici une figure de rhétorique, car la nappe était couverte de plats d'argent massif, d'énormes flacons de même métal et de superbes coupes d'or.

— Señores, vamos a comer (Messieurs, veuillez vous mettre à table), dit don Cosme en nous engageant poliment à nous asseoir. Je crains, ajouta-t-il, que vous ne soyez pas très-satisfaits de ma cuisine, elle est toute mexicaine, estilo del pais.

Dire que le dîner ne fut pas bon, ce serait d'abord contraire à la vérité, et surtout très-contradictoire à l'opinion du major Georges Blossom, qui déclara maintes fois dans la suite que c'était le meilleur dîner qu'il eût jamais fait de sa vie ; et l'honorable quartier-maître de l'Union était bon juge en ces matières.

On servit d'abord une soupe à la tortue.

— Peut-être auriez-vous préféré une julienne ou un vermicelle, messieurs ? demanda notre hôte.
— Merci, monsieur, votre tortue est excellente, répondis-je ; car j'étais forcément l'interprète de la société.
— Goûtez un peu de cet aguacate, cela relève la saveur du potage.

En prononçant ces mots, l'amphitryon prit sur un plateau un fruit couleur d'olive, de la forme et de la grosseur d'une poire, et en offrit à chacun de nous.

— Demandez-lui comment ça se mange ? dit le major en m'adressant la parole.
— Ah! je vous demande pardon, messieurs, j'avais oublié que la plupart des mets vous sont sans doute complétement inconnus. Quant à celui-ci, il n'y a qu'à en enlever la peau et à le manger sans aucune autre précaution.

Nous fîmes l'expérience, et je déclare que, pour ma part, l'aguacate me parut un médiocre régal. Il faut être sans doute habitué à ce fruit pour en apprécier le mérite.

Après le potage vint le poisson. Il était aussi remarquable par sa qualité que par sa variété. Plusieurs mets se succédèrent sans interruption ; la plupart nous étaient entièrement inconnus, mais ils étaient en général d'un goût relevé et fort agréable.

Le major prenait de tout, sans exception, dans le but, disait-il, de savoir quel était le meilleur plat, et bien déterminé à mettre plus tard à profit l'expérience qu'il cherchait à acquérir dans cette circonstance.

Notre hôte paraissait prendre le plus grand plaisir à servir le major, qu'il appelait à chaque instant le señor coronel.

— Puchero, señor coronel ? disait-il.
— Volontiers, grommelait le major.

Et il acceptait le puchero.

— Permettez-moi de vous offrir du molé.
— Avec plaisir, don Cosme.

Et le molé disparaissait rapidement dans le vaste estomac du major.

— Un peu de ce chilé rilleno.
— De tout mon cœur, répondait le major. Ah ! par Jupiter ! c'est chaud comme du feu !
— Pica ! pica ! reprenait don Cosme en voyant le major, dont les joues devenaient cramoisies. Il faut faire couler cela avec un verre de bordeaux. Ici, Pepe ! Aimez-vous mieux le johannisberg ? Voici du champagne, messieurs, si vous le préférez.
— Merci, don Cosme, ne vous donnez pas tant de peine.
— Cela ne me dérange nullement, capitaine. Apportez le champagne. Señor coronel, goûtez de ce guisado de pato.
— Très-volontiers, dit le major, vous êtes bien bon. Diable ! c'est généreux, cela brûle comme braise !
— Pensez-vous qu'il comprenne l'anglais ? me demanda Clayley à voix basse.
— Je ne crois pas, répliquai-je.
— Alors je puis vous dire tout haut que cette vieille baderne fait fort bien les choses. Qu'en pensez-vous, major ? Ne seriez-vous pas satisfait d'avoir au camp un hôte de cette espèce ?
— Ma foi, reprit l'autre avec un clignement d'yeux, je ne serais pas fâché d'un pareil voisinage.
— Señor coronel, permettez-moi...
— Qu'est-ce que c'est que cela, mon cher Don ? demanda le major.
— Pasteles de Moctezuma.
— Certainement. Ma foi, jeunes gens, je ne sais pas trop ce que je mange, mais ce n'est pas mauvais cependant.
— Señor coronel, accepterez-vous une tranche de guana ?
— Une tranche de guana ! fit le major avec quelque surprise.
— Si, señor ! répliqua don Cosme en lui présentant le mets en question.

— Une tranche de guana! Ah çà, jeunes gens, est-ce que ce serait une tranche de ces vilaines bêtes que nous avons vues à l'île Lobos?

— Certainement. Et pourquoi pas?

— Alors, merci! Je ne mange pas de lézard. Bien obligé, mon cher don Cosme; mais je crois que j'ai dîné.

— Ah! ne me refusez pas, cela est très-tendre, je vous assure, fit don Cosme avec insistance.

— Allons, major, un peu de dévouement, goûtez cela, et dites-nous ce que c'est! lui cria Clayley.

— Ah! bon, vous faites comme l'apothicaire qui empoisonnait son chien pour juger de son élixir! Mais tant pis, je vais toujours essayer. Je n'en mourrai pas plus que notre hôte... Délicieux, sur ma parole! C'est tendre comme du poulet. Très-bon! très-bon!

Un ranchero.

Et ce fut avec des démonstrations de joie que notre major avala sa première tranche d'iguane.

— Messieurs, voici des ortolans, je vous les recommande, c'est la bonne saison.

— Des ortolans! dit le major en reconnaissant un de ses mets de prédilection.

Un nombre incroyable de ces oiseaux passa en un clin d'œil de l'assiette du major dans le gouffre de son estomac.

Enfin on desservit les viandes, et on apporta le dessert, qui se composait de gâteaux, de crèmes, de gelées, de blanc-manger et de pyramides de toute espèce de fruits. Les oranges, les ananas, les limons, les grappes de muscat, les pitayas, les tunas, les sapotes et les cherrimollas y figuraient mêlés aux figues, aux amandes, aux bananes, et à plus d'une douzaine d'autres espèces de fruits disposés devant nous sur de grands plateaux d'argent. La plupart de ces fruits avaient une saveur aussi délicate qu'agréable, qui étonnait des palais peu habitués à ces produits des climats chauds.

— Allons, messieurs, un verre de curaçao. Señor coronel, vous ne me refuserez pas cela?

— J'accepte de tout mon cœur.

— Señor coronel, prendrez-vous un verre de majorque?

— Volontiers.

— Peut-être préférez-vous du *pedro ximénès*, j'en ai ici de très-vieux?

— Je prendrai l'un et l'autre, don Cosme, pour ne pas faire de jaloux.

— Apportez ces deux vins, Ramon, et joignez-y une couple de bouteilles de madère, *sella verdé!* (du cachet vert!)

— Aussi vrai que je suis chrétien, ce vieux gentilhomme est sorcier! murmura le major, qui commençait à devenir excessivement gai.

— Je voudrais bien qu'il évoquât autre chose que toutes ces damnées bouteilles de vin! me disais-je *in petto* tout en commençant à trouver que l'absence des jeunes filles se prolongeait outre mesure.

— Le café, señores!

A ces mots du maître de la maison un domestique entra apportant sur un plateau de magnifiques porcelaines de Chine, dans lesquelles on nous servit un café délicieux.

— Vous fumez, messieurs, n'est-ce pas, que préférez-vous?... Des havanes?... Un de mes amis de Cuba m'en a envoyé il y a quelque temps. Je les crois bons. Si vous êtes pour la cigarette, voici des *campeacheanos*. Ici ce sont des cigares du pays, ce que nous appelons des *puros;* je ne vous engage pas à en prendre.

— Quant à moi, je fumerai un havane! dit le major en s'emparant d'un superbe regalia.

Je devenais mélancolique et commençais à craindre sérieusement que le Mexicain ne nous laissât partir sans nous présenter à sa famille; et cela me contrariait au delà de toute expression, car j'avais le plus grand désir de revoir les deux êtres charmants que j'avais aperçus dans des circonstances si singulières. La brune surtout m'avait vivement impressionné. Etrange mystère que l'amour! un coup d'œil avait suffi pour fixer le choix de mon cœur!

Je fus tiré de ma rêverie par la voix de don Cosme, qui s'était levé et qui m'invitait, avec mes amis, à vouloir bien le suivre au salon.

Je quittai la table si brusquement, que je faillis la renverser.

— Eh bien! capitaine, qu'est-ce qui vous prend! dit Clayley, voici don Cosme qui nous engage à nous rendre auprès des dames, et l'on dirait que vous voulez tout briser!

— Mais non certainement, répondis-je tout honteux de ma gaucherie.

— Il nous invite à passer au salon, dit le major avec une voix qui

Une femme de ranchero.

dénotait un commencement de crainte; mais où diable va-t-il nous conduire? Attention, messieurs, et tenons nos pistolets tout prêts!

— O major, silence! par respect pour vous-même.

CHAPITRE XV.

Un Salon souterrain.

Nous savions maintenant à quoi nous en tenir sur le mystère du salon, du serviteur et des mets; la vue d'un escalier qui conduisait sous terre nous avait expliqué l'énigme.

— Permettez-moi de vous conduire à ma cave, messieurs, nous dit l'Espagnol, je mène une vie à moitié souterraine; pendant les grandes chaleurs, et surtout pendant la durée du norté, nous préférons vivre dessous le sol que dessus. Suivez-moi, señores.

Chacun de nous descendit sur les pas de notre hôte à l'exception de notre camarade Oakes, qui sortit pour aller donner un coup d'œil à nos hommes.

Au bas de l'escalier nous trouvâmes une salle brillante. Le pavé était de marbre disposé en mosaïque. Les murailles, peintes en bleu tendre, étaient ornées de tableaux dus aux pinceaux de Murillo, ou tout au moins à celui de ses meilleurs élèves; ces peintures étaient toutes placées dans des cadres aussi précieux par le fini du travail que par la richesse de la matière. Du plafond descendaient des lustres d'un goût et d'une beauté remarquables, garnis de bougies de cire aussi blanches et aussi polies que l'ivoire.

Au milieu de l'appartement s'élevaient de superbes tables en marbre supportant des vases en porcelaines garnis de fleurs magnifiques. Les autres objets d'ameublement étaient en rapport avec ceux que nous venons de décrire. De grandes glaces placées les unes en face des autres reflétaient tous les objets, de telle sorte qu'au lieu d'une salle on voyait une longue suite d'appartements qui se prolongeaient à perte de vue.

Ce qui paraissait fort singulier c'est qu'on n'apercevait aucune porte à cet appartement, que don Cosme nous avait dit n'être qu'un salon d'attente.

Cependant notre hôte, qui nous précédait, s'était approché d'une grande glace et avait touché légèrement un ressort. A l'instant même la glace pivota sur elle-même, et nous livra passage pour pénétrer dans un nouveau salon.

— *Pasan a dentro, señores!* dit don Cosme; et il se rangea de côté en nous invitant à entrer.

Nous pénétrâmes dans le salon. La magnificence de cet appartement nous éblouit tout d'abord; ce fut comme un rêve, une brillante vision. Nous oubliâmes que nous étions dans la demeure d'un simple gentilhomme mexicain, et nous nous crûmes vraiment transportés dans quelque palais enchanté.

Pendant que nous étions tout à notre premier étonnement, don Cosme ouvrit une porte de côté et appela quelqu'un en disant :

— *Niñas, niñas, ven acá!* (Mes enfants, mes enfants, venez ici!)

Au même instant nous entendîmes plusieurs voix de femme mélodieuses comme des chants d'oiseaux.

Ces dames approchaient. Les frôlements de longs vêtements de soie, un bruit cadencé de pas légers annonçaient leur présence, et bientôt trois femmes entrèrent dans le salon. C'était la señora Cosme suivie de ses deux charmantes filles, les héroïnes de notre aventure aquatique...

A la vue de visages inconnus, il y eut de la part des jeunes filles un moment d'hésitation; puis bientôt le cri plusieurs fois répété *Nuestra Salvador!* me fit comprendre que j'avais été reconnu; et en effet chacune d'elles se précipita ou plutôt se prosterna à mes pieds et saisit une de mes mains en la couvrant de baisers.

Leur émotion, la reconnaissance qui se peignait dans leurs regards, le contact de leurs mains sur les miennes, tout cela produisit sur mes sens une impression que je ne saurais décrire. Ce n'était plus du sang qui coulait dans mes veines, c'était de la lave brûlante. Bientôt pourtant je me calmai un peu et rougis de mes transports involontaires. Ces jeunes filles n'étaient, après tout, que des enfants, qui, dans l'élan touchant de leur gratitude, me témoignaient leurs sentiments par des caresses et des paroles dont elles étaient loin, dans leur innocence, de calculer la portée.

Pendant cette petite scène de sentiment don Cosme avait présenté Clayley et le major à sa femme, dont le nom de baptême était Joaquina. Après vint le tour des jeunes filles; le père prit chacune d'elles par la main, et les conduisit devant nous en nous désignant l'aînée sous le nom de Guadalupe et la cadette sous ceux de Maria de la Luz (Marie de la Lumière).

— Madame, dit notre hôte en s'adressant à sa femme, ces messieurs n'ont pas encore fini de fumer leurs cigares.

— Ces messieurs peuvent très-bien fumer, répondit la señora.

— Est-ce que ces demoiselles y consentent? fis-je observer.

— Très-certainement, répondirent-elles.

— Peut-être ces demoiselles daigneront-elles se joindre à nous; j'ai entendu dire que c'était une coutume reçue chez les dames de ce pays.

— C'était autrefois comme cela, dit à son tour don Cosme; mais maintenant les jeunes personnes rougissent des habitudes de leurs mères.

— Nous ne fumons pas, mais maman s'en acquitte à merveille! ajouta la brune Guadalupe.

— Oh! vous parlez anglais, señorita?

— Un peu, mais très-mal.

— Qui donc vous a enseigné l'anglais? lui demandai-je piqué de curiosité.

— C'est un Américain, don Emilio.

— Ah! un Américain?

— Oui, señor, dit don Cosme, un gentilhomme de la Vera-Cruz, que nous connaissons depuis longtemps.

Il me sembla comprendre que notre hôte ne voulait pas en dire davantage sur ce sujet, et moi, par une de ces bizarreries de l'esprit ou du cœur qu'on ne saurait expliquer, j'aurais tenu beaucoup à savoir quels étaient les rapports de cet Américain don Emilio avec nos nouvelles connaissances. Certes, ce n'était plus la curiosité qui me poussait, c'était un sentiment bien plus fort.

Guadalupe nous avait dit que sa mère fumait; et, en effet, doña Joaquina s'occupait à rouler une cigarette entre ses doigts. Quand cette opération fut terminée, elle plaça l'objet qu'elle venait de fabriquer entre les griffes d'une paire de pinces en or, et puis elle alluma le papier à quelques charbons qui brûlaient dans un brasero. Bientôt la cigarette fut entre ses lèvres; et nous vîmes sortir de sa bouche des nuages bleuâtres d'une fumée odorante.

Après avoir aspiré quelques bouffées, elle engagea le major à faire comme elle, et lui offrit en conséquence du papier et du tabac, qu'elle tira d'un charmant porte-cigare brodé en perles.

C'était de la part de la maîtresse de la maison une faveur trop insigne pour que la galanterie du major lui permît de refuser. Il accepta donc le papier et le tabac. Mais une fois en possession de ces objets, il se trouva fort embarrassé de l'usage qu'il devait en faire.

Toutefois, il essaya d'imiter la señora, et s'efforça, mais en vain, de rouler le tabac et le papier entre ses gros doigts.

Les jeunes personnes, qui suivaient du coin de l'œil cette manœuvre, s'amusaient beaucoup des efforts maladroits du major; la plus jeune surtout avait peine à s'empêcher de rire.

— Permettez, señor coronel! dit doña Joaquina en prenant la cigarette des mains du major et la roulant rapidement dans ses doigts, habitués à cette opération.

En un clin d'œil la chose fut faite.

— Maintenant, continua-t-elle, tenez-la comme cela dans vos doigts; ne serrez pas trop. *Suave, suave!* vous y voilà; c'est très-bien, très-bien!

Le major ayant en effet repris la cigarette, et en ayant introduit l'extrémité entre ses deux grosses lèvres, il aspirait de toute la force de ses poumons.

Mais il n'avait pas tiré une demi-douzaine de bouffées de fumée, que le feu, trop vivement excité par ses fortes aspirations, gagna ses doigts et les brûla de telle manière qu'il lâcha la cigarette. L'enveloppe était presque entièrement consumée, et le tabac pulvérisé n'étant plus retenu par le papier, pénétra en entier dans la bouche et la gorge du major en lui causant un éternument, une toux et des crachements fort réjouissants pour les spectateurs.

C'en était trop pour les jeunes personnes, qui, encouragées d'ailleurs par les éclats de rire de Clayley, s'en donnèrent à cœur joie. Quant au major, il avait de grosses larmes dans les yeux, et continuait à tousser tout en entremêlant ses efforts des jurements les plus pittoresques que lui fournissait son riche répertoire.

La scène aurait duré plus longtemps encore, si une des jeunes personnes n'eût pris le major en pitié, et ne lui eût offert un verre d'eau fraîche, que le brave homme but d'un seul trait; ce qui débarrassa les avenues de son gosier.

— Voulez-vous essayer d'une autre cigarette, señor coronel? demanda doña Joaquina avec un sourire.

— Bien obligé, madame! répondit le major en laissant en même temps passer entre ses dents un jurement à moitié étouffé.

La conversation se continua en anglais, et nous nous amusâmes beaucoup des efforts que faisaient nos nouvelles connaissances pour s'exprimer dans cette langue, qui leur était peu familière.

A un moment où elle ne pouvait se faire comprendre, Guadalupe dit avec un peu de dépit :

— Je voudrais que mon frère fût revenu : car il parle très-bien l'anglais, lui!

— Où est-il? demandai-je.

— Dans la ville, à Vera-Cruz.

— Ah!... Et quand l'attendez-vous?

— Ce soir, à la nuit, nous comptons qu'il sera de retour.

— Oui, ajouta la señora Joaquina en espagnol, il est allé à la ville pour passer quelques jours avec un de ses amis, mais il reviendra aujourd'hui. Nous l'attendons ce soir au plus tard.

— Et comment diable fera-t-il pour arriver ici? dit le major avec sa brusquerie accoutumée.

— Comment dites-vous, señor? s'écrièrent les dames, qui devinrent pâles comme la mort.

— Mais, sans doute, madame, répliqua le major, il ne pourra traverser nos lignes.

— Expliquez-nous cela, capitaine! reprirent les dames en jetant sur moi un regard plein d'anxiété.

Le major avait commis une indiscrétion, je vis qu'il était impossible de la réparer.

— Je suis désolé, mesdames, dis-je en parlant espagnol, d'être forcé de vous avouer qu'il ne faut pas compter, pour aujourd'hui, sur le retour de votre frère.

— Mais, pourquoi, capitaine, pourquoi?

— Parce que nos troupes cernent la ville de tous côtés, et que les communications extérieures sont interrompues.

Une bombe tombant au milieu du salon de don Cosme n'eût pas produit un effet plus terrible sur ses habitants. Cette famille, tout à fait ignorante des choses de la guerre, n'avait pas pensé un instant que notre présence pût établir une barrière infranchissable entre eux et l'être chéri dont maintenant on déplorait l'absence. Vivant dans une retraite absolue, don Cosme et les siens savaient à peine qu'il existât une guerre entre les Etats-Unis et le pays qu'ils habitaient. Ils avaient bien appris que notre flotte était devant Vera-Cruz, et le canon de San-Juan leur avait fait suffisamment comprendre qu'il se passait quelque chose du côté de la mer, mais ils étaient loin de soupçonner que la ville pût être investie par terre. Le voile qui couvrait leurs yeux venait de tomber, ils voyaient maintenant la vérité dans toute son horreur, et l'on comprendra, sans que nous essayions de le décrire, le désespoir de doña Joaquina et de ses filles quand nous leur apprîmes ce qu'il était impossible de leur cacher plus longtemps, que l'intention du général américain était de bombarder la ville.

Cette scène de douleur nous affligeait profondément.

Doña Joaquina se tordait les bras et s'adressait à la Vierge avec toute l'ardeur d'une âme égarée par la douleur. Les jeunes sœurs allaient de leur mère à don Cosme, mêlant leurs larmes à celles de leurs parents, et criant d'une voix lamentable :

— *Pobre Narcisso! nuestro hermanito! le asesinaron!* (Pauvre Narcisse ! notre frère ! ils le tueront !)

Au milieu de cette scène de douleur, la porte du salon s'ouvrit brusquement, un domestique entra tout effaré en criant :

— *El norté ! el norté !*

CHAPITRE XVI.

Le Norté.

Nous nous précipitâmes sur les pas de don Cosme, mes compagnons ignorant aussi bien que moi quel pouvait être le sujet de cette nouvelle terreur.

Lorsque nous fûmes au haut de l'escalier, une scène d'une sublime horreur s'offrit tout à coup à nos yeux. Le ciel et la terre avaient été métamorphosés comme par un coup de baguette magique. L'aspect de la nature, un moment auparavant si gai et si riant, était subitement devenu aussi sombre que terrible. Le ciel était passé du bleu le plus pur à une couleur noire du plus sinistre présage.

Dans tout le nord-ouest, au-dessus des pitons de la Sierra-Madre, roulaient des masses de sombres vapeurs ; de leurs flancs déchirés sortaient de temps à autre des groupes de nuages plus légers qui se dispersaient sous la voûte céleste en affectant les formes les plus bizarres et les plus fantastiques. On eût dit une réunion de démons qui tenaient conseil avant de faire éclater leur colère sur la terre qu'ils dominaient.

Au-dessus du cône neigeux d'Orizava planait un grand nuage pareil à un immense vautour menaçant dans son vol une victime endormie.

Mais c'était surtout sur la Sierra-Madre que s'étaient rassemblés les nuages les plus épais. De temps à autre de brillants éclairs sillonnaient cette sombre masse, puis disparaissaient dans le ciel avec une vélocité effrayante : semblables à de rapides courriers chargés d'annoncer d'un bout à l'autre de l'univers la colère du Maître des cieux.

Du côté de l'orient se dressaient des tourbillons de sable jaunâtre, immenses colonnes qui semblaient soutenir la voûte du ciel et que le vent mettait en mouvement.

Cependant, l'orage n'avait point encore atteint le rancho. Autour de nous aucun souffle ne se faisait sentir, les feuilles des arbres demeuraient sans aucun mouvement. A ces signes précurseurs de la tempête se mêlaient encore d'autres présages non moins alarmants. Les oiseaux poussaient des cris de frayeur, les cygnes se plaignaient au milieu de l'eau ; on entendait résonner des notes discordantes de la pie-hibou, les perroquets venaient chercher un abri dans le massif d'oliviers. En un mot, tous les animaux épouvantés semblaient dans l'attente de quelque terrible convulsion de la nature.

Bientôt la pluie commença à tomber en larges gouttes. Nous entendîmes le bruit mat qu'elle produisait en frappant sur les larges feuilles des arbres. De temps à autre une rafale venait secouer le tronc des palmiers, dont les feuilles se heurtaient avec des frôlements plaintifs. Puis le calme renaissait, et les branches accidentellement agitées reprenaient de nouveau leur immobilité un instant troublée.

Du côté du nord grondait un bruit sourd semblable au murmure de la mer ou à celui d'une cascade lointaine. De temps à autre, on entendait aussi retentir au fond des bois les hurlements des coyottes et les gémissements des singes effrayés.

— *Tapa la casa! tapa la casa!* (Couvrez la maison ! couvrez la maison !) cria don Cosme aussitôt que sa tête parut au-dessus du sol.

— *Anda! anda! con los macates!* (Vite ! vite ! les cordes !)

Obéissant à ses ordres, les domestiques eurent bientôt apporté de grands rouleaux de nattes de palmier qu'ils se mirent à déployer sur la maison de manière à mettre le toit de feuilles et les murs de bambou à l'abri des vents et de la pluie sous une sorte de cuirasse impénétrable.

Ces premiers soins accomplis, on attacha les nattes avec de fortes cordes au tronc des arbres voisins. En cinq minutes, tout était terminé. La cage élégante dans laquelle nous avions dîné était transformée en une maison dont les murailles étaient tout entières de jaunes pétales.

— Maintenant, señores, tout est à l'abri, nous dit don Cosme, nous pouvons retourner au salon.

— Je serais bien aise de juger par moi-même du premier effet de l'orage, répondis-je ; car j'étais fort peu désireux de me retrouver au milieu de la scène de douleur que nous avions laissée en bas.

— Soit, capitaine, mais alors mettez-vous à l'abri sous cette galerie.

— Il fait chaud comme dans un four, dit le major en gonflant ses grosses joues pour respirer plus amplement.

— Avant cinq minutes, señor coronel, vous serez glacé. L'atmosphère est maintenant brûlante, parce que l'air y est comprimé ; mais, patience, cela va bientôt se dissiper.

— Combien durera l'orage ? demandai-je.

— *Por Dios,* señor ! il est impossible de dire combien de temps sévira le norté. Quelquefois il dure des jours entiers, souvent aussi il a cessé au bout de quelques heures. Cependant je juge à l'apparence du temps que nous allons avoir une *huracana*. S'il en est ainsi ce sera fort court, mais les effets n'en seront pas moins terribles. *Carrambo!*

Un souffle de vent glacé passa sur nous en sifflant comme une flèche. Un seconde bouffée suivit la première, puis une troisième, puis enfin un bruit retentissant éclata à nos oreilles : c'était le vent du nord, le terrible norté, qui sifflait dans toute sa fureur, enlevant les feuilles, brisant les branches, tordant les troncs d'arbre et chassant devant lui une nuée de pauvres oiseaux effrayés qui criaient en cherchant un refuge.

Sous l'effort du redoutable fléau, les oliviers craquaient, le sol était jonché de leurs débris, tandis que les palmiers se courbaient en fléchissant, puis se relevaient, pour fléchir encore, en agitant leurs têtes touffues semblables à des bannières déployées. Les larges feuilles des bananiers, agitées convulsivement par la brise, claquaient en l'air comme autant de coups de fouet, mais résistaient, par la flexibilité de leurs tiges, à la fureur du vent déchaîné. En peu d'instants, un grand nuage accouru des limites de l'horizon nous enveloppa comme un pavillon de deuil. Tout l'espace fut rempli d'une noire vapeur, l'air devint épais et lourd, des odeurs sulfureuses rendirent la respiration difficile, et pendant un moment le jour fut changé en une nuit obscure.

Puis tout à coup l'air s'embrasa de mille jets de flamme, la forêt parut en feu, mais ce ne fut que pour un moment, après quoi tout retomba dans les ténèbres. Bientôt vinrent d'autres éclairs, suivis des grondements du tonnerre ; la foudre roulait au-dessus de nos têtes, et pendant quelque temps sa voix majestueuse domina tous les autres bruits de la nature.

Un coup n'attendait pas l'autre ; les grands nuages étaient sans cesse déchirés par des milliers de fusées brillantes ; l'eau et le feu se mêlaient ; les éclairs étaient accompagnés de torrents de pluie qui tombaient sur la terre avec un fracas épouvantable.

Rien ne saurait peindre la sombre majesté d'un pareil cataclysme. Mais l'orage était trop violent pour durer longtemps. Le sombre nuage qui nous enveloppait eut bientôt disparu dans le sud, poussé par le vent, dont la froide haleine commençait à se faire sentir plus vivement, ainsi que l'avait prédit notre hôte.

— *Tamos a bajar, señores* (Redescendons maintenant, messieurs), dit don Cosme en nous ramenant vers l'escalier.

Clayley et le major me regardèrent de côté avec un air qui semblait dire : Irons-nous ?

Il y avait en effet pour mes compagnons et pour moi plusieurs raisons qui nous éloignaient de retourner au salon. Une scène d'affliction domestique est toujours très-pénible pour un étranger, et celle qui se passait dans cet appartement était d'autant plus triste pour nous que la douleur de cette famille était l'œuvre de nos compatriotes et en partie des nôtres ; aussi hésitâmes-nous un instant sur le seuil. Enfin je pris mon parti et j'entrai en disant à mes amis qu'il était dans la bienséance de rentrer au moins pour un moment et de tâcher d'offrir quelques consolations aux personnes pour lesquelles nous avions été des messagers de mauvaise nouvelle.

CHAPITRE XVII.

Le beau temps revient.

En rentrant au salon, nous retrouvâmes la même douleur ; mais elle avait changé de physionomie. Ce changement avait été préparé aussi brusque que la révolution atmosphérique dont nous venions d'être les témoins. Au désespoir bruyant qui avait éclaté dans les premiers instants avaient succédé la résignation et la prière.

Dans un angle de l'appartement, doña Joaquina récitait ses oraisons en tenant à la main un rosaire à grains d'or avec un crucifix.

Ses filles étaient agenouillées devant un tableau représentant la Vierge au pied de la croix, et la Mère de Douleur peinte sur la toile n'avait certes pas des regards plus touchants que ceux des deux jeunes dévotes prosternées à ses pieds.

La tête légèrement inclinée, les bras croisés sur leur sein gonflé de sanglots, leurs longs cheveux épars et tombant presque sur le tapis, les filles de notre hôte formaient un tableau d'un aspect à la fois attrayant et pénible.

Craignant de troubler une douleur si légitime, nous voulûmes nous retirer.

— Non, messieurs, nous dit don Cosme, veuillez vous asseoir, nous tâcherons de vous écouter avec calme; faites-nous connaître tout notre malheur.

Il nous fallut alors raconter le débarquement des troupes américaines, la manière dont nous avions entouré la ville de lignes de circonvallation, et expliquer comment, par suite, toute communication était coupée entre la place et l'extérieur.

— Il y a pourtant encore un espoir, dis-je à don Cosme, et cela dépend de vous.

L'aspect de don Cosme, ses manières et son luxe m'avaient fait penser que notre hôte devait être d'un rang élevé; il pouvait donc, par l'entremise de son consul, obtenir l'entrée de la ville ou au moins le droit d'aller à bord du bâtiment de guerre espagnol que je savais en rade par le travers de San-Juan...

— Ah! quel est ce moyen, capitaine, quel est ce moyen? s'écria le pauvre père, tandis qu'au mot d'espoir sa femme et ses filles s'étaient levées et rapprochées de moi avec une anxiété visible.

— Il y a, dis-je, un bâtiment de guerre espagnol mouillé sous les murs de Vera-Cruz...

— Nous le savons, répliqua vivement don Cosme.

— Ah! vous connaissez cette circonstance?

— Oh! oui, dit Guadalupe, don Santiago est à bord de ce navire.

— Don Santiago! demandai-je, quelle est cette personne?

— C'est un de nos parents, capitaine, répondit don Cosme, il est officier dans la marine espagnole.

Sans trop me rendre compte du motif, cette explication me causa un sentiment pénible.

— Ainsi, dis-je à l'aînée des deux sœurs, vous avez un ami à bord du bâtiment espagnol? C'est au mieux. Il pourra peut-être vous rendre votre frère.

Mes dernières paroles avaient épanoui les visages de tous ceux qui m'entouraient, et don Cosme, me saisissant vivement la main, me supplia de m'expliquer.

— Le bâtiment espagnol, continuai-je, peut encore communiquer avec la ville. Il faut vous rendre à bord, et, par l'entremise de votre ami, faire sortir votre fils de la ville avant que le bombardement commence. Cela n'a rien d'impossible, car nos batteries ne sont pas encore dressées.

— Je vais partir de suite! dit don Cosme en se levant, pendant que doña Joaquina et ses filles l'imitaient dans l'intention de sortir pour ordonner les préparatifs de ce voyage.

— Espérez, espérez! leur dis-je.

— Mais, ajouta don Cosme, comment pourrai-je traverser les lignes américaines et arriver jusqu'au bâtiment espagnol?

— Vous ne pouvez le faire sans que je vous accompagne, don Cosme, répondis-je, et je regrette beaucoup que mon devoir ne me permette pas de me mettre sur le champ à votre disposition.

— Comment cela, señor? dit l'Espagnol avec une expression de vive contrariété.

— Je suis venu ici dans le but de chercher des mules pour l'armée américaine.

— Des mules?

— Oui. Nous battons la plaine dans cette intention. Et si nous sommes venus de ce côté, c'est que nous avons cru reconnaître qu'il y avait des animaux de cette espèce au delà des bois.

— Cela est vrai, capitaine, il y en a un cent, même davantage. Tous ces animaux sont à moi, vous pouvez les prendre.

— Soit; mais notre intention n'est pas de les emmener sans les payer. Le major que voici a tous les pouvoirs nécessaires pour traiter à l'amiable avec vous.

— Comme il vous plaira, messieurs. De la sorte, vous allez pouvoir retourner au camp.

— Nous le ferons aussitôt que nous le pourrons. Combien y a-t-il d'ici à la plaine?

— Il n'y a pas plus d'une lieue. Je vous accompagnerais bien, mais...

Ici don Cosme eut un moment d'hésitation, et, s'approchant près de moi, il ajouta à voix basse :

— La vérité est, capitaine, que je serais bien aise que vous prissiez les mules sans mon consentement; quoique très-peu mêlé aux affaires politiques de ce pays, je suis assez malheureux pour avoir Santa-Anna pour ennemi... et ce lui serait un excellent prétexte de me dépouiller de mes biens.

— Je vous comprends, répondis-je; alors nous prendrons vos mules par force, et nous vous emmènerons prisonnier au camp des Américains : ce sera reconnaître votre bonne hospitalité à la mode yankee.

— Très-bien, répliqua l'Espagnol avec un sourire.

— Señor capitaine, continua-t-il, vous n'avez plus d'épée, faites-moi l'honneur d'accepter celle-ci.

Tout en prononçant ces mots, Cosme m'offrit une rapière dans le style tolédan, avec un fourreau d'or admirablement ciselé, et portant gravés sur la coquille l'aigle et le nopal du Mexique.

— C'est une relique de famille, continua-t-il. Elle a autrefois appartenu au brave Guadalupe Victoria.

— Ah! vraiment, dis-je en acceptant l'épée, elle n'en aura que plus de valeur pour moi. Merci, señor, merci! Maintenant, major, nous sommes prêts à partir.

— Un verre de marasquin auparavant, messieurs! dit don Cosme au moment où un domestique entrait porteur d'un flacon et de plusieurs verres.

— Je vous remercie, volontiers, répondit le major, et puisque nous sommes à boire, seigneur Don, permettez-moi de vous donner un avis. Vous me paraissez avoir une *batterie de cuisine* assez bien montée; et en même temps le major indiquait un sucrier d'or que le domestique portait sur un plateau d'argent : croyez-moi, cachez tout cela au plus vite.

— Cela est vrai, don Cosme, dis-je en lui transmettant l'avis du major, nous ne sommes pas des voleurs, mais il y a toujours quelques pillards dans les rangs d'une armée en campagne.

Don Cosme promit de suivre notre conseil, et nous nous préparâmes à quitter le rancho.

— Je vais vous donner un guide, señor capitaine, pour vous conduire à l'endroit où vous trouverez mes gens et le troupeau de mules. On les prendra au lasso pour vous les remettre. Il y a pour cela au corral tout ce qu'il vous faut. *Adios, señores!*

— Adieu, don Cosme! adieu, señoras!

— *Adios, capitaine, adios, adios!*

Je tendis la main à la plus jeune fille de don Cosme, qui la porta immédiatement à ses lèvres. Ce mouvement fut l'acte irréfléchi d'un enfant. Guadalupe suivit l'exemple de sa sœur, mais avec beaucoup plus de réserve. D'où pouvait venir une pareille différence dans leurs manières?

Un instant après nous montions l'escalier.

— Voilà, certes, un heureux gaillard, grommela le major. — Ce sont là deux bien jolies filles, sur ma foi, dit Clayley, mais de toutes les femmes que j'ai vues dans ma vie aucune ne m'a plu autant que Marie de la Lumière.

CHAPITRE XVIII.

La battue continue avec un mélange de réflexions.

L'amour est une fleur qui pousse au milieu des épines. À peine cette passion a-t-elle pris naissance que la jalousie vient s'y mêler. Les défiances, les dépits l'accompagnent, et le cœur envahi par l'amour est toujours alternativement en proie à la crainte et à l'espérance. Chaque action, chaque mot, chaque regard de l'être aimé devient l'objet du plus scrupuleux examen; et le cœur de l'amant, semblable au caméléon, change de couleurs ou mieux de sentiments suivant chaque impression qui lui vient des yeux ou des lèvres de celle qu'il adore. Paroles, regards, actions, tout est consigné avec soin dans la mémoire de l'amant. C'est une balance dans laquelle il place d'un côté tout ce qui lui est favorable, et de l'autre tout ce qui lui est contraire; puis il compare, il pèse; c'est comme le *doit* et *avoir* d'un livre de caisse, qu'il établit; et toujours ce compte de l'amour se solde par un excédant d'espérance ou de crainte.

Ah! l'amour! je pourrais écrire une longue histoire de sa naissance et de ses phases, à quoi bon! cela corrigerait-il le lecteur, et le rendrait-il plus sage d'un iota? Mieux vaut donc que je me taise en engageant ceux qui ont aimé à lire cette histoire dans leur propre cœur, où ils la trouveront écrite en caractères ineffaçables.

Je venais de tomber amoureux, et j'avais conscience de mon état; ce sentiment avait envahi mon âme avec la rapidité instantanée que produit toujours sur l'esprit de certaines gens l'aspect de la beauté: car *elle* était belle, il était impossible de s'y tromper. Tout, le développement de ses traits, révélait l'intelligence et la sensibilité. On comprenait au premier coup d'œil que ses grâces physiques n'étaient, en quelque sorte, que la traduction visible des charmes supérieurs de son cœur et de son esprit.

Tout m'attirait vers elle : ses yeux fendus en amande, malgré son expression un peu sauvage, qui tenait à la fois de l'Indienne et de l'Arabe, et l'ombre tracée au-dessus de sa lèvre supérieure, caractère si rare chez les personnes de son sexe, ajoutaient même encore pour moi un charme de plus à sa physionomie; c'était quelque chose de particulier et d'étrange, qui me fascinait: aussi mon cœur s'était-il maîtrisé sans que je pusse me rendre compte des causes qui avaient produit cet effet instantané. Je dois dire, d'ailleurs, que je n'ai jamais été une de ces natures qui savent raisonner leur affection et la proportionner au mérite de l'objet aimé. J'ai toujours pensé, au contraire, que ces gens-là ne savent pas aimer.

J'avais reconnu dès l'abord dans la femme dont mon cœur était épris une de ces créatures douées de toute la sensibilité et de toute la tendresse des anges, mais capables cependant, dans les occasions de péril ou de désespoir, d'une énergie qui d'ordinaire n'appartient qu'à un autre sexe. Les sentiments qu'elle avait exprimés à sa sœur à propos du petit poisson doré m'étaient une preuve de cette exquise sensibilité, tandis que l'acte de courage qu'elle avait tenté pour venir à mon secours témoignait, d'une manière irrécusable, de la force de volonté dont elle devenait capable dans une circonstance donnée. Ce devait être un de ces caractères susceptibles des plus grandes passions, que n'arrêtent ni les sacrifices, ni même la crainte de la mort; un de ces êtres qui peuvent faillir, mais faillir une fois seulement.

Que n'aurais-je pas fait, que n'aurais-je pas donné pour devenir le héros d'un pareil cœur!

Telles étaient mes réflexions en quittant l'habitation de don Cosme. J'avais présents à l'esprit chaque mot, chaque regard, chaque mouvement susceptible de me donner un peu d'espoir, et je faisais passer successivement au contrôle de mon jugement chacune de ces circonstances avec le plus scrupuleux examen.

Sa conduite au moment de notre séparation, me paraissait étrange. Elle était si différente de celle de sa sœur! Ses adieux avaient été bien moins affectueux, et cependant j'osais tirer de cette circonstance un présage favorable. En effet, qu'y avait-il là d'étrange? Ne savais-je pas par expérience que le même objet peut exciter à la fois dans le même cœur le double sentiment de la haine et de l'amour!

Cette croyance paraîtra peut-être un paradoxe, mais je ne chercherai point à l'expliquer, je me contente de l'énoncer, et c'est parce que je croyais à cette possibilité, que la froideur que j'avais remarquée chez Guadalupe en dernier lieu, loin de me désespérer, me produisait, au contraire, un effet tout opposé.

Un nuage pourtant obscurcissait le ciel de mon amour. Ce nuage, c'était la pensée de don Santiago. Son nom m'avait frappé au cœur comme la pointe acérée d'un trait empoisonné.

Don Santiago, me disais-je, officier de marine, jeune, beau sans doute, est un rival dangereux. Mais non, reprenais-je en continuant mon soliloque. Le cœur de cette enfant n'est point de ceux qui cèdent à de simples avantages extérieurs.

Au surplus, l'âge et la beauté dont j'ornais don Santiago n'existaient peut-être que dans ma jalouse imagination. Et, de fait, je ne savais rien de celui dont je faisais si facilement mon rival, sinon qu'il était parent de don Cosme et officier de marine à bord du bâtiment espagnol.

Malgré cela, je revenais bientôt à mes soupçons. Evidemment ce don Santiago lui inspirait le plus grand intérêt : ses yeux ne me l'avaient que trop appris. Démons! Mais, après tout, c'était un cousin. Un cousin! Ah! je hais les cousins.

Apparemment que dans ma préoccupation je prononçai ces derniers mots à haute voix, car Lincoln, qui marchait à quelques pas derrière moi, s'approcha vivement en me disant :

— Que demandez-vous, capitaine?

— Rien, sergent, répondis-je un peu confus.

Malgré mon assurance j'entendis Lincoln dire à un de ses camarades :

— Ma foi! je ne sais pas ce que le capitaine a dans la cervelle, mais voici un quart d'heure qu'il parle tout seul.

Nous faisions route à travers un chapparal très-fourré. Après avoir franchi une colline de sable, couverte de mezquites et d'acacias, nous arrivâmes dans un bois peuplé de vieux chênes-liéges, dont les troncs noueux et vénérables étaient reliés entre eux par des milliers de lianes parasites. A deux milles environ du rancho nous rencontrâmes un cours d'eau considérable, qui, d'après nos suppositions, devait être une branche de la Jamapa.

Sur les deux rives de cette rivière croissaient de grands arbres dont les branches, en s'étendant, formaient comme une voûte à l'ombre de laquelle coulait lentement une eau limpide. Des plantes aquatiques avaient poussé en grand nombre dans le sein même des eaux, qu'elles recouvraient de leurs larges feuilles comme d'un tapis de verdure de l'aspect le plus frais et le plus riant.

Le pays devenait marécageux. De distance en distance nous rencontrions des pièces d'eau stagnante ombragées par les branches recourbées de saules pleureurs. Sur leurs bords poussaient aussi différentes plantes aquatiques parmi lesquelles l'iris se faisait distinguer par la beauté de son feuillage, non moins que par l'élégance de sa tige longue de vingt pieds, droite comme une lance, et au bout de laquelle se balance une touffe de fleurs brunes semblable au pompon d'un shako de grenadier.

A notre approche le pélican effrayé partait du sein des roseaux, et, déployant ses grandes ailes, disparaissait en poussant des cris perçants sous les ombrages touffus de la forêt; le caïman plongeait dans l'eau et allait se cacher sous les joncs, tandis que le sajou, suspendu par la queue à quelque branche d'arbre, se balançait gracieusement en faisant retentir les airs de ses cris qu'on prendrait facilement de loin pour des accents de voix humaine.

Nous nous arrêtâmes un moment pour emplir nos gourdes, puis nous traversâmes le cours d'eau. A peine nous avions fait cent pas sur la route opposée, que le guide qui nous conduisait nous cria du haut d'une éminence :

— Mira! la caballada! (Voici le troupeau!)

CHAPITRE XIX.

Moyen de dompter un taureau.

Nous eûmes bientôt rejoint le guide sur l'éminence. De ce point, un magnifique tableau se déroula sous nos yeux. La tempête était tout à fait calmée ; le soleil du tropique, débarrassé de tous les nuages qui l'avaient quelque temps obscurci, brillait de tout son éclat et faisait resplendir de mille feux la surface de la prairie encore humide des gouttes de pluie suspendues aux tiges des longues herbes comme autant de diamants étincelants.

Nous étions encore loin du déclin du jour, cependant l'orbe brillant du soleil avait commencé à descendre du côté du piton neigeux d'Orizava et ses rayons avaient pris cet éclat rougeâtre qui caractérise le crépuscule dans les pays intertropicaux. Le vent avait balayé tous les nuages, le ciel s'arrondissait au-dessus de nos têtes comme un superbe pavillon bleu sans tache ; les sombres masses emportées vers le sud, au delà des limites de l'horizon, étaient maintenant suspendues sur les forêts d'Honduras et de Tabasco.

A nos pieds s'étendait la prairie semblable à un vaste tapis vert bordé dans le lointain d'une ligne de grands arbres. Des bouquets de bois qui s'élevaient çà et là au milieu des herbes comme des îles au sein de la mer ajoutaient encore au charme du paysage.

A peu près vers le centre de la plaine on voyait un petit rancho entouré de tous côtés d'un parc en palissades : c'était le corral dont nous avait parlé don Cosme.

Non loin de ce parc, des milliers de bœufs paissaient en paix dans les grandes herbes. Leurs flancs tachetés et leurs longues cornes droites révélaient l'origine de ces animaux ; ils descendaient de la race si fameuse des animaux d'Espagne. Quelques bêtes écartées de leur troupeau erraient à travers les mottes ou demeuraient paisiblement à l'écart étendues sous l'ombre de quelque palmier isolé. Les clochettes faisaient entendre de tous côtés leurs tintements aigus et monotones.

Les bêtes à cornes n'étaient pas les seuls hôtes de ces pâturages, des centaines de chevaux et de mules paissaient au milieu d'elles ; tous ces troupeaux paraissaient confiés à la garde de deux seuls vaqueros, qui, vêtus d'habits de cuir et montés sur des mustangs, parcouraient incessamment la prairie dans tous les sens.

Au moment où nous atteignions le sommet de l'éminence, ces bergers étaient lancés à la poursuite d'un taureau qui venait de s'échapper du corral.

Les vaqueros, les mustangs et le taureau couraient dans la prairie avec la rapidité du vent. Le taureau beuglait de rage et de terreur, tandis que les bergers le suivaient à quelques pas en faisant siffler leur longs lassos.

Cette course avait pour nous, par son étrange caractère, un intérêt de curiosité, et nous nous arrêtâmes un moment pour en attendre le résultat. Qu'on se figure en effet des hommes lancés sur des chevaux au galop avec de longs cheveux noirs flottant au vent, des visages basanés comme ceux des Arabes, de grands chapeaux espagnols, des calzoneros en cuir rouge boutonnés tout le long de la cuisse, de grandes bottes, d'énormes éperons, de hautes selles couvertes d'ornements bizarres, et l'on comprendra quel attrait devait avoir pour nous un pareil spectacle, d'autant plus que ces hommes manœuvraient leurs chevaux avec une habileté remarquable. C'était beau comme les courses de taureaux, dont les Espagnols sont si avides.

Le taureau passa en courant à peine à cinquante pas devant nous. Il mugissait avec rage en frappant l'air de ses cornes. Les bergers le suivaient à quelque distance. Au moment où ils étaient en face de nous, un des vaqueros lança son lasso; la courroie décrivit une courbe gracieuse et vint en sifflant s'enrouler autour d'une des cornes. Aussitôt le vaquero dirigea son cheval de côté de manière à faire tendre la courroie; mais le nœud, mal formé, glissa sur la corne polie, et le taureau, libre de toute entrave, s'enfuit avec une nouvelle rapidité : c'était un coup manqué.

Presque aussitôt le second vaquero jeta son lasso à son tour, mais avec plus de succès. Cette fois la courroie vint s'abattre avec la vélocité d'une flèche autour des deux cornes de l'animal. Aussi prompt que la pensée, le vaquero fit faire demi-tour à son cheval, lui enfonça les éperons dans le ventre, et partit au grand galop dans une direction opposée. Le taureau continuait sa course, de sorte qu'en un clin d'œil la courroie fut tendue avec force. La secousse la fit vibrer comme une corde d'arc, et l'animal s'abattit sur la prairie. La force du coup avait été telle, que le mustang de son côté fléchit et tomba presque sur le flanc.

Le taureau demeura un instant sans remuer à la place où il était tombé, puis, faisant un effort, il se releva et jeta tout autour de lui des regards égarés. Il n'était pas encore dompté; ses yeux, enflammés de rage, cherchaient partout son adversaire, quand tout à coup, apercevant la courroie qui partait de ses cornes pour aller s'attacher à la selle, il baissa soudain la tête et s'élança avec un mugissement furieux à la poursuite du vaquero.

Celui-ci, qui avait prévu l'attaque, enfonça l'éperon dans les flancs du mustang et partit au galop à travers la prairie. Le taureau suivit le cavalier ; tantôt la distance qui les séparait l'un de l'autre se rapprochait assez pour que la courroie devînt lâche, tantôt aussi cette courroie se tendait avec assez de violence pour donner une forte secousse à la tête du taureau.

Après une course d'une centaine de pas, le vaquero tourna brusquement son cheval et galopa en suivant une ligne qui formait angle droit avec la direction qu'il avait d'abord suivie. Avant que le taureau eût pu se tourner lui-même, la courroie s'était de nouveau tendue avec tant de force, que l'animal tomba sur le flanc ; mais, se relevant une seconde fois, il continua de nouveau à suivre le cheval et le cavalier.

Sur ces entrefaites survint l'autre vaquero, qui, au moment où le taureau passait à sa portée, lui lança le lasso de manière qu'une des jambes fut presque entièrement couverte par les spirales de la courroie.

Cette troisième attaque fut décisive. Le taureau tomba une troisième fois à terre, et le choc fut si rude, qu'il demeura comme mort. Alors un des vaqueros s'approcha doucement de lui et, se penchant sur la selle, détacha les deux courroies, et rendit la liberté à l'animal récalcitrant.

Le taureau se releva lentement, jeta autour de lui des regards étonnés, et, tout honteux de sa défaite, regagna paisiblement le corral sous la conduite de ses deux vainqueurs.

La chasse était finie, nous nous remîmes en marche en nous dirigeant vers la plaine. A la vue de nos uniformes, les vaqueros arrêtèrent brusquement leurs chevaux. Il était évident que l'arrivée de notre troupe était pour eux un sujet de frayeur. Ce sentiment se comprenait d'autant mieux de leur part que la vue de notre major n'avait rien de rassurant, et que, sur le versant de la colline, lui et son grand cheval de bataille se dessinaient sur le bleu du ciel comme deux énormes colosses. Les Mexicains n'avaient jamais vu sans doute de chevaux plus grands que leurs mustangs, et l'apparition de notre gigantesque commandant, suivi d'une troupe de soldats, n'était pas faite pour les rassurer.

— Ces gaillards-là vont décamper, capitaine ! me dit Lincoln en portant respectueusement la main à son front.

— Vous avez raison, sergent, lui répondis-je, et pourtant sans le secours de leurs lassos il nous serait aussi facile de prendre le vent que d'attraper ces mules à moitié sauvages.

— Si vous voulez me permettre d'envoyer une balle à l'un de ces mustangs, je vous garantis d'arrêter la fuite du cavalier.

— Ce serait dommage, sergent, répondis-je, il vaut mieux, continuai-je en m'adressant autant à moi-même qu'à Lincoln, envoyer devant le guide. Mais non ! nous sommes convenus qu'il fallait paraître employer la violence. Major, voudriez-vous avoir la bonté de piquer en avant et de couper la fuite à ces gens-là ?

— Seigneur ! capitaine ! dit le major avec un regard de terreur, vous ne pensez pas à ce que vous dites. Moi ! attraper de tels arabes ! Mais Hercule n'est pas vigoureux, il ne marche pas mieux qu'un crabe.

C'était une défaite, je le savais, car Hercule, ainsi se nommait le grand Bucéphale du major, était aussi rapide que le vent.

— Alors, major, vous permettez à M. Clayley d'essayer la chose ? répliquai-je. Mais il est à pied, et si nous laissons échapper ces Mexicains nous ne pourrons pas prendre une seule mule.

Le major, voyant que tous les yeux étaient fixés sur lui, se redressa sur ses étriers, et d'un air de bravoure et d'importance déclara que la chose était trop grave pour en charger personne autre que lui-même. Et en effet appelant Doc, son serviteur, il lui ordonna de le suivre, enfonça bravement les éperons dans le ventre d'Hercule et partit au galop.

L'événement prouva que j'avais trouvé le meilleur moyen d'effrayer les vaqueros, car le major leur inspirait à lui seul plus de terreur que tout le reste de la troupe. Aussi, en le voyant se diriger de leur côté, ils firent leurs dispositions pour nous tourner les talons, et bien que le major criasse que nous étions des amis, les Mexicains avaient piqué des deux et galopaient dans la direction du corral avec une vitesse telle qu'on eût dit que leur vie dépendait de la rapidité de leur course.

Le major les suivait au galop ; Doc venait derrière lui. Le panier que ce dernier portait sous son bras, trop rudement secoué par la rapidité de la course, commença à laisser échapper les trésors qu'il contenait. Tranches de pâté, ailes de volaille et autres victuailles jonchèrent bientôt le sol. Heureusement que la généreuse hospitalité de don Cosme avait rendu ces provisions à peu près inutiles.

Au bout d'un demi-mille, Hercule gagnait sensiblement sur les mustangs ; tandis que Doc, au contraire, demeurait tout à fait en arrière. Les Mexicains étaient à peu près à deux cents pas du rancho et le major à cent pas derrière eux, quand tout d'un coup je vis ce dernier appuyer fortement sur les rênes et, par une brusque secousse, changeant la direction d'Hercule, revenir sur nous de toute la vitesse des jambes du pauvre animal soufflant comme un marsouin, pour regarder par-dessus son épaule du côté du parc.

Les vaqueros ne s'arrêtèrent point au corral, comme nous nous y étions attendus, mais continuèrent leur course à travers la prairie, et disparurent bientôt derrière les arbres qui la bordaient de l'autre côté.

— Quel vertige a pris à ce pauvre Blossom de revenir quand il gagnait à chaque pas sur ces drôles ? demanda Clayley. Ce gros bouffi aura eu apparemment un coup de sang.

CHAPITRE XX.

Rencontre avec des guerrilleros.

— Qu'y a-t-il donc, major ? demandai-je à Blossom au moment où il arrivait sur nous soufflant comme un marsouin.

— Ce qu'il y a ? reprit-il avec une de ses imprécations favorites, ce qu'il y a ? vous ne voulez pas, j'espère, que j'aille me faire massacrer dans leurs ouvrages ?

— Leurs ouvrages ! répondis-je un peu surpris ; qu'entendez-vous par là, major ?

— Ce que j'entends par leurs ouvrages ? J'entends une palissade de dix pieds de haut, derrière laquelle il y a un tas.....

— Un tas de quoi ?

— Un tas d'ennemis. C'est plein de rancheros ; j'ai vu leurs vilaines faces jaunes ; il y en avait au moins une douzaine, ils me regardaient par-dessus les pieux ; et si j'eusse fait dix pas de plus, ils auraient tiré sur moi comme sur une cible.

— Mais, major, il n'y a là que de paisibles rancheros et des troupeaux, rien de plus.

— Des troupeaux ! Je vous dis, capitaine, que ces deux diables jaunes qui couraient devant moi avaient une épée attachée à l'arçon de leur selle. Je l'ai parfaitement vue au moment où j'étais le plus près d'eux. Leur fuite n'était qu'un piège pour nous amener jusqu'au pied de la palissade, j'en jurerais sur ma tête.

— Bien, major, répondis-je, mais ils sont maintenant assez loin du corral ; et ce que nous avons de mieux à faire pendant leur absence, c'est de nous approcher de cette fameuse palissade et de voir s'il n'y a pas là quelques mules dont nous puissions nous emparer ; car si toutes les mules sont dehors, il nous faudra retourner au camp les mains vides.

Tout en parlant de la sorte je poussais en avant, tandis que le major se plaçait prudemment sur les derrières de la troupe.

Nous eûmes bientôt atteint la fameuse palissade, qui, tout bien examiné, n'était qu'un corral semblable à tous les parcs de même espèce qu'on rencontre dans chacune des fermes à troupeaux de l'Amérique espagnole. Dans un des angles s'élevait une cabane construite en pieux et recouverte de feuilles de palmier. C'était là que les vaqueros serraient leurs lassos, leurs alparejas, leurs selles et tous leurs autres instruments. A la porte de cette cabane se tenait un vieux Zambo décrépit, le seul être d'espèce humaine qui fût dans la place ; c'était sa tête laineuse qui était apparue au major entre les pieux de la palissade, et, semblable à un miroir à facettes, la peur avait reflété par douzaines la figure du pauvre nègre inoffensif dans l'imagination de notre quartier-maître.

Après avoir examiné le corral, je trouvai qu'il était parfaitement disposé pour le projet que j'avais formé chemin faisant d'y faire entrer les mules qui étaient dans la plaine. En conséquence j'en fis ouvrir les barrières, et nous nous mîmes à la chasse du bétail.

Après avoir dépassé le troupeau, je déployai ma compagnie en demi-cercle, de manière à former un cordon autour des bestiaux, puis les soldats, s'avançant lentement, se mirent à les pousser du côté de la plaine.

Nous étions encore un peu novices à cette manœuvre ; mais à l'aide d'une grêle de petites pierres que nous leur lancions, et des gaules que nous agitions, les mules se mirent bientôt en mouvement, et prirent la direction que nous désirions.

Le major, Doc et Jack, les seuls de la troupe qui fussent à cheval, nous rendirent dans cette occasion les plus grands services, principalement maître Jack, auquel cette besogne plaisait beaucoup, et qui ne cessa de galoper constamment de droite et de gauche sur le dos de Twidget.

Au moment où les mules ne furent plus qu'à une petite distance des portes du corral, les hommes qui formaient les deux points extrêmes du demi-cercle se rapprochèrent graduellement de chaque côté de la clôture.

Les bêtes ne se trouvaient plus qu'à cinquante pas du corral, les soldats étaient environ à deux cents derrière elles ; tout allait donc au mieux, quand tout à coup nous sentîmes le sol ébranlé derrière nous sous les pas de plusieurs chevaux. En même temps nous entendîmes retentir les accents du clairon, auxquels se mêlaient des cris sauvages semblables à ceux que les Indiens ont l'habitude de pousser en chargeant leurs ennemis.

Tous les regards se portèrent vers le point d'où partaient ces cris, et ce ne fut pas sans une vive terreur que nous vîmes la plaine envahie par une nuée de cavaliers qui sortaient des bois et se dirigeaient à fond de train de notre côté.

Un seul coup d'œil suffit pour me faire reconnaître les *guerrilleros*. Leur équipement, leurs armes, leurs bannières de plusieurs couleurs flottant au bout de leurs lances, ne permettaient pas de s'y méprendre un seul instant.

Nous demeurâmes quelques secondes immobiles comme si nous avions été frappés de la foudre, puis un grand cri se fit entendre sur toute la ligne.

Il fallait prendre promptement un parti. J'ordonnai au trompette de sonner pour qu'on se ralliât au centre.

Le clairon retentit, puis, d'un mouvement spontané, toute la ligne se porta vers l'ouverture de l'enclôture. Les mules, serrées de plus près, se précipitèrent en avant et s'entassèrent pêle-mêle à l'entrée du parc.

A ce moment les guerrilleros arrivaient sur nous en poussant leurs cris sauvages, la bannière au vent et la lance en arrêt.

— Andela! andela! mueran los Yankees! (En avant! en avant! mort aux Yankees!)

Ceux de nos soldats qui étaient en avant, gênés dans leur marche par la foule des mules, se mirent à les piquer avec leurs baïonnettes afin de se faire jour au milieu du troupeau; mais cette façon d'agir faillit nous être fatale, car les animaux ruaient et bondissaient de tous côtés de manière à mettre le désordre dans nos rangs.

— Volte-face, et feu! commandai-je alors.

Au même instant une décharge irrégulière, mais bien dirigée, abattit une demi-douzaine de cavaliers. Les assaillants s'arrêtèrent un moment; mais, bientôt et avant que nos hommes eussent eu le temps de recharger, les guerrilleros sautant par-dessus les cadavres de leurs camarades, se précipitèrent contre nous avec des cris de vengeance. Une douzaine des plus braves arriva jusque sur nous et déchargea à petite distance ses escopettes et ses pistolets.

La position devenait très-critique. D'un côté les mules continuaient à encombrer l'entrée du corral et nous empêchaient de nous mettre à l'abri derrière les palissades. De l'autre, l'ennemi s'avançait toujours et menaçait de nous percer de ses lances avant que nous eussions eu le temps de recharger nos armes.

Je vis le danger, et tirant par le bras le domestique du major, je le jetai à bas de son cheval, sur lequel je sautai rapidement pour me porter immédiatement sur nos derrières. Cinq ou six de mes plus braves soldats, parmi lesquels Lincoln, Chane et le Français Raoul, se rallièrent autour de mon cheval, et se mirent en position de recevoir la charge de la cavalerie sur la pointe de leurs baïonnettes, leurs carabines étant vides.

Au même moment, j'aperçus un soldat allemand, brave mais peu leste, qui se trouvait à une vingtaine de pas en arrière de ses camarades et faisait ses efforts pour les rejoindre. Deux guerrilleros fondirent sur lui la lance en avant; je galopai pour aller à son secours, mais j'arrivai trop tard. Un des Mexicains venait de le traverser de part en part. Le coup avait été porté avec tant de violence, que le fer et la flamme de la lance sortaient de l'autre côté du corps. Le pauvre Allemand était tombé sur le coup, et le cavalier poursuivant sa course l'avait traîné à quelques pas au bout de son arme.

Le guerrillero s'efforçait de retirer sa lance engagée dans le cadavre, mais avant qu'il eût pu y parvenir l'épée de Victoria lui avait traversé le cœur.

Son camarade se précipita sur moi avec un cri de vengeance; mon épée se trouvait encore engagée, et la lance de mon adversaire n'était plus qu'à trois pieds de ma poitrine, lorsqu'un coup de feu partit derrière moi. Le lancier étendit les bras par un mouvement convulsif et se coucha en arrière de sa selle... il était mort.

— Très-bien, Jack! très-bien, mille tonnerres! Qui vous a montré ce coup? Bravo! hourra!

Je reconnus la voix de Lincoln, dont les puissants accents dominaient tous les autres bruits.

Un guerrillero s'avançait vers nous au grand galop d'un superbe mustang noir. Comme presque tous ses camarades, cet homme était armé d'un sabre qu'il maniait avec beaucoup d'habileté. Au moment où il arrivait sur moi, je vis un sourire féroce découvrir ses dents blanches; et je l'entendis qui s'écriait:

— Ah! monsieur le capitaine, c'est encore vous! je croyais en avoir fini avec votre personne à Lobos; mais il est encore temps.

Je reconnus le déserteur Dubrosc.

— Misérable! m'écriai-je trop furieux pour trouver autre chose à lui répondre.

Nous étions lancés à toute vitesse l'un contre l'autre; mais j'avais un cheval peu maniable, et ce fut à peine si je parvins à éviter les coups de son adversaire. Nous nous étions dépassés sans nous atteindre. Nous nous retournâmes et revînmes l'un sur l'autre pleins de haine et de rage. Mon cheval, qui était fort ombrageux, fut effrayé par l'éclat du sabre que Dubrosc agitait dans sa main, et, sans que j'eusse pu le prévenir, m'emporta malgré moi du côté du corral. Lorsque je fus parvenu à l'arrêter et que je voulus revenir une troisième fois à la charge, je vis que le déserteur et moi étions séparés par une foule d'objets noirs. C'était une partie des mules qui avaient sauté par-dessus les portes du corral et s'enfuyaient à travers la prairie. Malgré la distance, nous continuions à nous menacer du regard, et nous allions essayer d'en venir de nouveau aux mains, quand les balles de mes hommes commencèrent à siffler du côté de la palissade. La partie devenait trop dangereuse pour Dubrosc; et celui-ci, après m'avoir lancé un dernier geste de fureur, se décida enfin à partir au galop pour rejoindre ses camarades, qui s'étaient retirés hors de la portée de nos carabines et se massaient sur la prairie en poussant des cris de désappointement et de rage.

CHAPITRE XXI.

Un des Travaux d'Hercule.

Toute cette escarmouche n'avait pas duré plus de deux minutes, et n'avait été, comme presque toutes les charges de la cavalerie mexicaine, qu'un choc rapide accompagné de cris sauvages, de quelques désarçonnements, et surtout suivi d'une prompte retraite.

Les guerrilleros avaient pris la fuite aussitôt qu'ils avaient vu que nous avions gagné une bonne position et qu'ils avaient entendu siffler à leurs oreilles les balles de nos carabines, que nous avions eu le temps de recharger. Dubrosc seul, emporté par son impétuosité, s'était avancé jusqu'à une petite distance du parc, et ce n'était, comme je l'ai déjà dit, qu'en se voyant seul, et s'apercevant de l'inutilité de sa bravade, qu'il s'était décidé, quoiqu'à regret, à aller rejoindre le gros des Mexicains groupés hors de la portée de nos armes à feu autour de leurs camarades blessés. Quelques-uns continuaient cependant encore à galoper de côté et d'autre en poussant des cris furieux.

J'entrai dans le corral, où la plupart de mes hommes étaient déjà parvenus à trouver un abri derrière les palissades. Le petit Jack, fièrement campé sur le dos du Twidget, rechargeait sa carabine en s'efforçant de demeurer insensible aux louanges dont on l'accablait de toutes parts; mais un compliment de Lincoln vint déconcerter sa gravité, et l'enfant ne put s'empêcher de laisser paraître sur ses traits un sourire de satisfaction.

— Je vous remercie, Jack, dis-je en passant près de lui, je vois que vous savez vous servir d'une carabine à l'occasion.

Jack baissa la tête, et, sans dire un mot, parut de plus belle concentrer son attention sur son arme.

Lincoln avait dans cette escarmouche reçu un coup de lance, mais ce n'était qu'une égratignure dont il s'était promis de tirer vengeance; et en homme de parole il n'avait pas été longtemps à acquitter sa dette, car il avait enfoncé sa baïonnette dans le bras de son adversaire et l'avait renvoyé complétement estropié de ce membre. Mais cela ne suffisait pas au chasseur, et je le voyais dans l'enclôture montrer le poing aux Mexicains en murmurant:

— Maudit brigand! que je te rencontre jamais, tu verras qu'il t'en cuira!

Gravenitz, Prussien, avait aussi reçu un coup de lance. Plusieurs autres avaient également été blessés, mais légèrement. L'Allemand était le seul qui eût trouvé la mort dans cette rencontre. Le malheureux gisait encore dans la prairie, à la place où il était tombé, avec la lance lui traversant le corps. A dix pas de lui se trouvait le cadavre de son meurtrier, dont le pittoresque équipement brillait aux rayons du soleil.

L'autre guerrillero avait dans sa chute embarrassé une de ses jambes dans le lasso qui pendait à la selle de son mustang. L'animal effrayé avait pris le mors aux dents et traînait son maître sur le sol de la prairie. A chaque secousse que le cheval imprimait au lasso, le corps rebondissait comme une balle élastique jusqu'à la distance de vingt pieds, puis demeurait quelque temps sans mouvement, jusqu'au moment où une autre secousse venait lui imprimer un nouvel élan.

Nos yeux, qu'attirait cet horrible spectacle, découvrirent en même temps plusieurs guerrilleros lancés à la poursuite du mustang effrayé. Plus loin, cinq ou six autres Mexicains couraient à cheval en se dirigeant vers le derrière du corral.

Nous regardâmes de son côté. Un grand cheval rouge dont la selle était vide arpentait la prairie au grand galop. Un instant nous suffit pour le reconnaître: c'était Hercule.

— Grand Dieu! le major?

— Oh! il est en sûreté quelque part, mais où diable peut-il être? reprit Clayley. Ce qu'il y a de sûr, c'est que ce n'est pas dans la prairie qu'il a été mis hors de combat, car on ne le découvrait pas à dix milles à la ronde. Ah! eh! voyez donc!

Et Clayley riant de tout son cœur m'indiquait un des angles du rancho.

Malgré les scènes tragiques que j'avais sous les yeux j'avoue que j'eus beaucoup de peine à m'empêcher de faire chorus avec Clayley, car l'objet qu'il me désignait du doigt n'était autre que le major lui-même suspendu à un des pieux du corral par le ceinturon de son sabre. Dans cette position, le pauvre homme se débattait en lançant de droite et de gauche des coups de pied furieux. Le ceinturon, tendu par l'énorme poids de son propriétaire, lui séparait le corps en deux grosses rotondités, semblables par leur disposition à une gourde de dimension colossale, tandis que la figure était devenue pourpre et se contractait de la façon la plus hideuse par suite du malaise inséparable d'un pareil état de suspension. Le major appelait à son aide par des mugissements plutôt que par des cris et beuglait plutôt qu'il n'appelait. Plusieurs soldats se dirigèrent de son côté. Aux secousses qu'il donnait à son corps et aux efforts qu'il faisait pour passer son cou par-dessus la palissade, il était évident que la cause de ses cris provenait encore moins de sa position gênante que de la terreur que lui inspiraient ceux qu'il croyait être à ses trousses de l'autre côté de la clôture.

ayant aperçu dans l'enclôture son vieux camarade, le cheval du domestique, poussa un nouveau hennissement bruyant, puis d'un bond désespéré sauta par-dessus la palissade et vint tomber au milieu de nous.

Un hourra de triomphe accueillit cette brusque entrée. Les soldats avaient suivi avec intérêt tous les efforts que l'animal avait faits pour s'échapper, et ils lui souhaitaient la bienvenue comme si c'eût été un des leurs.

— Parbleu, major, vous devez à votre cheval une gratification de deux mois de paye au moins, cria Clayley.

— La bonne bête! elle vaut son pesant d'or! sur ma foi, j'en souhaiterais une pareille au capitaine! dit Chane à son tour en mêlant ses compliments à ceux dont chacun honorait le brave cheval.

Quant aux Mexicains qui avaient donné la chasse à Hercule, ils ne jugèrent pas à propos de s'approcher de la palissade; et ils rejoignirent leurs camarades, tout honteux et désappointés de leur déconvenue.

CHAPITRE XXII.

Steeple-Chase.

Plus je réfléchissais à notre situation, plus je la trouvais périlleuse. Nous étions renfermés dans de mauvaises palissades, sur une prairie entièrement nue, à dix milles du camp, et sans moyen de sortir de là. Je n'ignorais pas que dans cette position nous pouvions nous défendre contre un ennemi deux fois plus nombreux que le nôtre. Mais là n'était pas la difficulté, car les Mexicains n'étaient pas gens à nous approcher à portée de carabine; le difficile, c'était de trouver le moyen de sortir et de regagner le camp. Comment traverser la plaine?

Le major et Jack tenaient la tête de la colonne.

Cette suspension était le résultat de la trop grande prudence du major. A la première apparition de l'ennemi, il avait galopé dans l'intention de gagner le corral et de s'abriter derrière la palissade. Mais ne trouvant pas l'entrée, il avait conduit Hercule jusqu'au pied des planches avec l'intention de se servir du dos de son cheval comme d'une échelle pour faciliter son escalade. C'est à ce moment qu'effrayé sans doute par la vue de quelque guerrillero il avait abandonné la bride et avait essayé de sauter dans le corral. Malheureusement ses dimensions avaient été si mal prises que son ceinturon de sabre s'était accroché à un pieu pointu, et qu'il était resté suspendu par le milieu du corps et avec la terrible persuasion que les Mexicains arrivaient sur lui. Il fut bientôt décroché et replacé sur ses pieds au milieu du corral. On s'imagine aisément que sa colère et sa mauvaise humeur s'exhalèrent en une longue suite de jurons énergiques.

Du major, nos yeux se reportèrent sur Hercule. Les cavaliers qui le poursuivaient étaient à peu près à cinquante pas derrière lui et préparaient leurs lassos. Tout portait à croire que le major avait pour toujours perdu son gigantesque coursier.

Après avoir galopé presque jusqu'à la lisière des bois, Hercule s'embarrassa dans sa bride traînante et s'arrêta tout court en poussant un hennissement sonore. Les Mexicains lancés à sa poursuite profitèrent de ce moment de repos pour lui lancer leurs lassos. Deux des courroies plombées atteignirent l'animal et vinrent s'enrouler autour de son cou. A cette attaque imprévue, la pauvre bête, comprenant sans doute la nécessité de sauver sa liberté au prix d'un effort désespéré, mit sa tête entre ses jambes, fit un bond terrible et partit au grand galop.

Sous cette impulsion vigoureuse, les courroies se tendirent avec tant de violence qu'elles se rompirent en même temps et que les mustangs furent presque jetés à bas par la force du contre-coup tandis qu'Hercule revenait de notre côté avec les fragments de lasso lui battant les jambes et les flancs. Plusieurs de nos soldats se postèrent de manière à pouvoir saisir la bride traînante au moment où l'animal passerait à leur portée, mais cette précaution fut inutile; car Hercule

La courroie décrivit une courbe gracieuse et vint en sifflant s'enrouler autour d'une des cornes.

Nous n'étions que cinquante fantassins contre un nombre quadruple de cavaliers armés de lances, et il n'existait pas sur toute la prairie un buisson capable d'abriter un seul piéton.

La butte la plus rapprochée de nous se trouvait au moins à un demi-mille; à un autre demi-mille plus loin s'étendait la lisière des bois. En supposant que par un effort désespéré nous puissions parvenir à gagner la butte, nous ne pouvions pas espérer d'aller plus loin; car l'ennemi ne manquerait pas d'entourer notre nouvelle position et de nous y renfermer comme dans une ville bloquée.

Pour le moment les Mexicains s'étaient arrêtés à la distance d'environ quatre cents pas du corral, et, certains de nous tenir dans une trappe dont il nous était impossible de sortir, ils étaient pour la plupart descendus de cheval, avaient attaché leurs mustangs avec les lassos et paraissaient prendre les dispositions nécessaires pour un siége. Pour comble de malheur, nous découvrîmes qu'il n'y avait pas une seule goutte d'eau dans le corral. La soif, qui suit toujours la fatigue d'un combat, avait épuisé nos gourdes, et nous n'avions plus rien à boire. De plus, la chaleur était excessive.

Pendant que je pesais dans mon esprit les chances de notre situation mes regards tombèrent sur Lincoln, qui se tenait près de moi, la carabine au pied, la main gauche placée sur la poitrine, dans la position d'un soldat qui attend les ordres de son chef.

— Eh bien! sergent, qu'y a-t-il? lui dis-je.

— Il y a, capitaine, que je demande la permission de prendre deux hommes avec moi pour aller chercher le corps de l'Allemand. Il ne serait pas mal de jeter un peu de terre sur le pauvre diable avant que les loups se soient emparés de son cadavre.

— Sans doute, mais n'est-ce point vous exposer? Le corps gît à quelque distance de la palissade.

— Oh! je ne pense pas que ces drôles-là veuillent recommencer sitôt; ils ont assez de la première danse. Toutefois, si vous le voulez bien, j'emmènerai deux ou trois camarades avec leurs carabines pour nous protéger en cas de besoin.

— Très-bien comme cela; faites.

Lincoln retourna vers la compagnie et choisit quatre hommes des plus déterminés, avec lesquels il sortit hors du rempart de pieux. J'ordonnai aux soldats de se porter de ce côté de l'enclôture, et de se tenir prêts à soutenir leurs camarades en cas d'attaque. Cette mesure de prudence était superflue. Les Mexicains firent bien un mouvement en voyant Lincoln se diriger du côté du cadavre; mais comme ils étaient trop loin pour y arriver avant lui, ils jugèrent prudent de rester hors de la portée des carabines américaines : cette démonstration de leur part n'eut pas d'autre suite.

Le corps du soldat allemand fut donc apporté dans l'enclôture et enterré avec tout le cérémonial possible en pareille circonstance, bien que personne n'ignorât qu'avant peu d'heures cette sépulture guerrière serait sans doute violée et que le cadavre, tiré de sa fosse, deviendrait la proie des coyotes et des vautours. Les os de notre camarade étaient évidemment destinés à blanchir sur la prairie, et qui de nous pouvait dire que ce ne fût pas là le destin qui lui était réservé dans quelques heures?

— Messieurs, dis-je aux officiers après les avoir réunis autour de moi, connaissez-vous un moyen de sortir d'ici?

— La seule chose que nous ayons à faire, à mon avis, répondit Clayley, c'est de combattre les ennemis à cette place même. Il ne faut pas penser à les attaquer, ils sont quatre contre un.

— Je ne vois rien autre chose non plus, dit Oakes avec un hochement de tête.

— Mais, messieurs, leur intention n'est point d'en venir aux mains. Ils veulent nous prendre par la famine. Voyez! ils ont attaché leurs chevaux et paraissent déterminés à attendre, pour nous attaquer, que la faim et la soif nous chassent de cette enclôture.

— Si nous sortions en bataillon carré?

— Mais que peut faire un bataillon carré de cinquante hommes contre deux cents cavaliers armés de lances et de lassos? Il n'y faut pas songer; nous serions rompus à la première charge. Notre seul espoir est de tenir dans ces remparts jusqu'à ce qu'on se soit décidé à envoyer du camp un détachement à notre secours.

— Et pourquoi n'enverrait-on pas avertir au camp? dit le major, qu'on n'avait guère appelé au conseil que pour la forme, mais dont l'imagination se trouvait excitée dans cette circonstance par le sentiment de sa propre conservation.

— Oui, pourquoi ne demanderions-nous pas un ou deux régiments?

— Sans doute, mais qui envoyer, major? demanda Clayley tout prêt à rire malgré la gravité des circonstances. Avez-vous dans votre poche un pigeon voyageur?

— Comment! comment! mais n'avons-nous pas Hercule, qui court comme un lièvre! Mettez-lui un homme sur le dos, et je vous garantis qu'avant une heure il sera au camp.

— Vous avez raison, major, dis-je en répondant à sa proposition, votre idée est excellente, et si l'on peut seulement gagner les bois... Ce moyen ne me convient guère, mais c'est notre seule chance... ajoutai-je comme me parlant à moi-même.

— Qu'est-ce qui ne vous convient guère, capitaine? reprit le major. Qu'avez-vous à m'objecter?

— Vous ne pourriez pas comprendre mes raisons, major.

Je pensais au désagrément de réussir si mal dans la première expédition dont j'étais chargé.

— Un homme de bonne volonté pour aller à cheval au camp! fis-je en me tournant du côté des soldats.

Vingt militaires se présentèrent à la fois.

— Qui de vous se rappelle assez bien la route pour pouvoir la suivre au galop? demandai-je.

Le Français Raoul sortit des rangs, et portant la main à sa tête :

— J'en connais une plus courte, capitaine, dit-il, par Mata-Cordera.

Je me rappelai que cet homme nous avait rejoints seulement à Sacrificios après le débarquement des troupes. Il avait vécu dans le pays avant notre arrivée, et en avait une connaissance parfaite.

— Etes-vous bon cavalier?

— J'ai servi six ans dans la cavalerie.

— Très-bien.

— Pensez-vous pouvoir échapper aux ennemis? Ils sont presque sur votre route.

— Oui, si je prenais la route que nous avons suivie pour venir ici. Mais par celle que je connais, je laisse cette butte à ma gauche.

— Tant mieux, cela vous fera gagner du temps. Ne vous arrêtez pas un moment une fois que vous serez parti. Car s'ils viennent à se douter de votre projet, ils vous couperont la route.

— Oh! avec le grand cheval rouge, il n'y a pas de danger, capitaine!

— Laissez votre carabine, et prenez ces pistolets. Ah! vous en avez une paire dans les ontes. Voyez s'ils sont chargés. Chaussez ces éperons. Bien. Débarrassez-vous de toutes ces choses pesantes et inutiles, qui sont sur la selle. Laissez aussi ce manteau, il ne faut rien qui puisse vous gêner. Quand vous serez près du camp, vous laisserez votre cheval dans le chapparal; et vous donnerez ceci au colonel C***.

Je venais d'écrire les mots suivants sur une feuille de papier :

« CHER COLONEL,

» C'est assez de deux cents hommes; qu'ils partent, s'il est possible, à la nuit. De la sorte, tout ira bien; nous tiendrons jusque-là.

» Votre ami,

» H. H. »

En remettant ce papier à Raoul, je lui dis tout bas à l'oreille :

— Au colonel C***, en mains propres; vous entendez, Raoul, en mains propres.

Le colonel C*** était mon ami, et j'étais sûr qu'il trouverait un moyen *particulier* de venir à mon secours.

— J'ai compris, capitaine, me répondit Raoul.

— C'est bien. A cheval, et au galop!

Le Français sauta légèrement en selle, enfonça les éperons dans le ventre de son cheval, et s'éloigna du parc avec la rapidité de l'éclair.

Nous parcourûmes une longue avenue d'arbres en fleurs tout entiers à notre amour.

Pendant la distance d'environ trois cents pas, il courut d'abord droit sur les guerrilleros. Ceux-ci, nonchalamment assis sur leurs selles ou couchés sur le gazon, ne firent aucun mouvement à la vue du seul cavalier qui se dirigeait de leur côté, le prenant sans doute pour un parlementaire que nous envoyions auprès d'eux pour traiter de notre reddition.

Tout d'un coup le Français, changeant brusquement de route, se mit à tourner autour de la ligne ennemie en décrivant une courbe elliptique.

Les Mexicains, devinant alors la ruse, sautèrent en selle en poussant de grands cris. Quelques-uns même firent feu de leurs escopettes, tandis que les autres, armés de leurs lassos, se mettaient à la poursuite de notre courrier.

Pendant ce temps Raoul avait tourné la tête d'Hercule du côté du bouquet de bois qui lui servait de point de ralliement, et continuait à galoper en suivant une ligne presque entièrement droite. S'il pouvait gagner la butte avant d'être atteint, il avait de grandes chances pour réussir; car les arbres dont ce lieu était couvert le mettaient suffisamment à l'abri des lassos de ceux qui lui donnaient la chasse.

Nous suivions ses progrès avec une anxiété qui nous permettait à peine de respirer. Notre vie dépendait de cette course. Un groupe de guerrilleros se trouvaient maintenant entre lui et nous, mais ne nous enlevaient pas cependant la vue de notre courrier, que nous reconnaissions à sa jaquette verte non moins qu'à la couleur rouge de son coursier. Il gagnait les bois avec une rapidité effrayante. Cependant, les lassos volaient autour de la tête de Raoul, les coups de feu ne cessaient de se faire entendre, et nous tremblions à chaque instant de voir notre camarade précipité à bas de sa selle. Mais, heureusement, il ne paraissait point avoir été atteint, et continuait sa course vers l'îlot de bois. Un moment après, il entrait sous les arbres et disparaissait à notre vue.

Notre anxiété redoubla. Les arbres cachaient à la fois Raoul et ses adversaires. Sortirait-il vivant de ce bois? Tous les yeux étaient fixés sur le lieu où l'homme et le cheval avaient disparu, et cherchaient, mais en vain, à en sonder la profondeur, quand Lincoln, qui avait grimpé sur le toit du rancho, s'écria avec force :

— Il est sauvé, capitaine! voici ces canailles qui reviennent sans lui.

C'était vrai. Une minute après, les cavaliers mexicains sortirent du bois; ils revenaient au pas avec l'air et l'attitude d'hommes entièrement désappointés.

CHAPITRE XXIII.
Court combat à longue distance.

L'heureuse fuite de Raoul et d'Hercule produisit sur l'ennemi un effet presque magique. Au lieu de l'attitude paresseuse et abandonnée qu'ils avaient auparavant tous les guerrilleros étaient alors en mouvement, et, semblables à un essaim de guêpes effarouchées, parcouraient la prairie dans tous les sens en poussant des cris aussi sauvages que ceux d'une troupe d'Indiens.

Ils n'entouraient plus le corral comme cela avait été leur intention première, car ils se doutaient bien que notre dessein n'était plus maintenant d'en sortir, n'ignorant pas non plus qu'au lieu de trois jours, sur lesquels ils avaient compté pour avoir raison de nous par la faim et la soif, ils n'avaient tout au plus devant eux que trois heures pour nous exterminer. Raoul devait être au camp en moins d'une heure, et il n'en fallait pas plus de deux au détachement envoyé à notre secours, qu'il fût à cheval ou même à pied.

Des éclaireurs galopaient dans tous les sens, les uns prenant la direction qu'avait suivie Raoul, les autres s'avançant jusqu'à la lisière des bois du côté opposé de la prairie, tous, d'ailleurs, paraissant très-affairés et très-empressés.

Pendant ce temps, j'étais monté avec Clayley sur le toit du rancho pour examiner les mouvements de l'ennemi, et deviner autant que possible ses intentions. Nous étions à ce poste depuis quelque temps et nous observions sans mot dire les manœuvres des guerrilleros, qui galopaient de tous côtés depuis la fuite de Raoul.

— Superbe! s'écria mon lieutenant frappé de la grâce que déployaient les cavaliers mexicains. Avez-vous vu, capitaine, le tour de force que vient de faire un de ces gaillards-là...

— Mais qu'est-ce que cela? ajouta-t-il en se tournant tout à coup et en m'indiquant du geste quelque chose du côté des bois.

Je regardai dans cette direction. Un nuage de poussière s'élevait à l'entrée de la route de Medellin. Il paraissait occasionné par un petit corps de troupes en marche. Le soleil se couchait à ce moment même. Et comme ce nuage était tout à fait dans l'ouest, je pus facilement distinguer, à l'aide des derniers rayons de l'astre à son déclin, un objet brillant d'un grand éclat au milieu de la masse brune.

De leur côté, les guerrilleros avaient arrêté leurs chevaux et regardaient dans la même direction que nous.

La poussière s'étant un peu dissipée, nous vîmes apparaître une douzaine de formes humaines, au milieu desquelles un objet frappé des rayons du soleil resplendissait comme un lingot d'or. Au même instant, un cri insultant, parti de la foule des guerrilleros, nous apprit ce dont il s'agissait.

— Cenobio! Cenobio! los cañones! (Cénobio! Cénobio! le canon!) crièrent les Mexicains.

Clayley s'était tourné de mon côté avec un regard interrogateur.

— C'est vrai, lieutenant. Par Dieu! il ne nous manquait plus que cela.

— Que disent-ils donc?

— Tenez, regardez vous-même.

— Un canon de cuivre; une pièce de six, sur ma parole!

— Nous allons être attaqués par la guerrilla de Cénobio, ou tout au moins par un détachement de sa bande. Il n'y a maintenant ni palissade ni butte qui puissent nous sauver.

— Que faire? demanda mon compagnon.

— Mourir les armes à la main... Pourtant il faut faire un dernier effort, et plus tôt nous serons prêts, mieux cela vaudra.

Je quittai le toit, et j'ordonnai au trompette de sonner pour assembler les soldats.

Les notes aiguës du clairon se firent aussitôt entendre, et en un clin d'œil tous les hommes furent rangés autour de moi dans le corral.

— Mes braves camarades, leur dis-je, l'ennemi a maintenant un grand avantage sur nous. Il vient de lui arriver une pièce d'artillerie, et je crains bien que ces pieux ne nous offrent désormais qu'un abri insuffisant. Si nous sommes chassés d'ici, il nous faudra gagner l'îlot de bois. Vous me suivrez; mais si nous sommes rompus dans la plaine par un ennemi supérieur en force, alors que chacun combatte pour soi, et s'il faut mourir, vendons chèrement nos vies.

Un cri belliqueux accueillit cette courte harangue.

Je continuai :

— Avant tout, cependant, voyons comment ils savent se servir de leur pièce. Ce n'est qu'un canon de petit calibre. Ayez soin de vous jeter la face contre terre à chaque coup qu'ils tireront. De la sorte ils ne nous feront, sans doute, pas grand mal, et peut-être pourrons-nous tenir jusqu'à l'arrivée de nos amis. En tout cas, il faut essayer.

Un second hourra retentit sur toute la ligne.

— Grand Dieu! que cela est terrible, murmura le major.

— Qu'est-ce qui est terrible? demandai-je brusquement, pris en ce moment d'un invincible mépris pour ce misérable poltron.

— Mais cela, cette triste circonstance... Etre là comme une cible!

— Major, rappelez-vous que vous êtes soldat.

— Et comment l'oublier ici! Plût au ciel que j'eusse donné ma démission comme je voulais le faire quand cette maudite guerre a commencé.

— Ne craignez rien, dis-je désarmé jusqu'au sourire par la candeur de sa poltronnerie. Vous boirez du vin à la Nouvelle-Orléans à l'hôtel d'Hewlett avant qu'il soit un mois. Placez-vous derrière cette grosse pièce de bois. C'est le seul point de toute cette palissade, qui soit à l'épreuve du canon.

— Croyez-vous, capitaine, qu'il soit en effet à l'épreuve du boulet?

— Eh! sans doute, un canon de siége n'y ferait rien. — Attention, soldats, soyez prêts à obéir à mes ordres.

La pièce de six s'était rapprochée de nous et s'était arrêtée à cinq cents pas de la palissade, un groupe d'artilleurs ennemis était en train de la pointer contre nous. A ce moment mon attention fut de nouveau appelée par la voix du major.

— Grand Dieu! capitaine, est-ce que vous leur permettrez d'approcher ainsi?

— Et comment voulez-vous que j'en empêche? dis-je avec surprise.

— Avec ma carabine je porte plus loin que cela, et on peut les forcer de déguerpir.

— Major, vous rêvez, lui dis-je, ils sont à deux cents pas plus loin que la portée de nos carabines. S'ils osaient se présenter à bonne distance, nous ne tarderions pas à leur faire voir nos dos.

— Mais, capitaine, ma carabine porte au double de cette distance.

Je regardai le major, craignant que la peur ne lui eût fait perdre la raison.

— Oui, capitaine, reprit-il, c'est une *Zündnadel*, et je vous assure qu'elle porte à plus de huit cents mètres.

— Est-ce possible? m'écriai-je en tressaillant, car je venais de me rappeler une lourde et singulière arme que j'avais fait enlever de dessus la selle d'Hercule au moment du départ de Raoul, que ne m'avez-vous dit cela plus tôt!

— Où est la carabine du major Blossom?

— Voici l'arme du major, répondit le sergent Lincoln; mais c'est une carabine comme je n'en ai encore jamais vu. Cela ressemble plutôt à un petit canon.

Ainsi que l'avait déclaré le major, c'était une carabine prussienne à spirale : nouvelle invention que je ne connaissais encore que pour en avoir entendu parler.

— Est-elle chargée, major?

— Oui, elle l'est.

— Pouvez-vous abattre l'homme qui tient l'écouvillon? dis-je en remettant la pièce au chasseur.

— Facilement, me répondit Lincoln, si la pièce porte jusque-là.
— Son but en blanc est à mille mètres! cria le major avec énergie.
— En êtes-vous sûr, major? demandai-je.
— Certainement, capitaine, reprit le major, je le tiens de l'inventeur. D'ailleurs nous en avons fait l'épreuve à Washington; elle se charge avec une balle conique, et à la distance que je vous dis elle a traversé une planche d'un pouce d'épaisseur.
— Très-bien! Maintenant, sergent, visez avec soin, cette arme peut nous sauver.

Lincoln, s'affermit sur ses pieds, choisit un barreau de la palissade qui correspondait parfaitement à la hauteur de son épaule, essuya avec soin la poussière qui couvrait le guidon de l'arme, appuya le canon sur le barreau et mit l'arme en joue.
— Sergent, l'homme qui tient le boulet! criai-je au tireur.

Au moment où je parlais, un des artilleurs ennemis, placé devant la pièce de six, tenait dans ses mains un boulet qu'il se disposait à introduire dans le canon.

Lincoln pressa la détente, le coup partit, et au même instant l'artilleur tomba sur la face les bras étendus, et demeura sans aucun mouvement sur le sol. Le boulet, échappé des mains du Mexicain, avait roulé à quelque pas.

Un cri d'étonnement et de terreur fut poussé à cette vue par la troupe des guerrilleros. D'autres cris partaient en même temps de l'intérieur du corral, mais c'étaient des cris de triomphe.
— Bien tiré! criaient à la fois une douzaine de voix.

Quelques instants après, la carabine était rechargée.
— Maintenant, sergent, celui qui tient le boute-feu.

Pendant qu'on rechargeait la carabine, les artilleurs mexicains, un peu revenus de leur surprise, avaient, de leur côté, chargé leur pièce. Un grand artilleur, debout et la mèche à la main, se tenait derrière le canon tout prêt à faire feu au premier ordre. Mais avant que cet ordre eût été donné la carabine était partie de nouveau, et le bras de l'artilleur, agité par un mouvement convulsif, avait lancé à plus de vingt pas de distance son brandon enflammé, qui continuait de brûler sur le gazon. L'homme lui-même, après avoir pivoté et fait deux ou trois pas, était venu tomber dans les bras de ses camarades.
— Capitaine, permettez-moi de choisir mon homme cette fois.
— Qui est-ce donc, sergent? demandai-je.
— Tenez, celui qui se pavane là-bas sur son mustang noir.

Je reconnus le cheval et la figure de Dubrosc.
— Certainement de tout mon cœur, dis-je.

Et en exprimant cet ordre j'éprouvais en moi un sentiment indéfinissable.

Avant que Lincoln eût eu le temps de recharger, un Mexicain, qui me parut être un officier, avait ramassé la lance à feu toujours allumée et l'avait approchée de la lumière du canon.
— La face contre terre, soldats!

Le boulet brisa quelques piquets de la palissade, pénétra dans le corral et vint en passant écorcher une mule à l'épaule. La douleur fit ruer et bondir le pauvre animal et par suite le désordre se mit dans le troupeau des mules, qui pendant un moment coururent comme des folles dans l'enclôture; bientôt après elles se rassemblèrent dans un coin, où elles demeurèrent tremblantes.

Le bruit du canon avait exalté les guerrilleros, ils criaient plus fort que jamais.

Dubrosc, monté sur son superbe mustang, faisait face au corral et examinait les effets produits par le boulet.
— J'aimerais mieux le tenir à bonne portée au bout de ma propre carabine, murmura Lincoln tout en mettant en joue l'arme du major.

Le coup partit. Le cheval noir fit un bond en arrière, se cabra et tomba sur son cavalier.
— Touché! cria un soldat.
— Non, je l'ai manqué, le brigand! dit Lincoln en grinçant des dents au moment où le cavalier se débarrassait de dessous son cheval.

Remis sur ses pieds, Dubrosc se retira en arrière, tout en nous montrant le poing d'un air de défi.

C'en était trop pour des Mexicains: les guerrilleros se reculèrent au galop; les artilleurs les suivirent avec leur pièce, qu'ils établirent dans une nouvelle position, à trois cents pas environ en arrière.

Un second boulet vint briser les pieux de notre palissade et frapper un de nos hommes, qui mourut sur le coup.
— Visez aux artilleurs, sergent!

Lincoln tira une quatrième fois. Le coup frappa à terre, devant la pièce de canon; mais avant de toucher le sol la balle avait blessé grièvement un artilleur, que nous vîmes emporter par ses camarades.

Les Mexicains, terrifiés par l'effet de ce singulier instrument de destruction qui se trouvait entre nos mains, prirent une troisième position à deux cents pas encore plus en arrière. Leur troisième boulet ricocha et vint frapper la grosse planche derrière laquelle était tapi le major. Mais il en fut quitte pour la peur que lui causa le choc du projectile sur le bois.

Lincoln tira à son tour. Cette fois le coup ne produisit aucun effet visible, et un cri de triomphe, parti de la troupe ennemie, nous apprit qu'ils se croyaient maintenant à l'abri de nos projectiles...

un autre coup de la Zündnadel ne parut point avoir un meilleur résultat.
— Cette arme ne porte pas jusque-là, capitaine, dit Lincoln d'un air de conviction profonde en posant à terre la crosse de la carabine.
— Essayez encore un coup. S'il n'arrive pas au but, nous réserverons les autres pour une distance plus rapprochée. Visez bien!

Cette épreuve ne fut pas plus heureuse que les deux précédentes.

Les guerrilleros nous insultaient en criant:
— Yankees, bobas! mas adelante! (Vous êtes fous, Yankees, un peu plus loin!)

La pièce de six venait de nous envoyer un nouveau projectile. Le boulet brisa une planche en plus de cinquante fragments, et vint frapper l'arme qu'un de mes hommes tenait à la main.
— Sergent, dis-je, donnez-moi la carabine. L'ennemi doit être à peu près à mille mètres d'ici. Mais comme il est aussi dangereux avec sa caronade que s'il n'était qu'à dix pas de nous, il faut encore essayer un coup.

Je fis donc feu, mais la balle n'arriva qu'à cinquante pas de la ligne ennemie.
— C'est trop lui demander. Ce n'est pas un canon de vingt-quatre, après tout, et cette arme a déjà bien fait son devoir. Il y a deux choses que je vous envie, major, votre carabine et votre cheval.
— Hercule!
— Certainement.
— Ah! mon Dieu, capitaine, la carabine vous appartient, je vous l'abandonne; et si jamais nous sortons des griffes de ces diables d'enfer, Hercule sera...

De grands cris poussés par les guerrilleros interrompirent le major.
— La metralla! la metralla! (L'obusier! l'obusier!), tels furent les mots qui frappèrent nos oreilles.

Je montai sur le toit pour voir ce qui se passait dans la plaine.

Une pièce d'artillerie, tirée par des mules, débouchait du bois et arrivait au galop.

Cette pièce était d'une apparence formidable et de taille à réduire en poudre toute notre troupe ainsi que les palissades qui l'abritaient.

Je jetai un regard de désespoir sur les hommes qui m'entouraient. Du même coup je vis le troupeau de mules rassemblé dans un coin de l'enclôture. A cet aspect une pensée subite me traversa l'esprit. N'y avait-il pas possibilité de monter sur leur dos et de nous échapper? Ces animaux étaient en nombre plus que suffisant, et le rancho était rempli de brides et de licous.

Je descendis de dessus le toit et donnai des ordres en conséquence de la nouvelle résolution que je venais de prendre.
— Faites vite, mais sans bruit! criai-je aux soldats pendant que ceux-ci passaient des brides aux mules.

En moins de cinq minutes, chaque homme était grimpé sur une bête avec sa carabine passée en bandoulière.

Quant au major, il était monté sur le cheval de son domestique.
— Maintenant, mes braves camarades, leur dis-je, nous avons l'air d'une véritable cavalerie mexicaine.

Les soldats rirent de ce propos.
— Il nous faut, continuai-je, gagner les bois au plus vite et nous y arrêter. Aussitôt que j'aurai prononcé ces mots: En avant, marche! vous partirez à la suite de M. Clayley. Quant à moi, je veillerai sur vos derrières. Ne vous arrêtez pas à un coup de feu, tenez-vous bien! Si quelqu'un tombe, que celui qui se trouvera le plus près de lui le ramasse. Ah! quelqu'un est-il blessé?

Un nouveau projectile venait de passer dans nos rangs.
— Il n'y a qu'une égratignure, fut-il répondu.

Tant mieux. Tout le monde est-il prêt? Quant à vous, monsieur Clayley, vous voyez ce bouquet de bois: c'est sur ce point qu'il faut diriger votre course. Qu'on passe la barrière. En avant, marche!

A peine avais-je prononcé ces mots, que tous les hommes à cheval avec Clayley en tête se précipitèrent au galop hors du corral. Le lieutenant ouvrait la marche monté sur une mule qui portait au cou une sonnette. Les tintements de cet instrument servaient à guider les cavaliers au moins autant que leurs montures.

Au moment où notre cavalerie fit son entrée sur la prairie, un grand cri parti de la troupe des guerrilleros nous donna lieu de penser qu'ils n'avaient pas jusqu'alors soupçonné notre projet de fuite. Sans perdre de temps, ils sautèrent en selle et se mirent à la poursuite de notre troupe, qui continuait sa course au grand galop, bien que la plupart de ces cavaliers improvisés eussent toutes les peines du monde à conserver leur équilibre.

L'obusier qu'on était en train de pointer contre le corral fut tout à coup retourné de notre côté, et nous l'entendîmes bientôt tonner. Mais le coup, mal ajusté, passa à une grande hauteur au-dessus de nos têtes.

Les guerrilleros, avec leurs chevaux rapides, commençaient à gagner du terrain sur nos mules.

Je m'étais placé derrière notre troupe avec une douzaine de mes meilleurs hommes, dans le but d'envoyer quelques balles à ceux de nos ennemis qui nous approcheraient de trop près et de ramasser, chemin faisant, ceux des nôtres qui se laisseraient choir. L'une des mules ruait et se cabrait avec violence sous un Irlandais qui la montait. Elle fit si bien qu'à environ cinq cents pas du bois elle désarçonna son cavalier.

Ceux de notre détachement qui se trouvaient le plus près du malencontreux écuyer s'avancèrent pour lui porter secours; ce fut Chane qui le ramassa, et le plaça devant lui sur sa mule. Ce retard faillit nous être fatal, car pendant ce temps quelques guerrilleros s'étaient approchés de nous à moins de cent pas et nous tiraient des coups de fusil et d'escopette. Heureusement qu'ils visaient fort mal, et que leur décharge n'eut aucun résultat. Les hommes qui m'accompagnaient se retournèrent brusquement à cette attaque, et quelques-uns d'entre eux déchargèrent leur carabine. Ils furent plus adroits que nos adversaires, deux ou trois guerrilleros tombèrent à bas de leur selle. Cette vue excitant leurs camarades, la poursuite devint encore plus ardente. Un moment après, nous les avions littéralement sur nos talons.

Les Mexicains firent alors usage de leurs lassos. L'une de ces redoutables courroies vint s'abattre sur mes épaules. J'étendis les bras pour me débarrasser de son étreinte; mais elle continuait à s'enrouler, et bientôt je sentis mon cou serré dans le nœud fatal. Je saisis la lanière à deux mains et tirai de toutes mes forces, ce fut en vain. J'avais dans mes efforts lâché la bride de ma mule. La méchante bête profita de cette circonstance pour ruer et se cabrer avec l'intention évidente de se débarrasser de moi. Elle n'y réussit que trop. Je fus violemment lancé en l'air, et je retombai par terre avec une violente secousse.

Je me sentis traîner sur le sol. En vain je faisais des efforts désespérés pour me retenir aux touffes d'herbes, les racines s'arrachaient et me restaient dans les mains. Je voyais qu'on se battait autour de moi, j'entendais de grands cris mêlés à des coups de fusil. La courroie m'entraînait toujours, j'étranglais...

A ce moment suprême, un objet brillant passa sous mes yeux; je me sentis saisi par une main rude et vigoureuse, qui m'enleva et me balança en l'air comme si elle eût appartenu à quelque énorme géant. Puis quelque chose me frappa au visage, j'entendis le frôlement des arbres, dont les branches craquaient, et dont les feuilles me caressaient la figure; suivit le bruit de carabines qu'on armait, puis une douzaine de détonations. Au même moment je retombai une seconde fois lourdement à terre.

CHAPITRE XXIV.
Le Secours.

— Pardonnez la rudesse de mes manières, capitaine, mais j'étais pressé.

C'était la voix de Lincoln qui venait de prononcer ces mots.

— Ah! nous voici dans le bois! nous sommes sauvés! repris-je à mon tour.

— Deux ou trois blessés, rien de plus. Chane a reçu une écorchure à la hanche; mais, en revanche, il a tué celui qui la lui avait faite. Permettez, capitaine, que je détache cette damnée cravate que vous avez autour du cou. Ma foi, vous l'avez échappé belle!

Tout en parlant de la sorte, Bob se mit à détacher le reste de lasso encore enroulé autour de mon cou et formant à peu près en tout une longueur de six pieds.

— Qui a coupé cette courroie? demandai-je.

— C'est moi avec ce couteau tout fraîchement aiguisé par la faim, dit le chasseur en me montrant ses dents.

Je ne pus m'empêcher de sourire tout en remerciant mon brave sergent du service éminent qu'il venait de me rendre.

— Mais que sont devenus les guerrilleros? dis-je en regardant autour de moi, mes idées étant encore un peu confuses par suite de mon aventure.

Il faut regarder plus loin que cela, capitaine. Ils se sont mis hors de la portée de notre grosse carabine. Tenez, les entendez-vous là-bas?

En effet, je vis plusieurs Mexicains qui galopaient à travers la prairie; on les distinguait facilement à l'éclat de leurs armes, qui resplendissaient sous les rayons de la lune.

— Placez-vous derrière les arbres, soldats! criai-je en voyant que l'ennemi se préparait à faire une nouvelle décharge sur ces obusier.

Un moment après, une pluie de fer vint s'abattre autour de nous en frappant sur les branches; mais personne ne fut blessé, chaque soldat ayant eu le soin de se mettre derrière un tronc d'arbre. Quelques mules furent les seules victimes de la mitraille.

Un second coup suivit de près sans tuer autre chose que des mules.

Je pensais à nous retirer un peu plus avant dans le bois, et dans cette intention j'allais faire une reconnaissance sur nos derrières, quand mes yeux furent attirés par un objet qui fixa toute mon attention. J'avais devant moi le corps d'un long et gros homme étendu la face contre terre et la tête cachée au milieu des racines d'un arbre énorme. Les bras étaient serrés contre les flancs, et les jambes, aussi rapprochées que possible l'une de l'autre, avaient l'immobilité et la roideur de la mort. Je mis quelque temps pour reconnaître à qui appartenait ce corps. C'était celui de notre pauvre major, qui, je le croyais du moins, avait péri sous l'atteinte de quelque projectile.

— Grand Dieu! m'écriai-je, Clayley, regardez par ici, le pauvre Blossom est mort!

— Non, et je veux être pendu si je le suis! grommela le major lui-même en soulevant la tête comme un lézard et en regardant de notre côté sans changer la position de son corps.

A cette vue, Clayley fut pris d'un fou rire. Le major, après ce peu de mots, avait de nouveau rentré sa tête dans les racines; il craignait une nouvelle décharge.

— Major, lui cria Clayley, votre épaule droite dépasse au moins de six bons pouces!

— Eh! je ne le sais que trop, murmura le major d'une voix tremblante. Au diable les arbres! c'est bon tout au plus à garantir un écureuil!

Et cela dit, le major enfonça davantage sa tête sous les racines et rapprocha ses bras encore plus près de ses hanches. Son attitude était si grotesque, que Clayley ne put s'empêcher de partir d'un nouvel éclat de rire. Au même moment un grand bruit se fit parmi les guerrilleros.

— Qu'y a-t-il? criai-je en me portant en avant et regardant sur la prairie.

— Ces gredins-là ont l'air de vouloir s'en aller, dit Lincoln en répondant à ma question. Voyez comme ils se dépêchent!

— Vous avez raison; mais pour quel motif?

Une grande agitation se faisait, en effet, remarquer dans la cavalerie ennemie. Des éclaireurs galopaient à travers la plaine dans la direction des bois, et nous voyions les artilleurs atteler les mules aux pièces. Tout à coup le clairon sonna la retraite, et les guerrilleros partirent au grand galop dans la direction de Medellin.

En même temps s'élevait de l'autre côté de la prairie un grand cri que n'en ont jamais poussé poitrines mexicaines. Je regardai dans cette direction, et j'aperçus une longue ligne de formes noires qui débouchait au galop du milieu des bois. Les épées, qui brillaient aux reflets de la lune, faisaient ressembler cette ligne à un long cordon de flamme. Je n'eus pas de peine à reconnaître le pas lourd et cadencé des chevaux américains.

Les exclamations poussées par mes hommes attirèrent bientôt l'attention des nouveaux venus, et le chef des dragons, voyant que les guerrilleros avaient pris la fuite, fit faire à ses hommes demi-tour à droite et arriva sur nous à fond de train.

— C'est le colonel Rawley, dis-je en reconnaissant l'officier de dragons.

— Dieu me damne, c'est Haller! s'écria celui-ci. Comment êtes-vous ici? On nous avait dit que vous étiez tous morts, et cependant je vous retrouve tous en vie!

— Nous avons perdu deux hommes, répondis-je.

— Ce n'est rien! Je m'attendais, en arrivant ici, à vous voir tous par terre. Mais voilà Clayley aussi! Clayley, votre ami Twing est avec nous; je l'ai laissé un peu en arrière.

— Ah! Clayley, mon cher ami! cria Twing en arrivant sur les entrefaites, on ne vous a pas brisé les os? Tant mieux! Prenez un peu de ce cordial, ça vous remettra. Ne buvez pas tout, pourtant; laissez-en aussi pour Haller. Comment le trouvez-vous?

— Délicieux, sur ma parole! répondit Clayley, qui venait de donner une accolade à la gourde de son ami le Géorgien.

— A votre tour, capitaine.

— Ah! volontiers, dis-je en m'emparant de la bienfaisante bouteille.

— Mais où est le gros Blossom, tué, blessé, dévoré?

— Je crois que le major n'est pas loin et qu'il est encore parfaitement intact.

Je dépêchai un homme au major, qui arriva bientôt en soufflant comme un cachalot et jurant comme un reître.

— Eh bien, Blossom? dit Twing en lui prenant la main.

— Dieu me damne! Twing, je suis heureux de vous voir! dit le Goliath en jetant cet aspect à la vue de son microscopique collègue. Mais, au nom du ciel, où est votre gourde?

Car, tout en embrassant son ami Twing, Blossom l'avait inspecté des pieds à la tête et paraissait inquiet de ne pas rencontrer l'objet en question à sa place ordinaire.

— Eh! Cudjo, donnez cette bouteille.

— Ma foi, Twing, je suis presque suffoqué. Nous nous sommes battus toute la journée. Un fameux combat, allez! J'étais lancé avec Hercule à la poursuite de tout un escadron de ces démons, il ne s'en est pas fallu d'un saut d'écureuil que je ne donne tête baissée dans leur guêpier. Nous en avons tué des masses; mais Haller vous contera tout cela. C'est un brave garçon, que cet Haller, trop téméraire pourtant. Il est vif comme la poudre... Sur ma foi, voilà Hercule! Enchanté de vous voir, mon vieil ami; vous avez besoin d'un fier coup de brosse!

— Rappelez-vous votre promesse, major, dis-je à Blossom pendant qu'il passait la main sur l'encolure d'Hercule.

— Je ferai mieux, capitaine, je vous donnerai le choix entre Hercule et un magnifique cheval noir que je possède. Diable! je serais fâché de me séparer de toi, mon vieil Hercule. Mais je suis persuadé que le capitaine préférera le noir; c'est le plus beau cheval de toute l'armée: je le tiens du pauvre Ridgely, qui a été tué à Monterey.

Ce petit discours du major se divisait en trois parties : la première était un soliloque, la deuxième une apostrophe à Hercule, la troisième s'adressait à moi.

— Très-bien, major, répliquai-je, j'accepte le cheval noir. Monsieur Clayley, faites monter les hommes sur les mules, et prenez le commandement de la compagnie pour accompagner le colonel Rawley au camp. Quant à moi, je vais aller retrouver notre Espagnol.

J'avais prononcé à voix basse ces derniers mots adressés à Clayley, et je continuai sur le même ton :

— Je ne pourrai être au camp que demain dans la journée, ne parlez de mon absence à qui que ce soit; je ferai mon rapport moi-même demain à midi.

— Alors, capitaine... dit Clayley.
— Quoi, lieutenant?
— Chargez-vous de mes civilités.
— Pour qui, mon ami?
— Pour Marie de la Lumière.
— Très-certainement.
— Dans votre meilleur espagnol, je vous prie.
— Soyez-en sûr, dis-je en riant de l'empressement de mon ami.

J'allais m'éloigner, quand il me vint à penser que rien ne s'opposait à ce qu'on laissât la compagnie sous le commandement d'Oakes, et que de la sorte Clayley pourrait venir avec moi.

— Clayley, dis-je en prenant le lieutenant à part, si vous portiez vos compliments vous-même? Oakes prendrait le commandement de nos hommes. Le colonel Rawley nous donnera bien quelques-uns de ses dragons pour nous accompagner.

— De tout mon cœur, reprit Clayley. A cheval, et partons!

Je pris avec moi Lincoln et Raoul, j'y joignis six dragons de Rawley, et, souhaitant une bonne nuit à mes amis, je m'éloignai avec mon escorte.

Le gros de la troupe prit, pour retourner au camp, la route par Mata-Cordera, tandis qu'avec Clayley et mon petit détachement je suivis la lisière de la prairie, et grimpai la colline sur laquelle nous devions trouver le chemin qui conduisait à la maison de don Cosme.

Arrivés sur le sommet de l'éminence, je jetai un regard sur le théâtre de notre dernier combat.

La lune, qui éclairait la prairie de la Virgen, ne me fit voir sur l'herbe aucune des victimes de notre lutte.

Les guerrilleros, en opérant leur retraite, avaient emmené avec eux leurs morts et leurs blessés. Quant aux deux Américains tués, ils étaient enterrés dans le corral abandonné. Pauvres gens! ce ne fut point sans un sentiment pénible que je vis une bande de loups rôder autour de l'enclôture, et que j'entendis les cris féroces des coyotes, qui m'annonçaient que la tombe guerrière creusée à la hâte ne serait pas longtemps respectée.

CHAPITRE XXV.

Le cocuyo.

Si j'ai quelque chose à souhaiter au lecteur, c'est de pouvoir, une fois dans sa vie, voyager à cheval par une belle nuit au milieu de quelque forêt tropicale quand la lune baigne le paysage dans les flots de sa pâle et douce lumière, que les vents se taisent, que le feuillage est immobile, et que de tous côtés les fleurs les plus belles parfument l'air de leurs suaves odeurs.

Pourtant les forêts de l'Amérique du Nord ont aussi leurs charmes. Les grands chênes et les ormeaux noueux qui étendent au loin leurs rameaux tortueux, le vent d'hiver qui emporte les feuilles sèches et froisse les unes contre les autres les branches du sycomore que son souffle a dénudées, les roches nues et sombres, les cascades qui bruissent, les pendeloques que le froid suspend comme des perles brillantes à la cime des arbres, l'écorce transparente qui recouvre la surface des eaux, tout cela forme un tableau d'un aspect plus sévère et plus triste, mais qui pourtant a son caractère de grandeur et de poésie.

Les scènes qui se passent sous les ombrages des forêts du nord sont en harmonie avec la rude aspect du paysage. C'est là que vivent l'ours gris, le loup et les autres bêtes carnassières moins féroces peut-être que les sauvages blancs et rouges qui errent dans leurs solitudes. C'est là aussi qu'on entend de temps à autre la détonation des carabines, qu'on voit briller l'éclat du tomahawk, et que retentit parfois le terrible cri de guerre de l'Indien.

Mais je m'écarte de mon sujet; je reviens aux forêts de l'Amérique du Sud, qui tout est si calme et si splendide. La nuit, si quelque bruit trouble le silence de ces magnifiques ombrages, c'est le chant du rossignol, et si quelque lumineux éclair brille parfois à travers les arbres, c'est la lueur du cocuyo en quête de ses amours. Dans les forêts du nord, tout respire la guerre; dans celles du sud, tout respire l'amour.

Clayley et moi avancions en silence, nos soldats eux-mêmes semblaient émus de la solennité de cette superbe nuit.

Nous entrâmes dans les bois qui bordent l'Arroyo; le ruisseau fut traversé, et nous continuâmes notre route, ayant à notre tête Raoul, qui nous servait de guide.

Après un long silence, Clayley, sortant tout à coup de sa rêverie, se redressa brusquement sur sa selle, et m'adressant la parole :

— Quelle heure est-il, capitaine?
— Dix heures et quelques minutes, répondis-je après avoir interrogé ma montre au clair de la lune.
— Nous trouverons don Cosme au lit.
— Cela n'est pas probable. Il est trop vivement préoccupé, et sans doute qu'il attend notre retour avec impatience.
— Vous avez raison; nous le trouverons encore debout, et de la sorte tout sera pour le mieux.
— Comment, tout sera pour le mieux?
— Sans doute, dans l'intérêt de notre souper. Un pâté froid et un verre de claret, que vous semble de cela?
— Je n'ai pas faim.
— Oui; mais moi j'ai un appétit dévorant, et je soupire après l'office de notre hôte.
— N'y a-t-il pas quelque chose que vous désiriez davantage?
— Non, jusqu'après souper du moins. Chaque chose a son temps. Ventre affamé n'a pas plus de cœur que d'oreilles. Pour le quart d'heure, je vous donne ma parole, Haller, que j'aimerais mieux voir cette grande vieille négresse de Pepe que la plus jolie femme du Mexique, ou Marie de la Lumière, si vous aimez mieux.
— Monstre!
— Tout cela c'est avant souper seulement. Après, n'en doutez pas, vous verrez le sentiment reprendre le dessus.
— Ah! Clayley, vous ne saurez jamais aimer!
— Pourquoi, capitaine?
— Pourquoi? parce que chez vous l'amour est un plaisir et non une passion. Vous aimez cette charmante blonde comme on aime un tableau ou un objet d'art.
— Vous voulez dire apparemment que tout mon amour est dans mes yeux?
— C'est justement ma pensée, et je suis persuadé que si l'amour vous avait touché le cœur, vous ne seriez pas si occupé de votre souper. Moi, je resterais plusieurs jours sans manger que je ne m'en apercevrais même pas. Mais vous ne pouvez pas me comprendre.
— Ma foi non! je suis trop affamé pour cela.
— Tenez, je parierais que c'est tout au plus si vous vous souvenez que la dame de vos pensées est rose et blanche; n'est-ce pas que vous avez oublié tous les autres détails de sa personne?
— J'avoue, capitaine, que de mémoire je ferais fort mal son portrait.
— Eh bien! moi, si j'étais peintre, je reproduirais son visage sur la toile avec autant d'exactitude que si *elle* posait devant moi. Dans tout ce que je regarde je vois ses traits charmants, dans les feuilles des arbres, dans les lignes du paysage, dans le bleu du ciel, partout enfin. La tête élégante de ce superbe palmier, il me semble que c'est sa longue chevelure noire...
— Un instant! vous rêvez, capitaine; ses cheveux ne sont pas noirs.
— Comment! ses cheveux ne sont pas noirs! ils sont comme ses yeux, aussi noirs que l'ébène et le jais!
— Ses yeux sont bleus comme la turquoise.
— Noirs! Mais de qui parlez-vous?
— De Marie de la Lumière.
— Ah! c'est bien différent, alors.

Et mon ami et moi nous nous mîmes à rire de notre méprise réciproque.

Nous étions redevenus silencieux, autour de nous tout se taisait également; et si quelque chose troublait la tranquillité de la nuit, c'était le bruit des pieds de nos chevaux sur le sol, le tintement de nos éperons, ou le cliquetis de nos sabres frappant à chacun de nos mouvements le flanc de nos coursiers.

Nous venions de laisser derrière nous la butte de sable avec son fourré de cactus et de mezquites, et nous entrions dans une gorge couverte de grands arbres, quand les yeux perçants de Lincoln découvrirent quelque chose dans l'ombre. Il me fit aussitôt part de ce fait.

— Halte! fis-je à demi-voix.

Le détachement s'arrêta court, au même instant nous entendîmes un frôlement dans un buisson placé à quelques pas devant nous.

— *Quien viva?* demanda Raoul placé à l'avant-garde.
— *Un amigo*, fut-il répondu.

Je m'étais approché de Raoul, et je criai :

— *Acercate! acercate!* (Approchez!)

Un homme sortit des broussailles et s'avança à cet appel.

— *Esta el capitan!* (C'est le capitaine!)

Je reconnus le guide que nous avait donné don Cosme.

Le Mexicain s'approcha de moi et me remit un papier. Je l'ouvris et m'efforçai de lire à la lueur de la lune; mais c'était écrit au crayon, je ne pus parvenir à distinguer une seule lettre.

— Essayez, Clayley; peut-être vos yeux valent-ils mieux que les miens.

— Non, répondit Clayley après avoir examiné le papier, je n'y puis rien voir.

— *Esperate, mi amo!* (Attendez, mon maître!) dit le guide en faisant un signe.

Nous demeurâmes à la même place.

Le Mexicain prit d'une main le grand sombrero qu'il portait sur la tête, et s'avança à quelques pas dans la forêt. Là il s'arrêta tenant toujours son chapeau à la main. Un objet brillant resplendissait à travers les feuilles d'un *palma redonda* : c'était le cocuyo ou grand lampyre des tropiques. L'insecte voltigeait en bourdonnant à une hauteur de sept ou huit pieds, une trace lumineuse indiquait le cours de son vol. Le Mexicain l'abattit avec sa main, puis, le couvrant de son chapeau, il le prit facilement entre ses doigts et me le présenta en disant :

— *Ya!* (Maintenant!)

— *No muerde* (Cela ne mord pas), ajouta-t-il voyant que j'hésitais à toucher ce coléoptère luisant.

Je me décidai à prendre dans ma main le cocuyo, dont les grands yeux ronds resplendissaient comme deux diamants. J'approchai l'insecte de l'écriture; mais je ne pus encore rien lire, la lueur était trop faible.

— Il en faudrait au moins une douzaine, dis-je au guide, pour y voir suffisamment.

— *No, señor, uno basta asi.* (Non, monsieur, un seul suffit.)

A ces mots, le Mexicain prit le cocuyo dans ses doigts et le pressa légèrement contre la feuille de papier. A ce simple contact, il jaillit de l'animal une lueur brillante de plusieurs pouces de diamètre parfaitement suffisante pour déchiffrer toute l'écriture.

— Voyez, Clayley! m'écriai-je en lui faisant admirer cette lampe dont la lueur avait seule fait les frais. J'ai lu dans les récits des voyageurs qu'une demi-douzaine de ces insectes placés sous une verrine suffisaient pour éclairer un appartement. Est-ce vrai? ajoutai-je en m'adressant au Mexicain.

— *No, señor, ni cincuenta* (Non, monsieur, pas même cinquante), répliqua le Mexicain.

Et cependant un seul cocuyo suffit pour nous éclairer en ce moment. Mais nous oublions l'affaire principale, voyons cette lettre.

Elle était écrite en espagnol et contenait ces seuls mots sans signature :

« J'ai donné avis de votre position au commandant américain. »

— C'est de don Cosme? demandai-je tout bas au Mexicain.

— Oui, señor.

— Et comment pouviez-vous espérer arriver jusqu'à nous dans le corral ?

— A l'aide de ce déguisement.

Et en parlant de la sorte le Mexicain me montrait une peau de bœuf encore couverte de son poil.

— Clayley, ce sont des amis. Vous, mon brave, prenez ceci.

Et je remis au péon un aigle d'or.

— En avant!

Au même instant le cliquetis des sabres et des éperons recommença à se mêler au bruit des pas des chevaux, nous cheminions de nouveau sous les arbres de la forêt.

CHAPITRE XXVI.
Lupe et Luz.

Peu de temps après nous sortions des bois pour entrer sur la plantation de don Cosme. La riche végétation dont ces champs sont couverts a tout le charme de la nouveauté pour des hommes accoutumés comme nous à l'aspect plus sévère des climats septentrionaux. La lune comme un voile de gaze jeté sur les objets en arrondit les contours et donne à la nature un caractère romantique auquel vient ajouter encore le doux chant du rossignol, seul bruit qui trouble la paix de cet Eden endormi.

Ici c'est une plantation de vanille, plus loin ce sont des champs de café à moitié envahis par les acacias et les cactus épineux. Un réservoir à sec, un aqueduc en ruine témoignent des soins intelligents qu'on a jadis donnés à l'irrigation de cette vallée. Des guarda-rayas de palmiers et d'orangers à moitié étouffés par les jasmins et les lianes parasites marquent les anciennes limites de champs aujourd'hui incultes. Les fruits et les fleurs pendent en grappes sur les mêmes branches et se répandent au loin dans l'air les plus suaves parfums. Tout dans ces lieux invite au repos, car tout y annonce la présence de la nuit, le tournesol en inclinant sa tête dorée comme pour regretter l'absence de son dieu, et la belle de nuit en ouvrant le calice de ses fleurs aux caresses de la lune.

Le guide nous désigne une avenue qui conduit à la maison, nous y pénétrons et continuons à nous avancer. Le sol de cette avenue semble découpé en mosaïque par les rayons de la lune, qui glissent à travers les interstices de la voûte de feuillage. Troublé dans son sommeil, un cerf bondit à quelques pas de nous et disparaît dans un fourré de mezquites. Au bout de cette avenue nous nous arrêtons derrière la haie de jasmin qui forme l'enclôture, nous mettons pied à terre, et j'entre avec Clayley dans le parc de don Cosme.

A peine nous avons pénétré dans le taillis, que deux gros dogues s'élancent de notre côté en poussant des aboiements furieux. Plusieurs personnes sont en mouvement devant la façade du rancho, nous nous arrêtons un moment pour les observer.

— *Quitate, Carlo, Pompo!* (A bas, Carlo, Pompo!)

Les dogues se retirent en grondant.

— *Papa, manda los.* (Papa, renvoyez-les.)

Nous reconnaissons les voix, et nous pressons le pas.

— *Afuera, malditos perros, abajo!* (Arrière, maudits chiens, à bas!) crie don Cosme en grondant les chiens et les faisant reculer.

Plusieurs domestiques sont arrivés, nous nous avançons.

— *Quien es?* demande don Cosme.

— *Amigos* (Amis), dis-je.

— *Papa, papa, es el capitan!* (Papa, c'est le capitaine!) crie une des deux sœurs, qui accourt vers nous et dans laquelle je reconnais bientôt la brune Guadalupe.

— Ne craignez rien, señorita, dis-je en approchant.

— Ah! vous êtes sauvé, vous êtes sauvé! Papa, il est sauvé! crient les deux jeunes filles à la fois, tandis que don Cosme nous témoigne sa joie en nous serrant l'un après l'autre dans ses bras.

Puis tout d'un coup laissant retomber ses mains :

— Qu'est devenu le gros gentilhomme? fit-il avec inquiétude.

— Oh! il va bien, reprit Clayley en souriant. Il a mis sa grosse personne en lieu de sûreté; mais je suis sûr, don Cosme, qu'il serait enchanté d'être ici.

Je transmis à l'Espagnol la réponse de mon compagnon, don Cosme prit sans doute la dernière phrase pour un avis; car immédiatement il nous conduisit vers la salle à manger, où nous trouvâmes doña Joaquina donnant ses ordres pour le souper.

Pendant le repas je racontai à nos hôtes les principaux événements de la journée. Don Cosme ne savait rien des guerrilleros sinon qu'il avait entendu dire qu'il y avait une de leurs bandes dans le voisinage. A la nouvelle apportée par le guide que nous avions été attaqués, il avait dépêché un domestique au camp américain; et Raoul avait trouvé en route le détachement qui venait à notre secours.

Après souper, don Cosme nous quitta pour donner des ordres relatifs à notre départ du lendemain. Sa femme sortit également pour faire préparer nos chambres à coucher, en nous laissant, Clayley et moi, dans l'agréable compagnie de Lupe et de Luz.

Ces jeunes filles, musiciennes consommées, étaient aussi fortes sur la harpe que sur la guitare. Elles chantèrent plusieurs airs espagnols dont la douce mélodie fit sur nos cœurs l'impression la plus vive.

Mes pensées et celles de Clayley étaient sans doute de la même nature, et pourtant, singulier effet de la différence des caractères, elles se traduisaient chez chacun de nous d'une manière tout à fait contraire. Clayley, esprit aimable et enjoué, avait trouvé dans la plus jeune des deux sœurs une partner digne de lui; aussi ne firent-ils, pendant tout le temps, que rire, causer et chanter. Telle était la mobilité de l'imagination de cette jeune fille qu'un moment après s'être livrée à la gaieté la plus franche elle passait tout à coup à un sentiment mélancolique en pensant à son frère un instant oublié. Cette enfant avait un de ces cœurs purs d'où la gaieté n'exclut pas la sensibilité, elle passait d'un sentiment à l'autre comme on voit en certains jours le soleil paraître et disparaître au milieu des nuages légers qui l'entourent.

Ma conversation avec Guadalupe avait un caractère plus sérieux. Nous aurions pu rire, tant nous craignions de profaner le sentiment sacré qui nous servait de lien. La gaieté se trouve rarement dans le véritable amour. L'amour est une passion qui a ses joies, ses voluptés, ses extases, mais rarement la folle gaieté trouve place dans les cœurs véritablement épris.

Depuis quelques instants la harpe avait été abandonnée, la guitare ne résonnait plus sous les doigts, une harmonie plus douce vibrait dans nos cœurs. Chacun de nous se sentait attiré vers l'autre comme par un invisible aimant. Nos âmes étaient unies par une chaîne mystérieuse. Pour exprimer de tels sentiments, les mots, on le comprend, sont aussi superflus qu'impuissants; et si quelques paroles s'échangeaient entre nous, c'était quand nous pensions à Narcisso, ce frère bien-aimé, et que l'idée du danger qu'il courait venait troubler notre félicité.

— Oh! que n'est-il ici, mon frère! nous serions si heureux!

— Il reviendra, n'en doutez pas. Demain votre père le reverra. Je vous jure de tout faire pour le rendre à l'amour d'une aussi tendre sœur.

— Merci, merci! Quelle reconnaissance ne vous devrons-nous pas! Et ses yeux semblaient à la fois animés par la reconnaissance et l'amour. La reconnaissance seule n'eût pas suffi pour leur donner cet éclat. De pareils moments pouvaient durer toujours !

— Bonne nuit, bonne nuit !

— *Señores, pasan vds buena noche.* (Messieurs, je vous souhaite une bonne nuit.)

Elle est partie, et pourtant son gracieux visage est encore devant mes yeux. L'amour a gravé ses traits dans mon cœur, je la vois toujours et partout.

. . . .
. . . .

Nous nous sommes retirés dans nos chambres à coucher. Nos hommes ont attaché leurs chevaux dans le bois d'olivier et reposent eux-mêmes dans le rancho de bambou. Une sentinelle veille à la sûreté de tous.

CHAPITRE XXVII.
Une nuit agitée.

Je suis seul dans ma chambre. Vais-je dormir? Non. Pourtant voici un lit qui invite au sommeil. Un dais le surmonte; de soyeux rideaux l'entourent; les draps, en toile de damas, sont d'une blancheur éclatante; tout invite au repos, jusqu'à ce tableau qui représente le dieu du sommeil couché sur un lit de roses au milieu d'un groupe de nymphes gracieuses.

Je tire les couvertures, l'aspect de la couche est encore plus engageant. Sur le chevet sont entassés des oreillers si blancs et si doux, qu'on les dirait préparés pour reposer la tête d'une jeune mariée. Quelle bonne fortune pour un homme qui depuis deux mois n'a pas dormi dans son lit et qui s'est constamment couché au hasard, un jour sur le pont d'un navire, le lendemain sur le sol de Lobos au milieu des araignées et des scorpions, plus tard dans son manteau sur le sable mouvant de la rive mexicaine!

Cependant je sens que le sommeil fuit ma paupière. L'espoir, la crainte, les souvenirs m'agitent tour à tour. Ma tête travaille. Je repasse dans mon esprit les étranges événements de la journée. Quelques-uns me semblent couverts d'un mystère que je cherche à approfondir. En un mot mon système nerveux est agité, il m'est impossible de dormir.

Mon esprit et mon corps ne demeurent pas seuls éveillés, mon cœur est plus agité encore. Des cordes longtemps silencieuses y ont vibré de nouveau, l'amour y règne en maître.

Cet amour n'est pas ma première passion, aussi j'en reconnais facilement les symptômes. La jalousie que j'éprouve ne me permet pas de me tromper — ce don Santiago!...

J'aperçus deux miniatures accrochées au mur de chaque côté d'une grande glace en face de laquelle je me trouvais.

Je m'approchai pour en examiner une, celle qui se trouvait à ma droite. Avec quelle émotion je la contemplai; c'était le portrait de Guadalupe!

— Cependant, me disais-je, le peintre ne l'a pas flattée; il l'a faite de dix ans plus âgée : stupide artiste!

Je m'approchai de l'autre peinture..... C'est sa jolie sœur sans doute.

— Dieu du ciel! en croirai-je mes yeux!... Quoi! cette chevelure noire, ces sourcils arqués, cette lèvre sarcastique... Dubrosc!

Une angoisse mortelle s'empara de mon cœur. Je regardai de nouveau le portrait, j'y revins encore, je ne pouvais croire à ce que je voyais. Mais plus j'examinais, plus j'étais forcé de m'avouer que je ne m'étais pas trompé. Le doute ne m'était plus permis; abattu par ce coup imprévu, je me laissai tomber sur une chaise où je demeurai plongé dans l'abîme de ma douleur.

Pendant quelque temps je fus incapable de penser, encore moins d'agir. — Que pouvait signifier ceci? Etait-ce bien ce misérable démon, ce fléau de mon existence, cet homme que je rencontrais toujours sur ma route? Devait-il être fatal jusqu'au bout?

En effet, il y avait entre cet homme et moi d'étranges rapports. Notre première rivalité, les événements de Lobos, l'apparition de Dubrosc sur la colline de sable, la manière mystérieuse dont il avait traversé nos lignes, sa présence parmi les guerrilleros, tout s'offrait à la fois à mon esprit et me glaçait d'une vague terreur. — Devais-je le rencontrer encore ici?

Tout en pensant à cela je pris la lampe et je retournai au portrait.

— Non, m'écriai-je, je ne me suis pas trompé! c'est bien lui, c'est bien elle! Tous deux ici! l'un formant le pendant de l'autre!..... Pourquoi? Quel lien les unit? Peut-être sont-ils fiancés?... Et ce don Emilio, cet Américain qui lui a enseigné l'anglais; c'est lui, sans doute, car il s'appelle Émile, la voix qui lui parlait à l'île Lobos n'a-t-elle pas crié ce nom! Ce ne peut être un autre que lui. Ce misérable! il aura abusé de sa beauté pour tromper cette malheureuse enfant. Que ne suis-je venu plus tôt ici! Ils sont fiancés, mariés peut-être. Peut-être!... ô torture!...

Je rejetai la lampe sur la table et retombai avec accablement sur ma chaise. Je ne sais depuis combien de temps j'étais ainsi en proie aux plus pénibles pensées, quand mon attention fut distraite par la sonnerie d'une horloge encadrée dans un grand tableau. Je ne comptai pas les heures, mais la musique qui suivit me tira malgré moi de ma torpeur. C'était un air triste et doux, en harmonie avec mes sentiments. Un peu rendu à moi-même par cet événement extérieur, je me levai, et j'allai me jeter tout habillé sur le lit, bien résolu à tout oublier et à ne pas penser à elle plus que si je ne l'eusse jamais connue.

— Je partirai de grand matin, me disais-je, et retournerai au camp sans l'avoir revue. L'agitation de la vie militaire et les devoirs de ma profession auront bientôt effacé son image de mon cœur; d'ailleurs tout cela est un songe qui s'évanouira aux accents de la trompette et au bruit du canon. Ce n'est qu'un sentiment fugitif, une hallucination d'un moment dont je saurai prendre le dessus.

Tout en parlant de la sorte, j'avais posé ma tête sur l'oreiller; le froid de la toile, en rafraîchissant ma joue, calma mon agitation, et je me trouvai plus tranquille.

Mais bientôt ma pensée revint avec acharnement à l'idée que j'essayais en vain de chasser. Comment, me demandais-je, ce créole de la Nouvelle-Orléans a-t-il pu venir ici? Qui m'expliquera ce mystère?

Puis je m'efforçais de nouveau d'éloigner cette pensée importune. J'essayais d'appliquer mon esprit à mille choses diverses : à la flotte, au débarquement, à l'armée, aux soldats, à leurs boutons d'uniforme, à leurs épaulettes, à tout ce que je pouvais imaginer, mais en vain. Mon esprit revenait malgré moi sur ce pénible sujet, et de nouveau mon cœur battait avec violence, ma tête brûlait, je sentais en moi une fièvre ardente.

Pendant une heure entière je me tournai sur ma couche, puis l'horloge sonna de nouveau. L'air doux et mélancolique recommença, et vint apporter, comme la première fois, un peu de calme à ma douleur. D'ailleurs, comme toute chose en ce monde, le désespoir a ses moments de répit, mon corps était accablé de fatigue, mon âme brisée de douleur, et, sous le poids de ce double accablement, je finis enfin par m'endormir.

CHAPITRE XXVIII.
La lumière après l'ombre.

Quand je me réveillai tout était encore plongé dans l'obscurité. J'ouvris mes rideaux de damas, pas un rayon de lumière ne pénétrait dans la chambre. Je me trouvai reposé et sans savoir au juste l'heure qu'il était, j'en conjecturai que j'avais dormi longtemps. Je sautai à bas du lit et j'interrogeai ma montre à répétition. Elle ne sonna qu'un coup, c'était une heure.

— Quelqu'un! appelai-je.

La porte s'ouvrit et un îlot de lumière entra dans l'appartement, c'était un domestique avec une lampe à la main.

— Quelle heure est-il? demandai-je.

— Neuf heures, mon maître, répondit le domestique.

Puis posant la lampe sur la table, il sortit un instant après. Au même moment arriva un second domestique porteur d'un plateau et d'une tasse en or.

— Qu'est-ce que cela?

— *Chocolate*, señor, que doña Joaquina vous envoie.

J'avalai le bienfaisant breuvage et je me préparai à la hâte. Tout en me livrant aux soins de ma toilette, je m'interrogeais pour savoir si je ne retournerais pas au camp sans prendre congé de la famille de mon hôte : mais le sommeil avait un peu cicatrisé ma blessure, d'ailleurs j'ai toujours vu le retour du matin apporter un peu de soulagement à toutes douleurs physiques et morales. Il semble que ce soit une loi de la nature, du moins ma propre expérience m'a appris à en juger ainsi. L'air frais et embaumé du matin exerce sur nous une bienfaisante influence, et le soleil nous ramène avec la lumière la joie et l'espérance. Si l'on ne me croit pas, qu'on interroge le malade et il dira avec quelle impatience il attend sur son lit de douleur le retour de l'astre du jour.

Quoi qu'il en soit, je n'osais m'approcher de la glace. Non, me disais-je, je ne reverrai pas le visage adoré à côté du visage détesté. Non, je retournerai au camp sans les voir; je veux oublier..... Mon ami est-il levé?

— Oui, maître, depuis quatre heures.

— Ah! où est-il?

— Dans le jardin, maître.

— Seul?

— Non, maître, avec les niñas.

Heureux Clayley, murmurai-je, il n'est pas comme moi, torturé par la jalousie.

J'avais remarqué que l'aimable blonde et mon ami avaient absolument le même caractère. C'étaient deux natures sympathiques qui n'avaient eu besoin que de se rencontrer pour se convenir et se comprendre. La danse, le chant, les plaisirs, telle était pour eux la voie qui devait les conduire au mariage. Mais qu'un accident vînt se jeter à la traverse, ils pouvaient se dire adieu et se séparer sans qu'il y eût de cœur brisé ni d'une part ni de l'autre. Naturels heureux pour lesquels l'amour se compose d'un échange de billets doux, de sourires et d'espérances. Aussi, comme je leur portais envie! Mon caractère était si différent!

— Dites à mon ami de rentrer à la maison, j'ai besoin de le voir.

— Oui, maître.

Le domestique s'inclina et quitta l'appartement.

Au bout de quelques instants Clayley entra gai comme un pinson.

— Je vois, mon cher lieutenant, que vous avez bien employé votre temps.

— Ah! je vous en réponds. Quelle délicieuse promenade! Haller, c'est le paradis!

— Où avez-vous donc été?

— Donner à manger aux cygnes, reprit Clayley en souriant. Mais, à propos, continua-t-il, la dame de vos pensées boudait un peu ce matin. Elle paraissait contrariée de ne pas vous voir, et tournait à chaque instant la tête du côté de la maison.

— Clayley, voulez-vous me faire le plaisir de dire aux hommes de se tenir prêts à monter à cheval ?

— Comment, déjà partir ! Pas avant déjeuner, je suppose.

— Dans cinq minutes.

— Comment cela, capitaine, est-il possible ? Ah ! si vous saviez quel déjeuner nous attend ! Don Cosme saura bien vous retenir.

— Don Cosme.....

Au même moment notre hôte entra. Ses instances furent si vives, que je me vis obligé de contremander mon ordre et de consentir à différer mon départ.

Je présentai mes respects aux dames aussi poliment qu'il me fut possible. Mais il y avait une telle froideur dans mes manières, que je vis bien qu'elle s'en était aperçue.

A la porte de la cabane se tenait un vieux Zambo décrépit.

Nous passâmes à table pour le déjeuner ; mais j'avais le cœur si plein de tristesse, que ce fut à peine si je touchai aux mets délicats qu'on me servit.

— Vous ne mangez pas, capitaine, vous n'êtes pas malade, je suppose ? dit don Cosme, que ma contenance attristée avait sans doute frappé.

— Je vous remercie, señor, je n'ai jamais joui d'une meilleure santé.

J'évitais soigneusement de regarder du côté de Guadalupe, et j'affectais de donner tous mes soins à sa sœur. En un mot, j'avais tout l'air d'un homme piqué. Deux ou trois fois cependant, je hasardai un coup d'œil de côté. Ses yeux étaient fixés sur moi et semblaient m'interroger avec inquiétude. De grosses larmes coulaient sur ses joues, ses paupières gonflées témoignaient qu'elle avait beaucoup pleuré, mais cela n'avait rien d'extraordinaire, le danger auquel était exposé son frère était sans doute la cause de ce chagrin.

Ses regards cependant ne m'adressaient aucun reproche. Ma conduite actuelle contrastait pourtant si sensiblement avec celle de la nuit précédente ! Comment n'était-elle pas irritée d'une froideur qui allait presque jusqu'à l'impolitesse ?

Je me levai de table et sortis de l'appartement pour ordonner à Lincoln de tenir les hommes prêts à partir.

J'errais depuis quelque temps au milieu du bosquet d'orangers, lorsque Clayley vint me rejoindre avec les deux jeunes personnes. Don Cosme était resté à la maison pour faire seller sa mule, et doña Joaquina s'occupait à mettre dans le portemanteau de son mari les objets indispensables à son voyage.

Un attrait mutuel nous avait rapprochés Guadalupe et moi. Clayley s'était écarté avec la jeune Luz. Nous étions seuls. Pendant quelques instants je gardai le silence. Je ne lui avais point encore parlé de la journée ; mais tout à coup je me sentis pris d'un désir irrésistible, je voulais connaître toute l'étendue de mon malheur : j'étais semblable au voyageur qu'une sorte de fascination entraîne à sonder la profondeur d'un précipice ouvert sous ses pas.

D'ailleurs qu'avais-je à craindre ? La certitude ne pouvait être pire que l'affreux soupçon dont j'étais torturé depuis la veille.

Je me tournai du côté de Guadalupe : la tête légèrement inclinée sur l'épaule, elle tenait entre ses doigts une fleur d'oranger qu'elle effeuillait machinalement, et semblait suivre des yeux les débris odorants qui tombaient à terre.

Qu'elle était belle en ce moment !

— L'artiste ne vous a certainement pas flattée.

Elle me regarda avec étonnement, ses yeux étaient remplis de larmes.

Elle ne me comprenait pas.

Je répétai mon observation.

— Señor capitaine, que voulez-vous dire ?

— Que le peintre ne vous a pas rendu justice ; le portrait, il est vrai, a quelque ressemblance, mais l'expression devrait en être plus jeune.

— Le peintre ! le portrait ! quel peintre, quel portrait, señor ?

— Je veux parler de votre portrait que le hasard m'a fait rencontrer dans ma chambre à coucher.

— Ah ! près du miroir.

— Oui, près du miroir, répondis-je tristement.

— Mais ce n'est pas le mien, señor capitaine !

— Ah ! comment ! ce n'est pas le vôtre ?

— Non, c'est le portrait de ma cousine Maria de Merced ; on dit que nous nous ressemblons beaucoup.

La joie inondait mon cœur, tout mon corps frémissait d'une douce émotion.

— Et le portrait d'homme ? ajoutai-je.

— C'est don Emilio, l'amant de ma cousine. Il l'a enlevée...

En prononçant ce dernier mot, la pauvre enfant détourna la tête ; je m'aperçus que ce sujet lui causait une pénible émotion.

J'allais parler, mais elle continua :

— C'était sa chambre, dit-elle, nous n'y avons rien changé depuis son départ.

— Et où est votre cousine maintenant ?

— Nous n'en savons rien.

C'est un mystère, pensai-je ; et j'abandonnai ce sujet. Qu'avais-je besoin d'en savoir davantage ! j'étais heureux, cela me suffisait.

— Voulez-vous vous promener un peu, Lupita ?

A ces mots elle tourna les yeux de mon côté avec étonnement. Ce changement si subit dans mes manières devait lui paraître inexplicable. C'était à moi à le lui faire comprendre et à implorer mon pardon. Ma réserve, ma froideur avaient disparu, et je lui fis la confidence entière des soupçons qui m'avaient déchiré le cœur.

Nous parcourûmes une longue avenue d'arbres en fleur, tout entiers à notre amour. C'était la voix de l'amour que nous entendions dans le chant des oiseaux, dans le bourdonnement des abeilles, dans tous ces bruits de la nature qui murmuraient autour de nous. Mais c'était surtout dans nos cœurs que nous trouvions ce doux sentiment. Le sombre nuage, en se dissipant, avait laissé le ciel plus pur et plus brillant que jamais. Le chagrin que nous venions d'éprouver avait exalté, en l'irritant, notre passion mutuelle. Oh ! que nous étions heureux, marchant ainsi la main dans la main et les yeux fixés sur les yeux !

Arrivés dans un bouquet de cocotiers, nous nous assîmes sur un tronc renversé, protégés contre les rayons du soleil par une voûte de feuillage.

Je comprenais que j'étais aimé : son cœur avait répondu à mon cœur. Mais ce n'était point assez que ce langage muet ; je désirais, je voulais plus encore : lui dire que je l'aimais, entendre sortir de ses lèvres l'heureux aveu de mon bonheur ; nous lier par un doux serment avant de nous séparer.

Peut-être une semblable demande pouvait paraître prématurée ; mais j'étais soldat, et l'agitation des camps ne permet pas de consacrer beaucoup de temps aux formalités et aux petits soins cortège habituel d'une cour en règle. Ce fut sans doute cette considération qui me donna du courage. D'ailleurs, je ne crois point à l'amour qui ne vient qu'à la suite de longues assiduités. Il y a dans un tel sentiment trop de calcul et d'égoïsme.

Ces réflexions passèrent dans mon esprit comme un éclair ; cédant à mon inspiration, je me penchai vers ma compagne, et murmurai doucement à son oreille les mots suivants, dans cette douce langue espagnole qu'on pourrait appeler la langue du cœur.

— *Guadalupe, tu me amas ?* (Guadalupe, m'aimez-vous ?)

— *Yo te amo !* me fut-il répondu.

Il n'est pas besoin de décrire les doux sentiments qui remplirent mon cœur à ce moment, mon bonheur était à son comble.

Cet aveu le rendait sacrée à mes yeux ; et pendant quelque temps nous demeurâmes en silence, en proie tous deux à un doux transport que comprendront seuls ceux qui ont ressenti un amour pur et vrai.

Un bruit de pas de chevaux se fit entendre.

C'était Clayley avec notre escorte. Tout le monde était en selle et m'attendait. Don Cosme était impatient, doña Joaquina partageait ce sentiment; je ne pouvais leur en vouloir, la cause en était trop légitime.

— Allez devant, je vous rejoins à l'instant.

Les cavaliers sortirent de l'enclôture sous la conduite du lieutenant, à côté duquel marchait don Cosme monté sur une mule blanche.

— Vous reviendrez bientôt, Henrique?

— Croyez que je saisirai la première occasion de vous voir. Mais le temps, je le crains, me paraîtra plus long qu'à vous.

— Oh! non, non.

— Oh! si, Lupita. Dites-moi que vous m'aimerez toujours...

Guerrilleros mexicains.

— Toujours, toujours! *Tuya, tuya, hasta la muerte!* (A vous jusqu'à la mort!)

Cette question fut faite bien des fois, et toujours j'obtins la même réponse. Mais il fallait se séparer. Je montai à cheval. Un regard en partant, un autre à quelque distance, un signe de la main, puis, un instant après, j'étais lancé au galop dans une grande avenue de palmiers.

CHAPITRE XXIX.

Désappointement et nouveau plan.

Je rejoignis mes compagnons à l'entrée des bois. Clayley, qui avait de temps à autre regardé en arrière, passa de mon côté avec l'intention d'entrer en conversation.

— Mauvaise affaire, capitaine, que de quitter de pareils quartiers. Ma foi, j'y serais resté toute ma vie.

— Allons, Clayley, vous êtes amoureux.

— Oui! Ah! si je pouvais seulement parler leur langue comme vous!

Cette réflexion me fit sourire, car j'avais été témoin, à travers les arbres, des efforts que faisait mon ami pour comprendre le mauvais anglais de la charmante Luz. J'étais curieux de savoir comment il s'y était pris, et s'il avait fini comme moi par aborder la grande question. Ma curiosité fut bientôt satisfaite.

— Je vous répète, capitaine, continua-t-il, que si j'avais pu parler sa langue j'aurais franchement fait ma déclaration, et que je lui aurais dit : Est-ce oui ou non ? — Mais, soit ignorance, soit mauvaise volonté, elle ne m'aurait pas répondu. Ah! j'ai bien du malheur!

— Vous pouviez très-bien vous faire comprendre d'elle, elle sait assez d'anglais pour cela.

— Je le crois; mais chaque fois que je voulais parler d'amour elle me riait au nez, et me frappait de son éventail. Il paraît que la question doit être faite en espagnol, elle y tient. Pour moi, j'ai pris la chose très au sérieux. Voyez ce qu'elle m'a prêté.

En parlant ainsi, Clayley tira de la coiffe de son shako deux petits volumes dans lesquels je reconnus une grammaire et un dictionnaire espagnols.

Je ne pus m'empêcher de rire.

— Mon ami, lui dis-je, le meilleur dictionnaire que vous ayez à consulter, c'est la jeune fille elle-même.

— Sans doute. Mais comment diable ferons-nous pour revenir ici? Nous n'aurons pas tous les jours une chasse aux mules.

— Je crains bien, en effet, que cela n'offre quelque difficulté.

Là-dessus, je me mis à y penser sérieusement. Ce n'était pas en effet chose facile que de s'éloigner du camp. On se montrait si exigeant pour la présence des officiers aux manœuvres et aux parades ; la maison de don Cosme était à dix milles de nos lignes, puis la route ne pouvait toujours être sûre. Enfin, ces voyages offraient beaucoup de difficultés.

— Ne pourrions-nous pas sortir la nuit? fit observer Clayley. Nous nous ferions accompagner d'une demi-douzaine de nos hommes, et nous viendrions ici sans bruit. Qu'en pensez-vous, capitaine?

— Clayley, je n'y reviendrai qu'avec leur frère ; je leur ai donné ma parole, et je la tiendrai.

— Vous avez eu tort de vous engager ainsi, je crains qu'il ne soit fort difficile d'exécuter le projet que vous méditez.

Les prévisions de mon camarade n'étaient que trop justes, car en approchant de nos lignes nous fîmes rencontre d'un des aides de camp du général en chef, et j'appris de lui que depuis le matin même toute communication était interrompue entre la ville assiégée et les bâtiments étrangers.

Le voyage de don Cosme devenait donc sans but. Je lui expliquai cette triste circonstance, et l'engageai à retourner vers sa famille.

Lincoln.

— Ne dites point cette mauvaise nouvelle à ces dames ; rapportez-leur seulement que la chose demande quelque temps, et que vous m'en avez laissé le soin. Soyez assuré, du reste, que je ferai tous mes efforts pour pénétrer dans la ville, découvrir l'enfant, et le remettre sain et sauf à sa mère.

C'était la seule consolation que je pouvais offrir à ce pauvre père.

— Vous êtes bon, capitaine, oui, bien bon! mais je vois bien qu'il n'y a plus rien à faire maintenant qu'à espérer et prier.

Le vieillard, en prononçant ces paroles, paraissait vivement ému, toute sa contenance dénotait l'abattement.

Je pris avec moi le Français Raoul, et reconduisis don Cosme jusqu'à ce que je fus assuré qu'il n'avait plus rien à craindre des pillards répandus dans le voisinage. Nous nous séparâmes après un affectueux serrement de main.

Pendant quelques instants, je considérai ce vieux gentilhomme qui s'éloignait avec toutes les marques d'un profond chagrin. Son corps était affaissé sur lui-même et ses bras sans énergie ne prenaient même pas la peine de guider sa mule, qui suivait nonchalamment le sentier.

Mon propre cœur était presque aussi brisé que le sien, et ce fut en proie aux plus pénibles émotions que je revins lentement vers le camp.

Aucun projectile n'avait encore été dirigé contre la ville, mais nos batteries étaient à peu près disposées et plusieurs mortiers n'attendaient plus sur leurs affûts que l'ordre d'envoyer à Vera-Cruz des messagers de destruction.

Il était évident que pas un seul boulet ni une seule bombe ne pouvaient manquer leur but, car il n'y avait pas un endroit de la ville qui fût hors de portée d'une pièce de dix pouces. Bien des femmes et des enfants étaient destinés à périr. Le fils de don Cosme pouvait être au nombre des victimes. Était-ce l'affreuse nouvelle qu'il me faudrait porter à sa famille? Comment recevrait-elle le messager de malheur? N'avais-je pas déjà renvoyé le père triste et désespéré?

— N'y a-t-il pas moyen de le sauver, Raoul?

J'avais fait cette demande avec un tel accent, que le soldat tressaillit.

Je venais en effet de concevoir un projet.

— Connaissez-vous bien Vera-Cruz? dis-je à Raoul.

— J'irais les yeux bandés dans toutes les rues, capitaine.

— Qu'est-ce que c'est que ces arches qui ouvrent du côté de la mer? vous savez ce que je veux dire? il y en a une de chaque côté du môle?

J'avais eu occasion de remarquer cette particularité en allant visiter à bord de son navire un de mes amis officier de marine.

— Capitaine, ce sont des égouts destinés à conduire à la mer les eaux dont la ville est inondée à la suite d'un coup de vent. Ces égouts passent sous la ville, dans les rues de laquelle ils ont plusieurs ouvertures. J'ai même eu l'avantage de me servir de cette voie de communication.

— Et comment cela?

— Dans une petite expédition de contrebande.

— Il est donc possible de pénétrer dans la ville par cette voie.

— Rien de plus facile, à moins pourtant qu'on ne se soit imaginé de poser une sentinelle à chacune de ces embouchures. Mais cela n'est pas probable, car ils ne supposent pas avoir rien à craindre de ce côté.

— Et comment vous y prendriez-vous pour cela?

— Le capitaine n'a qu'à demander, et je me fais fort de lui apporter une bouteille d'eau-de-vie du café Santa-Anna.

— Je ne veux pas vous y laisser aller seul, je désire au contraire vous accompagner.

— Y pensez-vous, capitaine? Une pareille expédition est pour vous pleine des plus grands dangers. Moi, je n'ai rien à craindre, car personne ne sait là-bas que je me suis joint aux Américains, tandis que si vous étiez pris...

— Oui, oui; je sais très-bien ce qui m'attend dans ce cas.

— Cependant, se disait Raoul dans une sorte d'aparté, la chose pourrait se faire sans grand risque en se déguisant en Mexicain.

Puis, élevant la voix, il ajouta:

— Vous parlez l'espagnol aussi bien que moi, capitaine, et si vous y tenez...

— Oui, beaucoup.

— Eh bien! je suis prêt.

Je connaissais ce garçon pour un de ces esprits audacieux toujours prêts à se jeter au milieu des aventures. C'était un enfant de fortune que le hasard avait éprouvé de mille manières, mais dont le cœur et la tête étaient au-dessus de sa condition. Ignorant de la science des livres, il possédait à un haut degré celle que donne l'expérience. Il y avait en lui un mélange d'insouciance et d'héroïsme qui lui méritait parfois de ma part une véritable admiration. Je me plaisais beaucoup avec lui.

L'aventure que nous allions tenter était des plus hasardeuses, je ne l'ignorais pas. Mais le sort de l'enfant de don Cosme m'inspirait un vif intérêt; mon bonheur dépendait en quelque sorte de son salut, aussi le danger de notre entreprise ne faisait-il qu'ajouter à mon désir de réussir. Et puis cela formerait sans aucun doute un des chapitres les plus intéressants de la vie aventureuse à laquelle je m'étais voué par amour de l'extraordinaire.

CHAPITRE XXX.

Témérité.

La nuit venue, Raoul et moi nous sortîmes furtivement du camp métamorphosés en rancheros à l'aide d'habits de cuir dont nous nous étions revêtus. Nous gagnâmes Punta Hornos, cap situé à une certaine distance de nos lignes. Arrivés là, nous nous jetâmes à la mer. Nous avions de l'eau jusqu'à la ceinture. Il était environ dix heures, la marée descendait, et par bonheur aussi la nuit était complétement obscure.

Quand la marée nous poussait en avant nous plongions jusqu'au cou, et quand elle se retirait nous nous courbions en avant; de telle sorte qu'il était impossible à aucun moment de distinguer notre corps à la surface des flots. Ce fut de la sorte, moitié nageant, moitié marchant, que nous arrivâmes à la ville.

C'était un pénible trajet. Cependant l'eau était tiède, et le sable sur lequel nous marchions ferme et uni. D'ailleurs nous étions soutenus, moi du moins, par l'espoir, et par le mépris du danger. Quant à mon compagnon, je suppose que le second motif agissait sur son esprit beaucoup plus fortement que le premier.

Nous eûmes bientôt atteint les créneaux de Santiago. Là, il nous fallut redoubler de précautions; car une sentinelle se tenait sur le rempart. Un cri de Qui vive? nous fit tressaillir. Nous craignions d'avoir été découverts; sans l'obscurité, nous aurions été infailliblement. Enfin nous dépassâmes cette sentinelle et nous nous avançâmes du côté de la ville, dont les abords étaient à sec par suite de la marée basse.

Un récif de rochers couvert d'herbes marines se trouvait entre la mer et la bastion, nous nous en approchâmes avec précaution; et nous glissant en rampant au milieu des galets, nous arrivâmes enfin, après une centaine de pas, à l'ouverture d'un des égouts. Nous avions grand besoin de nous reposer, et nous nous assîmes sur un quartier de rocher. Dans ce lieu nous n'étions pas plus exposés que sous nos tentes. Pourtant tout n'était pas rassurant, car nous avions près de nous, à vingt pieds tout au plus, des hommes qui s'ils nous eussent aperçus auraient tiré sur nous comme sur des chiens. Après environ une demi-heure de repos, nous pénétrâmes dans l'égout. Mon compagnon paraissait là aussi à l'aise que chez lui, et s'avançait aussi hardiment que s'il eût été éclairé par le gaz.

Après avoir marché pendant quelque temps, nous approchâmes d'une grille à travers laquelle nous vîmes percer la lumière.

— Pouvons-nous passer par là? demandai-je.

— Non, capitaine, reprit Raoul à voix basse, il faut aller plus loin.

Cette grille fut donc passée, puis une seconde, puis une troisième. Enfin nous arrivâmes à une quatrième grille dont les barreaux étaient tellement rapprochés, qu'un faible rayon de lumière avait peine à passer à travers.

Ce fut là que mon guide s'arrêta; il écouta quelques minutes avec la plus grande attention. Après quoi il passa sa main à travers le grillage, détacha la fermeture et fit tourner la grille sur ses gonds. Puis un instant après, mettant la tête hors de l'ouverture, de manière à avoir les yeux à la hauteur du sol, il écouta et regarda avec soin. Après toutes ces précautions, satisfait du résultat de ses observations, et ne voyant ni n'entendant personne, il passa tout son corps à travers l'ouverture et disparut à mes yeux. Un instant après il revint et m'appela à voix basse:

— Allons, capitaine! dit-il.

Je sortis de l'égout par le même chemin. Raoul, avant de s'éloigner, eut grand soin de replacer et de refermer la grille.

— Observez les lieux afin de vous reconnaître au besoin, capitaine; peut-être serons-nous séparés.

Nous avions débouché dans un faubourg solitaire. Aucun être vivant ne s'y montra à nous, si ce n'est pourtant une bande de chiens maigres et affamés comme le sont toujours ces animaux dans une place assiégée. Au fond d'une niche pratiquée dans la muraille en face de nous on voyait une statue ornée de clinquants et d'oripeaux, une lampe pâle brûlait à ses pieds et indiquait aux âmes charitables un tronc destiné à recevoir les offrandes. Le mur était dominé par un élégant clocher couvert d'or.

— Quelle est cette église? demandai-je à Raoul.

— La Magdalena.

— C'est bien. En avant!

— Buenas noche, señor! dit Raoul à un soldat qui passait près de nous enveloppé dans son grand manteau.

— Buenas noche! répliqua le militaire avec une voix rude.

Nous nous glissions avec précaution le long des murs, choisissant les rues les plus sombres pour éviter les rencontres. Les habitants étaient pour la plupart dans leurs lits; mais on rencontrait souvent des groupes de soldats, et les patrouilles se croisaient à chaque instant.

Force nous fut bientôt de traverser une rue brillamment éclairée. A peine y avions-nous fait quelques pas, qu'un jeune homme vint à nous en chantant. Notre aspect lui parut sans doute étrange, car il s'arrêta et nous considéra attentivement. Comme je l'ai dit, nos vêtements étaient de cuir; nos calzoneros aussi bien que nos vestes étaient tout brillants de l'eau de la mer, qui les imbibait, et à mesure que nous marchions nos vêtements dégouttaient sur le pavé: on pouvait nous suivre à la trace.

Avant que nous eussions pu gagner au large, le passant s'était écrié:

— Carajo! caballeros, il paraît que vous ne vous êtes pas déshabillés avant de vous mettre au bain.

— Qu'est-ce qu'il y a? demanda un soldat arrivant sur ces entrefaites et nous examinant des pieds à la tête.

Un groupe de curieux nous eut bientôt entourés, et l'on nous conduisit à la lumière.

— Mil diablos! s'écria un soldat en reconnaissant Raoul, c'est notre ami le Français.
— Ce sont des espions, dit un autre.
— Arrêtez-les, dit un sergent de garde arrivant en ce moment avec une patrouille. Au même instant on s'élança sur nous, et nous fûmes arrêtés par une douzaine d'hommes.
En vain Raoul protesta de notre innocence, assurant que nous étions de pauvres pêcheurs qui s'étaient mouillés dans l'exercice de leur profession.
— Ce ne sont pas là des costumes de pêcheurs, fit observer quelqu'un.
— Et puis, cria un autre, est-ce l'habitude des pêcheurs de porter des diamants au doigt?
En parlant de la sorte le brutal m'arracha mon anneau, sur lequel se trouvaient gravés et mon nom et mon grade.
Le nombre des curieux s'augmentait à chaque instant, plusieurs personnes reconnurent Raoul et établirent qu'on ne l'avait pas vu depuis quelques jours.
— Cela s'explique, disait-on, il était allé se joindre aux Yankees.
Pendant ce temps les soldats nous avaient attaché les mains, et l'on nous conduisit à la prison. Là on nous fouilla avec soin et on trouva ma bourse contenant plusieurs aigles d'or (monnaie américaine). Cette pièce seule eût suffi pour me faire condamner.
Après ces gracieux préliminaires, on nous enchaîna fortement l'un à l'autre; et les gardes se retirèrent, nous laissant livrés à nos pensées : il eût été difficile de nous mettre en compagnie plus désagréable.

CHAPITRE XXXI.

Un secours tombé du ciel.

— Je ne donnerais pas un claco de ma vie, dit Raoul au moment où les portes se refermaient sur nous. Mais vous, capitaine? Hélas! hélas!
Le Français se jetant en gémissant sur le banc de pierre, me força à m'y asseoir également.
Je ne trouvais point de consolation à lui offrir. Je savais qu'on nous accusait d'espionnage. Si nous étions convaincus, le résultat était infaillible et nous n'avions pas vingt-quatre heures à vivre. L'idée que c'était moi qui avais entraîné ce brave garçon rendait ma situation encore plus pénible. Et puis mourir ainsi sans gloire, c'était cruel! Trois jours avant j'aurais sacrifié ma vie avec indifférence; mais depuis, combien mes sentiments étaient changés! Un lien puissant m'attachait à l'existence, j'avais peur de la mort, j'étais devenu poltron, et je déplorais amèrement ma fatale témérité.
Nous passâmes la nuit à essayer vainement de nous consoler l'un l'autre. La souffrance physique ajoutait encore à nos tortures morales. Nos habits étaient transpercés par l'eau et la nuit était excessivement fraîche. Nous n'avions pour lit qu'un banc de pierre, encore notre chaîne ne nous permettait-elle pas de nous y étendre à notre aise; de plus, nous étions obligés, pour nous réchauffer, de nous presser étroitement l'un contre l'autre. Cette nuit fut horrible. Le jour parut enfin.
Un officier vint de grand matin nous visiter. La cour martiale qui devait nous juger avait été convoquée pour l'après-midi, et l'on nous conduisit devant le tribunal au milieu des insultes de la plus vile populace. Nous fîmes connaître à la cour le motif qui nous avait conduits à Vera-Cruz; nous donnâmes le nom du jeune Narcisso et désignâmes la maison où il était logé. On envoya aux informations, tout était conforme à ce que nous avions déclaré; mais on prétendit que notre récit n'était qu'une ruse inventée par notre camarade. La connaissance que Raoul avait de la ville et du pays d'alentour rendait cette supposition assez vraisemblable. De plus, le Français fut reconnu par plusieurs habitants; sa disparition fut établie, elle se trouvait coïncider avec le débarquement de l'armée américaine. Quant à moi, l'anneau et la bourse trouvés sur moi m'accusaient suffisamment. Nous fûmes déclarés espions et comme tels condamnés à subir le lendemain le supplice du garrot.
On offrit à Raoul de lui faire grâce de la vie s'il voulait devenir traître et donner des renseignements sur l'ennemi. Le brave soldat rejeta cette offre avec indignation. On me fit la même proposition, mais sans plus de succès.
Au moment où notre sentence allait être prononcée, je remarquai un mouvement général dans tout le peuple : soldats et citoyens quittaient en hâte la salle d'audience, la cour elle-même prononça rapidement son arrêt et ordonna de nous faire sortir. A ces mots, la garde s'empara de nouveau de nous, nous poussa dans la rue, et nous nous trouvâmes de nouveau en route pour la prison.
L'escorte qui nous conduisait paraissait très-pressée. Dans les rues où nous passions, nous rencontrions des habitants courant à la débandade et donnant tous les signes de la plus grande terreur. Des femmes, des enfants s'enfuyaient en poussant des cris lamentables, et allaient chercher un abri derrière les murs et les créneaux. Quelques gens plus pieux ou plus timorés que les autres tombaient à genoux et

priaient avec ferveur. D'autres pressaient leurs enfants contre leur sein et tremblaient sans même trouver la force de pousser un seul cri.
— On dirait à les voir qu'il y a un tremblement de terre, fit observer Raoul; mais je ne vois rien. Savez-vous ce que c'est, capitaine?
La réponse se fit d'elle-même, car immédiatement un objet traversa les airs en sifflant et en roulant sur lui-même.
— Une bombe de chez nous, hourra! cria Raoul.
De mon côté cette vue me fit presque plaisir, quoique je n'ignorasse pas pourtant que je pouvais être moi-même la victime de ce projectile.
Les soldats qui nous escortaient s'étaient jetés derrière des murs et des piliers voisins, et nous avaient laissés seuls au milieu de la rue.
La bombe passa par-dessus nos têtes et tomba à quelques pas sur le pavé. Elle éclata; les fragments pénétrèrent dans le mur de la maison voisine, et des gémissements qui parvinrent à nos oreilles nous apprirent que le messager de fer avait accompli sa terrible mission. C'était la seconde bombe lancée par les Américains; la première avait été aussi destructive : telle était la cause de la terreur que nous avions observée chez les soldats et les habitants.
La mort accompagnait chaque projectile.
Cependant notre escorte était revenue vers nous, et continuait à nous conduire vers la prison en redoublant de brutalité à notre égard. L'exaltation de nos gardiens était portée à son comble, et l'un d'eux, plus féroce que les autres, enfonça sa baïonnette dans la cuisse de mon compagnon. Après plusieurs autres mauvais traitements nous fûmes enfin réintégrés dans notre prison, et la porte fut de nouveau fermée sur nous.
Depuis que nous étions prisonniers nous n'avions ni bu ni mangé, la faim et la soif ajoutaient à l'horreur de notre situation. Les insultes avaient exaspéré Raoul; la douleur de sa blessure l'avait rendu furieux; la chaîne qui retenait ses mains ne lui permettait presque aucun mouvement; dans un accès de rage, qui lui donnait sans doute une force surhumaine, il tordit ses mains avec tant d'énergie, qu'elles se brisèrent comme du verre.
A la suite de ce premier exploit, nous eûmes bientôt rompu la chaîne qui nous liait l'un à l'autre; celle qui nous attachait les pieds ne tarda pas non plus à avoir le même sort.
— Nous pourrons du moins, capitaine, vivre nos dernières heures comme nous avons vécu toute notre vie, libres et sans fers.
J'admirais l'esprit et la force de caractère de mon brave compagnon.
Nous nous étions placés près de la porte et nous écoutions.
Une canonnade bien nourrie grondait autour de nous. Nous distinguions aussi le bruit plus éloigné des batteries américaines. Les bombes éclataient de tous côtés et les murailles qui s'écroulaient à chaque instant retentissaient à nos oreilles comme les grondements du tonnerre. Raoul, au comble de l'exaltation, s'élançait contre la porte en poussant des cris furieux.
Une idée me traversa l'esprit.
— Nous avons des armes, Raoul.
Je montrais en parlant ainsi les fragments de chaîne épars autour de nous.
— Vous sentez-vous capable de gagner une des trappes sans danger de vous tromper de route?
Raoul tressaillit.
— Vous avez raison, capitaine, je le puis. Il n'est pas probable qu'ils trouvent le temps de nous visiter cette nuit, et peut-être n'avons-nous pas encore perdu toute chance de salut.
Nous nous étions compris. Chacun de nous ramassa un des fragments de la chaîne (il y en avait deux) et se plaça derrière la porte tout prêt à s'élancer aussitôt que nos gardiens viendraient à l'ouvrir. Nous demeurâmes une heure dans cette position sans échanger une seule parole. Pendant ce temps la canonnade continuait et les bombes tombaient à chaque instant tout autour de la prison que nous occupions. Les toits s'enfonçaient, les soliveaux se brisaient, les murs s'effondraient et croulaient avec fracas. Ces bruits n'étaient pas les seuls qui frappaient nos oreilles; les jurements des soldats, les cris des hommes, les gémissements des femmes nous arrivaient également, ils suivaient toutes les explosions.
— Fichtre! dit Raoul, s'ils pouvaient seulement nous oublier pendant une couple de jours, nos amis viendraient nous ouvrir la porte. Sacristi!
En même temps que mon camarade poussait cette dernière exclamation, un objet pesant frappa le toit, brisa la couverture et le plafond, et vint tomber à nos pieds en faisant sur le pavé un bruit sonore.
Une explosion suivit bientôt. La terre parut ébranlée jusque dans ses entrailles, des centaines de projectiles furent lancés en sifflant dans toutes les directions, et nous nous trouvâmes enveloppés dans un nuage épais de poussière et de chaux mêlées de vapeurs sulfureuses. On respirait avec peine, je fus presque suffoqué. J'essayai de crier, ma voix s'arrêta dans mon gosier. Ce fut à peine si, malgré mes efforts, je parvins à m'entendre moi-même. A la fin, pourtant, je pus crier par deux fois :
— Raoul! Raoul!

Mon camarade me répondit, mais sa voix semblait venir d'une grande distance. J'étendis les bras pour le chercher, il était à mes côtés ; mais, comme moi-même, il étouffait faute d'air.

— Sacristi ! c'était une bombe, dit-il enfin d'une voix sifflante. Étes-vous blessé, capitaine ?

— Non, répliquai-je. Et vous ?

— Sain comme l'œil... Nous avons tout de même une fameuse chance ! car les éclats doivent avoir frappé dans tous les coins de la prison.

— Il vaudrait mieux que nous n'eussions pas été épargnés par eux, répondis-je après une pause. C'était le seul moyen que nous eussions d'éviter le garrot.

— Bah ! qui sait, capitaine ? reprit Raoul avec un accent qui indiquait qu'il n'avait pas perdu tout espoir de salut... Ne pourrait-on voir à sortir par où cette bombe est entrée ? continua-t-il. Examinons. Elle doit être venue par le toit.

— Je le suppose.

Nous nous prîmes la main et nous avançâmes ensemble vers le milieu de la salle les yeux fixés au plafond.

— Fichtre ! dit Raoul, je ne vois pas à un pied de mon nez, j'ai les yeux tout remplis...

— Je vous en offre autant.

Nous attendîmes que la poussière se fût un peu dissipée. Alors, fixant de nouveau nos regards au plafond, nous aperçûmes enfin une faible lueur qui venait d'en haut ; il y avait un grand trou à la toiture.

Bientôt nous y vîmes suffisamment pour reconnaître les dimensions de cette ouverture, elle était assez large pour donner passage au corps d'un homme ; mais ce trou se trouvait à quatorze pieds au-dessus du sol, et nous n'avions rien qui pût nous permettre d'atteindre à cette hauteur.

— Qu'allons-nous faire, Raoul ? Nous ne sommes pas des chats, nous ne pourrons jamais arriver là.

Sans prendre la peine de répondre, mon camarade m'enleva dans ses bras et me dit d'essayer. Je montai sur ses épaules ; mais, bien que je m'allongeasse autant que possible, je ne pus parvenir à toucher le toit.

— Laissez-moi descendre, Raoul ! criai-je. Il me vient une idée. Si seulement on pouvait nous laisser un peu de temps !

— Oh ! ne craignez rien de leur part. Ils ont bien assez de sauver leurs carcasses jaunes.

J'avais remarqué que le trou formé par la bombe se trouvait tout près d'une des poutres de la toiture. D'après cette circonstance, je me mis à disposer une de nos menottes en forme de crampon ; tandis que Raoul, qui, sur mon ordre, s'était dépouillé de son pantalon de cuir, s'occupait à le déchirer en petites bandes. En moins de dix minutes nous étions possesseurs d'une corde armée d'un crampon à son extrémité. Je remontai sur les épaules de mon camarade, et tâchai d'attacher la corde à la poutre en y enfonçant le crampon ; mais je manquai mon coup. L'effort que j'avais fait me fit perdre l'équilibre, et je tombai sur le plancher. Je recommençai et n'obtins que le même résultat.

— Fichtre ! grommela Raoul entre ses dents.

Le crampon lui était tombé sur la tête.

— Voyons, essayons jusqu'au bout. Notre vie en dépend.

D'après une superstition populaire, le troisième effort est toujours celui qui réussit. Pour cette fois, du moins, il en fut ainsi pour nous. Le crampon entra dans le bois, et la corde vint en se balançant tomber à quelques pieds du sol. Je remontai sur les épaules de mon camarade ; et empoignant la corde aussi haut que possible, je tirai fortement de manière à éprouver sa solidité. Elle résista. Alors je me hissai à la force du poignet et j'atteignis jusqu'à la poutre. De là il me fut facile de grimper jusque sur le toit.

Une fois dehors je m'avançai en rampant avec précaution sur l'azotea, qui, conformément au mode de construction adopté pour les maisons espagnoles, était plate et garnie d'un petit parapet par-dessus lequel je regardai dans la rue. Il faisait nuit, et je n'y pus rien voir ; mais à une certaine distance je distinguai sur les remparts des soldats dont les noires silhouettes tranchaient sur le bleu du ciel : ils étaient occupés autour de leurs batteries. D'instant en instant les canons grondaient en éclairant la ville de lueurs sulfureuses qui s'échappaient de leurs flancs.

Je retournai pour aider Raoul ; mais il s'était impatienté de mes lenteurs, et je le trouvai en train de grimper à la corde.

Nous allâmes de toit en toit en quête d'un endroit d'où nous pussions descendre dans la rue sans courir les risques d'être aperçus. Les maisons placées sur la même ligne que notre prison n'avaient toutes qu'un seul étage. Après en avoir examiné plusieurs, nous nous décidâmes à descendre dans une étroite allée. Il était encore de très-grand matin ; mais la population, tenue en éveil par le bombardement, errait de tous côtés dans une inquiétude et une anxiété visibles. Les gémissements des femmes et des enfants, les cris des blessés, les plaintes des blessés, les hurlements de la multitude, tout cela formait un brouhaha d'un effet impossible à décrire. Les bombes continuaient de voler dans l'air avec ce sifflement qui leur est particulier. A cha-

que instant on voyait crouler des murs et des parapets. Au moment où nous passions près de la cathédrale, un boulet vint frapper la coupole de ce monument. Des fragments de cet édifice, que les siècles avaient respecté, tombèrent à nos pieds avec un fracas épouvantable. Des accidents de même nature se répétaient presque à chaque pas. Nous marchions littéralement au milieu des ruines. Les précautions pour nous dérober aux regards étaient devenues à peu près inutiles, personne ne faisait attention à nous.

— Nous sommes près de la maison, voulez-vous essayer de le prendre en passsant ? dit Raoul faisant allusion au jeune Narcisso.

— Sans doute, montrez-moi sa demeure ? répondis-je presque honteux d'avoir oublié, au milieu de nos propres périls, l'objet principal de notre entreprise.

Raoul m'indiqua une vaste maison avec un grand portail.

— Tenez, capitaine, la voici.

— Allez vous placer dans l'ombre et attendez-moi, il vaut mieux que je sois seul.

Mon compagnon obéit à cet avis.

Pour moi, je m'approchai de la grande porte et frappai hardiment.

— Quien ? cria le portier de la Saguan.

— Yo, répondis-je.

On entr'ouvrit la porte avec précaution.

— Le señorito Narcisso est-il ici ? demandai-je

— Oui, répondit le portier.

— Dites-lui qu'un ami désire lui parler.

Après un moment d'hésitation, le portier me quitta pour entrer dans la maison. Au bout de quelques secondes arriva un charmant enfant que j'avais déjà vu pendant les débats de notre jugement. Il tressaillit en me reconnaissant.

— Chut, lui dis-je en lui faisant signe de se taire. Vous avez deux minutes pour prendre congé de vos amis et venir me rejoindre derrière l'église de la Magdalena.

— Ah ! señor, dit-il sans paraître m'écouter, comment avez-vous fait pour sortir de cette prison ? Je reviens de chez le gouverneur, où j'ai été solliciter votre mise en liberté, et...

— Il ne s'agit pas de cela, répliquai-je en l'interrompant. Suivez mes avis. N'oubliez pas tout ce que votre mère et vos sœurs souffrent pour vous.

— Je vais vous rejoindre, dit l'enfant d'un ton plein de résolution.

— Basta luego. (Ne perdez pas de temps.) Adios !

Nous nous séparâmes sans rien ajouter. Je rejoignis Raoul, et nous gagnâmes ensemble la Magdalena. Chemin faisant, nous traversâmes la rue où nous avions été pris la nuit précédente ; mais elle était dans un état tel, que nous pûmes à peine la reconnaître. Des éboulements l'encombraient de toutes parts : ce n'était de tous côtés que des tas de décombres.

Nous ne rencontrâmes ni patrouilles ni sentinelles, et personne cette fois ne parut faire attention à notre singulière toilette.

Aussitôt que nous eûmes atteint l'église, Raoul descendit dans l'égout ; j'attendis seul l'arrivée de l'enfant. Celui-ci fut de parole, et j'aperçus bientôt sa jolie figure qui apparaissait au détour de la rue. Nous n'avions pas de temps à perdre, je l'entraînai dans le passage souterrain. Mais la marée était encore trop haute, nous nous vîmes contraints d'attendre qu'elle baissât. L'heure propice arriva enfin ; nous nous glissâmes, en rampant, sur les rochers, et profitant du ressac nous éloignâmes par une manœuvre analogue à celle que nous avions exécutée pour venir.

Après une heure de fatigue, nous atteignîmes Punta Hornos. Un peu plus loin, nous rencontrâmes un poste américain ; je me fis reconnaître, et j'eus enfin la satisfaction de rentrer dans nos lignes.

A dix heures, je me retrouvai dans ma tente. Il y avait juste vingt-quatre heures que j'en étais sorti. Personne, à l'exception de Clayley, ne savait rien de notre aventure.

Le lieutenant et moi convînmes qu'aussitôt la nuit venue, nous nous mettrions à la tête d'un petit détachement pour reconduire l'enfant à sa famille. Après la retraite, nous partîmes donc du camp et rejoignîmes nos nouvelles connaissances. Je n'essayerai point de décrire la réception qui nous fut faite. Les expressions de reconnaissance et les témoignages d'amitié nous furent prodigués par tout le monde. Pour moi, les sourires de l'amour me payèrent largement de mes peines.

Nous voulions répéter nos visites chaque nuit, mais malheureusement les guerrilleros s'emparèrent de toute la campagne ; de petits détachements de nos hommes, qui s'étaient un peu aventurés hors du camp, furent capturés en plein jour. Mon ami et moi, en présence de ces faits, nous nous trouvâmes forcés, malgré l'ardeur de nos désirs, de remettre nos visites jusqu'à la prise de Vera-Cruz.

CHAPITRE XXXII.

Un coup dans l'ombre.

La ville de Vera-Cruz se rendit le 29 mars 1847, le même jour le pavillon américain flottait sur les tours de Saint-Jean d'Ulloa. Les troupes de l'ennemi sortirent sur parole. La plupart d'entre elles partirent pour gagner l'intérieur du pays.

Une garnison américaine fut mise dans la ville ; quant au principal corps d'armée, il campa dans la plaine au sud.

Nous restâmes dans cette position plusieurs jours à attendre l'ordre de marcher dans l'intérieur. De premiers rapports nous avaient fait connaître que les forces mexicaines étaient rassemblées à Fuenté Nacional, sous les ordres du fameux Santa-Anna : mais de nouveaux renseignements nous apprirent plus tard que l'ennemi se disposait à se rapprocher et à venir s'établir à Cerro Gordo, à environ moitié chemin entre Vera-Cruz et les montagnes.

La reddition de la ville nous avait rendu quelque liberté. Clayley et moi résolûmes d'en profiter pour faire une visite à nos amis.

Plusieurs détachements de cavalerie légère avaient poussé des reconnaissances dans la campagne, et nous avaient rapporté que la principale bande de guerrilleros s'était éloignée jusque du côté de Fuenté Nacional. Nous pensions, par suite, n'avoir aucun danger à craindre de ce côté.

En conséquence, nous fîmes nos dispositions pour être prêts à la chute du jour. Trois hommes déterminés nous accompagnèrent. C'étaient Lincoln, Chane et Raoul. Le petit Jack était aussi de la partie. On avait monté sur les premiers chevaux qu'on avait pu se procurer. Quant à moi, le major m'avait tenu parole ; j'avais reçu de lui un cheval noir, superbe arabe pur sang.

La lune éclairait assez le paysage pour nous permettre de distinguer que la campagne avait subi bien des changements. La guerre avait passé par là. On en voyait partout les preuves. Les ranchos étaient tous abandonnés ; plusieurs étaient détruits, des traces de feu et de fumée se voyaient sur leurs murs noircis. Quelques-uns même n'étaient plus qu'un tas de ruines, d'où s'échappaient encore des nuages de fumée.

La route était parsemée d'ustensiles de ménage détruits ou brisés, articles de peu de valeur qu'avait dédaignés la main des pillards. C'étaient un petaté, un chapeau en palmier, une olla brisée, une mandoline sans cordes, des débris de guitare, quelques vêtements de femme souillés de poussière, des feuilles détachées de quelque livre de misas ou de la Vie de la santissima Maria. Les images des saints, Guadalupe, Remedios, Dolores et le Niño de Guatepec, gisaient aussi sur le sol, souillées, défigurées et percées de quelque baïonnette sacrilége. Tout indiquait les pénates violés d'un peuple conquis.

Un triste pressentiment pesait sur mon âme. On avait vaguement parlé dans l'armée de quelques brigandages commis dans la campagne par des bandes détachées de nos soldats, qui avaient quitté le camp sous le prétexte d'aller chercher des bœufs.

Jusqu'alors je n'avais pas eu de crainte, ne pouvant m'imaginer que des partis aussi peu considérables eussent été assez hardis pour s'aventurer jusqu'à la distance où se trouvait la maison de nos amis. Je savais qu'aucun détachement sous les ordres d'un officier n'avait été dirigé de ce côté, et d'ailleurs il n'y avait rien à redouter de la part de soldats réguliers. Mais peut-être avais-je compté sans cette multitude de misérables qui s'attachent aux armées en campagne dans le seul but de profiter, pour piller et voler, du trouble inséparable de la guerre.

Nous n'étions plus qu'à une lieue de la maison de don Cosme, et pourtant les signes de désolation et de ruine continuaient à se montrer. Nous vîmes même, en approchant davantage, la preuve que ces exactions ne s'étaient pas toutes accomplies sans attirer de terribles vengeances. Nous rencontrâmes, en effet, sur la route, le corps mutilé d'un soldat. Il était couché sur le dos ; ses yeux ouverts paraissaient fixer la lune, sa langue avait été arrachée de sa bouche, son cœur tiré de sa poitrine et son bras gauche coupé à la jointure du coude. Dix pas plus loin, un de ses camarades fut trouvé par nous dans le même état.

En entrant dans la forêt, mes pressentiments devinrent encore plus pénibles. J'en fis part à Clayley, qui, de son côté, était agité par les mêmes pensées.

— Cependant, dit-il, il est possible qu'aucun des nôtres n'ait découvert cette route ; mais je vous avouerai que j'ai plus de craintes de l'autre côté. Ces guerrilleros plus brigands que militaires, cet infâme Dubrosc qui est avec eux !....

— Allons, allons ! m'écriai-je en donnant de l'éperon dans le ventre de mon cheval, qui partit au galop.

Cette réflexion de Clayley avait augmenté mes inquiétudes en leur faisant prendre une nouvelle direction.

Mes compagnons imitèrent mon exemple. Le bois fut bientôt franchi. Arrivés à une clairière, Raoul, qui était en avant, arrêta son cheval, et nous fit signe de l'imiter. Nous obéîmes à son avertissement.

— Qu'y a-t-il, Raoul ? demandai-je à voix basse.

— Quelque chose vient d'entrer dans le fourré.

— A quel endroit ?

— Ici, à gauche, dit le Français en indiquant cette direction, mais je n'ai pas bien vu, ce n'est peut-être qu'un animal effrayé.

— Je l'ai vu, moi, capitaine, dit Lincoln en s'approchant, c'est un mustang.

— Pensez-vous qu'il soit monté ?

— Je n'en suis pas sûr, je n'ai vu que sa croupe, nous n'étions pas assez près pour que je pusse bien distinguer, mais pour sûr c'est un mustang.

Je restai un instant sans répondre : je réfléchissais.

— Je puis facilement vous dire s'il est monté ou non, continua le chasseur. Permettez-moi seulement de m'avancer un peu sur ses traces.

— Cela se trouve hors de notre route... Peut-être est-ce le mieux cependant, ajoutai-je après un instant de réflexion. Raoul, et vous, Chane, mettez pied à terre et accompagnez le sergent ; Jack tiendra les chevaux.

— Si vous le permettez, capitaine, dit Lincoln à voix basse, j'aime mieux y aller seul. Ce n'est pas que je méprise l'appui de deux braves soldats comme Raoul et Chane ; mais j'ai l'habitude de suivre une piste, je m'en tire toujours mieux seul.

— Très-bien, sergent ; puisque vous désirez aller seul, nous vous attendrons.

Le chasseur mit pied à terre, et après avoir jeté un coup d'œil scrutateur sur sa carabine il s'éloigna dans une direction tout à fait opposée à celle prise par l'objet qu'on avait aperçu. Je fus sur le point de le rappeler, impatient que j'étais de poursuivre mon voyage ; mais, après un moment de réflexion, je conclus que le plus sage était de l'abandonner à ses propres instincts : je le laissai donc faire, et cinq minutes après il avait disparu dans le chaparral.

Nous restâmes en selle à l'attendre pendant près d'une demi-heure. L'impatience nous gagnait, et je commençais à craindre qu'il ne fût arrivé quelque malheur à notre camarade, quand le bruit d'un coup de feu parvint à nos oreilles. Ce coup paraissait tiré à une assez grande distance ; de plus, il partait d'une direction tout à fait opposée à celle prise par Lincoln.

— C'est la carabine du sergent, dit Chane.

— En avant ! criai-je.

Nous pénétrâmes dans le fourré du côté où nous avions entendu le coup. Nous n'avions guère fait plus de cent pas, que nous vîmes Lincoln qui revenait à nous avec sa carabine sur l'épaule.

— Eh bien ? demandai-je.

— Il était monté, capitaine, mais il ne l'est plus.

— Que voulez-vous dire, sergent ?

— Je veux dire que le mustang avait un cavalier sur le dos, mais qu'il ne l'a plus maintenant. Il s'est éloigné... C'est du mustang que je parle... Quant à son cavalier, il n'a pas bougé.

— Comment ! vous l'avez...

— Oui, je l'ai... capitaine. J'avais de bonnes raisons pour cela.

— Quelles raisons ? demandai-je.

— Parce que, de deux choses l'une : ou le cavalier était un guerrillero, ou c'était un espion sur nos traces.

— Et à quoi avez-vous reconnu cela ?

— Capitaine, parce que ce garçon dont je suivais les traces paraissait de son côté examiner avec soin celles que nous avions laissées sur le sol.

— Eh bien ? dis-je impatient d'apprendre le résultat.

Je le suivis ainsi quelque temps jusqu'à ce que je le vis se pencher sur son cheval pour mieux juger apparemment les traces de notre passage. C'est alors que je commençais à soupçonner un éclaireur qui faisait une reconnaissance. Cette supposition me parut bientôt d'autant plus vraisemblable que j'aperçus un fusil fixé à l'arçon de la selle de ce brigand. Je l'appelai ; mais au lieu de me répondre, il mit son cheval au galop. Mes doutes étaient tout à fait fixés, je le traitai comme un ours gris. Voici ce que j'ai trouvé sur lui.

— Dieu du ciel ! m'écriai-je en voyant l'objet que le chasseur me présentait, qu'avez-vous fait ?

C'était un stylet d'argent que j'avais donné à Narcisso quelques jours auparavant.

— Ai-je donc mal fait, capitaine ?

— Cet homme, le Mexicain, quel était-il, quelle apparence avait-il ? demandai-je avec anxiété.

— Comment il était, capitaine ? Fort laid. Une peau de la couleur de votre cuir à raser. Il ressemblait à un Indien Digger. D'ailleurs vous pouvez juger par vous-même, il n'est pas loin d'ici.

Je descendis de cheval et suivis Lincoln à travers les broussailles. A vingt pas environ, j'aperçus l'objet de mes recherches étendu sur le bord d'une petite clairière. Le corps était sur le dos, les rayons de la lune lui donnaient sur le visage. Je me baissai pour l'examiner, un coup d'œil suffit pour dissiper mes craintes. C'était le corps d'un inconnu. Ses traits étaient rudes et grossiers, sa peau bronzée et ses cheveux laineux. C'était un Zambo ; à son équipement à moitié militaire, il était évident que c'était un guerrillero. Lincoln avait donc eu raison.

— Eh bien, capitaine, dit-il après que j'eus terminé mon examen, n'était-ce pas un brigand ?

— Et vous pensez qu'il nous guettait ?

— Nous ou d'autres, c'est bien certain.

— Il y a une route qui conduit d'ici à Medellin, dit Raoul en nous rejoignant.

— Ce n'est pas nous qu'il pouvait attendre, car il ignorait notre intention de venir ici.

— Qui sait, capitaine? dit Clayley à voix basse. Ce drôle pouvait très-bien soupçonner notre passage. Il a pu savoir que nous sommes déjà venus ici, que nous avons fait échapper Narcisso, et peut-être il avait ordre de veiller sur nous la nuit et le jour.

— O ciel! dis-je rappelé par cette réflexion de Clayley à mes tristes préoccupations, ne tardons pas plus longtemps. Allons, Clayley, en avant! Et vous, Raoul, continuez à nous guider avec silence et précaution.

À ces mots le Français reprit le sentier qui conduisait au rancho. Nous le suivîmes en marchant à la suite les uns des autres. Lincoln, qui venait le dernier, s'était chargé du rôle d'arrière-garde.

CHAPITRE XXXIII.

Pris par les guerrilleros.

Nous sortîmes de la forêt et entrâmes dans les champs. Tout était silencieux. La maison que nous apercevions était encore debout.

— Le guerrillero attendait sans doute quelqu'un qui venait par la route de Medellin. En avant, Raoul!

— Capitaine? dit celui-ci à voix basse et en s'arrêtant à l'extrémité de la guarda-raya.

— Eh bien?

— Quelqu'un vient de passer à l'autre bout.

— Quelque domestique, sans doute? Avancez toujours, peu importe. Mais je vais prendre moi-même les devants.

Je doublai le pas et longeai la guarda-raya. Au bout de quelques minutes, nous arrivâmes à l'autre extrémité de la mare.

Là nous nous arrêtâmes et mîmes pied à terre. Laissant nos hommes à cette place, Clayley et moi nous nous avançâmes vers la maison. Personne ne se montrait, bien que cependant tout parût dans l'ordre habituel.

— Ils sont au lit apparemment, fit observer Clayley.

— Non, il est de trop bonne heure. Peut-être est-on en bas à souper.

— Dieu! que cela se trouverait bien! ce serait pour nous une fameuse chance, car je suis affamé comme un loup!

Nous approchions toujours de la maison, le silence continuait.

— Où sont les chiens?

Nous entrâmes.

— C'est étrange, personne ne bouge! Ah! le mobilier n'est plus là!

Nous passâmes sous la galerie du fond et nous approchâmes de l'escalier.

— Descendons! Voyez-vous quelque lumière?

Je m'arrêtai, je regardai, j'écoutai, mais je n'entendis rien qui révélât la vie. J'allais faire part à mon ami de mon étonnement et de mes terreurs, lorsque mes yeux furent attirés par un mouvement qui se manifestait sous les branches du bois d'oliviers.

Dans le même moment une douzaine de formes humaines se jetèrent sur nous, et avant que nous eussions pu dégainer nos épées et saisir nos pistolets nous étions étendus sur le dos pieds et poings liés.

Pendant cette scène on se battait du côté de la mare près de laquelle nous avions laissé notre escorte; deux ou trois coups de feu furent tirés, puis nous vîmes apparaître une troupe d'hommes traînant Chane, Lincoln et Raoul, qu'ils venaient de faire prisonniers.

On nous porta tous devant la façade du rancho. Nos chevaux, capturés en même temps que nous, furent attachés à des pieux non loin de là.

Nous étions sur le dos. Une douzaine de guerrilleros restèrent pour nous garder, tandis que les autres se retirèrent sous les oliviers, où nous les entendîmes rire, chanter et crier. Nous ne pouvions voir aucuns de leurs mouvements, car nos liens nous étreignaient tellement qu'il nous était impossible de nous remuer.

De la manière dont nous étions placés, Lincoln se trouvait un peu en avant de moi. Je remarquai qu'on lui avait fait l'honneur d'un double lieu : par suite sans doute de la vigoureuse résistance qu'il avait opposée à ses agresseurs, il avait tué un guerrillero; aussi était-il bandé et attaché comme une véritable momie. Il n'avait de libre que la bouche, et il s'en servait pour jurer en grinçant des dents et en écumant de rage. Raoul et l'Irlandais paraissaient y mettre plus de philosophie ou d'insouciance.

— Je serais bien aise de savoir s'ils vont nous pendre cette nuit, ou si la cérémonie sera pour demain matin; qu'en pensez-vous, Chane?

C'était le Français qui parlait ainsi en riant.

— Soyez tranquille, ils perdront le moins de temps possible. Il n'y a point de merci à attendre de pareils gredins. Un peu plus tôt ou un peu plus tard, notre affaire est claire.

— Je m'étonne, Murt, dit Raoul en raillant avec insouciance, que saint Patrick ne se dérange pas pour venir à notre secours. Ne le portez-vous pas autour du cou?

— Sainte Mère! Raoul, ce n'est pas là matière à plaisanterie. J'ai la plus grande confiance dans la protection de saint Patrick, et son image ne me quitte jamais; je l'ai sous mes vêtements avec celle de la Vierge. Si je pouvais seulement les avoir entre les mains et leur adresser mes oraisons!

— Bon! reprit l'autre, qui vous en empêche?

— C'est plus commode à dire qu'à faire, je ne peux seulement pas remuer le bout de mon petit doigt.

— Soyez tranquille, je m'en vais arranger cela! reprit Raoul.

— *Hola, señor!* cria-t-il à l'un des guerrilleros.

— *Quien?* (Qui?) dit le Mexicain en s'approchant.

— *Usted su mismo!* (Vous-même!) répliqua Raoul.

— *Que cosa?* (Qu'est-ce que c'est?)

— Ce gentilhomme, dit Raoul en parlant à l'Espagnol et en désignant Chane, a ses poches pleines d'or.

La moindre allusion sur un pareil sujet était plus que suffisante. Les guerrilleros, qui, par extraordinaire, avaient négligé ce détail essentiel de leurs fonctions, se mirent aussitôt à fouiller nos poches en les effondrant, pour plus de facilité, à l'aide de leurs grands couteaux. Leur peine fut assez maigrement récompensée. Toutes nos bourses réunies se montaient tout au plus à vingt dollars. Chane n'avait pas un centième sur lui, aussi l'homme que Raoul avait induit en erreur le paya-t-il de son avis par deux ou trois coups de pied dans les côtes.

La seule chose qu'on trouva sur l'Irlandais fut un cordonnet de cuir passé autour de son cou et au bout duquel pendait l'image de saint Patrick à côté d'un petit crucifix et d'une figure en plomb de la vierge Marie.

Cette circonstance parut disposer les guerrilleros en faveur de Chane; et l'un d'eux, se penchant sur lui, desserra un peu ses liens, sans les détacher cependant.

— Je remercie Votre Honneur, dit Chane. C'est aimable de sa part. C'est ce que M. O'Connell appelle une amélioration. Je suis plus à mon aise maintenant.

— *Mucho bueno!* dit le Mexicain en inclinant la tête et en riant.

— Certes, *mucho bueno!* mais je n'aurais pas d'objection à faire si Votre Honneur daignait me faire *mucho micuxero...* Ne pourriez-vous pas me desserrer un peu autour des poignets, cela me coupe comme un rasoir.

Je ne pus m'empêcher de rire des réflexions de Chane. Clayley et Raoul se joignirent à moi et nous formâmes bientôt un chœur dont la gaieté semblait fort étonner nos vainqueurs. Lincoln seul demeurait silencieux et taciturne; il n'avait pas encore dit un mot.

Le petit Jack avait été placé sur la terre à quelque distance du chasseur. Il était assez négligemment attaché, les guerrilleros n'ayant pas cru devoir s'inquiéter beaucoup d'un aussi minime personnage. Je le voyais s'agiter et employer toute son adresse indienne pour arriver à détacher ses liens; mais il ne me paraissait pas qu'il y eût réussi.

Pendant que les guerrilleros étaient occupés avec Chane et ses images, je vis notre jeune camarade se rouler sur lui-même jusqu'à ce qu'il arriva tout près du chasseur. Un des bandits, s'apercevant de cette manœuvre, prit maître Jack par la ceinture de son pantalon, le balança quelque temps au bout de son bras, et finit par le lancer à quelques pas de là.

— *Mira, camarados, que bribonoito!* (Voyez, camarades, quelle petite canaille!)

Au milieu des railleries des guerrilleros Jack était allé tomber sur un lit d'arbrisseaux et de fleurs, parmi lesquels il disparut à nos yeux. Comme il était lié de tous ses membres, nous supposâmes qu'il avait dû tomber comme une masse et qu'il ne pourrait bouger du lieu où on l'avait ainsi jeté.

Mon attention fut bientôt appelée ailleurs par une exclamation de Chane.

— Tête, sang et meurtre! s'écriait-il, c'est ce brigand de créole Dubrosc!

Je regardai, le créole était devant moi.

— Ah! monsieur le capitaine, cria-t-il en ricanant, comment vous portez-vous? Vous étiez venu chasser des colombes, mais les oiseaux sont dénichés.

Pourquoi étais-je lié en ce moment! Je demeurai impassible et froid comme du marbre. Pourtant mille pensées douloureuses m'assiégèrent à la fois. Mes doutes, mes craintes à son égard revenaient plus poignants que jamais, et absorbaient mon esprit au point de me faire oublier mon propre danger. On eût pu me tuer dans ce moment que je n'aurais eu ni un geste pour me défendre ni un soupir pour me plaindre.

Il y avait dans le caractère de cet homme quelque chose de diabolique, un cynisme révoltant dans une politesse brutale qui me faisaient tout redouter de sa part pour celle que j'affectionnais.

— Mon Dieu! murmurai-je, est-elle au pouvoir d'un pareil scélérat?

— Oh! s'écria Dubrosc s'avançant d'un pas ou deux et saisissant mon cheval par la bride, quel superbe bête! C'est un arabe, ma parole! Regardez, Yañez, continua-t-il en s'adressant à un guerrillero qui l'accompagnait; je vous demande ce cheval, si la chose est possible.

— Prenez-le, répondit celui-ci, qui était évidemment le chef de la bande.

— Merci. Et vous, monsieur le capitaine, ajouta-t-il ironiquement en se tournant de mon côté, il faut bien aussi que je vous remercie pour un pareil cadeau. Ce cheval remplacera mon brave mustang, de la perte duquel je vous suis redevable, grande brute!

Ces derniers mots s'adressaient à Lincoln; et Dubrosc, que le souvenir de l'affaire de la Virgen avait mis en fureur, s'approcha du chasseur et lui envoya un grand coup de pied dans le ventre.

Mais ce pied provocateur avait à peine touché Lincoln, que celui-ci bondit comme sous l'action d'une puissance galvanique; les courroies qui l'attachaient s'étaient rompues en plus de cinquante morceaux. D'un élan semblable à un bond de tigre, il sauta sur sa carabine et la saisit à deux mains; mais, comme elle était vide, il s'en servit seulement comme d'un casse-tête, et en asséna un coup si violent sur le front du créole, que celui-ci tomba lourdement à terre. En un instant dix épées menacèrent à la fois la poitrine du chasseur. Mais lui, maniant sa carabine comme une massue, imprima à son arme un moulinet si savant, que ses ennemis, forcés de reculer, lui livrèrent un passage par lequel il s'élança au milieu du fourré en poussant un cri terrible. Les guerrilleros le suivirent avec des hurlements de rage. Bientôt après, nous entendîmes la détonation d'une arme à feu : la poursuite continuait.

Quant à Dubrosc, on l'avait transporté dans le rancho sans qu'il donnât aucun signe de vie.

Nous nous demandions comment notre camarade avait pu parvenir à briser ses liens, quand un des guerrilleros ramassa un des morceaux de la courroie, l'examina, et s'écria :

— Carajo! ha cortado el briboncito! (Ah! le petit brigand l'a coupée!)

L'homme qui venait de prononcer ces mots entra dans le fourré à la recherche du petit Jack. Il y eut parmi nous un moment de terreur. Nous nous attendions à ce que le pauvre enfant sacrifié à la fureur de ces bandits.

Le guerrillero qui était à sa recherche allait de çà de là, et paraissait en proie à la plus grande émotion; puis, à notre grande joie, nous l'entendîmes s'écrier en faisant un geste de stupéfaction :

— Por todos santos! se fue! (Par tous les saints! il est parti!)

— Hourra! s'écria Chane, saints du paradis! c'est un fameux gaillard que cet enfant-là!

Plusieurs guerrilleros fouillaient le fourré, mais leurs recherches ne furent pas plus heureuses que celles de leur camarade.

Rendus plus défiants par cette double fuite, les guerrilleros nous séparèrent les uns des autres. Toute conversation devint impossible. Nous fûmes, de plus, gardés avec une nouvelle sévérité, chacun de nous eut deux sentinelles pour lui seul. Nous passâmes une heure de la sorte. Pendant ce temps on revint de la poursuite, heureusement ni Lincoln ni Jack n'avaient été repris.

D'après quelques mots qui nous arrivèrent aux oreilles, nous comprîmes que notre sort ne serait fixé que plus tard. Cette circonstance nous fit conjecturer que Dubrosc n'était pas le chef de cette troupe, sans cela nous ne serions jamais sortis du bois d'oliviers. Nous eussions été pendus tout de suite, tandis qu'il était question de nous transporter ailleurs : c'était là probablement que nous devions être pendus.

Bientôt en effet on se prépara au départ, nos chevaux furent emmenés, les mules toutes sellées furent amenées en face du rancho. Nous fûmes hissés et attachés fortement sur leurs selles. Chacun de nous fut recouvert d'un serapé et eut les yeux bandés avec un *tapajo*. Cette installation terminée, le clairon sonna le départ. Un grand bruit suivit, les chevaux se cabrèrent, les hommes crièrent; puis, l'ordre n'étant un peu rétabli, nous nous aperçûmes au mouvement de nos montures que nous étions en route et que nous voyagions à grands pas à travers les bois.

CHAPITRE XXXIV.

Voyage à l'aveuglette.

Nous marchâmes toute la nuit; les bandeaux dont nos yeux étaient couverts, s'ils ne nous permettaient de rien voir, avaient au moins l'avantage de nous préserver le visage de l'atteinte des épines des mezquites au milieu desquels nous passions. Empêchés comme nous l'étions de faire aucun mouvement des mains, et dans l'impossibilité par suite d'écarter les branches qui nous frappaient la figure, nous eussions été sans nos bandeaux infailliblement aveuglés. Les cordes qui nous attachaient nous faisaient horriblement souffrir. Le trajet s'effectuait au travers des bois, autant du moins que nous en pouvions juger par le bruit des feuilles que nos chevaux froissaient en passant.

A l'approche du matin, nous gravîmes une colline escarpée et qui nous parut bien difficile accès d'après la lenteur et les efforts de nos montures. Nous avions quitté les plaines et nous entrions dans la région qui touche au pied des montagnes. Je ne m'apercevais d'aucun mouvement autour de moi; personne ne passait d'avant en arrière ni d'arrière en avant : d'où je conclus que nous étions dans un sentier étroit et que nous cheminions à la suite les uns des autres.

Raoul me précédait immédiatement. Nous nous trouvions quelquefois assez rapprochés pour pouvoir causer ensemble.

— Que pensez-vous qu'ils aient l'intention de faire de nous? lui dis-je en lui parlant en français.

— Je crois qu'ils nous conduisent à la demeure de Cenobio, je le désire du moins.

— Comment! vous le désirez?

— Sans doute; car de la sorte nous avons peut-être encore quelque chance de salut. Cenobio est un brave garçon.

— Vous le connaissez donc?

— Oui, capitaine, j'ai eu quelques rapports avec lui dans le commerce de la contrebande.

— Est-ce que Cenobio est un contrebandier?

— Ah! contrebandier! cela n'est peut-être pas le vrai mot, c'est négociant qu'il faut dire dans un pays où le gouvernement lui-même fait un peu de ce genre de commerce. Ces sortes de spéculations sont ici une conséquence presque inévitable de la mauvaise administration. Aussi Cenobio n'est pas, à proprement parler, un contrebandier, mais plutôt, je le répète, un négociant faisant la contrebande sur une très-grande échelle.

— Ah! ah! Raoul! vous faites aussi à l'occasion de l'économie politique.

— Ah! bah! capitaine, il faut bien au besoin savoir défendre sa profession! répliqua mon camarade en riant.

— Et vous pensez que nous sommes entre les mains des gens de Cenobio?

— Rien de plus sûr, capitaine. Fichtre! si c'était la bande de Jarauta, il y a déjà longtemps que nous serions dans le ciel. Je parle de nos âmes, bien entendu; car pour nos corps, ils serviraient d'ornements aux arbres de la plantation de don Cosme. Que le bon Dieu nous préserve de Jarauta... Ce prêtre-brigand n'accorde jamais que très-peu de temps pour se confesser à ceux qui lui tombent sous la main; mais s'il tombe jamais sous la mienne, vous le verrez pendu en moins de temps encore.

— Qui vous fait croire que c'est la guerrilla de Cenobio?

— Je connais ce Yañez que nous avons vu au rancho, c'est un des officiers de Cenobio; il est le chef de cette bande, qui n'est elle-même qu'un détachement. Ce qui m'étonne, c'est que Dubrosc étant avec lui on ne nous ait pas déjà fait notre affaire. Il faut qu'il y ait en notre faveur quelque influence dont je ne me rends pas compte.

Cette observation me frappa et j'étais en train d'y réfléchir, quand la voix du Français se fit entendre de nouveau.

— Je ne me trompe pas, disait-il. Non, cette colline... c'est bien cela... La rivière San Juan doit couler au bas.

Peu de temps après, nous traversions un cours d'eau, Raoul ajouta :

— Oui, c'est bien le San Juan, je reconnais ce lit pierreux, c'est bien aussi la profondeur que l'eau doit y avoir dans cette saison.

Nos mules avaient plongé dans un courant rapide dont la poussière humide avait rejailli jusque sur nos visages, l'eau atteignait les panneaux de nos selles, nous la sentions froide comme la glace, et cependant nous voyagions sous le tropique, contradiction apparente qui s'explique par cette circonstance que le courant que nous traversions est alimenté par les neiges de l'Orizava.

Comme nous sortions de l'eau, Raoul ajouta :

— Maintenant je suis certain de la route, je reconnais très-bien cette rive. Les mules glissent. Voyez, capitaine!

— Quoi? demandai-je avec une certaine anxiété.

— Je crois, répondit Raoul en riant, que je perds la raison, je vous invite à regarder comme si vous pouviez vous être à vous-même de quelque utilité en cas d'accident.

— Quel accident? demandai-je pressentant quelque danger.

— Nous pouvons tomber, voilà! Il y a ici un précipice qu'on regarde avec raison comme très-périlleux. Si nos mules bronchaient, la première chose à laquelle il nous serait possible de nous raccrocher serait la cime des arbres qui croissent à cinq cents pieds au-dessous de nous.

— Grand Dieu! fis-je.

— Ah! ne craignez rien, capitaine, le danger est moins grand qu'il ne paraît, les mules ont le pied sûr, elles ne tomberont probablement pas; quant à leur charge, ajouta-t-il en riant, elle est trop bien attachée pour qu'il y ait risque de ce côté.

Je n'étais guère en train de rire et de partager la gaieté de mon camarade. L'idée de voir ma mule glisser et rouler dans le précipice pendant que nous formions à nous deux un véritable centaure n'avait rien de très-récréatif. J'avais entendu raconter des accidents de cette nature, et ces récits, qui me revenaient à l'esprit, ne contribuaient point à me rassurer. Aussi ne pus-je m'empêcher de murmurer entre mes dents :

— Ce garçon avait bien besoin de m'avertir du danger que nous courons!

Tout en faisant cette réflexion, je m'assurai de mon mieux sur ma selle et serrai les jambes de manière à saisir facilement tous les mouvements de l'animal et à être averti du moindre accident qui viendrait contrarier notre double équilibre. J'entendais le torrent mugir à une grande distance, la direction du bruit indiquait que nous étions au-dessus de lui. D'un autre côté, le sentier que nous gravissions devenait de plus en plus étroit. Tout cela me mettait assez mal à l'aise.

Nous montâmes longtemps, bien longtemps; nos mules essoufflées se pressaient de plus en plus contre le rempart de rochers qui bordait le sentier du côté opposé au torrent. Il devait faire jour, car nous apercevions une lueur à travers nos bandeaux. Bientôt nous fûmes frappés d'une lumière plus intense, et en même temps nous commençâmes à sentir les effets d'une forte chaleur. La position du corps de nos mules nous indiquait que nous avancions sur un plateau horizontal. Grâce au ciel! nous avions quitté le dangereux sentier, et nous voyagions en plaine chauffés par les rayons du soleil levant.

Leur troisième boulet ricocha, et vint frapper la grosse planche derrière laquelle était tapi le major.

Je ne pus m'empêcher de me réjouir d'être échappé au danger, et pourtant, singularité inexplicable! je n'ignorais pas que chaque pas que nous faisions nous rapprochait sans doute d'une mort aussi ignominieuse que cruelle.

CHAPITRE XXXV.
Nouvelle manière de boire.

Les guerrilleros s'arrêtèrent et descendirent de cheval. Quant à nous, nous fûmes laissés sur nos selles. Nos mules furent attachées par leurs lassos et se mirent à brouter. Forcés de les suivre au milieu du fourré où la faim les conduisait, nous eûmes beaucoup à souffrir des piqûres d'épines de toute espèce. Nos uniformes furent mis en lambeaux, nos jambes et nos genoux déchirés par les cactus dont les épines empoisonnées se logèrent dans notre peau. Mais qu'était-ce auprès de la douleur et de la lassitude que nous éprouvions d'être obligés de rester sur nos selles ou plutôt sur des bois de selles qui n'étaient ni rembourrés ni recouverts! Nos jambes et nos cuisses étaient dans un état d'endolorissement tel que chaque mouvement de nos montures était pour nous un nouveau supplice.

Les feux pétillaient autour de nous : les guerrilleros s'occupaient à cuire leur déjeuner, à préparer leur chocolat. Bien que nous fussions à moitié morts de faim et de soif, on ne nous offrit ni à manger ni à boire. On passa environ une heure à cette halte.

— Notre bande a été rejointe par une autre, dit Raoul. Il y a des mules de charge.

— Comment le savez-vous? demandai-je.

— Par les cris des arrieros. Écoutez! ils font leurs préparatifs de départ.

Raoul avait raison, plusieurs voix se faisaient entendre : c'étaient évidemment des arrieros. On poussait des exclamations telles que celles-ci : *Mula! Anda! Vaya! Levantate! Carrai! Mula! Mulita! Anda! St! St!*

Au milieu de tout ce tapage je crus distinguer la voix d'une femme.

Était-ce.....

Je repoussai cette pensée, elle était trop pénible.

Un trompette sonna, et bientôt nous nous sentîmes de nouveau en marche.

Notre route longeait une côte aride, il n'y avait aucun arbre et la chaleur devenait excessive. Les serapés qu'on avait jetés sur nous au départ, après nous avoir été pendant la nuit d'un utile usage, nous étaient devenus insupportables par suite de l'élévation de la température. Nous nous en serions volontiers dispensés, mais on ne nous consultait point à cet égard. Ce ne fut qu'un peu plus tard que j'appris le motif qui nous avait fait donner ces couvertures si utiles contre le froid de la nuit. L'intérêt de notre personne n'y entrait pour rien, comme je le dirai en temps et lieu.

Nous commencions à souffrir horriblement de la soif. Raoul pria un guerrillero de lui donner de l'eau.

— Carajo! répondit le Mexicain, c'est inutile, étranglé par la soif ou par autre chose, que vous importe? Vous ne l'échapperez pas.

Cette grossière plaisanterie excita les rires des guerrilleros.

Vers midi, nous descendîmes une côte au bas de laquelle on entendait le murmure de l'eau.

— Où sommes-nous, Raoul? demandai-je.

— Nous arrivons à un cours d'eau, c'est une branche de l'Antigua.

— Nous allons encore avoir sans doute quelque nouveau précipice? demandai-je non sans terreur en entendant le bruit du torrent qui commençait à devenir plus fort et en sentant l'air humide et frais qui venait d'en bas.

— Oui, capitaine, mais il y a une bonne route sûre et bien pavée.

Guadalupe.

— Pavée, dites-vous! Je croyais toute cette contrée déserte. Ne l'est-elle donc pas?

— Si. Mais cette route a été pavée par les prêtres.

— Par les prêtres! dis-je avec un certain étonnement.

— Oui, capitaine, il y a un couvent dans cette vallée, ou plutôt il y en avait un; ce n'est plus maintenant qu'une ruine.

La pente était si rapide que nos mules nous faisaient presque l'effet de marcher sur leur tête. Le bruit du torrent devenait de plus en plus intense, bientôt ce fut un mugissement terrible.

J'entendis Raoul m'adresser quelques mots comme pour m'avertir; mais, avant que j'eusse pu le comprendre, sa voix s'était éloignée comme s'il eût été précipité dans un gouffre.

Je m'attendais d'un moment à l'autre à le suivre dans l'espace, lorsque ma mule poussa un hennissement violent; puis je la sentis s'élancer sous moi et descendre dans le vide.

Paris. Typographie Plon frères, rue Garancière, 8.

Je me crus lancé dans l'éternité. Mais non : la mule se retrouve sur ses pieds; elle galope sur une route plane. Je suis sauvé.

Mais de nouveau ma mule s'élance, les courroies qui m'attachent se tendent avec tant de force qu'elles m'entrent comme des couteaux dans les chairs, la mule retombe, elle vient de plonger, je me trouve avec elle au milieu de la rivière, l'eau me monte jusqu'à mi-jambe.

A peine dans le torrent, l'animal s'arrête court. Aussitôt que je pus reprendre haleine, j'appelai le Français de toute la force de mes poumons.

— Me voici, capitaine! répondit une voix près de moi; mais cette voix avait un singulier accent, on eût dit le glouglou d'une bouteille.

— Êtes-vous blessé, Raoul? demandai-je.

— Blessé? non, capitaine.

— Que vouliez-vous me dire?

— Ah! je voulais vous avertir, mais je m'y suis pris trop tard. J'avais compris à l'allure de nos mules que nous approchions de l'eau, car les pauvres bêtes n'ont pas été mieux traitées que nous. Écoutez comme elles boivent maintenant.

— Bon Dieu! m'étrangle, m'écriai-je en entendant le bruit de l'eau qui filtrait à travers les dents de ma mule.

— Faites comme moi, capitaine! dit Raoul avec une voix qui semblait sortir du fond d'un puits.

— Comment? demandai-je.

— Penchez-vous, et laissez l'eau entrer dans votre bouche.

Le son extraordinaire de la voix de Raoul venait de m'être expliqué.

— Ils ne nous en donneront pas une goutte, continua-t-il, c'est le seul moyen que nous ayons.

— Je ne pourrai jamais, repris-je après de vains efforts pour abaisser ma bouche jusqu'au niveau de l'eau.

— Pourquoi? demanda mon camarade.

— Je ne puis atteindre l'eau.

— A quelle profondeur êtes-vous donc?

— J'en ai jusqu'au bord de ma selle.

— Venez vers moi, capitaine, la rivière est ici plus profonde.

— Comment faire? ma mule est libre et dans ma position je n'ai rien à lui commander.

— Parbleu! dit le Français, j'avais oublié cette circonstance.

Heureusement que, soit désir de m'obliger, soit plutôt besoin de rafraîchir ses flancs poudreux, ma mule plongea et gagna un endroit plus creux.

A force de me ployer le corps, je parvins à plonger ma tête dans l'eau. Dans cette position pénible, tout ce que je pus faire fut d'avaler quelques gorgées du bienfaisant liquide; encore en pris-je bien davantage par le nez et les oreilles que par la bouche.

Clayley et Chane suivirent notre exemple, et ce ne fut pas sans jurer que le pauvre Irlandais envoya à tous les diables les brigands qui forçaient les chrétiens à boire à la manière des chevaux.

Nos gardiens firent bientôt sortir les mules de l'eau. Au moment où nous grimpions sur la rive quelqu'un me toucha légèrement le bras, et au même instant une voix murmura à mon oreille :

— Courage, capitaine!

Je tressaillis, c'était une voix de femme. J'allais répondre, lorsqu'une main petite et douce passa sous le tapajo et me mit quelque chose entre les lèvres. Presque aussitôt la main se retira et j'entendis la voix qui m'avait parlé exciter un cheval.

Le bruit de quelqu'un qui passait au galop près de moi me fit comprendre que mon mystérieux protecteur était parti, et je demeurai sans rien dire.

— Qui pouvait s'intéresser à moi? Jack? Non. Jack a la voix douce, la main petite; mais quelle probabilité qu'il se trouve ici et avec les mains libres. Non, non, évidemment non... C'était certainement la voix d'une femme, la main aussi. Quelle autre qu'*elle* pouvait faire une pareille démonstration? C'était la seule personne de son sexe que je connusse dans le pays, ce ne pouvait être qu'*elle*.

J'avais beau analyser les unes après les autres toutes les probabilités, j'arrivais toujours au même résultat. Cette conviction avait son bon et son mauvais côté, car s'il était doux de penser qu'*elle* était près de moi, veillant comme un ange à ma conservation, d'un autre côté il était bien triste de la savoir entre les mains de cet infâme Dubrosc.

— Cependant, pensais-je encore, le coup de Lincoln nous a peut-être délivrés pour toujours de l'odieux créole, car je n'en ai point entendu parler depuis.

En pensant à cet homme, un désir homicide avait envahi mon cœur.

— Que puis-je avoir entre les lèvres? Un papier plié! Pourquoi l'avoir mis là plutôt que de le glisser dans mon sein ou dans une de mes poches?... Ah! il y a dans cet acte plus de prévoyance que je ne croyais. Comment, en effet, lié comme je suis, aurais-je pu m'emparer de ce papier? Peut-être d'ailleurs qu'il contient des choses de nature à mettre en danger la personne qui l'a écrit... C'est d'une grande adresse... Si jeune, si innocente et si... Mais l'amour!...

Je pressai le papier contre le tapajo en le couvrant avec mes lèvres de manière qu'il fût caché dans le cas où l'on viendrait à enlever notre bandeau.

— Nous sommes arrêtés de nouveau?

— Oui, capitaine, nous voici dans les ruines du vieux couvent de Santa-Bernardina.

— Pourquoi cette halte?

— Pour faire la sieste et déjeuner, probablement; ce qu'ils ont fait là-bas n'était que leur *desayuna*. Les Mexicains de la *tierra caliente* ne travaillent jamais pendant la chaleur. Ils vont sans doute demeurer ici jusqu'à ce que le frais du soir soit arrivé.

— Je suppose qu'ils nous feront aussi la faveur de nous descendre, dit Clayley. Dieu seul sait si nous avons besoin de repos! Je donnerais trois mois de paye rien que pour avoir le droit de m'étendre librement pendant une heure sur le lit de camp d'une salle de police.

— Ils nous descendront probablement, non par intérêt pour nous, mais par considération pour les mules. Les pauvres bêtes ne sont pour rien dans tout cela.

Cette dernière conjecture de Raoul se vérifia bientôt. On nous enleva de dessus nos selles et on nous transporta, sans desserrer nos liens, dans une grande salle sombre, où nous fûmes déposés sur le sol comme des paquets de marchandise. Après quoi ceux qui nous avaient apportés là se retirèrent en fermant à double tour une lourde porte, derrière laquelle on entendait le pas régulier d'une sentinelle. Depuis notre captivité c'était la première fois que nous nous trouvions seuls, particularité dont mes camarades s'assurèrent en se roulant dans tous les coins de la prison. C'était sans doute une bien petite liberté; mais enfin nous pouvions causer ensemble, et dans notre position c'était quelque chose.

CHAPITRE XXXVI.

Singulière manière de lire une lettre.

— Quelqu'un de vous a-t-il entendu parler de Dubrosc pendant la route? demandai-je à mes camarades.

— Non. On ne sait rien depuis la fuite de Lincoln.

— Pour ma part, capitaine, ajouta l'Irlandais, je crois que M. Du-

L'animal demeura complètement immobile pendant quelques instants.

brosc ne nous contrariera plus jamais, et son compte me paraît définitivement réglé.

— Ce n'est pas chose aisée que de tuer un homme d'un coup de crosse de carabine, fit observer Clayley, à moins pourtant qu'elle ne lui soit entrée dans le crâne. Mais nous sommes encore vivants, et cela me porterait à croire que ce Dubrosc est mort. Ah çà, comment ce gredin-là a-t-il fait pour obtenir sitôt l'influence qu'il paraissait exercer sur ce tas de brigands?

— Je crois, lieutenant, reprit Raoul, que ce n'est pas la première fois que M. Dubrosc vient dans ce pays.

— Ah! savez-vous quelque chose à cet égard, dis-je, avec un sentiment d'inquiétude?

— Je me rappelle, capitaine, que dans le temps on a fait courir à la Vera-Cruz l'histoire d'un créole qui avait épousé ou plutôt enlevé une fille d'une des meilleures familles de ce pays-ci, je suis très-sûr que son nom était Dubrosc; mais comme cette affaire s'était passée à mon arrivée ici, je n'en connais pas toutes les circonstances. Je me souviens pourtant que le jeune homme passait pour un filou et un débauché, et que l'affaire fit beaucoup de bruit dans le pays.

Chaque détail nouveau que j'apprenais de cette affaire redoublait mon chagrin. Je me rappelais la jalousie que Dubrosc avait excitée dans mon cœur, et d'ailleurs j'étais malheureux de penser qu'un pareil garnement pût avoir des relations avec l'objet de mon amour. Je ne poussai pas plus loin mes questions, car, quand bien même il eût été capable de préciser davantage les événements, je craignais d'en trop apprendre.

Le bruit de la porte grinçant sur ses gonds rouillés interrompit notre conversation. Plusieurs hommes entrèrent dans notre prison. On nous enleva nos bandeaux. Que nous fûmes aises de revoir la lumière! La porte avait été refermée derrière les visiteurs, et l'appartement n'était éclairé que par une pâle lumière qui filtrait à travers les grillages d'une petite fenêtre; cependant nous en fûmes éblouis comme si nous eussions eu les yeux frappés des rayons du soleil en plein midi.

Deux des hommes qui étaient entrés dans notre prison étaient porteurs d'assiettes en terre remplies de frijoles. On en plaça une près de la tête de chacun de nous avec une seule tortilla à côté.

— C'est bien délicat de votre part, messieurs, dit Chane, mais comment ferons-nous pour manger, s'il vous plaît?

— La peste! ajouta Clayley. S'imaginent-ils que nous pouvons dîner sans mains, sans cuiller et sans couteau?

— Ne nous permettrez-vous pas de nous servir de nos doigts? demanda Raoul en s'adressant à un des guerrilleros.

— Non, répondit brusquement cet homme.

— Expliquez-nous comment nous mangerons.

— Avec votre bouche comme des chiens, c'est assez bon pour vous.

— Merci, monsieur, vous êtes trop poli.

— Si cela ne vous convient pas vous pouvez le laisser, ajouta le Mexicain en s'en allant avec ses compagnons et en fermant la porte.

— Merci, messieurs, cria de nouveau le Français d'un ton de colère, nous vous ferions trop de plaisir de laisser cela! Sur mon honneur, il nous faut encore leur en avoir de la reconnaissance! C'est plus que je n'attendais de Yañez. Qu'est-ce qui nous vaut cela?... Il y a quelque chose là-dessous.

Après ces mots, Raoul se retourna sur le ventre et plongea la tête dans l'assiette.

— O tas de brigands! cria Chane en suivant l'exemple de son camarade. Forcer des chrétiens à manger comme des bêtes brutes!... Scélérats!...

— Allons, capitaine, faisons comme eux, dit Clayley.

— Faites sans m'attendre, repartis-je.

C'était le moment d'examiner mon papier. Je me roulai jusque sous la lucarne grillée, et après de nombreux efforts je parvins à me dresser sur mes pieds. La fenêtre, si on peut lui donner ce nom, était tout au plus large comme un trou de pigeonnier, et faite à peu près comme une embrasure de canon. Le rebord inférieur de la fenêtre se trouvait à la hauteur du menton; et ce fut sur cette table d'une nouvelle espèce qu'après de grands efforts et en me servant de mes lèvres à la manière des chiens, je parvins à déployer le papier.

— Eh! que faites-vous là, capitaine? demanda Clayley, qui avait suivi toutes mes manœuvres avec beaucoup d'attention.

Raoul et l'Irlandais, en entendant cette question, sortirent la tête de leur plat.

— Silence!... dis-je, continuez votre dîner, je vous prie, pas un mot!...

Cela dit, je me mis à lire le billet suivant :

« A la nuit on coupera vos cordes, tâchez de vous échapper ensuite comme vous pourrez. Ne reprenez pas la route que vous avez déjà suivie, car vous serez certainement poursuivis dans cette direction; de plus, vous pourriez courir risque de tomber dans quelque bande de la guerrilla. Prenez, au contraire, la route nationale et dirigez-vous sur San Juan ou Manga de Clavo. Vos postes se trouvent près de ces deux points. Le Français pourra vous servir de guide. Courage, capitaine. Adieu!

« P. S. On vous attendait. J'avais envoyé quelqu'un pour vous avertir; mais il nous a trahis ou s'est trompé de route. Adieu, adieu! »

— Grand Dieu! m'écriai-je involontairement, l'homme que Lincoln...

Je mis le papier dans ma bouche et l'avalai, pour éviter qu'il ne vînt à tomber entre les mains des guerrilleros.

Cette précaution prise, je me mis à réfléchir sur le contenu du billet. Le style dans lequel il était écrit, la connaissance des hommes et des choses dont l'auteur y faisait preuve, tout cela me paraissait ne pouvoir être l'ouvrage d'une femme, surtout d'une femme si jeune et qui avait jusqu'alors vécu en dehors du monde.

— Est-elle prisonnière comme moi-même? me demandai-je. Est-elle déguisée? Expose-t-elle sa vie pour sauver la mienne? Est-elle... Patience! la nuit révélera ce mystère.

CHAPITRE XXXVII.

La cobra di capello.

Pendant un moment je demeurai complètement absorbé dans les réflexions que m'avait suggérées la lettre sans même penser à regarder dehors. A la fin j'imaginai de me dresser sur la pointe des pieds, et je tendis mon cou pour voir par l'embrasure.

Devant la petite fenêtre se trouvait un bouquet de bois éclairé par le soleil. Il y avait là des palmiers sauvages, que des vignes rouges couvraient de leurs tiges parasites; les fleurs de cette liane, en se suspendant en festons aux branches des arbres, formaient devant la fenêtre comme un rideau de satin écarlate. Les palmiers n'étaient pas les seuls arbres que j'entrevoyais : je distinguais aussi les fleurs blanches du magnolia et les têtes rondes des orangers couverts de fruits. Sur un plan un peu plus éloigné quelques palmiers corozos élevaient dans l'air leur tête élégante, semblable à un gracieux panache. Aucun souffle de l'air n'animait le feuillage.

Dans un bouquet de bois où les lianes s'enlaçaient aux palmiers avaient formé au-dessus du sol une verdoyante voûte impénétrable aux rayons du soleil, j'aperçus trois hamacs suspendus à des branches. L'un d'eux était vide, les deux autres étaient occupés. A la couleur et à la nature des vêtements qu'on apercevait à travers les mailles du filet, je vis que c'étaient deux femmes.

Leurs visages n'étaient pas tournés vers moi; elles étaient immobiles et paraissaient endormies.

Pendant que je considérais ce tableau, la personne qui occupait le hamac le plus rapproché de la place que j'occupais s'éveilla, se tourna d'un côté sur l'autre, murmura quelques mots, puis se rendormit. Sa figure se trouva en face de moi. Mon cœur bondit, tant mon être fut saisi d'une émotion indéfinissable, je venais de reconnaître Guadalupe Rosalès.

Un de ses pieds, chaussé d'un bas de soie, sortait de sa couche aérienne et pendait négligemment. Son soulier de satin était tombé à terre. Sa tête était appuyée sur un oreiller de soie, et une tresse de ses longs cheveux noirs, échappée pendant le sommeil à la morsure du peigne d'écaille, avait passé à travers les cordes du hamac et retombait jusque sur le gazon. Je voyais son sein, soulevé par la respiration, s'élever et s'abaisser à intervalles égaux sous le tissu qui le couvrait.

Mon cœur était en proie à mille émotions diverses : la surprise, le plaisir, l'amour, le chagrin, oui, le chagrin, car comment pouvait-elle dormir ainsi de ce sommeil doux et paisible pendant que j'étais à quelques pas de sa couche couvert de chaînes et traité comme le dernier des misérables?

— Oui, elle dort! me disais-je, le dépit faisant taire pour un moment tous mes autres sentiments, ô ciel!...

Mon attention venait tout à coup de se porter de la dormeuse à un objet effrayant. Pendant que mes yeux considéraient la jeune fille, j'avais bien remarqué machinalement une sorte de spirale enroulée autour d'une liane, mais je m'en étais peu préoccupé, pensant que c'était un brin de vigne qui avait enserré de ses nœuds quelque tige voisine, comme cela se voit très-souvent dans les forêts du Mexique.

Un rayon de soleil ayant tout à coup frappé cet objet, je le vis étinceler. Je le regardai plus attentivement, et à ma grande terreur, je découvris que cet anneau de la vigne n'était autre chose qu'un affreux serpent. Le reptile, entourant de ses nœuds la plante parasite, avait descendu en silence du haut d'un palmier où il était sans doute à l'affût; puis, arrivé à une certaine hauteur, il avait déroulé ses deux ou trois nœuds inférieurs, et tendait horizontalement son cou au-dessus du hamac. Ce fut alors seulement que je vis la protubérance cornue dont son front est armé et que je reconnus le terrible reptile; c'était un macaurel (la cobra capelle ou di capello d'Amérique).

L'animal demeura complètement immobile pendant quelques instants. Son cou était légèrement recourbé comme celui d'un cygne, tandis que sa tête se trouvait tout au plus à un pied du visage de la dormeuse.

Il me semblait que je voyais le léger duvet qui ornait la lèvre de la jeune fille s'agiter sous le souffle empesté du hideux reptile.

Au bout de quelque temps, l'animal balança mollement sa tête de droite et de gauche en laissant échapper de sa gueule entr'ouverte un léger sifflement. Les cornes dont sa tête était armée rendaient son aspect plus horrible encore. De temps à autre il dardait sa langue fourchue, qui brillait au soleil comme un rubis.

Il paraissait jeter sur sa victime ces regards qui charment et donnent la mort. Je croyais même déjà voir les lèvres de la jeune fille s'agiter et sa tête se balancer d'avant en arrière en suivant les oscillations du reptile.

J'assistais à cet affreux spectacle sans pouvoir y rien changer. Mon âme se trouvait enchaînée aussi bien que mon corps, et, d'ailleurs, quand j'aurais été libre, je n'aurais pu lui porter aucun secours. Je savais que la seule chance de salut était dans le silence, et que le serpent ne mord que quand il est troublé ou irrité ; mais n'était-il pas occupé en ce moment à distiller sur ses lèvres quelque affreux et mortel poison ?

— O ciel ! m'écriai-je dans la violence de ma terreur, c'est le démon lui-même ! Elle se remue... maintenant il va s'élancer !... non, pas encore... elle est calme. Malheur ! elle tremble... le hamac remue... la voici qui s'agite en proie à cette fascination fatale... Ah !

Un coup de feu venait de partir... Au même instant, je vis le serpent rejeter sa tête en arrière, ses nœuds se détendirent, et il tomba par terre en se tordant de douleur.

Les dormeuses s'éveillèrent, poussèrent un cri et s'élancèrent hors de leur hamac.

Puis, se prenant par la main, elles disparurent bientôt.

Plusieurs hommes, arrivés au bruit du coup, avaient déjà tiré leurs sabres, et en avaient frappé le serpent. L'un d'eux s'était baissé, et examinant le cadavre du reptile, il s'écria :

— Caraï ! il a un trou à la tête, c'est une balle.

Un instant après, cinq ou six guerrilleros ouvrirent la porte et entrèrent dans notre prison en criant :

— Quien tira ? (Qui a tiré ?)

— Que dites-vous ? répondit brusquement Raoul, qui était de très-mauvaise humeur depuis que le guerrillero lui avait refusé à boire.

— Je vous demande qui a tiré ce coup de feu ? reprit le Mexicain.

— Qui a tiré ce coup de feu ? répéta Raoul, qui ne connaissait rien de ce qui s'était passé dehors.

— Comment diable voulez-vous que nous tirions un coup de feu ? Si j'avais cette faculté, mon très-cher, le premier usage que j'en ferais serait de loger une balle dans votre vilaine tête.

— Santisima ! s'écria le Mexicain au comble de l'étonnement, ce ne peut être aucun de ces gens-là, ils sont tous attachés.

Là-dessus, nos visiteurs sortirent en nous laissant à nos réflexions.

CHAPITRE XXXVIII.
Le quartier général de la guerrilla.

Les miennes n'étaient guère agréables. J'étais à la fois intrigué et chagrin, chagrin surtout de voir que celle qui m'était plus chère que la vie était ainsi exposée à mille dangers.

C'était sa sœur qui occupait l'autre hamac.

— Sont-elles seules ? me disais-je. Sont-elles prisonnières dans les mains de ces brigands ? L'hospitalité qu'elles nous ont donnée est-elle cause de leur proscription ? Toute cette famille de réfugiés n'est-elle point conduite devant quelque tribunal ?..... Peut-être se sont-elles mises tout simplement sous la protection de cette bande pour se préserver des attaques des autres brigands encore moins scrupuleux qui infestent la contrée.

Il n'est pas rare, en effet, sur le Rio-Grande, de voir de riches familles voyager sous la conduite de pareilles escortes ; cela m'éclairait sur...

— Mais je vous dis que j'ai entendu un coup de feu, et, sur mon âme ! c'est la carabine du sergent, ou bien j'ai tout à fait perdu l'esprit !

— De quoi s'agit-il ? demandai-je prenant part à la conversation de mes compagnons.

— Chane prétend avoir entendu un coup de feu et soutient que c'est la carabine de Lincoln, répondit Clayley.

— Son arme a un son tout particulier, capitaine, dit l'Irlandais en s'adressant à moi. Il diffère entièrement de celui d'un tromblon mexicain, et ne ressemble même pas à celui de nos carabines. Cela tient à la manière dont le sergent charge.

— Bien. Et ensuite ?

— Raoul me disait qu'une de ces peaux jaunes a demandé qui avait tiré, et moi j'ai répondu que j'avais entendu un coup de feu, car mon oreille se trouvait alors tout près de la porte. Quoique ce ne fût pas très-distinct, je n'en jurerais pas moins que c'est la carabine du sergent, et pas d'autre.

— C'est très-étrange, murmurai-je à demi-voix, car j'avais, de mon côté fait la même observation.

— J'ai vu l'enfant, capitaine, dit Raoul, je l'ai aperçu qui traversait au moment où on ouvrait la porte.

— L'enfant ! quel enfant ?

— Celui que nous avons été tirer de la ville.

— Ah ! Narciso ! Vous l'avez vu ?

— Oui ; et si je ne me trompe pas, j'ai aperçu aussi la mule blanche sur laquelle le vieux gentilhomme est venu au camp. Je pense que toute la famille se trouve avec la guerrilla, et que c'est pour cette raison que nous sommes encore en vie.

Ce fut un trait de lumière. Pendant les terribles vingt-quatre heures qui venaient de s'écouler, je n'avais pas encore pensé à Narcisso. La présence de l'enfant m'expliquait tout. Le Zambo tué par Lincoln, pauvre victime ! était un ami qu'on nous envoyait pour nous avertir du danger. Le poignard de Narciso trouvé sur lui, un signe de reconnaissance, la douce voix qui m'avait parlé, la main qui avait passé sous le tapajo, tout c'était encore Narcisso.

Le mystère qui m'environnait était à la fin éclairci, mais sans que j'en fusse plus heureux. Au contraire, je souffrais de l'indifférence qu'on me témoignait d'un autre côté.

— Elle doit, me disais-je, savoir que nous sommes ici, puisque son frère ne l'ignore pas. Nous sommes blessés, couverts de chaines, et elle dort !.. Elle voyage à quelques pas de moi, et quand je souffre tant, elle ne m'adresse pas un mot de consolation ! Non ! pendant que je suis lié comme un paquet sur ma mule, elle est assise sur quelque soyeux coussin ou mollement balancée dans sa litière ; peut-être même se fait-elle escorter par ce misérable Dubrosc ! ils causent ensemble !... Peut-être aussi qu'ils vont jusqu'à insulter au malheur de leurs prisonniers. Lui, du moins, ne s'en fait pas faute ; et elle, après avoir entendu cela, elle peut s'étendre dans son hamac et dormir du plus doux sommeil...

Le bruit de la porte qui s'ouvrait de nouveau mit fin à mes amères réflexions. Six guerrilleros entrèrent, nous remirent nos bandeaux, et nous reportèrent sur nos mules.

Peu d'instants après, le clairon se fit entendre, et la troupe reprit sa marche.

Nous suivions le lit d'un torrent, espèce de ravine ou cañada. Nous pouvions juger, à la fraîcheur de l'ombre et au bruit des échos, que nous cheminions dans de grands bois. La voix du torrent, qui grondait sourdement à nos oreilles, n'était pas sans quelque charme. Deux ou trois fois nous traversâmes le cours d'eau à gué, autant de fois à peu près nous nous en éloignâmes pour y revenir bientôt. Cette marche sinueuse avait pour but d'éviter les cañons. Au bout d'un certain temps, nous gravîmes une longue colline, et à peine arrivés à son sommet, nous nous mîmes à descendre le versant opposé.

— Je reconnais parfaitement cette route, me dit Raoul ; elle conduit à la hacienda de Cenobio.

— Pardieu ! continua-t-il, je dois connaître cette colline !

— Pour quelle raison ?

— D'abord, capitaine, parce que j'y ai porté plus d'une caisse de cochenille et plus d'une balle de tabac de contrebande. Ah ! j'avais les yeux libres à cette époque-là, et c'était, ma foi ! le cas de s'en servir.

— Je suppose que vos contrabandistas avaient soin de choisir pour leurs expéditions les nuits les plus sombres.

— Sans doute ; mais il arrivait parfois que le gouvernement prenait ses lunettes, et, ma foi ! la contrebande devenait dangereuse alors ! Nous avons eu, plus d'une escarmouche avec les douaniers. Fichtre ! oui, j'ai mes raisons de me rappeler cette colline. Il ne s'en est pas fallu de l'épaisseur d'un cheveu que je ne sautasse d'ici dans le purgatoire.

— Ah ! et comment cela ?

— Cenobio avait acheté une forte partie de cochenille d'un rusé marchand d'Oaxaca ; on l'avait cachée dans la colline, à deux lieues de la hacienda. On attendait, pour l'expédier, les vaillants lanciers venir la prendre à l'embouchure du Medellin.

Une partie de la bande fut chargée de transporter cette cargaison sur le rivage, et comme la chose était d'une valeur très-considérable, nous fûmes armés jusqu'aux dents, avec ordre du patron de la défendre jusqu'à la dernière extrémité. Cenobio avait eu soin de choisir des gaillards capables de résister vigoureusement. Le gouverneur, qui, par hasard ou autrement, avait eu vent de la chose, expédia de Vera-Cruz un détachement pour nous prendre. Nous rencontrâmes la troupe de l'autre côté de cette colline, près de la route qui conduit à Medellin.

— Très-bien ! Qu'est-ce qui arriva ?

— Il arriva une bataille qui dura presque une heure, et après avoir perdu une dizaine de leurs meilleurs hommes, les vaillants lanciers retournèrent à Vera-Cruz un peu plus vite qu'ils n'en étaient venus.

— Et les contrebandiers ?

— Ils conduisirent les marchandises à bord. Trois d'entre eux, pauvres diables ! doivent être encore tout près d'ici. Peu s'en fallut que je ne russe le même sort. J'avais reçu à travers la cuisse un coup de lance qui me fait encore souffrir en ce moment, fichtre !

Raoul venait de prononcer ces derniers mots, quand j'entendis des chiens aboyer au-dessous de nous. D'autres hennissements leur répondirent : c'étaient leurs camarades qui paissaient dans un champ voisin.

4.

— Nous approchons de la nuit, dis-je à Raoul.
— Je crois que nous sommes à peu près au coucher du soleil, reprit celui-ci, on sent la nuit.

Je ne pus m'empêcher de sourire à la réponse de mon camarade, qui, à défaut de ses yeux, se servait de son nez.

Les aboiements des chiens avaient cessé, et nous entendions des voix d'hommes qui souhaitaient la bienvenue aux guerrilleros.

Le pied de nos mules frappait sur des dalles, et le bruit se prolongeait comme s'il eût été répété par les échos d'une voûte.

Nos montures s'arrêtèrent; nous fûmes dépaquetés et jetés rudement sur les dalles comme des ballots de marchandises non fragiles.

Pendant quelques instants, nous entendîmes autour de nous un brouhaha assourdissant. Les chevaux hennissaient, les chiens aboyaient et hurlaient, des bœufs mugissaient, les arrieros criaient et juraient en déchargeant leurs mules, les sabres résonnaient sur le pavé, les éperons tintaient, des voix d'hommes et de femmes mêlaient leurs bruyants éclats; c'était étourdissant.

Deux hommes s'étaient approchés de nous et causaient entre eux.
— Ils sont de la troupe qui nous a échappé à la Virgen, disait l'un, deux d'entre eux sont officiers.
— Chíngaro! répondit l'autre, j'y étais, à la Virgen! Il y avait quelque diablerie dans leurs balles. J'espère que le *patrone* fera pendre tous ces sauvages d'Yankees.
— *Quien sabe?* (Qui sait?) répliqua le premier interlocuteur. Pinzon a été pris ce matin à Puenta Moreno avec plusieurs autres. Ils ont eu un fandango avec les dragons yankees. Tu sais ce que le vieux pense de Pinzon : il aimerait mieux se séparer de sa femme que de lui.
— Alors, tu crois qu'on les échangera?
— C'est probable.
— Vois-tu, nous aurions été pris toi et moi qu'il ne s'en serait guère inquiété; il nous aurait laissé pendre comme des chiens.
— C'est vrai, mais que veux-tu?

Je commence à être fatigué de lui. Par la Vierge! José, j'ai bonne envie, à la première occasion, de joindre le *Padre!*
— Jarauta?
— Oui. Il est du côté de Bridge, avec un bon nombre de Jarochos. Quelques-uns de nos anciens camarades de Rio-Grande sont avec eux. Ils vivent en courant les grandes routes. J'ai entendu dire qu'ils passaient de bon temps. Si Jarauta avait pris ces Yankees, le zopiloté aurait dîné aux dépens de leurs carcasses.
— C'est vrai, reprit l'autre. Mais, allons, ôtons le bandeau de ces diables, et donnons-leur ces fèves. Dieu veuille que ce soient les dernières qu'ils mangent!

Après ce charitable souhait, José se mit à déboucler nos tapojos. Nous fûmes encore une fois rendus à la lumière. Le jour nous éblouit à tel point, que pendant quelques instants nous ne pûmes rien voir de ce qui se trouvait autour de nous.

On nous avait traînés dans un coin du *patio*, vaste cour entourée par d'énormes murailles et par des bâtiments à toits plats.

Ces constructions étaient peu élevées et assez grossières à l'exception pourtant du corps de logis principal, qui servait à l'habitation. Le reste consistait en étables, en granges et en logements destinés aux domestiques et aux guerrilleros. Une galerie régnait tout le long du grand corps de logis principal. De beaux vases remplis de fleurs en ornaient la balustrade. Cette galerie était défendue contre les rayons du soleil par d'amples rideaux en drap de couleur écarlate. Ces rideaux, à moitié tirés, nous permettaient d'entrevoir l'ameublement, qui paraissait fort somptueux.

Au centre du patio s'élevait une grande fontaine dont l'eau retombait dans un grand réservoir en pierres de taille. Près du bassin croissait un bosquet d'orangers dont les branches chargées de fleurs et de fruits retombaient presque jusque dans l'eau.

Cette cour était en outre un véritable arsenal. Des armes de toute espèce étaient appendues aux murailles, des fusils, des pistolets, des sabres. Deux pièces de canon avec leurs caissons et leurs affûts se trouvaient également dans un angle du patio. Nous reconnûmes dans ces pièces nos deux vieilles connaissances de la Virgen.

Le patio contenait aussi une grande auge qu'entourait un double rang de mules et de mustangs occupés à manger avidement le maïs dont on l'avait remplie. Les traces de la selle encore imprimées sur le flanc de ces animaux indiquaient assez que c'étaient là les compagnons de notre fatigant voyage.

De gros chiens couchés sur les dalles brûlantes grognaient chaque fois que quelque bruit se faisait à la porte d'entrée. Leurs larges mâchoires et leur poil fauve dénotaient la race espagnole; évidemment ils descendaient en ligne directe de ces terribles dogues avec lesquels Cortez donnait la chasse aux malheureux naturels du Nouveau Monde.

Les guerrilleros, assis et groupés autour des feux allumés, faisaient rôtir des morceaux de bœuf embrochés à la pointe de leur sabre. Quelques-uns raccommodaient leurs selles ou fourbissaient quelque vieille carabine ou quelque informe tromblon. D'autres se promenaient majestueusement dans la cour en étalant leur brillante manga, ou en drapant sur leurs épaules leur pittoresque serapé.

Un grand nombre de femmes se trouvaient mêlées aux hommes.

La tête couverte du rebozo, elles vaquaient à différents travaux; les unes venaient avec de grandes cruches puiser de l'eau à la fontaine; les autres, agenouillées devant des pierres plates, pétrissaient les tortillas; d'autres préparaient le chilé et le chocolat dans des ollas de terre ou faisaient cuire des frijoles. Toutes ces occupations ne les absorbaient pas assez cependant pour les empêcher de rire et de causer avec les hommes qui les entouraient.

De temps à autre quelque officier, reconnaissable à la coupe de ses vêtements, paraissait sous la galerie pour donner des ordres aux guerrilleros, puis rentrait bientôt dans l'intérieur de la maison.

De gros ballots de marchandises étaient entassés dans un coin de la cour. Autour de ces ballots circulaient des arrieros vêtus de cuir, occupés à mettre leur chargement en sûreté pour la nuit ou à pendre leurs *alparejas* aux clous plantés à cet effet dans la muraille.

Par-dessus les toits opposés nous voyions, de la position élevée que nous occupions, se déployer de vastes champs bordés par de hautes forêts. A l'horizon se dessinaient le *Cofre* de Perote et la ligne sinueuse des Andes. Au-dessus de tout ce paysage et dans un vague lointain s'élevait le pic blanc d'Orizava, immense pyramide de neige dont l'éclat tranchait admirablement sur le bleu du ciel.

Ce magnifique tableau, si calme et si pur, portait avec lui une telle idée de grandeur et de sublimité, que pendant un moment j'oubliai ma captivité. Hélas! mon illusion ne fut pas longue. La voix de José la fit bientôt évanouir. Ce guerrillero arrivait suivi d'une couple de *péons* porteurs d'un grand plat de terre contenant notre souper.

Ce festin consistait en fèves noires, accompagnées d'une demi-douzaine de tortillas. C'était peu somptueux, mais nous étions à moitié morts de faim, et nous ne nous arrêtâmes pas à discuter la qualité des mets. Le plat fut posé au milieu de nous. Nos bras furent enfin déliés pour la première fois depuis que nous étions captifs. On ne nous donna ni couteaux, ni fourchettes, ni cuillers, mais Raoul nous montra la manière mexicaine d'avaler sa cuiller. A son exemple, nous nous servîmes des tortillas pour puiser dans le plat; et nous eûmes bientôt fait disparaître toutes les fèves, avec les tortillas qui nous avaient servi de couverts.

CHAPITRE XXXIX.

Galanterie de Chane.

Le plat fut vidé en moins d'un saut d'écureuil, comme le fit observer fort judicieusement Clayley.
— Sur ma foi, ça se laisse manger, tout noir que cela est! dit Chane en regardant tristement le plat vide, l'absence est encore pire que la couleur. Dites-moi, mon cher garçon, continua-t-il en s'adressant à José, n'y aurait-il pas moyen de nous en donner encore un peu?
— *No entiende*, répondit le Mexicain en branlant la tête.
— *In ten days!* (En dix jours!) s'écria Chane, qui, se méprenant sur la valeur des mots *No entiende*, prenait, vu la similitude de prononciation, la réponse du Mexicain pour un fragment de phrase anglaise. Dans dix jours!... Mais avant ce temps-là Murtagh Chane sera depuis longtemps à manger, soit dans le purgatoire, soit ailleurs, quelque chose de meilleur que votre cuisine.
— *No entiende*, répétait toujours le Mexicain.
— *Ten days!* mère de Dieu! nous serons tous morts de faim avant l'expiration de la moitié de ce délai, et nous n'aurons plus besoin de toutes vos drogues.
— *No entiende, señor!* reprit de nouveau le guerrillero.
— Va-t'en au diable! lui cria Chane, dont la patience était à bout.
— *Que quiere?* demanda le Mexicain en s'adressant à Raoul, qui, pendant tout ce quiproquo, se tenait les côtés de rire.
— Que vous dit-il, Raoul? demanda Chane avec aigreur.
— Il dit qu'il ne vous comprend pas.
— Parlez-lui vous-même, Raoul; dites-lui qu'il nous faudrait encore quelques fèves et un peu de ces galettes, si cela ne le contrarie pas...

Raoul transmit la requête de Chane.
— *No hay*, répondit le Mexicain en se mettant l'index sur le nez.
— Mais ce n'est pas cela, mon cher, nous vous demandons s'il n'y a pas moyen de nous apporter quelque chose à manger?
— *No entiende*, dit alors le Mexicain en répétant le même signe de tête.
— Ah! vous voilà encore avec vos *Ten days!* Mais, mon cher, ce n'est pas l'usage de faire attendre si longtemps une si mince régalade.
— Il vous dit qu'il n'y en a plus, reprit Raoul.
— Oh! le traître Judas! mais il y en a au moins cinq cents mesures dans la cour, regardez! Il veut nous laisser crever! L'infâme menteur!
— *Frijoles no hay*, répondit le Mexicain quand l'observation de Chane lui avait été traduite.
— *Fray holeys!* (Saints du paradis!) répéta Chane abusé de nouveau par la prononciation espagnole du mot *frijoles* (fèves); et qu'est-ce que les saints ont à faire ici maintenant? C'est bien le moment, ma foi, de parler de sainteté!

Raoul, Clayley et moi étouffions à force de rire. Il n'y avait que l'Irlandais qui tînt son sérieux.

— J'étrangle, dit ce dernier après une pause. Demandez-lui de l'eau, Raoul. J'espère qu'il ne pourra pas dire qu'il n'y en a pas quand à deux pas de nous il coule une fontaine qui en donne en abondance et d'aussi pure que la liqueur d'Ennishowen.

Raoul demanda, en effet, de l'eau, dont nous avions tous le plus grand besoin; nos gosiers étaient aussi enflammés qu'un charbon. A cette demande, José fit un signe de tête à une femme, qui, peu d'instants après, arriva près de nous avec une jarre pleine d'eau.

— Offrez-la d'abord au capitaine, madame, dit Chane en me désignant, vous en donnerez à tout le monde, mais il faut savoir respecter les grades.

La femme comprit ce signe et vint me présenter la cruche. Après avoir bu copieusement, je la passai à mes camarades Clayley et Raoul. Chane la prit le dernier; mais au lieu de boire immédiatement, comme on pouvait le supposer, il plaça le vase entre ses genoux et se mit à regarder la femme avec affectation.

— Je dis, ma petite amie, fit-il en clignant de l'œil et lui touchant doucement la taille, ma petite *Moochacha*... n'est-ce pas ainsi qu'on dit, Raoul?...

— *Muchacha?* Oui.

— Bien. Ma jolie petite *Moochacha*, ne pourriez-vous pas... Ah! c'est bien peu de chose ce que j'ai à vous demander... ne pourriez-vous pas me donner une gorgée de quelque chose de moins fade que cette eau? Vous seriez si gentille si vous le faisiez!

— *No entiende!* répondit la femme en souriant de la pantomime comique de Chane.

— Au diable! voici encore celle-là avec ses *Ten days*. Parlez-lui, Raoul, expliquez-lui ce que je demande.

Raoul transmit la requête de son camarade.

— Dites-lui, Raoul, que je n'ai pas d'argent à lui donner, parce que nous avons été dépouillés, mais que je lui ferai cadeau de ces images de saints en échange de la moindre goutte d'eau-de-vie.

Et en parlant ainsi l'Irlandais sortait ses images de la poche de son habit.

La femme, en apercevant toutes ces saintetés, se pencha avec curiosité en poussant une grande exclamation de surprise; puis, ayant bien vite reconnu que c'était un crucifix, la Vierge et un saint, elle se mit à genoux et murmura dévotement quelques oraisons dans un langage moitié espagnol, moitié aztèque.

Sa prière terminée, elle se leva et jeta sur Chane un regard de commisération en murmurant doucement : *Bueno catolico!* Puis, rejetant son rebozo par-dessus son épaule gauche, elle s'éloigna et traversa précipitamment la cour.

— Croyez-vous, Raoul, qu'elle soit allée chercher la liqueur?

— Sans aucun doute, répondit le Français.

Quelques minutes après la femme revint, apportant, en effet, une bouteille à moitié cachée sous les plis de son rebozo. Elle la présenta à Chane.

L'Irlandais n'eut rien de plus pressé que de dénouer le cordon qui attachait ses reliques.

— Laquelle préférez-vous, madame? dit-il : le saint, ou la bonne Vierge? les voulez-vous tous deux? Murtagh vous les donnera avec plaisir.

La femme, après s'être assurée d'un coup d'œil qu'elle n'était pas observée, se pencha sur Chane et lui dit d'un ton ému :

— *No, señor, su proteccion necessecita V.*

— Que dit-elle, Raoul?

— Elle vous dit de garder ces images, que leur protection vous est encore plus nécessaire qu'à elle.

— Sur mon âme, elle a raison! J'en ai plus besoin que jamais dans la position où je suis. Il est grand temps, d'ailleurs, que ces saints patrons fassent quelque chose pour moi. Voilà dix ans que je porte leurs images, et cette petite bouteille est la seule faveur que j'aie jamais reçue d'eux. Tenez, capitaine, essayez-en, cela ne vous fera pas de mal.

Je pris la bouteille et je me mis à boire. C'était du *chingarito*, espèce de mauvaise eau-de-vie qu'on tire de l'aloès sauvage. Cela me brûlait comme le feu. Après en avoir bu une gorgée, je passai la bouteille à Clayley, qui en usa plus amplement. Vint le tour de Raoul, après quoi la bouteille retourna entre les mains de l'Irlandais.

— A votre santé, dit le galant Chane en se tournant vers la femme mexicaine, puissiez-vous vivre jusqu'à ce que vous désiriez mourir!

— *No entiende*, répondit la femme en souriant.

— Ah! vous tenez à vos *Ten days*, mais nous ne nous chicanerons pas là-dessus... Vous êtes une brave créature, continua-t-il en la regardant, et quoique votre jupon soit trop court et que vos bas soient en mauvais état, vous n'en avez pas moins la jambe bien faite et un très-joli petit pied.

— *Que dice?* demanda la Mexicaine en s'adressant à Raoul.

— Il vous complimente sur la délicatesse de votre pied.

Cette flatterie parut plaire à la dame, qui, en effet, cachait un très-petit pied dans un soulier de satin fané.

— Dites-moi, ma chère, êtes-vous mariée? continua Chane.

— *Que dice?*

— Il s'informe si vous êtes mariée.

La femme plaça en souriant son doigt sur le bout de son nez, ce que Raoul traduisit à l'Irlandais comme une réponse négative.

— Eh bien! sur mon âme, si vous voulez m'épouser et retourner au pays avec moi, je suis votre homme, à la condition, bien entendu, que je me tirerai d'ici. Dites-lui cela, Raoul.

Celui-ci fit part à la belle des intentions de son camarade, mais la Mexicaine se contenta de rire sans rien répondre.

— Qui ne dit mot consent. Mais dites-lui encore, Raoul, que je n'ai pas un sou dans ma poche, et que la première chose à faire c'est de me tirer des griffes de tous ces gaillards-là. Dites-lui cela.

— *El señor esta muy allegre!* (Ce gentilhomme est très-plaisant!) répondit la femme, puis elle reprit sa cruche et s'éloigna.

— Eh bien, Raoul, consent-elle?

— Elle n'a pas encore fait toutes ses réflexions.

— Ah! par le saint vêtement, le pauvre Murtagh file un vilain coton, les saints ne le sauveront pas. En attendant, prenons encore une goutte.

CHAPITRE XL.

La danse de la tagarota.

La nuit vint; des fagots furent allumés, et le feu éclaira le patio de ses fauves lueurs. Tous les objets et personnages divers, déjà si singuliers et pittoresques par eux-mêmes, qui encombraient la cour, prirent aux reflets rougeâtres de la flamme de pin un aspect plus fantastique encore. Les guerrilleros, leurs larges chapeaux ornés pour la plupart de plumes, leurs yeux noirs flamboyants, leurs dents aiguës et blanches, l'expression à demi sauvage de leurs visages, leurs costumes aux couleurs brillantes, tout cela formait un ensemble qui ne laissait pas de nous impressionner vivement.

Les mules, les mustangs, les chiens, les péons, les toits plats, les fenêtres grillées en fer, les orangers placés près de la fontaine, les palmiers dominant les murs, les cocuyos brillant dans l'ombre, tout en un mot formait pour nous le plus étrange spectacle.

Nos oreilles étaient aussi étonnées que nos yeux; la plupart des bruits que nous entendions nous étaient étrangers, la voix de l'homme elle-même y avait des accents inconnus. Ce langage bâtard, moitié espagnol, moitié indien, dans lequel les guerrilleros criaient, chantaient et parlaient, différait plus qu'on ne saurait le dire de l'accent saxon. D'autres bruits d'ailleurs se mêlaient à ceux-ci. C'étaient des chiens qui faisaient entendre les notes vibrantes de leurs longs aboiements, des mules, des chevaux qui hennissaient, des sabres qui résonnaient, des éperons qui faisaient tinter leurs clochettes sonores, des poblanas qui faisaient entendre des chants mélancoliques empruntés aux Indiens et s'accompagnaient de leur mandoline.

Autour d'un brasier près duquel nous sommes assis, des guerrilleros avec leurs femmes se livrent au plaisir de la danse. Ils exécutent la *tagarota*, espèce de fandango. Pour être plus légers, les hommes se sont débarrassés de leurs grands chapeaux et de leurs manteaux, quelques-uns ont déboutonné les jambes de leurs calzoneros et les ont relevées dans leur ceinture à la mode bédouine; les femmes ont quitté leurs rebozos, retroussé les manches de leurs chemises, leur sein est à peine couvert, tandis que leurs jupons courts, agités par les mouvements de la danse, laissent voir presque à nu les formes de leurs jambes.

Deux hommes assis sur de mauvais tabourets de cuir font résonner leurs mandolines, tandis qu'un troisième gratte de toutes ses forces les cordes d'une vieille guitare; tous trois mêlent au son de leurs instruments les notes aiguës de leurs voix stridentes et désagréables.

Les danseurs se sont formés en parallélogramme, les partenaires sont placés en vis-à-vis, on est dans un mouvement perpétuel, tous les danseurs étant constamment occupés à battre la mesure de la tête, des pieds et des mains, les mains surtout jouent un grand rôle; on s'en frappe tantôt les joues, tantôt les cuisses, par instants aussi on les fait claquer l'une contre l'autre.

Après quelques temps, l'un des danseurs se détache et vient en faisant le bossu se placer en sautant au milieu de la figure; il cherche à attirer sa partenaire à l'aide de bouffonneries répétées. La femme résiste un instant, puis elle vient joindre son danseur, et tous deux se livrent aux contorsions les plus bizarres et aux poses les plus grotesques jusqu'à ce qu'un autre couple les remplace.

Les uns dissimulent leurs bras, les autres leurs jambes, ceux-ci marchent sur leurs talons, ceux-là sur leurs genoux, en un mot on s'efforce d'imiter toutes les infirmités les plus ridicules et les plus dégoûtantes. La tagarota consiste en une série de figures grotesques et hideuses, celui qui parvient à se faire le plus laid est considéré comme le plus habile danseur. Le guerrillero que nous vîmes le plus applaudi dansait sur le ventre sans remuer ni les pieds ni les mains. Nous ne pûmes nous empêcher de retrouver là une certaine analogie avec les exercices auxquels nous avions été obligés de nous livrer nous-mêmes quelque temps auparavant.

— Ma foi, nous en savons là-dessus presque autant qu'eux! dit Chane, qui paraissait s'amuser beaucoup de la tagarota et qui se livrait à de nombreux commentaires au sujet de cette danse.

Plus dégoûté que récréé par ce spectacle, je tournai mes regards vers la galerie et cherchai à reconnaître ce qui se passait derrière les rideaux à moitié tirés.

— Quelle étrange chose, me disais-je, je n'entends plus parler d'*eux*. Nous auraient-ils quittés pour prendre une autre route? Non, ils doivent être ici puisque Narcisso nous a promis pour cette nuit même... Lui au moins se trouve donc ici; mais elle! Peut-être est-elle dans cette maison, gaie, heureuse, indifférente...

Cette pensée ravivait toutes les plaies de mon cœur.

Tout à coup les rideaux s'ouvrirent entièrement, découvrant à mes yeux un brillant tableau. Hélas! c'était pour moi ce que doit être pour le damné la vue des joies du paradis. Il y avait là des officiers en superbes uniformes parmi lesquels je reconnus l'élégante personne de Dubrosc; des femmes richement parées, et au milieu d'elles... Sa sœur s'y trouvait également avec doña Joaquina, et cinq ou six autres dames vêtues de soie et éclatantes de diamants.

Plusieurs des cavaliers, jeunes officiers de la troupe, portaient le costume pittoresque des guerrilleros.

Des quadrilles s'étaient formés.

— Capitaine, s'écria Clayley, voyez, c'est don Cosme et toute sa famille!

— Oui, mais ne me touchez pas, ne me parlez pas...

L'émotion avait été si forte que ma respiration s'était presque arrêtée. Mon cœur cessa de battre pendant quelques minutes, ma gorge était devenue aride, une sueur froide perlait sur mon front.

— Il s'approche d'elle. Il la prie à danser... elle consent!... Non, elle refuse... Brave enfant! Elle se retire du cercle des danseurs... Elle regarde par-dessus la balustrade, elle est triste... Elle soupire... Pourquoi donc son sein est-il si agité?... Il l'approche de nouveau... Elle sourit... Il touche sa main!

— O rage! femme perfide! m'écriai-je en cherchant à m'élancer vers eux. J'étais transporté par la passion; mais mes pieds étaient liés, et mes efforts insensés n'aboutirent qu'à me faire tomber lourdement la face contre terre.

Au même moment nos gardiens me saisirent et me lièrent les mains, mes camarades furent aussi attachés de nouveau, et l'on nous transporta dans une petite chambre située dans un angle du patio.

La porte se ferma, la clef joua dans la serrure, les verrous furent tirés, et nous nous trouvâmes encore une fois abandonnés à nous-mêmes.

CHAPITRE XLI.
Un baiser dans l'ombre.

Je n'essayerai point de décrire les sentiments qui torturaient mon âme pendant que j'étais ainsi étendu sur les dalles de la prison. Ces dalles étaient froides, humides et sales, mais je ne m'en apercevais pas, absorbé que j'étais par mes souffrances morales. Il n'y a pas de supplice plus affreux que celui de la jalousie, et combien plus terrible est-il encore quand viennent s'y joindre les tristes circonstances dans lesquelles je me trouvais!

— Parjure!... Elle pouvait dormir, sourire, danser à côté de ma prison... avec mon geôlier.

Mon cœur était gonflé de haine et de rage. J'étais à la fois tourmenté par un ardent désir de vengeance et par un amour dont le mépris et la colère ne pouvaient arrêter l'essor. Je voulais vivre pour me venger et pour aimer.

En proie à cette idée, je jetai tout autour de notre prison un regard scrutateur pour voir s'il n'y avait pas quelque moyen de nous en échapper.

— Grand Dieu! cette translert dans cette prison venait déjouer les plans de Narcisso! comment fera-t-il pour arriver jusqu'à nous? la porte est fermée à triple tour, et une sentinelle y veille sans cesse!

Après de longs et pénibles efforts, je parvins enfin à me dresser sur mes pieds en m'appuyant contre un murs de la prison. La chambre était éclairée par une fenêtre ou plutôt par un trou large tout au plus comme une meurtrière. En m'appuyant le dos au mur, je réussis à arriver jusqu'au-dessous de cette fenêtre. Elle était juste à la hauteur de mon menton. Après avoir exigé de mes compagnons à garder le silence, je plaçai mon oreille à l'ouverture et j'écoutai attentivement. Tout à coup le vent de la campagne arriva jusqu'à moi. Je n'y pris pas garde. Qu'avais-je à m'en préoccuper? C'était le hurlement du loup. Le cri se répéta plus fort que la première fois. Je ne sais quoi de singulier me frappa dans ce hurlement. Je me retournai et j'appelai Raoul.

— Qu'y a-t-il, capitaine? demanda le Français.

— Savez-vous si on rencontre dans cette région le loup de la prairie?

— Je ne sais pas, capitaine, si c'est le vrai loup de la prairie, mais on y trouve parfois un animal qui ressemble beaucoup au coyote.

Je retournai à la fenêtre et je me remis à écouter.

— Le loup de la prairie se fait encore entendre... Un aboiement! par le ciel! c'est Lincoln.

Le bruit cessa pendant plusieurs minutes; puis on l'entendit de nouveau, mais dans une autre direction.

— Que faire? Si je réponds, je vais alarmer la sentinelle. Il faut attendre jusqu'à ce qu'il soit plus près du mur.

Le bruit se rapprochait de plus en plus.

N'obtenant pas de réponse, le hurleur se tut de nouveau. J'écoutais toujours avec anxiété. Mes compagnons, instruits de l'approche de Lincoln, s'étaient levés comme moi, et se tenaient debout appuyés contre les murailles.

Une demi-heure se passa de la sorte, sans que nous échangions un seul mot. Soudain un coup sec fut frappé en dehors, et une voix douce murmura :

— Holà! capitan!

Je replaçai mon oreille à l'ouverture, l'appel fut répété. Ce n'étaient ni la voix ni l'accent de Lincoln, ce devait être Narcisso.

— *Quien?* demandai-je.

— *Yo*, capitan.

Je reconnus la voix qui m'avait déjà parlé dans la matinée. C'était Narcisso.

— Pouvez-vous placer vos mains dans l'ouverture? dit la voix.

— Non. Elles sont attachées derrière mon dos.

— Pouvez vous les élever à cette hauteur?

— Non. Je me tiens sur le bout de mes pieds... et mes poignets sont bien loin d'atteindre jusque-là.

— Vos camarades sont-ils liés comme vous?

— Tous.

— Faites placer l'un d'eux de chaque côté de vous, et tâchez de vous élever sur leurs épaules.

Tout en admirant la finesse du jeune Espagnol, j'ordonnai à Chane et à Raoul de faire ce qu'on venait de m'indiquer.

Quand mes poignets furent arrivés à la hauteur de la fenêtre, je les tendis vers l'ouverture. Au même instant une douce main les toucha, je sentis le froid d'une lame qui passait entre mes deux poignets et appuyait sur les cordes. Un instant après j'avais les mains libres. J'ordonnai aux deux soldats de me remettre à terre, et je prêtai de nouveau l'oreille.

— Voici le couteau, servez-vous-en pour couper les liens de vos jambes ainsi que ceux qui retiennent vos compagnons. Ce papier contient des instructions indispensables à votre fuite. Vous trouverez une lampe dedans.

Un couteau et un papier plié et éclairé comme une lanterne chinoise me furent passés en même temps par mon interlocuteur.

— Maintenant, capitaine, une faveur, continua la voix avec un accent ému.

— Laquelle, laquelle?

— Je voudrais vous baiser la main avant de nous séparer.

— Cher et noble enfant! m'écriai-je en passant ma main à travers l'ouverture.

— Enfant! ah! c'est vrai, vous me prenez pour un jeune garçon, mais je suis une femme, capitaine! une pauvre femme qui vous aime avec un cœur déchiré et brisé.

— O ciel! est-ce vous, chère Guadalupe?

— Ah! j'ai trop espéré... C'en est fait. Mais non! quel bien en retirerais-je?... Non, non! je tiendrai ma parole.

— Votre main, votre main! demandai-je avec instance.

— Vous voulez baiser ma main, voilà!

La petite main passa de mon côté, j'y vis briller l'éclat de plusieurs diamants; je la saisis dans les miennes et la couvris de baisers ardents, auxquels elle s'abandonna sans résistance.

— O! m'écriai-je avec transport, ne nous séparons pas, fuyons ensemble! J'avais été injuste envers vous, aimable et chère Guadalupe...

Une brève exclamation pleine de douleur fut poussée par mon interlocutrice, au même instant sa main quitta brusquement la mienne en laissant un diamant dans mes doigts. Quelques secondes après la voix reprit avec un ton de tristesse profonde :

— Adieu, capitan, adieu! *Dans ce monde nous ne connaissons pas toujours ceux qui nous aiment le mieux*.

Intrigué, bouleversé par ces dernières paroles, j'interrogeai de nouveau, mais sans obtenir aucune nouvelle réponse. Enfin, pensant qu'il était temps de mettre fin à l'anxiété et au supplice de mes compagnons, je coupai les liens qui entravaient les jambes et je m'approchai de Raoul, auquel je rendis la liberté. Ceci fait, je lui remis le papier qu'on m'occupait d'ouvrir le papier. Il contenait un cocuyo; je le pressai doucement, comme je l'avais déjà vu pratiquer, et, grâce à la lumière qu'il répandit, je pus facilement lire ce qui suit :

« Ces murs sont en adobé. Vous avez un couteau. Le côté où se
» trouve percée la meurtrière donne sur la campagne. Au pied il y a
» un champ de magueys, derrière ce champ vous trouverez la forêt.
» Tâchez de vous en tirer. Je ne puis faire davantage pour vous.

» *Carisimo caballero, adios!* »

Je n'avais pas le temps de réfléchir aux particularités du style de cette note. Je jetai le ver luisant, mis le papier dans mon sein, et saisissais déjà le couteau pour attaquer le mur d'adobé, lorsqu'un bruit de voix venant de dehors attira toute mon attention. J'appliquai mon oreille au mur, et j'écoutai. C'était une altercation entre un homme et une femme.

— Ciel! m'écriai-je, c'est la voix de Lincoln!
— Ah! maudite femelle! vous connaissez le capitaine, cet homme qui vaut mieux dans son petit doigt que toute votre bande de brigands! vous devez savoir où on l'a logé? et si vous ne me montrez pas dans quel pigeonnier on l'a placé, et que vous ne m'aidiez pas à l'en faire sortir, je vous tords le cou comme à un poulet.
— Je vous dis, monsieur Lincoln, répondit une voix que je reconnus pour celle qui m'avait parlé un instant auparavant, que je viens de donner au capitaine les moyens de s'échapper.
— Comment?
— Oui, je vous le certifie! répondit la voix de femme.
— Bien, c'est facile à dire, mais il faut le prouver, et je ne suis pas homme à vous lâcher que je ne sois fixé sur ce point, entendez-vous?

En prononçant ces derniers mots le chasseur s'approcha de la meurtrière; j'entendis son pas pesant, et bientôt sa voix me parvint au travers de l'ouverture. Il m'appelait avec précaution :
— Capitaine!
— Voilà, Bob, tout va bien, répliquai-je en parlant à voix basse; car les sentinelles étaient toujours en mouvement devant la porte.
— Bien, vous pouvez vous en aller maintenant, dit Lincoln s'adressant à son interlocutrice, que j'aurais voulu entretenir de nouveau, mais que je n'osais appeler dans la crainte d'éveiller l'attention de nos gardiens.
— Mais faites mieux, ajouta le chasseur, vous êtes une bonne et brave personne, au lieu de vous en aller venez plutôt avec nous. Je suis sûr que le capitaine ne s'en plaindra pas.
— Monsieur Lincoln, je ne puis aller avec vous, laissez-moi me retirer.
— Faites comme il vous plaira. Mais si jamais vous avez besoin d'un service que Bob Lincoln puisse vous rendre, souvenez-vous de moi.
— Je vous remercie et vous suis reconnaissante.

Avant que j'eusse pu rien faire pour la retenir elle s'éloigna, et j'entendis sa voix qui répétait d'un accent triste et doux : *Adios! adios!*

Le temps de réfléchir était passé. Le mystère qui m'environnait avait déjà assez occupé mon esprit pendant plusieurs heures, il fallait agir. D'ailleurs la voix de Lincoln se faisait de nouveau entendre à la meurtrière.
— Qu'y a-t-il? demandai-je.
— Comment comptez-vous sortir d'ici, capitaine?
— En faisant un trou dans la muraille.
— Si vous pouviez m'indiquer la place, je vous éviterais la moitié de la besogne.

Je mesurai, à l'aide d'un de nos liens, une distance à partir de la meurtrière, et je tendis la corde à Lincoln.

Nous restâmes sans voir ni entendre le chasseur jusqu'à ce que la lumière de la lune vint filtrer à travers la muraille percée et se refléter sur la lame de son couteau. Le chasseur, à ce moment, poussa une exclamation particulière aux hommes de la montagne dans les moments de danger, après quoi il dit en s'adressant à Raoul :
— Courage! dans un instant il y aura une ouverture assez grande pour passer tout le monde.

En effet, quelques minutes après le trou fut assez large pour nous laisser sortir les uns après les autres.
— Le ciel soit loué! nous sommes encore libres!

CHAPITRE XLII.
Maria de Merced.

Au-dessous du mur de notre prison se trouvait un fossé profond rempli de cactus et d'herbes sèches. Nous demeurâmes quelques instants cachés au fond de ce fossé pour reprendre un peu de forces. Nos jambes, endolories et tuméfiées par les liens dont elles avaient été si longtemps étreintes, nous permettaient à peine de nous tenir debout. Elles étaient engourdies, et il fallut quelque temps pour que le sang pût y revenir et y circuler librement.
— Le mieux, murmura Lincoln, serait de suivre le fossé. Je suis venu en traversant les champs et j'y ai trouvé quelques places vides dans lesquelles nous serions peut-être découverts par ces canailles, dont l'attention ne tardera pas à être en éveil.
— Oui, la route la plus sûre, dit Raoul à son tour, est de suivre le fossé. Il y a bien quelques fenêtres qui donnent de ce côté, mais en nous baissant nous pourrons passer dessous sans être aperçus.

Nous suivîmes donc tout le fond du fossé et passâmes en rampant sous plusieurs fenêtres qui étaient fermées et auxquelles on ne voyait aucune lumière. Arrivés à la dernière, nous nous aperçûmes qu'elle était éclairée. Malgré le danger de notre situation, poussé par un sentiment irrésistible, je voulus regarder à travers les vitres, j'espérais trouver là quelque éclaircissement au mystère qui m'entourait depuis deux jours.

La fenêtre était assez élevée; mais comme elle était garnie de forts barreaux, j'en empoignai deux et je parvins facilement de la sorte à arriver jusqu'à un point d'où je pouvais voir facilement. Pendant ce temps, mes camarades m'attendaient tapis dans les magueys.

Ma tête seule paraissait au-dessus de l'appui de la fenêtre. Je regardai. La chambre était meublée avec une certaine élégance, mais l'examen du mobilier m'occupa peu de temps. Un homme assis près d'une table attira de suite toute mon attention. Cet homme était Dubrosc.

La lumière tombait en plein sur son visage, et ce ne fut pas sans éprouver dans tout mon être une fébrile émotion que je considérai pendant quelque temps les traits détestés de mon ennemi.

Je ne saurais peindre la haine que cet homme m'avait inspirée. Si j'avais eu une arme à feu, je n'aurais pu m'empêcher de l'immoler à mon ressentiment. Heureusement je n'avais dans mes mains que les barreaux de fer de la fenêtre solidement fixés à leur châssis, et dans ma rage impuissante je les tordis à les briser! je ne sais comment ma haine ne se manifesta pas d'une manière bruyante. Je n'avais pas en moi alors le sang-froid nécessaire pour me contenir; et si je ne commis pas d'imprudence, c'est à la Providence seule, qui sans doute protégeait notre fuite, que je dois d'avoir été préservé d'un éclat qui nous eût infailliblement perdus.

Pendant que je considérais Dubrosc, la porte de l'appartement s'ouvrit et donna passage à un jeune homme. Ce nouveau venu était singulièrement vêtu. Son costume était moitié militaire, moitié ranchero. Il y avait dans ses vêtements de velours une recherche et un luxe qui me frappèrent, moins encore pourtant que la distinction de ses manières. Son visage empreint d'une tristesse profonde, n'en était pas moins d'une beauté remarquable.

Il s'avança et s'assit près de la table, sur laquelle il posa la main. Plusieurs diamants brillaient à ses doigts. Son visage était pâle, et je remarquai que sa main tremblait.

Après un moment d'examen, je crus me rappeler que ce visage ne m'était point inconnu. Ce ne pouvait être Narcisso, car je ne m'y serais pas mépris un seul instant; cependant le jeune homme ressemblait au fils de don Cosme. Je trouvais même qu'il lui ressemblait, *à elle*. Tressaillant à cette pensée, je fixai plus attentivement le jeune homme : la ressemblance me parut plus frappante encore.

— O ciel! disais-je, elle sous ces vêtements!... seule avec cet homme!... mais non!... ces yeux!... Ah! je me rappelle. Le jeune garçon que j'ai vu au rendez-vous, à bord du transport, dans l'île, et puis la peinture... C'est cela, c'est sa cousine... *Maria de Merced!*...

Ces souvenirs me traversèrent l'esprit comme un éclair et disparurent de même pour faire place à d'autres plus récents : l'aventure de la matinée... les mots étranges murmurés à la fenêtre de ma prison... plus de doute, j'avais devant moi l'auteur de notre délivrance.

Tout un monde de mystères venait de m'être expliqué dans un seul moment, c'était un trait de lumière; je me rejetai en arrière, en proie à des émotions nouvelles...
— Guadalupe ignorait ma captivité, elle était innocente.
Cette seule pensée suffit pour me rendre le bonheur.

Pendant que je m'abandonnais à mes réflexions, les unes pénibles, les autres consolantes, le bruit d'une vive altercation me rappela au sentiment de la réalité. On se disputait dans la chambre. Je me levai sur la pointe des pieds, et, m'aidant de nouveau de mes poignets et des barreaux de la fenêtre, je regardai une seconde fois.

Dubrosc parcourait l'appartement en donnant des signes de colère.
— Bah! s'écria-t-il avec un accent de froide brutalité, vous espérez me rendre jaloux, mais vous n'y réussirez pas. Je ne l'ai jamais été et ne commencerai pas pour vous. Je sais que vous aimez ce misérable Yankee! je vous ai surveillée sur le vaisseau et dans l'île, vous étiez accordée de venir avec lui dans ce pays... Ah! ah! jaloux! Vraiment!... Vos petites cousines ont grandi depuis mon dernier voyage...

Cette allusion à Guadalupe et à sa sœur fit bouillonner le sang dans mes veines.

J'eus tout lieu de croire qu'elle avait produit le même effet sur la jeune femme, car ces mots furent à peine prononcés qu'elle se leva et regarda fièrement Dubrosc avec des yeux flamboyants.
— Oui! s'écria-t-elle ; mais si vous osiez essayer d'accomplir vos indignes projets sur l'une ou l'autre de ces enfants, n'oubliez pas que dans ce pays nos lois j'ai pourtant le pouvoir de vous punir. Vous êtes assez misérable pour ne reculer devant rien, mais elles doivent échapper à vos coups ; c'est assez d'une victime!
— Victime, en vérité! répliqua l'homme effrayé par la violence de son interlocutrice ; vous vous posez en victime, Marie! vous, l'épouse du plus bel homme qui soit au Mexique!

Il y avait de l'ironie dans le ton de ces dernières paroles. Le mot *épouse*, surtout, avait été prononcé avec une emphase très-marquée.
— Misérable! osez-vous bien rappeler qu'il vous a fallu un faux prêtre... *O santisima Madre!*... continua-t-elle en se laissant tomber sur sa chaise et cachant sa tête dans ses mains. Séduite, ruinée, presque sans sexe... et pour un homme que je n'ai jamais aimé, car, ce n'était pas de l'amour, c'était de la folie et de la fascination...

Ces derniers mots furent prononcés à voix basse, comme si elle se les fût adressés à elle-même sans s'inquiéter de la présence de son compagnon.

— Je ne donnerais pas un claco, dit insolemment Dubrosc piqué de cette déclaration, non, ma foi ! pas un claco pour avoir jamais été aimé de vous. Que vous m'ayez aimé ou non, ce n'est pas là la question. Ce dont il s'agit, c'est de vous présenter à votre Crésus d'oncle et de réclamer la part de votre fortune que le vieil avare retient encore dans ses doigts crochus. Il faut que cela ait lieu pas plus tard que demain.

— Je ne le veux pas.

— Vous le ferez, ou...

La femme se leva sans répondre, et se dirigea du côté de la porte avec l'intention de sortir.

— Pas pour cette nuit, ma charmante, s'il vous plaît, dit Dubrosc en la saisissant assez vivement par le bras ; j'ai mes raisons pour vous retenir ici. Je vous ai vue parler ce matin à ce damné Yankee, et je

Et ce fut sur cette table d'une nouvelle espèce qu'après de grands efforts, et me servant de mes lèvres à la manière des chiens, je parvins à déployer le papier.

vous sais assez perfide pour lui procurer les moyens de fuir. Je veux y veiller moi-même. Quant à vous, vous aurez la bonté de demeurer où vous êtes. Mais demain matin vous serez libre. Et s'il vous plaît de vous lever de bonne heure, vous aurez le plaisir de le voir danser à quelque branche d'arbre. Ah ! ah ! ah !

Et le créole sortit en ricanant, et ferma la porte derrière lui.

Une singulière expression se faisait remarquer sur le visage de la jeune femme, il y avait à la fois dans son regard du triomphe et de la douleur. Dubrosc parti, elle s'avança vers la fenêtre, colla ses lèvres aux carreaux, et essaya de voir en dehors.

Je pris dans mes doigts le diamant qu'elle m'avait donné au moment de notre séparation, j'élevai la main jusqu'à la hauteur de son visage, et j'écrivis sur la vitre le mot *Gracias*.

En m'apercevant, son premier mouvement fut de se rejeter en arrière. Pour moi, je n'avais pas de temps à perdre ; mes compagnons s'impatientaient de mon retard. Je laissai donc ma libératrice et rejoignis mes amis. Ils n'attendaient que moi, et nous reprîmes aussitôt notre fuite à travers le fourré de cactus et de magueys. Bientôt, nous arrivâmes sans accident à la lisière de la forêt.

Avant d'y pénétrer, je ne pus m'empêcher de me retourner pour regarder la fenêtre. La jeune femme y était ; la lampe à la main, elle lisait mon griffonnage. Pauvre Merced ! la lumière éclairait en plein son joli visage, et je n'oublierai de ma vie sa touchante et mélancolique expression.

D'un bond nous fûmes dans le bois.

CHAPITRE XLIII.

La Poursuite.

Pendant quelque temps, ma fuite fut irrésolue. J'hésitais presque à quitter les lieux habités par Guadalupe. L'idée de la laisser dans une pareille société, prisonnière peut-être sous la puissance de cet infâme Dubrosc, me tourmentait plus que je ne puis le dire ; mais qu'y faire ? Nous n'étions que cinq hommes presque désarmés,

— Ce serait folie, me dis-je à la fin, de rester en ces lieux, et cette folie me coûterait la vie. Merced possède quelque mystérieux pouvoir sur son farouche amant, elle s'en servira sans doute pour le protéger.

Cette dernière pensée fixa toute mes irrésolutions, et je me livrai tout entier à l'idée de notre salut. Nous craignions peu d'être repris, nous avions pour cela trop de confiance dans l'habileté de Lincoln et dans l'habitude qu'il avait depuis longtemps de toutes les ruses employées dans la prairie pour dépister les Indiens. De plus, Raoul connaissait parfaitement le pays ; il n'y avait pas un sentier ou un fourré dans lequel il n'eût déjà passé mainte et mainte fois.

Nous nous arrêtâmes un moment pour délibérer sur la direction que nous prendrions. Pendant que nous étions en conseil, nous entendîmes un clairon retentir derrière nous ; puis, dans la même direction, le bruit d'un coup de canon, que répétèrent les échos d'alentour.

— Ces bruits viennent de la hacienda, dit Raoul, on s'y est déjà aperçu de notre départ.

— Est-ce un signal, Raoul ? demanda Lincoln.

— Oui, répliqua l'autre, c'est pour avertir tous leurs postes dispersés sur les collines, nous allons tous les trouver sur le qui-vive.

— Je ne suis pas d'avis de rester dans le bois, il n'est pas assez étendu. Ne pouvez-vous pas, Raoul, nous conduire au fond de quelque ravine ?

— Il y a, dit le Français, un grand chapparal à dix milles d'ici environ. Si nous pouvons l'atteindre, nous sommes sauvés. Une bande de loups s'y tiendrait aisément cachée. Nous pouvons facilement y arriver avant le jour.

— C'est là qu'il faut nous conduire, Raoul.

Nous nous dirigeâmes de ce côté en nous avançant avec la plus grande précaution : le froissement des feuilles, le craquement d'un bois mort se brisant sous nos pieds pouvaient suffire à nous faire découvrir ; car nos ennemis étaient en mouvement sur tous les points, et des détachements passaient assez près de nous pour que nous pussions entendre le bruit de leur marche.

Nous avions pris à droite afin de gagner la ravine dont avait parlé Lincoln. Nous y arrivâmes bientôt, et nous descendîmes dans le lit même du torrent qui coulait au fond. Lincoln s'était opposé à ce que nous suivissions la rive, dans la persuasion où il était, disait-il, que dans ce cas nos ennemis ne tarderaient pas à découvrir nos traces.

Les prévisions du chasseur étaient fondées, car peu après que nous eûmes pris la précaution que nous venons de mentionner un parti de nos ennemis arriva sur le bord de la ravine. Ils étaient si près de nous, que nous entendions le bruit de leurs éperons et de leurs sabres ; que nous pouvions même distinguer jusqu'à leur conversation.

— Et d'abord, disait un guerrillero, comment ont-ils fait pour se détacher dans la prison ? Puis, qui est-ce qui a pu percer le mur en dehors ? Il faut que ce soit l'un d'eux qui s'est d'abord échappé... Pourtant ce n'est guère possible.

— C'est vrai, José, disait une autre voix, il faut qu'ils aient été aidés par quelqu'un, et ce ne peut être que par ce géant qui nous a échappé là-bas au rancho. Le coup de feu qui a tué le serpent venait du chapparal, et nous l'avons fouillé dans tous les sens sans y trouver personne. Souviens-toi de mes paroles. C'est lui ! Il nous avait suivis, pour sûr, pendant toute notre route.

— *Vaya !* s'écriait un autre, ça ne m'irait pas, de me trouver à la portée de sa carabine. On dit qu'elle porte à plus de mille pas et qu'à cette distance il met sa balle où il veut, comme avec la main. Le serpent a été frappé droit entre les deux yeux.

— Par la Vierge ! il faut que ce soit un serpent de bon goût pour être venu faire le beau auprès de la jolie fille du vieil Espagnol. Cela me rappelle ce que dit la Bible de notre mère Ève et du serpent. Si la balle du Yankee...

Nous ne pûmes pas en entendre davantage, car les voix s'éloignaient et furent bientôt couvertes par le bruit du torrent.

— Ah ! murmura Lincoln terminant la phrase commencée par le guerrillero, si la balle du Yankee n'avait pas été pour le serpent, elle eût été pour l'un de vous, gredins !

— C'était donc vous ? demandai-je en me tournant vers le chasseur.

— Oui, capitaine, c'était moi qui m'apprêtais à faire un mauvais parti à M. Dubrosc, que j'avais aperçu dans le taillis, lorsque je me suis décidé à sacrifier ma balle pour le salut de la jeune fille.

— Et Jack ? demandai-je pensant pour la première fois au jeune garçon.

— J'espère qu'il va bien, capitaine. Je l'ai envoyé au camp toucher deux mots de la chose au colonel.
— Ainsi, vous attendez des secours du camp?
— Sans doute, capitaine, mais ils ne pourront venir jusqu'ici; ils s'arrêteront probablement au rancho, et en attendant il faut nous tirer seuls de ce mauvais pas et marcher vivement à la suite de Raoul.
— Vous avez raison, suivons donc Raoul.

Après une marche très-fatigante, nous atteignîmes enfin le fourré dont nous avait parlé Raoul. Nous y pénétrâmes et nous nous glissâmes au milieu des broussailles jusqu'à une petite place ouverte dont le sol était couvert de grandes herbes sèches. Nous aurions pu difficilement trouver un meilleur lieu pour bivouaquer. Nous étions d'ailleurs rendus de fatigue, non moins de notre course précipitée que des suites de notre voyage à mule; aussi à peine étions-nous étendus sur l'herbe, que déjà nous dormions d'un profond sommeil.

Les unes venaient avec de grandes cruches puiser de l'eau à la fontaine...

CHAPITRE XLIV.

Nouvel et terrible ennemi.

Il faisait grand jour quand je m'éveillai. Mes compagnons, à l'exception de Clayley, étaient déjà debout et venaient d'allumer du feu avec un certain bois, connu de Raoul, qui a l'avantage de ne produire que très-peu de fumée. Ils s'occupaient à préparer le déjeuner. A une branche d'arbre pendait le cadavre hideux d'un iguane encore tout palpitant; Raoul était en train de l'écorcher avec le couteau, tandis que Lincoln rechargeait avec soin sa carabine. L'Irlandais, assis sur l'herbe, pelait des bananes, et les faisait rôtir sur les charbons.

L'iguane fut bientôt grillé, et nous nous mîmes à manger d'un excellent appétit.
— Par saint Patrick! dit Chane, qui m'aurait jamais dit dans mon pays que je mangerais pareille vermine, je ne l'aurais pas cru.
— Comment le trouvez-vous, Murtagh? dit Raoul en riant.
— Mon opinion est que cela vaut mieux qu'un plat vide comme celui dans lequel ce diable de Ten days n'a jamais voulu remettre de fèves. Mais si...
— Chut, dit Lincoln tressaillant et laissant à moitié route la bouchée qu'il portait à sa bouche.
— Qu'y a-t-il? demandai-je.
— Dans un instant je vais vous le dire, capitaine.

En prononçant ces mots, le chasseur, qui s'était levé, nous fit signe de garder le silence; puis, enjambant la limite de la clairière, il se coucha par terre.

Nous savions que c'était une manière d'écouter, et nous attendîmes avec anxiété le résultat de ses observations. Nous ne restâmes pas longtemps dans l'incertitude, car à peine le chasseur avait posé son oreille à terre qu'il se releva d'un bond en criant :

— Dieu vivant! on a mis des chiens sur nos traces.

Ce n'était que très-rarement que Lincoln se servait de jurements, et quand cela lui arrivait c'est que la chose était grave; le visage du chasseur était d'ailleurs en rapport avec ses paroles : on voyait dans ses yeux une expression de désespoir qui ne s'y trouvait pas souvent.

Cette révélation de Lincoln agit sur nous comme une action galvanique, d'un bond nous nous éloignâmes du feu et nous nous jetâmes à plat ventre sur l'herbe.

Pas un mot n'avait été prononcé; mais chacun, imitant le sergent, avait mis son oreille à terre.

Dans cette position nous distinguâmes d'abord un murmure sourd semblable au bourdonnement d'une abeille, ce bruit semblait sortir de terre; peu après il devint plus distinct : puis un hurlement plus prononcé, qui bientôt cessa entièrement. Après un court intervalle le bruit recommença; cette fois il nous arrivait plus distinct encore : c'étaient des aboiements sur la nature desquels il était impossible de se méprendre. Comme l'avait dit Lincoln dès le principe, nous avions à nos trousses des limiers espagnols.

Nous nous relevâmes, et nos yeux se portèrent de tous côtés pour découvrir des armes; mais nous n'en vîmes point, et nos regards se rencontrant exprimèrent le plus profond désespoir.

La carabine et deux couteaux de poche étaient les seules armes qui fussent en notre possession.
— Qu'allons-nous faire? demanda l'un de nous.

Et au même moment tous les yeux se tournèrent vers Lincoln.

Le chasseur demeurait immobile la main crispée sur le canon de son arme et le regard fixé à terre.
— A quelle distance sommes-nous de la ravine, Raoul? demanda-t-il après un moment de silence.
— A deux cents pas tout au plus.

Je sentis le froid d'une lame qui passait entre mes deux poignets et appuyait sur les cordes.

— Je ne vois pas d'autre chose à faire, capitaine, que d'entrer dans l'eau. Si le torrent est guéable, nous le mettrons entre nous et les chiens. Avez-vous quelque chose à objecter à cela?
— Non, car j'avais moi-même songé à ce moyen.
— Si nous avions des bowies (couteaux de chasse), nous aurions attendu les chiens ici; mais nous n'en avons pas, et je crois, d'après les aboiements, qu'il n'y a pas moins d'une douzaine d'animaux à nos trousses.
— Non, il n'y a pas moyen de rester ici! ainsi, Raoul, conduisez-nous à la ravine.

Le Français se mit en marche, et nous le suivîmes à travers le fourré.

Arrivés au cours d'eau, nous entrâmes dans son lit. C'était un de ces torrents de montagne si communs dans le Mexique, qui se composent d'eaux tranquilles alternant avec des cascades. Ces cascades ont la plupart du temps une violence extraordinaire. Resserrées entre deux rives étroites de basalte, elles roulent en mugissant au milieu d'un lit parsemé de rochers leurs flots rapides toujours couverts d'une écume blanchissante.

La place par laquelle nous pénétrâmes dans le lit du courant était une sorte de mare à l'eau presque dormante. Nous la traversâmes facilement, et continuant à suivre le lit du torrent, nous arrivâmes bientôt à une seconde place de même nature, non sans avoir pourtant éprouvé beaucoup de peine à passer sur les rochers d'une cascade intermédiaire.

Cette seconde mare n'avait pas moins de cent pas de long; l'eau y était pure comme le cristal : nous en avions jusqu'à la ceinture.

Espérant en avoir assez fait pour dérouter les chiens, nous revînmes à la rive, sur laquelle nous grimpâmes, et que nous nous mîmes à suivre dans une direction parallèle au courant, en ayant bien soin de ne pas nous éloigner de l'eau dans la crainte où nous étions d'être obligés de répéter la ruse.

Les hurlements des chiens qui avaient pendant un moment retenti violemment à nos oreilles cessèrent tout à coup.

— Ils auront atteint le courant, dit Clayley.

— Non, répondit Lincoln après avoir écouté; ils ont seulement trouvé les restes de l'iguane.

— Voilà que cela recommence, dit quelqu'un de nous au moment où s'élevait de nouveau un concert en chœur. La minute d'après les aboiements cessèrent de nouveau et furent remplacés par des grognements sourds qui nous annonçaient que la meute était en défaut.

Nous descendîmes le courant pendant environ deux milles sans avoir d'autres renseignements sur les chiens que quelques aboiements qui nous parvenaient isolément, et nous commencions à croire que nous les avions complètement déroutés, quand nous vîmes Lincoln, qui était resté quelques pas en arrière, se coller de nouveau l'oreille contre terre.

Nous nous arrêtâmes les yeux fixés sur lui avec une anxiété profonde. Une minute après le chasseur se releva et frappa le sol avec la crosse de sa carabine en s'écriant d'un air furieux :

— Le ciel confonde ces damnés chiens! les voilà encore après nous.

A cette révélation, nous retournâmes à la ravine; et après avoir escaladé quelques rochers nous rentrâmes de nouveau dans le lit du torrent, que nous nous mîmes à descendre.

Une exclamation de Raoul, qui marchait en avant, nous arrêta tout court. Nous en apprîmes bientôt la cause. Nous étions entrés dans l'eau près d'un endroit où le torrent s'engouffrait dans un cañon.

De chaque côté de nous s'élevaient des rochers taillés à pic de plusieurs centaines de pieds de haut. L'eau se précipitait entre l'étroit espace que les rochers laissaient entre eux avec tant de force et de violence, que poursuivre notre marche en avant c'était s'exposer à se briser contre ces rochers.

Pour continuer à descendre le torrent, il fallait reprendre terre et faire un circuit d'un mille; chose peu praticable, car les chiens ne pouvaient manquer de nous avoir rejoints au bout de trois pas.

Nous nous interrogions du regard. Lincoln était surtout celui auquel chacun semblait demander du secours.

— Pour cette fois, je crois que nous voilà pris! dit le chasseur en grinçant les dents.

— Non! m'écriai-je à une pensée soudaine qui venait de me traverser l'esprit. Suivez-moi, camarades. Il faut, pour fuir les chiens, gravir sur cette falaise.

En parlant ainsi je désignais les rochers qui s'élevaient au-dessus de nos têtes.

Un grand cri de Lincoln témoigna son approbation.

— Hourra! dit-il en sautant sur la rive. Le capitaine a une excellente idée. Allons, enfants, gravissons la falaise.

L'instant d'après nous étions suspendus aux flancs des rochers abrupts, et au bout d'un quart d'heure nous étions enfin parvenus, à la force des bras et des poignets, à gagner le point le plus élevé. C'était une petite plate-forme recouverte de quelques touffes d'herbe. Elle dominait le torrent, qui coulait en grondant à ses pieds. Ce fut là que nous nous arrêtâmes.

CHAPITRE XLV.
Bataille avec des chiens.

Nous demeurâmes un instant à reprendre haleine. La rude ascension que nous venions de faire nous avait essoufflés et horriblement fatigués.

Je voulus juger de la profondeur du précipice au-dessus duquel nous étions suspendus. C'était à donner le vertige. A plus de deux cents pieds au-dessous de nous, au bas d'une muraille de rochers, roulait le torrent, qui s'engouffrait dans le cañon, sur un lit de rochers qu'il couvrait d'écume.

Entre nous et le torrent il n'y avait rien pour arrêter les regards. Les rochers étaient perpendiculaires sans une seule saillie et sans un seul arbre pour amortir la chute. Le regard descendait tout d'un trait sur les fragments de roche qui parsemaient le lit du torrent.

Il se passa quelques minutes avant que nous vissions apparaître aucun de nos singuliers adversaires, mais chaque aboiement nous avertissait qu'ils se rapprochaient de plus en plus. Notre piste était toute fraîche et il était évident qu'ils l'avaient rencontrée. Bientôt, en effet, nous entendîmes remuer les broussailles, et nous vîmes leurs poitrines blanches apparaître au milieu des feuilles. Un instant après le limier de tête bondit sur la rive, ouvrit ses terribles mâchoires et poussa un long hurlement.

Il était en défaut à l'endroit où nous étions entrés dans l'eau. Les autres chiens débouchèrent du fourré, et le rejoignirent en mêlant leurs cris de désappointement aux siens.

Un vieux chien, plus habile et plus expérimenté que les autres, descendit jusqu'à l'ouverture du cañon, au niveau de l'endroit où nous avions traversé. Arrivé à ce point l'animal entra dans le lit du torrent et arriva, en sautant de rochers en rochers, jusqu'à la place où nous étions sortis de l'eau pour gravir la falaise. Un grand cri de l'animal annonça aux autres chiens que la piste était retrouvée. Ceux-ci prirent la même direction.

Cependant le vieux chien prenait son élan pour atteindre un rocher sur lequel nous avions nous-mêmes passé quand Lincoln fit feu. L'animal fit entendre un faible gémissement, tomba dans l'eau de la première et disparut comme un éclair dans la profondeur du cañon.

— En voilà toujours un de moins sur la piste, dit le chasseur en rechargeant vivement sa carabine.

Sans paraître avoir remarqué la disparition de leur chef de file, les autres chiens continuèrent à s'avancer vers notre piste avec des aboiements continus. Nous les voyions distinctement, ils se rapprochaient de nous à chaque pas, et déjà l'un d'eux sortait du lit du torrent et se disposait à gravir la falaise, quand un nouveau coup tiré par Lincoln vint mettre fin à sa poursuite et à sa vie.

— Deux ennemis de moins, dit le sergent en jetant sa carabine par terre.

Il n'y avait plus moyen de s'en servir, les chiens nous avaient vus, et, abandonnant la piste devenue superflue, ils s'avançaient vers nous en gravissant avec rapidité les rochers sur lesquels nous avions eu tant de peine à grimper. En un instant ils furent sur nous, et alors commença une terrible lutte corps à corps. Hommes et chiens étaient confondus dans un pêle-mêle effroyable.

Combien de temps dura ce combat, je ne saurais le dire. Tout ce que je sais, c'est que je me vis entouré de monstres furieux, que je fus saisi à la fois à la gorge et au bras et que je sentis des dents aiguës et cruelles qui me pénétraient dans les chairs. Je me débattis avec le courage du désespoir; enfin je parvins à empoigner une queue, une patte ou un cou, je ne sais quoi, et à lancer un animal à quelque pas de moi. Il tomba dans le précipice.

J'étais libre, mais ce n'était pas pour longtemps, un nouveau combat recommença bientôt.

Un moment je perdis l'équilibre, et, suspendu au bord de l'abîme, je fus sur le point d'y rouler avec l'ennemi dont je me débarrassais. J'eus pourtant assez de force pour me cramponner au sol; ce fut un effort suprême, et je tombai par terre presque sans vie. J'étais incapable de me défendre plus longtemps.

Je regardai autour de moi. Clayley et Raoul étaient, comme moi-même, étendus sur le sol, blessés et sanglants. Lincoln et Chane tenaient un chien, le premier par la tête, le second par les pattes de derrière, et le balançaient avec l'intention de le jeter dans l'abîme.

— Allons, Murtagh! dit le chasseur, un bon tour de bras, il faut l'envoyer de l'autre côté de la ravine : une! deux et trois! heup !

Au même moment l'animal fut lancé en l'air. Je voulus voir ce qu'il en adviendrait, je regardai. L'animal traversa l'espace qui séparait les deux falaises, vint frapper sur le bord de celle qui nous était opposée, rebondit et tomba avec fracas dans le gouffre béant.

C'était le dernier de la bande.

CHAPITRE XLVI.
Une ruse indienne.

Un cri sauvage attira notre attention. C'étaient les guerrilleros lancés à notre poursuite qui débouchaient des bois. Ils étaient tous à cheval et venaient de s'arrêter au pied de la falaise.

— Que signifie ce cri, Raoul ? qu'est-ce que c'est que ce cri ?

— C'est qu'ils sont désappointés, capitaine. Ils vont mettre pied à terre, il n'y a pas moyen de conduire les chevaux jusqu'ici.

— Ah! si nous avions seulement chacun une carabine ! ce sentier...

Je considérais la gorge ; il me paraissait évident qu'on pouvait facilement en défendre l'entrée, mais pour cela il eût fallu être armés.

Les guerrilleros, après avoir mis pied à terre, ayant attaché leurs chevaux aux arbres et se disposaient à traverser de l'autre côté. L'un d'eux, celui qu'à son plumet et à la richesse de ses habits nous jugions être leur chef, venait d'entrer dans le courant et se tenait en avant sur un rocher avec son épée nue à la main. Il n'était guère à plus de trois cents pas de la position que nous occupions sur le sommet de la falaise.

— Croyez-vous pouvoir l'atteindre? dis-je à Lincoln, qui avait rechargé sa carabine, et qui fixait le Mexicain, afin sans doute de se faire une juste idée de la distance.

— Je crains d'être trop loin, capitaine. Je donnerais une demi-année de solde pour avoir à ma disposition la carabine allemande du major. Nous pouvons toujours essayer. Murtagh, placez-vous devant moi. Nous sommes trop en évidence ici, et si ce Mexicain me voit l'ajuster il fuira comme un daim.

Chane vint placer sa large personne devant le sergent. Celui-ci appuya avec soin sa carabine sur l'épaule de son camarade et visa le Mexicain.

Le chef guerrillero avait aperçu ce mouvement, et, soupçonnant le danger, il venait de faire un demi-tour sur lui-même et se disposait à quitter le rocher quand le coup partit. Le plumet vola au loin, et le guerrillero, étendant convulsivement les bras, tomba lourdement dans l'eau. Un instant après le cadavre flottait à la surface du courant, suivi par le chapeau et le plumet. En un clin d'œil tout disparut dans le cañon avec la rapidité d'une flèche.

Les camarades du mort poussèrent un cri de terreur. Ceux qui l'avaient suivi dans le torrent regagnèrent précipitamment la rive et se mirent à l'abri derrière les rochers.

A ce moment nous entendîmes une voix qui s'élevait au-dessus des autres en criant :

— *Carajo, guardaos! esta el rifle del diablo* (Prenez garde, c'est la carabine du diable)!

C'était sans doute le camarade de José, celui qui s'était trouvé dans la prairie de la Virgen et avait été témoin des exploits de la *Zündnadel*.

Les guerrilleros, terrifiés par la mort de leur chef, car c'était Yañez qui venait de tomber, s'étaient tous cachés derrière les rochers. Ceux mêmes qui étaient restés à la garde des chevaux à plus de six cents pas en arrière cherchèrent un refuge derrière les arbres et les accidents de terrain.

Les guerrilleros qui se trouvaient le plus près de nous ripostèrent à Lincoln à coups d'escopette, mais leurs balles mal dirigées vinrent s'aplatir sur la face de la falaise ou passèrent en sifflant au-dessus de nos têtes. Clayley, Chane, Raoul et moi, qui n'avions point d'armes à notre disposition, nous nous étions mis à l'abri derrière un bloc de rocher pour éviter d'être atteints par une balle perdue. Quant à Lincoln, placé sur le sommet de la falaise, il présentait tout son corps à l'ennemi, dont il semblait défier les projectiles.

Je n'ai jamais vu d'homme qui fût aussi complètement que lui au-dessus de la crainte de la mort. Son courage était en tout temps le même, impassible et calme. Dans ce moment cet admirable soldat, seul debout comme un colosse sur la falaise qu'il dominait, maniant avec sang-froid sa redoutable carabine et jetant un regard de mépris sur la troupe d'ennemis qui tremblait à ses pieds, formait un de ces tableaux qu'on ne voit qu'une fois dans sa vie et que j'aimerais à peindre si je savais manier un pinceau.

Inébranlable à son poste, le chasseur manœuvrait son arme avec une précision admirable, sans même prendre garde aux balles qui pleuvaient autour de lui et passaient auprès de ses oreilles avec ce sifflement particulier que n'oublient jamais ceux qui l'ont une fois entendu dans une bataille.

Tant de bravoure était effrayante même pour nous, à plus forte raison elle avait dû produire une vive impression sur les ennemis. J'allais appeler Lincoln et lui donner ordre de se retirer et de se mettre à l'abri, quand je le vis lever sa carabine pour ajuster. Mais l'instant d'après il ôta la crosse à terre avec un geste de désappointement; la même manœuvre fut répétée par lui sans plus de succès, et j'entendis le chasseur péniblement entre-ses dents :

— Quel tas de poltrons! on dirait qu'ils jouent à cache-cache.

En effet, chaque fois que Lincoln ajustait sa redoutable carabine, les guerrilleros disparaissaient, de telle sorte qu'on n'apercevait plus ni têtes ni corps.

— Ils ne valent pas leurs chiens, continua le chasseur en se tournant de notre côté, et si nous avions le temps, nous pourrions les tenir ici jusqu'au jour du jugement dernier.

Cependant, un mouvement se manifestait parmi les guerrilleros. Une moitié de la bande montait à cheval et s'éloignait au galop.

— Ils vont tourner par le gué, dit Raoul; c'est un trajet d'un mille et demi au plus. Ils peuvent le traverser à cheval, ils seront sur nous dans une demi-heure.

Que faire? Il n'y avait autour de nous ni bois ni chapparal pour nous mettre à l'abri. La campagne qui s'étendait derrière la falaise était un plateau découvert où croissaient seulement quelques palmiers épars et quelques pieds de yucas. Du point élevé où nous étions placés, nous découvrions tout le pays jusqu'à une distance de cinq milles. C'était là seulement que commençaient les bois, mais nous serait-il possible d'y arriver avant d'être atteints par nos ennemis?

Si tous les guerrilleros se fussent décidés à prendre par ce gué, nous aurions pu retourner dans le fond de la ravine; mais, comme nous l'avons dit, une partie de la bande était restée au bas de la falaise et nous coupait toute issue de ce côté. Notre seule ressource était donc de gagner les bois.

La première chose à faire pour exécuter ce projet, c'était de tromper ceux qui étaient à nos pieds; autrement nous les aurions à nos trousses avant les autres; et nous savions par expérience que si les Mexicains se battent mal, en revanche ils courent comme des lièvres.

Nous y parvînmes à l'aide d'un vieux stratagème indien que Lincoln et moi avions déjà pratiqué. Il n'aurait pas suffi pour tromper un tirailleur du Texas, mais c'était tout ce qu'il fallait pour nos guerrilleros.

Nous nous étendîmes sur le sol de manière qu'il n'y eut que nos têtes qui fussent en vue de l'ennemi, lequel continuait à faire des décharges d'escopettes. Un instant après, nous nous retirâmes graduellement en arrière, et il n'y eut plus que l'extrémité de nos bonnets de police qui parût au-dessus du gazon. Nous demeurâmes ainsi quelques moments, n'en ayant soin pourtant de montrer de temps à autre. Mais nos instants étaient précieux, et nous en avions fort peu à perdre dans cette pantomime. Heureusement que nous n'avions pas affaire à des Cumanches, et que pour *don Diego*[1] la farce était assez bien jouée.

Ces préliminaires accomplis, nous sortîmes les uns après les autres nos têtes de nos bonnets de police, et laissant les cinq coiffures dans la position la plus naturelle possible, nous nous retirâmes en rampant comme des lézards. Après environ cent pas faits de cette manière, nous trouvant hors de vue, nous nous levâmes et nous prîmes notre course comme une troupe de chiens effrayés.

Les coups d'escopette qui retentirent pendant longtemps encore à nos oreilles nous apprirent que nos guerrilleros avaient complètement donné dans le panneau, et qu'ils exerçaient leur adresse sur nos bonnets vides, pendant que de notre côté nous nous éloignions à toutes jambes du théâtre de notre dernière rencontre.

CHAPITRE XLVII.

Foudroyés.

Tout en fuyant, nous jetions de temps à autre un regard en arrière pour voir si l'ennemi ne paraissait pas. Le sentiment de la conservation nous rendit un moment quelque vigueur, et ce n'était pas de trop, car nous avions tous perdu du sang dans notre lutte avec les chiens, et nous étions accablés de fatigue.

Mais la course se prolongeait, et nos forces commençaient à s'épuiser. Pour comble à tous nos maux, nous fûmes assaillis par une affreuse tempête, une de ces tourmentes comme en voient seuls les pays tropicaux. La pluie tombait à flots et nous frappait le visage, le sol détrempé enfonçait ou fuyait sous nos pas, les éclairs nous aveuglaient, les vapeurs sulfureuses nous empêchaient de respirer.

Malgré tout, nous continuions à avancer faibles, pantelants, respirant à peine, mais poussés par la certitude que la mort était derrière nous.

Je n'oublierai jamais cette terrible course. Je croyais qu'elle ne finirait pas. Je ne puis mieux en donner une idée qu'en la comparant à un de ces rêves pénibles pendant lesquels on fait de vains efforts pour échapper aux griffes de quelque horrible monstre; on se sent mourir, et puis tout se dissipe soudain comme par la vertu d'un pouvoir enchanteur. Cette fuite est encore présente à mon esprit comme au premier jour. Bien souvent elle a été l'objet de mes rêves agités, et jamais je ne me suis éveillé dans ces circonstances sans un profond sentiment de terreur.

Nous n'étions plus qu'à cinq ou six cents pas du bois; six cents pas sont sans doute peu de chose pour un promeneur non fatigué, mais pour nous, épuisés par une longue et pénible course, six cents pas c'était l'infini.

Une petite prairie, traversée par un cours d'eau, nous séparait encore de la forêt. Cette prairie, couverte d'herbe, ne possédait pas un seul arbre. Nous venions d'y entrer. Raoul, le plus léger coureur de nous tous, tenait la tête. Lincoln avait voulu rester en arrière pour surveiller l'ennemi et nous avertir au besoin.

Un cri du chasseur nous fit retourner. Heureusement que nous étions trop fatigués et trop rendus pour que quelque chose pût nous effrayer, car il y avait de quoi avoir peur de ce qui se passait derrière nous. Cent cavaliers au moins arrivaient au grand galop; chaque instant rapprochait la distance; bientôt, leurs cris furieux parvinrent à nos oreilles.

— Maintenant, amis, tâchez de vous en tirer! pour moi, je me charge de celui qui est en avant, mais c'est tout ce que je puis faire, dit le sergent.

Nous essayâmes de continuer notre course; mais les guerrilleros gagnaient toujours du terrain, et les balles de leurs escopettes sifflaient à nos oreilles et labouraient le sol à nos pieds. Au bruit de la

---

[1] Don Diego est le sobriquet des Mexicains, comme John Bull est celui des Anglais, et frère Jonathan celui de leurs cousins les Yankees.

mousqueterie, Raoul, qui avait déjà gagné les bois, se retourna et revint sur ses pas : le brave garçon était décidé à partager notre sort.

— Sauvez-vous, Raoul! lui criai-je.

Mais ma voix était affaiblie, il ne put l'entendre au milieu de tout le tapage. Je le vis qui continuait à revenir vers nous.

J'entendais derrière moi des cris et des coups de fusil, les balles continuaient à siffler autour de mes oreilles.

Puis ce fut le bruit des chevaux, le cliquetis des sabres, qu'on tirait de leurs fourreaux de fer, et, dominant tout le tumulte, un coup de feu de Lincoln suivi d'un cri terrible poussé par le chasseur.

Au même moment, le tonnerre se fit entendre ; le bruit de la terre fut absorbé dans cette grande voix du ciel, la voûte céleste parut en feu ; je respirai sur moi, un air empesté de vapeurs sulfureuses, une flamme rapide passa devant moi, je me sentis frappé comme par une main invisible, et je tombai à terre privé de sentiment.

. . . .

Quelque chose qui me fit froid en même temps au visage et à la poitrine me rendit au sentiment de l'existence : c'était de l'eau. J'ouvris les yeux, mais je fus encore quelques instants à reconnaître Raoul, qui, penché sur moi, était en train de me laver la figure avec de l'eau qu'il avait puisée dans ses souliers.

Je murmurai quelques paroles incohérentes.

— C'était un coup de foudre, dit Raoul.

Grand Dieu ! *nous avions été frappés par la foudre !*

Raoul, placé à quelque distance en avant, était le seul que le fléau n'eût pas atteint.

Le Français, me voyant hors de danger, me quitta bientôt pour courir à Clayley, qui était étendu à quelques pas de moi en re Chane et le chasseur.

Tous trois paraissaient sans vie. Ils étaient pâles comme des cadavres, avec quelques taches rouges disséminées sur leurs visages. Leurs lèvres étaient livides comme celles que la mort a touchées.

— Sont-ils morts? demandai-je faiblement.

— Je ne crois pas... nous allons voir.

Et le Français, en prononçant ces mots, introduisit quelques gouttes d'eau dans la bouche de Clayley.

Celui-ci poussa un faible soupir, et vie commençait à lui revenir. Raoul passa au chasseur, et lui fit la même opération. A peine l'eau avait touché les lèvres du sergent, qu'il se leva tout droit sur ses pieds, saisit son camarade au collet, et s'écria :

— Damné gredin ! c'est toi qui veux me pendre ?

Puis reconnaissant son erreur, il lâcha Raoul en le fixant avec un air d'étonnement stupide. Bientôt ses regards tombèrent sur sa carabine. Cette vue sembla le rendre tout à fait à lui-même, car il fit quelque pas, ramassa son arme, porta sa main à sa giberne et se mit à charger aussi tranquillement qu'à la parade.

Quant à moi, pendant que Raoul s'occupait de Clayley et de l'Irlandais, je m'étais levé et je regardais attentivement sur la prairie. La pluie tombait par torrents, les éclairs brillaient toujours de temps à autre. A cinquante pas de moi environ, une énorme masse noire gisait sur le gazon. C'étaient des hommes et des chevaux renversés les uns sur les autres et confondus ensemble dans une complète immobilité. De distance en distance on voyait aussi quelque cavalier isolé étendu auprès de son cheval. Plus loin vingt ou trente hommes galopaient en rond dans la plaine, cherchant, mais en vain, à diriger leurs montures effrayées vers le point où nous étions nous-mêmes. C'étaient des guerrilleros, qui, comme Raoul, avaient échappé à l'action de la foudre.

— Allons, s'écria le Français, dont les soins avaient fini de ressusciter Clayley et Chane, nous n'avons pas un moment à perdre. La frayeur des mustangs sera bientôt calmée, et les brigands ne tarderont pas à se mettre à notre poursuite.

L'avis était sage, et nous le suivîmes sans même prendre le temps de le discuter ; aussi avant que les guerrilleros eussent pu se rendre maîtres de leurs chevaux nous avions gagné le bois, et nous nous y enfonçâmes au milieu des arbres chargés de pluie.

CHAPITRE XLVIII.

Un pont de singes.

Raoul espérait qu'un préjugé superstitieux empêcherait nos ennemis de nous poursuivre plus longtemps, et qu'ils se retireraient devant ce qu'ils ne pouvaient, selon lui, manquer de prendre pour une intervention d'en haut, pour un coup parti du *brazos de Dios*. Mais cette supposition ne suffisait pas pour nous rassurer, et malgré notre état d'épuisement, nous n'en continuâmes pas moins à nous enfoncer dans le chapparal. Nous étions à moitié morts de fatigue et de faim, car, qu'on veuille bien se le rappeler, nous avions à peine commencé à goûter notre iguane quand nous fûmes si malencontreusement dérangés. De plus, nous étions mouillés jusqu'aux os, couverts de piqûres d'épines et déchirés par les dents cruelles des chiens. En un mot, nous étions harassés, meurtris, sanglants; tristes conditions pour une marche forcée.

Lincoln, dont la fermeté s'était jusque-là montrée inébranlable, paraissait lui-même accablé et brisé ; pendant les deux ou trois premiers milles nous l'entendîmes murmurer entre ses dents qu'il n'était pas dans son assiette, en même temps que nous le vîmes jeter sur sa carabine des regards effarés qui n'étaient nullement dans ses habitudes.

Cependant, au fur et à mesure qu'il s'enfonçait dans le bois, le brave chasseur reprenait son énergie : il se sentait chez lui.

— Cela fait du bien, dit-il à Raoul, de se retrouver sous ces grands arbres, je me sens mieux.

— Vous vous trouverez encore bien mieux tout à l'heure, répondit le Français.

— Tant mieux, Raoul, car franchement j'en ai besoin, ma tête tourne, mes jambes sont mal assurées, et je crois que je manquerais un ours à vingt-cinq pas.

Après environ cinq milles de marche nous nous trouvâmes sur le bord d'un ruisseau. L'orage avait cessé, mais le cours d'eau, grossi par la pluie, était pour le moment devenu infranchissable. Heureusement nous pouvions commencer à nous croire hors de la portée de nos ennemis, et nous résolûmes de dresser notre camp sur les bords du ruisseau.

Nos préparatifs ne furent pas longs, ils se bornèrent à nous laisser tomber à terre sous l'ombre d'un gros arbre. Raoul, le moins fatigué de nous, ramassa quelques branches sèches et alluma du feu, après quoi il abattit des noix de corrazo, dont les arbres qui nous environnaient se trouvaient heureusement chargés. Nous séchâmes nos vêtements, que l'eau de la pluie avait transpercés, et Lincoln pansa, les unes après les autres, les blessures dont nous étions couverts. Cette opération chirurgicale demanda l'emploi de nos chemises, qu'il fallut sacrifier et déchirer pour bandes.

Ces premiers soins accomplis, nous absorbâmes notre frugal souper ; et, un peu restaurés déjà, nous nous étendîmes sur l'herbe, où nous ne tardâmes pas à nous endormir d'un profond sommeil.

Au bout d'un certain temps je me trouvais dans cet état incertain qui n'est ni le sommeil ni la veille, mais qui participe de l'un et de l'autre, quand j'en fus tiré par un grand tapage qui se faisait à quelque distance : c'était comme un bruit de plusieurs voix d'enfants. Je soulevai la tête, le chasseur était debout et paraissait écouter avec attention.

— Qu'est-ce que cela, Bob ? lui demandai-je.

— Le diable m'emporte, capitaine, si je le sais ! Raoul, qu'est-ce que c'est que ce tintamarre ?

— Ce sont les *aragotoes*, murmura le Français à moitié endormi.

— *Arapatakoi!* quel diable de nom nous dites-vous là, Raoul ! parlez plus clairement.

— Ce sont des singes, reprit l'autre en se levant et en riant au nez du sergent.

— Ah ! si ce n'est que cela, je m'en moque, dit le chasseur en se recouchant avec une indifférence marquée.

— Ils se dirigent vers le ruisseau, et vont sans doute le traverser pour gagner les rochers que vous voyez là-bas.

— Comment, traverser ce ruisseau ! mais ne voyez-vous pas que c'est un torrent infranchissable ?

— Ah ! soyez tranquille, répondit le Français, ils ne se mouilleront pas les pieds; les singes craignent l'eau autant que le feu. Quand ils ne peuvent pas passer à pied sec, ils font un pont.

— Un pont ! et comment ?

— Attendez un moment, capitaine, vous verrez bien.

Les voix devenaient plus distinctes, il était facile de comprendre que les singes s'approchaient de nous. Bientôt, en effet, nous aperçûmes leur troupe sur la rive opposée. Ils marchaient en ligne, comme un régiment de soldats, sous la conduite d'un vieux chef à barbe grise. Comme Raoul l'avait dit, c'étaient des *aragotoes* (simia ursina) de la tribu des *alouattes* ou hurleurs, qui sont désignés dans le pays sous le nom de *monos colorados* (singes rouges).

Ces singes sont de la taille d'un chien basset. Les mâles sont généralement plus grands que les femelles. Ces dernières, quand elles sont mères, ont l'habitude de voyager en portant sur leurs épaules leurs petits, presque semblables à des négrillons. Quelques unes les tiennent suspendus à leurs mamelles. Les mâles et les femelles sont de couleur fauve. Une longue barbe pend à leur menton, leur corps est couvert d'un poil rude et épais, leur queue a trois pieds de long. L'absence de poil au bout de cette queue et les callosités qu'on y remarque indiquent suffisamment qu'elle est prenante. Les petits s'en servent autant que de leurs pieds et de leurs mains pour se tenir au cou de leurs mères.

Tels étaient les singuliers animaux dont nous apercevions une troupe nombreuse sur la rive opposée.

Arrivé sur le bord du ruisseau, tout le régiment fit halte. L'un des singes, aide de camp ou chef pionnier apparemment, s'avança sur une saillie de rocher. Là il examina avec attention le courant, parut en calculer la profondeur, toisa de l'œil plusieurs grands arbres, puis se retira pour aller communiquer au commandant le résultat de ses observations. Après avoir entendu ce rapport, le commandant poussa un cri, un ordre évidemment, auquel répondirent plusieurs individus de la troupe, et à l'instant un détachement se sépara du gros de la bande marcha vers le ruisseau et se réunit autour du pied d'un grand cotonnier qui se dressait auprès de la partie la plus resserrée du ruisseau.

Ce fut pendant un moment un concert de voix discordantes, puis vingt-cinq ou trente singes grimpèrent sur le cotonnier. Un des plus vigoureux de la bande gagna le sommet de l'arbre, s'avança jusqu'à l'extrémité d'une branche, s'y arrêta quelques instants, et, après avoir roulé sa queue deux ou trois fois autour de cette branche, se laissa glisser et se trouva de la sorte pendu la tête en bas. Un deuxième gravit sur la même branche, rejoignit son camarade, roula sa queue autour de son cou et de ses bras, et se laissa pendre, comme le premier, la tête en bas. Un troisième fit sur le deuxième ce que celui-ci avait fait sur le premier; puis un quatrième, un cinquième et ainsi de suite, jusqu'à ce qu'il y en eût assez pour que le dernier pût toucher le sol avec ses pattes de devant.

Lorsque cette chaîne aux anneaux vivants fut ainsi terminée, elle s'imprima à elle-même un mouvement de balancement semblable à celui d'un pendule d'horloge. D'abord les oscillations furent légères; mais elles augmentèrent par degrés, le singe qui formait l'extrémité inférieure lui donnant un branle violent chaque fois que le mouvement en décrivant sa courbe lui permettait d'appuyer ses mains contre terre. Plusieurs singes grimpés sur des branches à l'entour aidaient encore aux oscillations de la chaîne. L'absence de branches inférieures dans le cotonnier, qui affecte, comme nos peupliers, la forme pyramidale, aidait merveilleusement à la facilité de ce mouvement.

Les oscillations continuèrent avec une force toujours croissante jusqu'à ce que le singe qui formait l'extrémité libre de la chaîne fut lancé sur les branches d'un arbre situé sur la rive opposée. Il parvint à saisir l'une de ces branches et à s'y cramponner avec force. Cette manœuvre fut faite avec assez d'adresse et de ménagement pour que les anneaux intermédiaires de la chaîne n'eussent point à souffrir de la violence de la secousse.

La chaîne se trouvait ainsi fixée à ses deux extrémités et formait un véritable pont suspendu sur lequel la troupe toute entière, au nombre de quatre ou cinq cents individus, passa avec la rapidité de l'éclair.

Je n'ai jamais rien vu de si comique que toutes ces mines grotesques de singes glissant ainsi le long de cette chaîne animée. Les mères surtout, avec leurs enfants sur leurs dos et leurs singulières grimaces, formaient un tableau des plus réjouissants.

Les singes qui formaient le pont ne cessaient de babiller et cherchaient à faire des niches à ceux qui passaient en courant sur leur corps.

De la sorte la troupe fut bientôt de l'autre côté. Mais comment allaient faire, pour traverser le ruisseau, les animaux qui avaient servi de pont?... Telle était la question qui se présentait d'elle-même.

Sans doute, pensions-nous, ils vont se lâcher les uns après les autres et se laisser retomber par terre; mais la chaîne était disposée de manière que les derniers pouvaient seuls user de ce moyen, et que les autres étaient destinés ou à rester sur la rive au point de départ ou à tomber lourdement dans l'eau.

C'était un problème dont nous attendions la solution avec une certaine curiosité.

Nous ne tardâmes pas à être fixés. Un nouveau singe attacha sa queue à l'extrémité inférieure de la chaîne, un deuxième s'ajouta au premier, puis un troisième, un quatrième, jusqu'à ce qu'il y en eut environ une douzaine. C'étaient tous des individus d'une grande force. Lorsqu'ils furent arrivés à une haute branche, ils élevèrent la chaîne à eux de manière à la tendre dans une position horizontale.

Un cri poussé par le dernier singe de la nouvelle chaîne avertit que tout était prêt. A ce signal le singe qui avait formé l'anneau de la première chaîne lâcha la branche à laquelle il était suspendu, et toute la chaîne se balança de nouveau comme elle l'avait déjà fait, à cette exception près que les rôles avaient changé, et que c'était le singe qui avait d'abord formé l'extrémité libre de la chaîne qui se trouvait attaché à l'arbre situé de l'autre côté du ruisseau.

Au bout d'un instant la chaîne, abandonnée à son propre poids, vint, conformément aux lois de la pesanteur, retomber le long de l'arbre situé sur la rive qu'il fallait atteindre.

Les anneaux inférieurs reposaient sur le sol, tandis que les plus élevés touchaient encore aux branches ou descendaient le long du tronc. En un instant tous ces anneaux se rompirent, et la troupe entière disparut à nos yeux dans l'épaisseur du chapparal.

— Par les pouvoirs de Moll-Kelly! je ne connais pas beaucoup d'hommes qui aient autant d'esprit que ces créatures-là. Ce sont des bêtes à en remontrer aux plus fins.

La réflexion de l'Irlandais nous fit tous sourire. Cette scène nous avait complètement réveillés. Bientôt nous fûmes sur nos pieds, prêts à poursuivre notre route, et, assez dispos, grâce aux quelques heures de sommeil que nous avions goûtées.

L'orage avait entièrement disparu; le soleil, sur son déclin, resplendissait à travers le feuillage des palmiers; les oiseaux avaient recouvré leur voix et faisaient entendre leurs chants harmonieux au-dessus de nos têtes; les perroquets et les trogons babillaient en voltigeant autour de nous, tandis que les toucans au gros bec demeuraient silencieux et taciturnes sur les plus hautes branches des arbres. Tout nous invitait à reprendre notre route; le ruisseau était d'ailleurs redevenu guéable pendant notre sommeil. Aussi, quittant notre retraite, nous traversâmes de l'autre côté et nous nous enfonçâmes dans les bois.

CHAPITRE XLIX.

Les Jarochos.

Nous nous dirigeâmes vers le Pont-National. Raoul avait un ami à moitié chemin, vieux camarade sur lequel il pouvait compter. Le rancho de cet ami se trouvait tout près de la route qui mène à la rinconada de San Martin. Nous devions trouver là quelque repos, sinon un lit, du moins, comme le disait Raoul, un toit et un *petaté*. Nous ne craignions d'ailleurs aucune rencontre de ce côté, car cette habitation se trouvait à dix milles en avant, et il devrait être fort tard quand nous y arriverions.

Il était, en effet, près de minuit quand nous atteignîmes la demeure du contrebandier, car telle était la profession de l'ami de Raoul; mais tout le monde était encore debout dans la maison éclairée par une mauvaise chandelle.

José Antonio (c'était le nom de notre hôte) fut un peu surpris de voir entrer brusquement chez lui cinq inconnus nu-tête et de fort mauvaise mine; mais Raoul se fit reconnaître, et nous fûmes très-cordialement accueillis.

Notre hôte était un homme déjà vieux, maigre et osseux, avec des yeux perçants et clairvoyants. Un seul regard lui suffit pour juger notre position, et épargner à Raoul des explications longues et pénibles.

Malgré la cordialité de l'accueil qui nous était fait, je remarquai une expression de contrariété qui se montra sur la figure de Raoul à l'inspection de l'unique chambre dont se composait le rancho.

Deux femmes allaient et venaient dans cette chambre. C'étaient l'épouse et la fille du contrebandier. Cette dernière, qui n'avait guère que dix-huit ans, était fraîche et jolie.

— *No han ceñado, caballeros?* (Vous n'avez pas soupé, messieurs?) demanda ou pour mieux dire affirma José Antonio, car notre aspect avait répondu à cette question longtemps avant qu'elle fût faite.

— *Ni comido ni almorzado* (Ni dîné ni déjeuné), répondit Raoul avec un geste significatif.

— *Carrambo, Rafaela, Jesusita!* fit notre hôte avec un de ces signes qui, au Mexique, valent toute une conversation.

L'effet en fut magique, car sur-le-champ Jesusita se mit à genoux devant les pierres à tortillas tandis que Rafaela, sa mère, décrochait un cordon de tapajos et le plongeait dans une olla.

Bientôt, grâce au vent produit par un éventail en feuilles de palmier, le charbon pétilla dans l'âtre, le bœuf bouillit dans la marmite, les fèves noires cuisirent dans un pot, le chocolat commença à mousser, et notre odorat perçut de bienfaisantes effluves, heureux pronostic pour nos estomacs affamés.

Malgré tout, Raoul paraissait contrarié. Je crus en deviner la cause: c'était un petit homme maigre, à moitié caché dans un angle de la chambre, qui devait occasionner la mauvaise humeur du Français. Cet homme portait une soutane de prêtre, et je savais que mon camarade avait pour les gens de cette robe une antipathie telle, qu'il eût mieux aimé se rencontrer avec Satan en personne que face à face avec un homme d'église. J'attribuai donc sa mauvaise humeur à l'aversion qu'il éprouvait pour toute la gent cléricale.

— Quel est cet homme, Antonio? demanda-t-il à demi-voix à notre hôte.

— Le curé de San Martin, répondit le Mexicain en inclinant la tête pour mieux témoigner son respect.

— C'est donc un nouveau? dit Raoul.

— C'est un *homme de bien*, reprit l'hôte avec un nouveau signe de vénération.

Raoul parut satisfait et se tut.

De mon côté, aussi, j'examinais cet *homme de bien*, et je ne pouvais m'empêcher de penser que le rancho était plus redevable de l'honneur de sa présence aux beaux yeux noirs de Jesusita qu'au zèle du bon père pour les intérêts spirituels du contrebandier et de sa famille.

Il y avait sur les lèvres de ce prêtre une expression de luxure qui prenait une nouvelle force chaque fois que les soins du ménage rapprochaient davantage la jeune fille de la place qu'il occupait, et deux ou trois fois je surpris l'homme de Dieu lançant des regards foudroyants à Chane, qui, en sa qualité de galant irlandais, faisait l'aimable auprès de Jesusita et l'aidait à allumer son charbon.

— Où est le *Padre?* demanda Raoul en s'adressant à notre hôte.

— Il était ce matin dans la rinconada.

— Dans la rinconada! s'écria le Français en tressaillant.

— Ils ont dû descendre jusqu'au pont. La bande a eu un fandango avec vos gens et a perdu quelques hommes. Ils prétendent avoir tué pas mal de vos traînards.

— Ainsi il était, dites-vous, dans la rinconada, et pas plus tard que ce matin? continua Raoul à demi-voix en s'adressant bien plus à lui-même qu'à son interlocuteur, dont il paraissait n'avoir pas entendu les dernières paroles.

— Nous pourrions peut-être bien le rencontrer, ajouta-t-il après une pause.

— Il n'y a pas de danger, répondit l'autre, si vous vous tenez en dehors de la route. Votre armée a gagné le Pian et se prépare à attaquer le défilé de Cerro. On prétend qu'el Cojo [1] a vingt mille hommes pour défendre ce passage.

Durant tout ce dialogue j'avais vu le petit *Padre* s'agiter sur sa chaise comme quelqu'un qui est mal à l'aise. Au moment où notre hôte finissait de parler, il se leva, lui souhaita les *buenos noches* et se disposa à sortir. Mais Lincoln, qui depuis un moment ne l'avait pas quitté des yeux, s'élança d'un bond et fut se placer devant la porte en disant de sa grosse voix rude :

— Vous ne sortirez pas.

— *Che cosa?* (Pourquoi?) demanda le *Padre* avec indignation.

— Ah! *causa* ou *causa* pas, vous ne sortirez pas d'ici avant nous.

Raoul, demandez un bout de ficelle à votre ami.

Le *Padre* se recommanda à notre hôte, celui-ci à son tour se recommanda à Raoul. Le Mexicain se trouvait dans une position fort embarrassante. D'un côté, il craignait d'offenser M. le curé, de l'autre il ne voulait pas désobliger son ami Raoul, de plus il lui paraissait prudent de ménager le géant qui se tenait devant la porte. Comme on voit, José était pris entre trois feux.

— Il n'est pas dans les habitudes de Bob Lincoln, dit le chasseur, de violer les lois de l'hospitalité, mais ceci est un cas particulier; ce prêtre ne m'inspire aucune confiance, il faut le mettre dans l'impossibilité de nuire.

Cependant Raoul, après avoir conféré quelques instants avec notre hôte, vint trouver Lincoln et lui expliqua comme quoi le *Padre* n'était autre chose qu'un pacifique curé du village voisin, ami de don Antonio. Le chasseur voyant que je ne m'interposais point dans cette discussion, car j'étais dans ce moment absorbé par mes pensées et je faisais peu d'attention à ce qui se passait autour de moi, le chasseur, dis-je, ne crut pas devoir résister plus longtemps et permit au prêtre de sortir. Il ne le fit pas néanmoins sans murmurer quelques mots qui me rappelèrent à moi-même et me mirent au courant de cette scène, dont ma distraction ne m'avait permis de rien voir.

Cette circonstance nous avait mis dans une position gênante les uns vis à vis des autres, aussi résolûmes-nous de souper promptement et de quitter le rancho immédiatement après pour aller coucher dans les bois.

Pendant ce temps les tortillas avaient été préparées, et la gentille Jesusita était en train de verser le chocolat. Nous nous mîmes à table et nous officiâmes en gens de bon appétit que nous étions.

Le souper fut bientôt expédié; mais notre hôte avait chez lui quelques *puros*, c'était une douceur dont nous étions privés depuis longtemps, la tentation était trop forte, et nous nous décidâmes à en fumer quelques-uns.

Nous avions à peine allumé nos cigares que Jesusita, qui était allée du côté de la porte, revint brusquement sur ses pas en criant :

— *Papa, papa, hay gente fuera!* (Papa, papa, il y a du monde dehors!)

A ce cri, nous nous levâmes d'un bond; au même moment plusieurs ombres nous apparurent à travers les claires-voies de la muraille en canne. Lincoln saisit sa carabine et s'avança vers la porte; un instant après il revint en criant :

— Sauvez-vous! sauvez-vous!

En prononçant ces mots il alla frapper de toutes ses forces contre la muraille du rancho, qui céda sous cette rude attaque et se brisa en laissant une voie ouverte.

Nous nous disposions à le suivre, quand la frêle construction, trop fortement ébranlée, s'effondra, et nous nous trouvâmes renversés par terre sous les débris de perches et de feuilles de palmier.

Pendant que nous faisions de vains efforts pour nous tirer de ce tas de décombres, nous entendîmes retentir la carabine de notre camarade. Les gémissements d'une victime suivirent, puis plusieurs coups de pistolet et d'escopette furent tirés, des cris féroces furent poussés, et au même moment nous fûmes saisis, traînés dehors, attachés à des troncs d'arbres, injuriés, insultés et frappés par des espèces de monstres à face humaine, les plus hideux que j'aie vus de ma vie. Leurs cris féroces, leurs regards farouches, leurs manières sauvages, les eussent facilement fait prendre pour une bande de démons échappés de l'enfer.

M. le curé de San Martin se trouvait au milieu d'eux, il était évident que c'était lui qui les avait guidés vers nous. Sa Révérence chercha Lincoln de tous côtés, mais, à sa grande mortification, le chasseur avait disparu.

[1] El Cojo signifie jambe de bois. C'est le sobriquet sous lequel les Mexicains désignent par mépris Santa-Anna.

CHAPITRE L.

Padre Jarauta.

Nous ne fûmes pas longtemps à apprendre entre quelles mains nous étions tombés, car le nom de *Jarauta* était dans toutes les bouches. C'étaient les terribles brigands du prêtre-bandit.

— Nous voici dans de jolis draps, dit Raoul furieux contre lui-même du rôle qu'il avait joué dans l'affaire du curé. Ce qui m'étonne, c'est qu'on n'en ait pas déjà fini avec nous. Sans doute le *Padre* n'est pas ici, c'est lui qu'on attend.

Au moment où Raoul prononçait ces derniers mots un bruit de chevaux se fit entendre, et arriva au grand galop un cavalier marchant sur tout ce qui était devant lui, hommes ou choses, sans paraître s'en inquiéter en rien; quelques autres cavaliers le suivaient.

— Voilà Jarauta, murmura Raoul, s'il me voit;... mais qu'il me voie ou non, ajouta-t-il à voix plus basse, peu importe, ce sera toujours la même chose : il ne peut pas m'arriver pire que la pendaison, et c'est ce qui m'attend dans tous les cas.

— Où sont ces Yankees? dit Jarauta en descendant de cheval.

— Les voici, capitaine, répondit l'un des Jarochos, bandit du plus affreux aspect, qu'à son uniforme rouge je jugeai devoir être le lieutenant de la troupe.

— Combien sont ils?

— Quatre, capitaine.

— Très-bien. Qu'attendez-vous?

— Nous voulons savoir s'il faut les pendre ou les fusiller.

— Fusillez-les, par tous les diables! nous n'avons pas assez de temps devant nous pour leur tordre proprement le cou.

— Il y a pourtant dans le voisinage quelques arbres très-convenables pour cette opération, hasarda un autre bandit avec autant d'indifférence que s'il se fût agi de la pendaison d'un chien. Ce garçon désirait à ce qu'il paraît se récréer de la vue d'un pareil spectacle.

— *Madre de Dios!* imbécile que vous êtes, je vous dis que nous n'avons pas le temps de nous donner cette récréation. Allons, qu'on se range de côté. Sanchez, Gabriel, Carlos, envoyez-moi vos balles dans ces têtes saxonnes, et vite.

A cet ordre, plusieurs Jarochos armèrent leurs carabines tandis que ceux qui nous gardaient se mettaient à l'écart hors de la portée des balles.

— Allons, dit Raoul, ceci ne vaut pas moins que cela, puisqu'il faut toujours mourir. Je veux pourtant que le *Padre* sache que je suis en train de prendre définitivement congé de lui. J'ai à lui laisser un petit souvenir qui l'empêchera peut-être de dormir à son aise cette nuit. Ohé! *Padre* Jarauta, continua-t-il en interpellant le chef avec un ton d'ironie, qu'est devenue Marguerita?

Le Jarocho se trouvait entre nous et la mauvaise chandelle dont nous avons déjà fait mention; à la question de Raoul, nous le vîmes tressaillir comme si une balle l'avait frappé au cœur.

— Allons, dit-il à ceux de ses hommes qui déjà nous couchaient en joue, amenez ces drôles par ici, et qu'on mette le feu à cette bicoque. *Vaya!*

En un clin d'œil la cabane du contrebandier fut en flammes, les feuilles sèches de palmier brûlaient comme de la paille.

— Dieu du ciel! ils vont nous faire rôtir.

Ce fut en proie à cette horrible appréhension que nous fûmes détachés du pied de l'arbre et conduits près du bâtiment enflammé devant lequel se tenait notre terrible juge et bourreau.

Le feu avait gagné partout, les bambous s'affaissaient dans les flammes; ce fut donc à la lueur rougeâtre de l'incendie que les bandits nous apparurent dans toute leur hideuse laideur : je ne crois pas que les démons de l'enfer aient un aspect plus effrayant.

La plupart étaient des Zambos ou Métis, quelques-uns même étaient Africains pur sang. C'étaient des nègres marrons qui s'étaient enfuis de Cuba ou des Antilles. Ces derniers portaient au front et sur les joues des tatouages qui ajoutaient encore à la difformité de leurs traits.

Toutes ces têtes bronzées ou noires, ces cheveux laineux, ces dents blanches que découvrait un rire stupide et féroce, ces équipements étranges, ces attitudes pour la plupart grotesques, donnaient à cette bande un aspect fantastique, digne sans doute de fixer l'attention d'un peintre ou d'un romancier, mais qui, vu la circonstance, n'avait pour nous qu'un charme très-médiocre.

On voyait aussi dans cette tourbe quelques Pintos originaires des forêts d'Acapulco. Ces sauvages, couverts de la tête aux pieds de larges taches rouges, noires et blanches, dont ils n'ont l'habitude de se peindre le corps, étaient les premiers individus de cette race que j'eusse encore vus. Leur physionomie m'impressionna vivement, moins encore peut-être à cause de la nouveauté qu'à cause des conditions particulières dans lesquelles cette première rencontre avait lieu.

Si nous n'avions pas été déjà fixés sur le sort qui nous attendait, un seul regard jeté sur cette bande de démons eût suffi pour nous faire comprendre que nous n'avions à attendre d'eux ni pitié ni merci.

Il n'y avait pas autour de nous un seul visage sur lequel on pût lire un sentiment d'humanité, et, puisque notre mort était décidée, nous regardions qu'il était plus heureux pour nous d'en finir tout de suite que de rester davantage entre les mains de ces barbares.

L'aspect du chef n'était pas plus rassurant que celui des subordonnés. Ses traits blafards respiraient la haine et la vengeance. Ses lèvres minces étaient sans cesse agitées d'un tremblement convulsif qui donnait à sa bouche un sentiment de férocité difficile à décrire. Son nez, naturellement en bec de perroquet, avait été brisé par un coup, et de forme en était devenue plus désagréable encore. Ses petits yeux noirs avaient des lueurs fauves et métalliques.

Son costume se composait principalement d'une manga pourpre qui enveloppait tout son corps. Ses pieds étaient chaussés dans de grandes bottes en cuir rouge à la mode du pays, auxquelles étaient attachés d'énormes éperons d'argent. Sa tête était couverte d'un sombrero noir orné d'une ganse et de glands d'or.

Il ne portait ni barbe ni moustaches, mais en revanche il avait une épaisse forêt de longs cheveux noirs mal peignés qui retombaient en désordre sur les broderies de velours de sa manga.

Tel était le *Padre* Jarauta.

Par suite de notre changement de place Raoul se trouvait alors en face du chef, qui le regarda quelque temps sans parler. Ses traits étaient contractés, et ses doigts s'agitaient convulsivement.

C'étaient apparemment de pénibles souvenirs que Raoul lui avait rappelés, mais nous ignorions ce que c'était; le Français les connaissait seul. Celui-ci paraissait, du reste, enchanté de l'effet produit par ses paroles, il regardait le bandit avec un sourire de dérision et de mépris.

Nous nous attendions à chaque instant à entendre de la bouche du *Padre* l'ordre de nous jeter dans les flammes, qui continuaient avec une violence toujours croissante. Heureusement il lui prit fantaisie de nous réserver pour une meilleure occasion.

— Ah! monsieur, s'écria-t-il enfin en s'approchant de Raoul, j'avais rêvé que nous devions nous rencontrer encore. Oui, j'avais rêvé cela. Ha! ha! ha! c'était un rêve charmant, mais moins agréable encore que la réalité. Ha! ha! ha! N'est-ce pas votre avis? ajouta-t-il en frappant mon camarade au visage avec le manche du fouet qu'il tenait à la main... N'est-ce donc pas votre avis? répéta-t-il en continuant de rire avec une expression satanique.

— Avez-vous rêvé que vous revoyiez Marguerite? demanda Raoul en riant d'un rire sarcastique, qui, dans une pareille circonstance, dénotait une grande force d'âme.

Je n'oublierai jamais l'expression que prit en ce moment le visage du Jarocho. Sa physionomie blafarde devint noire, ses lèvres blêmirent, ses yeux lancèrent des flammes, et bondissant tout à coup en avant il vint, avec un jurement affreux, poser le talon de sa botte ferrée sur le visage de mon camarade lié et couché sur le sol. Le coup déchira la peau et le sang rougit la figure de Raoul.

Il y avait dans cet acte quelque chose de si lâche et de si brutal que j'en fus exaspéré. Dans l'élan de mon indignation je rompis les liens qui m'attachaient les bras et m'élançai sur le monstre, que je saisis à la gorge.

Il se recula; comme mes jambes étaient liées, je retombai à ses pieds la face contre terre.

— Oh! oh! s'écria-t-il, qu'avons-nous ici? Un officier!... Ah! ah! Allons, continua-t-il, laissez là votre prière et regardez-moi. Ah! un capitaine!... et puis un lieutenant. Ah! messieurs, vous êtes trop distingués pour qu'on vous fusille comme de simples chiens. Nous tenons à ce que vous ne soyez pas mangés par les loups, et nous vous mettrons hors de leur atteinte. Hors de l'atteinte des loups, entendez-vous!... Et quel est cet autre? ajouta-t-il en se tournant du côté de Chane et en le regardant aux épaules. — Bah! *soldado raso!* — Irlandés, *Carajo!* (Un simple soldat et un Irlandais encore!) Qu'est ce que vous faites au milieu de ces hérétiques? Vous vous battez contre votre propre religion, renégat!

En prononçant ces mots, le brutal personnage avait frappé l'Irlandais d'un coup de pied dans les côtes.

— Merci, Votre Honneur! dit Chane avec un grognement. Je ne reçois jamais rien sans remercier. Puissent vos faveurs vous revenir au centuple!

— Lopez! appela le brigand.

— Voilà l'ordre de nous jeter au feu, pensâmes-nous.

— J'ai appelé Lopez, continua-t-il sur un ton plus élevé.

— *Aca, aca!* répondit une voix.

Et au même moment le bandit qui nous avait déjà gardés arriva en agitant sa manga rouge.

— Lopez, je viens de découvrir que ces messieurs étaient des personnages d'importance; j'entends qu'on en use avec eux de toute autre manière qu'avec des gens de rien. Vous entendez?

— Oui, capitaine, répondit l'autre avec un calme parfait.

— On les conduira sur la falaise, Lopez. *Facilis descensus Averni*... Mais vous ne savez pas le latin, Lopez. Vous les conduirez sur la colline, entendez-vous? Ceci, vous le comprenez, n'est-ce pas?

— Oui, capitaine, répondit le Jarocho sans remuer autre chose que les lèvres.

— Vous les conduirez à la Caverne de l'Aigle à six heures du matin. A six heures, vous entendez?

— Oui, capitaine.

— Et s'il en manque un seul, un seul, entendez-vous?...

— Oui, capitaine.

— Vous prendrez sa place à la danse... La danse, ah! ah! ah! ah! Vous m'avez compris, Lopez?

— Oui, capitaine.

— Alors c'est au mieux, bon Lopez, joli Lopez, charmant Lopez, tout est au mieux, bonne nuit!

A ces mots, le Jarocho, après avoir à plusieurs reprises envoyé la lanière de son fouet au travers du visage de Raoul, remonta à cheval et partit au galop en nous laissant une malédiction pour adieu.

Quelle sorte de supplice nous attendait à la Caverne de l'Aigle? Là était toute la question. Car d'aller s'imaginer qu'on nous conduirait là pour nous laisser la vie sauve, c'eût été folie.

Lopez répondait de nous, il prit ses précautions en conséquence. Après nous avoir bâillonnés avec chacun une baïonnette qu'on nous attacha entre les dents, on nous conduisit dans le fourré. Là chacun de nous fut placé sur le dos, de manière à former le centre de quatre gros arbres disposés en parallélogramme; puis on fixa à nos bras et à nos jambes de longues cordes, qu'on enroula autour des troncs d'arbres : de la sorte nous étions comme des peaux qu'on fait sécher au soleil. Nos bourreaux se firent un jeu cruel de tendre les cordes au point de faire craquer nos jointures; après quoi un Jarocho se coucha en travers sur chacun de nos liens, et ce fut sous cette stricte surveillance que nous passâmes le reste de la nuit.

CHAPITRE LI.

Pendus par les talons.

Cette nuit fut longue; c'est la plus longue que j'aie jamais passée : je ne puis mieux comparer ce que j'éprouvai pendant ces heures mortelles qu'à un de ces affreux cauchemars qui nous torturent pendant notre sommeil, c'était même bien plus affreux encore.

Pour mettre à nos tortures, de temps à autre les Jarochos venaient s'asseoir sur nos corps comme sur un siège et causaient tranquillement en fumant leurs cigares pendant que nous étouffions sous leur poids. Nous ne pouvions protester, puisque nous étions bâillonnés; mais, l'eussions-nous pu, nos réclamations n'auraient fait qu'exciter les railleries de nos tortionnaires.

La nature semblait en rapport avec nos sentiments mélancoliques. La lune, à moitié cachée sous les nuages, ne jetait qu'une lueur incertaine; le vent murmurait comme un glas de mort dans les feuilles des arbres. Plusieurs fois, pendant la nuit, j'entendis les hurlements du loup de la prairie; je devinai Lincoln, mais nous étions trop bien gardés par les Jarochos pour que le chasseur pût nous approcher : d'ailleurs sa présence n'aurait pu nous être d'aucun secours.

Le matin vint enfin. On nous attacha sur le dos de mules vicieuses et l'on fit route à travers les bois. Nous gravîmes pendant longtemps une côte, et arrivâmes enfin à son sommet terminé par un petit plateau. Là nous fûmes détachés de dessus les mules et laissés sur le sol à la garde d'environ trente Jarochos. Il commençait à faire grand jour, nous pouvions voir distinctement nos gardiens. Ils ne nous parurent pas plus sinistres sous les rayons du soleil qu'aux lueurs rougeâtres de l'incendie du rancho.

Lopez commandait ce détachement; sa surveillance ne se relâcha pas un seul instant : il était évident qu'il considérait le *Padre* comme un homme de parole.

Nous demeurâmes dans cette position une demi-heure environ. Au bout de ce temps un bruit se fit entendre et attira notre attention : c'était une troupe d'hommes à cheval qui arrivaient au petit galop. Jarauta était à leur tête, une cinquantaine des siens le suivaient; en un instant il fut auprès de nous.

— *Buenos dias, caballeros!* cria le *Padre* d'un ton de moquerie tout en mettant pied à terre et s'approchant de nous. J'espère que vous avez passé une bonne nuit. Lopez, j'en suis sûr, aura pourvu à ce que vos lits fussent bien faits. N'est-ce pas, Lopez?

— Oui, capitaine, répondit le laconique Lopez.

— Et ces messieurs se sont bien trouvés dans leur lit, dites, Lopez?

— Oui, capitaine.

— Ils ne sont pas tombés, hein?

— Non, capitaine.

— Alors ils se sont bien reposés. Tant mieux, car ils ont un long voyage à faire. N'est ce pas, Lopez?

— Oui, capitaine.

— J'espère, messieurs, que vous êtes prêts à partir... Êtes-vous prêts?...

Chacun de nous ayant, comme on sait, une baïonnette entre les dents et étant en outre lié aux bras et aux pieds, cette demande ne devait recevoir et ne reçut aucune réponse. Sa Révérence n'en attendait sans doute aucune; car elle continua sans s'arrêter à poser tranquillement quelques questions du même genre à son lieutenant, qui, étant de l'école taciturne, se contentait de répondre à son supérieur par les simples monosyllabes oui et non.

Nous n'étions point encore fixés sur le sort qu'on nous réservait. Nous savions qu'il fallait mourir; mais de quel genre de mort?... Nous l'ignorions complétement. Pour ma part, je me figurais que le Padre avait l'intention de nous précipiter en bas de la falaise.

Ce point important fut enfin éclairci. Nous ne devions pas arriver à l'éternité par la route que j'avais cru d'abord, une mort plus affreuse nous attendait : nous devions être pendus au-dessus de l'abîme.

La nature semblait avoir voulu aider le monstre dans l'accomplissement de ses horribles desseins. Plusieurs pins avaient poussé des branches horizontales jusque sur l'extrême bord de la falaise. Ce fut

Maria de Merced.

sur ces branches que les Jarochos passèrent leurs longs lassos. Habiles, comme tous les Mexicains, à manier des cordes, ils ne furent pas longs dans leurs préparatifs; et bientôt les potences n'attendirent plus que les pendus.

— Respectons les prérogatives du rang, Lopez, dit Jarauta en voyant que les préliminaires étaient terminés, le capitaine d'abord, vous entendez?

— Oui, capitaine, répondit l'imperturbable brigand préposé à la surveillance de l'exécution.

— Je vous ai gardé pour le dernier, monsieur, dit le prêtre en s'adressant à Raoul, vous aurez le plaisir de ne partir pour le purgatoire qu'après les autres. N'est-ce pas, Lopez?

— Oui, capitaine.

— Quelqu'un de vous a-t-il besoin d'un prêtre, messieurs?

Cette question de Jarauta nous fut adressée avec un rire d'un cynisme révoltant.

— Si vous en désirez un, vous n'avez qu'à le dire. J'ai moi-même officié quelque temps en cette qualité. N'est-ce pas, Lopez?

— Oui, capitaine.

Tous les Jarochos, qui étaient descendus de cheval et s'étaient rangés autour du chef pour jouir du spectacle de notre pendaison, accueillirent cette plaisanterie avec les éclats d'un rire diabolique.

— Bien, Lopez. Quelqu'un de ces messieurs a-t-il dit oui?

— Non, capitaine.

— Demandez à cet Irlandais, peut-être est-il bon catholique?

La question fut posée à Chane par pure raillerie bien entendu, car il lui était, comme à nous tous, impossible de dire un mot. Cependant le soldat trouva moyen de répondre du regard aussi éloquemment que s'il avait eu l'usage de la parole.

Les Jarochos n'y prirent point garde et continuèrent à rire de plus belle.

— Eh bien, Lopez, que dit saint Patrick, oui ou non?

— Non, capitaine.

Nouveaux éclats de rire de toute la canaille.

On venait de me mettre autour du cou la corde, qui se terminait à cette extrémité par un nœud coulant; le reste, après avoir passé par une branche d'arbre, gisait à terre en replis tortueux et venait se terminer dans les mains de Lopez, qui se tenait près de là disposé à obéir au premier mot de son chef.

— Tout est-il prêt, Lopez? cria celui-ci.

— Oui, capitaine.

— Alors, balancez le capitaine... Non, non, pas encore. Faites-lui voir d'abord le parquet sur lequel il va danser. Il est assez beau, j'espère, pour ne pas lui faire mal aux pieds.

En conséquence de cet ordre, on me conduisit en avant jusqu'à ce que mes pieds atteignirent le bord du précipice; on me força de m'asseoir au pied de l'arbre destiné à mon supplice, les jambes pendantes au-dessus de l'abîme. Par une sorte d'attrait étrange mais irrésistible, je fis ce que voulait mon bourreau : c'est-à-dire que je regardai l'abîme au-dessus duquel je devais être suspendu un moment après.

La falaise sur le bord de laquelle je me trouvais placé formait l'un des côtés d'une de ces excavations creusées par les eaux dans les montagnes, qu'on rencontre fréquemment dans l'Amérique espagnole, où elles sont désignées sous le nom de barranca. On eût dit qu'un coup violent porté par un bras gigantesque avait séparé la montagne en deux, car l'autre rive de la barranca se trouvait à peine à deux cents pas de celle où nous étions et n'en était séparée que par un gouffre béant au fond duquel grondait un torrent écumeux. Ce torrent, qui roulait à six cents pieds au-dessous de moi, m'était presque perpendiculaire, et j'aurais pu, de la place que j'occupais, y jeter avec la main un objet aussi léger qu'un tronçon de cigare. Je crois même que le rocher que nous occupions surplombait assez le torrent pour qu'un corps quelconque abandonné à sa propre pesanteur fût tombé au milieu de l'eau.

Lincoln, placé sur le sommet de la falaise, présentait tout son corps à l'ennemi, dont il semblait défier les projectiles.

C'était une disposition de terrain à peu près semblable à celle du cañon où nous avions livré combat aux chiens, seulement les proportions étaient beaucoup plus gigantesques et l'aspect plus effrayant encore.

Pendant que je fixais ainsi mes regards sur l'abîme, plusieurs oiseaux volaient dans le gouffre; mais ils étaient placés trop loin au-dessous de moi pour que je pusse reconnaître leur espèce. Un aigle seul, dans son vol audacieux, traversa d'un bord à l'autre de l'abîme et vint en passant m'effleurer le visage du bout de son aile.

— Eh bien, capitaine, me cria Jarauta, que pensez-vous de cela? N'est-ce pas là un parquet bien fait pour la danse? Qu'en penses-tu, Lopez?

— Oui, capitaine.

Paris. Typographie Plon frères, rue Garancière, 8.

— Ainsi, tout est prêt ?... Un moment... Et la musique que nous allions oublier! Il nous faut un peu de musique, on ne saurait danser sans cela. Holà, Sanchez, où est votre clairon ?
— Voici, capitaine.
— Embouchez-le, et jouez-nous *Yankee Doodle*. Ha! ha! ha! Yankee Doodle, vous entendez?
— Oui, capitaine, répondit la trompette.

Et en même temps nous entendîmes vibrer les notes de l'air national si connu des Américains. Cette harmonie produisit sur moi un effet que je n'oublierai jamais.

— Maintenant, à vous, Lopez, cria le *Padre*.

Je m'attendais à être enlevé, lorsque j'entendis Jarauta crier :
— Assez !

Au même instant, la musique s'arrêta.

— Mille tonnerres ! Lopez, j'ai un meilleur plan, cria le chef des bandits. Comment n'ai-je pas pensé à cela plus tôt ? Heureusement qu'il n'est pas trop tard. Ho! ho! ho! *carrambo*! il faut les faire danser sur leurs têtes, ce sera beaucoup plus joli, n'est-ce pas, Lopez?

Les hurlements des Jarochos témoignèrent que cette modification au programme avait reçu l'approbation générale.

Le Padre fit un signe à Lopez, qui s'approcha de lui et parut en recevoir quelques instructions.

Je ne compris pas d'abord la nouveauté dans laquelle je devais jouer un rôle, mais mon ignorance ne fut pas de longue durée. Un Jarocho me saisit par le collet, me traîna à quelques pas du bord du précipice, et m'enleva le nœud coulant passé autour de mon cou pour l'attacher autour de mes jambes.

Horreur sur horreur! j'allais être pendu la tête en bas.

— Cela fera bien meilleur effet; n'est-ce pas, Lopez?
— Oui, capitaine.
— Cet officier aura du moins le temps de se préparer au ciel avant de mourir; n'est-ce pas vrai, Lopez?
— Oui, capitaine.

Un des Jarochos m'enleva la baïonnette d'entre les dents en me disloquant presque la mâchoire. La liberté de la parole m'était rendue, mais je n'en usai pas; j'étais incapable de proférer autre chose que des sons inarticulés.

— Laissez-lui aussi les mains libres, il en aura besoin pour chasser les vautours; n'est-ce pas, Lopez?
— Oui, capitaine.

La corde qui me liait les poignets fut détachée, et je recouvrai l'usage de mes mains. J'étais couché sur le dos, les pieds tournés du côté du précipice ; un peu à ma droite se trouvait Lopez tenant en main le bout de la corde qui allait me lancer dans l'éternité.

— Maintenant, la musique ! Quand la musique jouera, ce sera le signal pour vous, Lopez, fit entendre la voix du brigand.

Je fermai les yeux et j'attendis la secousse ; cela ne dura qu'un moment, mais ce moment fut un siècle. Un silence absolu régnait autour de moi, un de ces silences terribles comme ceux qui précèdent l'explosion d'une mine ou l'éruption d'un volcan.

Puis j'entendis la première note du clairon... mais en même temps qu'elle un coup de feu retentit à mes oreilles, un homme passa au-dessus de moi en chancelant, son sang coulait à flots et m'inonda le visage; puis l'homme tomba la face en avant et disparut.

Soudain mes jambes furent tirées avec force, et je fus lancé dans le vide de l'air la tête en bas. Mes pieds touchant les branches de l'arbre, j'étendis les bras en me repliant sur moi-même et j'eus le bonheur d'empoigner une de ces branches. Après deux ou trois autres efforts surhumains, j'atteignis le tronc de l'arbre lui-même et je m'y cramponnai avec toute la force du désespoir. Dans cette position, je jetai les yeux au-dessous de moi. A une profondeur considérable j'aperçus un homme suspendu à l'extrémité de la corde qui m'attachait moi-même. C'était Lopez. Sa manga rouge me le fit reconnaître au premier coup d'œil. Il était pendu par la cuisse.

Son chapeau était tombé, je vis le sang couvrir son visage et souiller ses épais cheveux noirs ; il était pendu la tête en bas et ne donnait plus aucun signe de vie.

La corde passée autour de mes jambes me coupait les chairs comme un rasoir, mais, ô terreur! les racines s'ébranlent! je les entends qui craquent, l'arbre va céder sous le poids de nos deux corps!

Je serre le tronc avec un de mes bras, de l'autre je cherche mon couteau. Le ciel soit loué ! on me l'avait laissé. J'ouvre la lame avec mes dents, je me penche, je me renverse, je touche la corde et je la coupe. Elle cède en vibrant ; l'objet rouge pendu au-dessous de moi m'abandonne avec la rapidité de l'éclair, plonge dans le vide, et va frapper le torrent. Un bruit sourd, un peu d'écume, et ce fut tout. Le corps du Jarocho et sa manga rouge avaient disparu dans le gouffre.

CHAPITRE LII.

Courte mais terrible épreuve.

Je le reconnus, et dis on m'adressant à mon jeune serviteur — : Dubrosc ! il est mort!

Pendant tout ce temps les coups de feu retentissaient au-dessus de moi. J'entendais des cris et des voix d'hommes mêlés à des bruits de pas de chevaux et à des cliquetis de sabres. Je comprenais qu'un secours inespéré m'était arrivé, je devinais qu'un combat avait lieu à quelques pas de moi, mais je ne pouvais rien voir, car ma tête se trouvait au-dessous du niveau du terrain où se passait cette scène.

J'écoutais tous ces bruits avec une anxiété facile à comprendre. Je n'osais me remuer ; le poids du corps du Jarocho avait d'abord retenu mes jambes dans le nœud ; mais depuis que j'avais coupé la corde qui nous attachait l'un à l'autre, je n'étais plus soutenu par rien de ce côté; et comme mes pieds étaient toujours étroitement liés, un seul mouvement aurait suffi pour les faire glisser de dessus la branche qui leur servait de point d'appui et me précipiter dans l'abîme. D'ailleurs j'étais affaibli par l'alternative de vie et de mort que je subissais depuis plusieurs heures, et j'avais tout juste assez de force pour m'attacher au tronc d'arbre comme un écureuil effrayé.

Les coups de feu devinrent moins fréquents, les cris parurent s'éloigner, puis j'entendis un hourra, hourra anglo-saxon, hourra américain, et un moment après une voix bien connue disait à mes oreilles :
— Par les cornes du diable, vous voici vivant! Je savais bien, moi, que vous n'étiez pas mort. Allons, capitaine, nous voici ! Et vous, enfants, aidez-moi ! Tenez, prenez mes mains. Bien, bien !

En même temps que ces paroles étaient prononcées, une main vigoureuse m'avait saisi par le collet de mon habit et m'avait enlevé de mon arbre pour me déposer sur le sol.

Je regardai mes libérateurs. Lincoln dansait comme un fou en poussant des cris de joie. Une douzaine d'hommes vêtus de l'uniforme gros-vert des tirailleurs regardaient en riant ses démonstrations. A quelques pas de là un détachement gardait des prisonniers, tandis qu'une centaine d'hommes, divisés en groupes, remontaient la colline et se dirigeaient vers nous. C'étaient ceux qui revenaient de poursuivre les Jarochos qu'on avait mis en complète déroute.

Je retrouvai là Twing, Hennessy, Hellis et plusieurs autres officiers de ma connaissance. Ils m'entourèrent avec intérêt, et je reçus à cette occasion plus de compliments et de félicitations que si c'eût été le jour de mes noces.

C'était le petit Jack qui nous avait amené ce secours.

Après un moment de conversation avec le major, je me retournai du côté de Lincoln. Il se tenait debout à quelques pas de moi, et examinait avec attention un bout de corde qu'il tenait dans ses mains. Il était revenu de ses premiers transports de joie, et sa physionomie avait repris son caractère habituel.

— Qu'y a-t-il, Bob? lui demandai-je en remarquant son air étonné.

— Vous me voyez dans une grande surprise, capitaine, répondit-il. Je comprends bien comment ce brigand vous a entraîné dans sa chute; mais ce qui me passe, c'est de voir cette corde coupée, et je me demande ce qu'est devenu l'autre bout.

Je reconnus alors que le fragment de corde qui occupait l'attention du chasseur était celui qui avait entouré mes jambes, et je lui expliquai le mystère. Ce haut fait parut encore me rehausser dans l'estime du sergent. Il se tourna vers un des tirailleurs, vieux chasseur comme lui, et je l'entendis lui dire :

— Oui, Nat, le capitaine est plus souple et plus agile qu'un chat sauvage, et il attraperait un ours gris à la course. C'est moi qui vous le dis, foi de Bob Lincoln.

Après cette réflexion si flatteuse pour moi, le brave sergent s'approcha du précipice, examina l'arbre, puis le bout de corde; puis revint encore à l'arbre, et se mit ensuite à jeter plusieurs petits cailloux dans le gouffre, afin sans doute d'en mesurer la profondeur. Il était évident que l'aventure lui paraissait merveilleuse, et qu'il tenait à s'en garder tous les détails dans la mémoire.

Twing et les autres avaient mis pied à terre. En me tournant de leur côté, j'aperçus Clayley occupé à donner une accolade à la gourde du major. L'étreinte fut cordiale. L'exemple de mon lieutenant était bon à suivre, je l'imitai et m'en trouvai fort bien.

— Mais comment avez-vous fait pour nous rencontrer, major?

— C'est ce petit soldat qui nous a conduits au rancho où vous avez été pris, répondit le major en me désignant Jack. De là nous avons facilement suivi vos traces jusqu'à une grande hacienda.

— Ah! vous avez mis la guerrilla en déroute?

— Mais nous n'avons pas vu de guerrilla.

— Comment! à la hacienda?

— Il y avait des péons et des femmes, rien de plus. Mais où donc avais-je la tête?... Si, vraiment, il y avait des gens qui ont tiré sur nous. Thornley et Hillis que voici ont été blessés grièvement tous deux, et ils ne sont pas près d'être guéris, les pauvres garçons !

Je me tournai du côté de ces deux officiers, mais ils riaient tous deux, et je n'y compris rien.

— Ah! Hennessy, continua le major, a également reçu un coup en pleine poitrine...

— Ma foi, cela est vrai, s'écria ce dernier.

— Allons, major, une explication, s'il vous plaît! dis-je alors d'un ton sévère, car je n'étais guère en humeur de plaisanter; je commençais en effet à deviner quels pouvaient être ces ennemis dont parlait le major, et les railleries qu'on en faisait m'irritaient et me chagrinaient.

— Eh bien, capitaine, dit Hennessy répondant pour le major, je vais vous mettre au courant. Nous avons rencontré les deux plus charmantes personnes que j'aie vues de ma vie... et riches !... riches comme Crésus.

— N'est-ce pas, messieurs?

— C'est tout à fait cela, répondit Hellis.

— Mais, reprit Hennessy, il fallait voir comme elles se sont comportées avec votre *tigre!* Elles l'entouraient, elles le pressaient; j'ai cru qu'elles allaient manger le petit bonhomme.

Je brûlais d'impatience d'en savoir davantage; mais comme je vis qu'il n'y avait rien à tirer de ce côté, je pris le parti de cacher mon inquiétude et de saisir la première occasion de m'entretenir avec Jack.

— Mais après la hacienda? demandai-je en changeant de sujet.

— Nous suivîmes vos traces jusqu'au cañon, où nous trouvâmes du sang sur les rochers. Là tout indice cessait, nous étions en défaut, quand un tout jeune homme, qui paraît de la connaissance de votre Jack, un garçon, ma foi! d'un aspect aussi avenant que distingué, nous remit sur vos traces, et puis il disparut sans que nous l'ayons revu depuis. Nous poursuivîmes ainsi jusqu'à une petite prairie située sur la lisière des bois. Le sol en était étrangement piétiné par les chevaux ; mais les traces n'allaient pas plus loin, nous étions encore déroutés.

— Et comment avez-vous fait pour venir jusqu'ici?

— Par un hasard bien singulier. Nous étions tout près d'arriver à la route Nationale, quand ce grand sergent de votre compagnie sauta au milieu de nous de dessus les branches d'un arbre.

— Qui avez-vous vu, Jack? demandai-je tout bas à l'enfant après l'avoir tiré à part.

— Je les ai vus tous, capitaine.

— Eh bien?

— Ils m'ont demandé où vous étiez, et je leur ai dit que...

— Eh bien, après?

— Ils ont paru fort étonnés.

— Et puis?

— Et les jeunes dames...

— Eh bien, les jeunes dames?

— Elles étaient comme des folles et poussaient des cris de désespoir... Jack était la colombe qui apportait la branche d'olivier.

— Ont-elles dit où elles allaient? demandai-je après une pause d'un moment, pendant laquelle, tout éveillé que j'étais, je venais de faire un des rêves les plus délicieux.

— Oui, capitaine; elles vont se fixer dans l'intérieur du pays.

— Où? mais où donc?

— C'est un nom assez singulier, je ne pourrai jamais me le rappeler. Jalapa? Orizava? Cordova? Puebla? Mexico? Je crois bien que c'est un de ces noms-là, mais lequel? Voilà ce que j'ai oublié, capitaine.

— Capitaine Haller, cria à ce moment le major, un mot, s'il vous plaît! Il y a ici quelques-uns de ceux qui se disposaient à vous pendre; tenez, les reconnaissez-vous?

En parlant ainsi, le major me désignait cinq Jarochos qui avaient été faits prisonniers.

— Oui, répondis-je, je crois les reconnaître, cependant je n'oserais pas certifier leur identité.

— Par saint Patrick! major, je peux jurer sur mon salut que je les reconnais, moi. Il y a surtout parmi eux une canaille qui m'a donné une fameuse raison de ne pas l'oublier, si un coup de pied dans le ventre peut s'appeler une raison toutefois. — Allons, ne te cache pas maintenant, vilain moricaud, regarde-moi un peu en face : ne me reconnais-tu pas?...

— Approchez-vous, soldat! dit le major.

Chane s'avança à cet ordre, et donna en quelques mots des explications fort compromettantes pour les Jarochos.

— C'est bien, dit le major après avoir entendu l'Irlandais. — Lieutenant Glaiborne, continua-t-il en s'adressant à l'officier le plus jeune en grade, quel est votre avis?

— La pendaison, répondit le lieutenant d'une voix solennelle.

— Lieutenant Hillis?

— La pendaison.

— Lieutenant Clayley?

— La pendaison, répondit mon lieutenant d'une voix ferme et vibrante.

— Capitaine Hennessy?

— La pendaison.

— Capitaine Haller?

— Votre résolution est-elle bien arrêtée, major...

Je voulais essayer de modifier la rigueur de cette condamnation.

— Capitaine Haller, dit le major en m'interrompant brusquement, nous n'avons ni le temps ni la facilité de traîner après nous des prisonniers. Notre armée a déjà gagné Plan-del-Rio, et se prépare à attaquer le défilé. Si nous perdons une heure seulement, nous arriverons trop tard pour la bataille, et vous savez aussi bien que moi tout ce qui en résulterait.

Je connaissais trop bien le caractère résolu de Twing pour faire une plus longue opposition. Je me tus, et les Jarochos furent condamnés à être pendus.

Le passage suivant, extrait du rapport officiel du major sur toute l'affaire, fera suffisamment connaître le résultat de cette sentence :

« Nous avons tué cinq hommes à l'ennemi et lui avons fait autant
» de prisonniers; le chef de ces bandits n'a pu être pris. Les prison-
» niers ont été jugés et condamnés à être pendus. Ils avaient préparé
» des potences pour le capitaine Haller et ses compagnons; et faute d'en
» avoir de plus convenables, nous nous sommes servis de celles-là pour
» eux. »

CHAPITRE LIII.

Une bataille à vol d'oiseau.

Nous quittâmes la caverne de l'Aigle une heure environ après le lever du soleil. Au bout de quelques cents pas, je me retournai sur ma selle et regardai derrière moi. Les cinq cadavres des Jarochos pendus aux branches des arbres formaient un hideux tableau que je n'oublierai de ma vie. Leurs camarades, qui sans doute les voyaient dans cette triste position au milieu de quelque fourré voisin, durent faire à ce sujet de singulières réflexions.

Ces malheureux avaient été exécutés sans qu'on les eût dépouillés de leur pittoresque costume, leurs vêtements de guerre étaient devenus leurs linceuls, drapés dans les plis de leurs mangas, ils restaient immobiles au-dessus de l'abîme, tandis que l'aigle passait auprès d'eux en poussant son cri guerrier, et que des milliers de vautours obscurcissaient le ciel au-dessus de leurs têtes et volaient en rond en se rapprochant à chaque cercle de l'horrible proie qu'ils convoitaient.

Avant que nous eussions perdu de vue la falaise de l'Aigle, les oiseaux de carnage s'étaient abattus sur les cadavres et plongeaient avec avidité leurs becs crochus dans ces chairs encore chaudes et palpitantes; horreur... Je ne pus m'empêcher à cet affreux spectacle de faire un retour sur moi-même et de me livrer à quelques réflexions intimes sur cet étrange changement de victimes.

Nous atteignîmes bientôt le pied de l'escarpement et nous nous retrouvâmes sur le bord du torrent, que nous traversâmes quelques heures après pour nous diriger dans l'ouest. A midi notre marche nous amena près d'un ruisseau à l'eau claire et limpide qu'ombrageait un joli bois de palmiers; nous ne pouvions demander mieux pour faire notre sieste, et ce fut là que nous nous arrêtâmes.

Après quelques heures données au repos et quand la grande chaleur du jour fut un peu calmée, nous nous remîmes en marche et nous arrivâmes dans la soirée à la *pueblita* (village) de Jacomulco, où nous résolûmes de passer la nuit. Twing mit l'alcade en demeure de lui fournir des vivres et du fourrage, fit attacher les chevaux sur la plaza, et ordonna aux hommes d'allumer leurs feux et de bivouaquer dans le même endroit. Par précaution on avait placé un poste à l'entrée de chacune des routes qui aboutissaient au village.

Au point du jour nous quittâmes notre étape, et après quelques heures de marche nous arrivâmes sur les bords du Plan, à cinq milles au-dessus du pont, vers lequel nous nous dirigeâmes en suivant la rive de ce fleuve, qui n'est, comme presque tous les cours d'eau du pays, qu'un véritable torrent coulant à des centaines de pieds de profondeur dans l'abîme d'une sombre barranca.

Nous poursuivions tranquillement notre route et gravissions une côte escarpée, quand tout à coup nous fûmes frappés par la vue d'un objet qui nous fit tressaillir : droit devant nous, au sommet de la colline taillée en forme de dôme, se dressait une tour au-dessus de laquelle flottait l'étendard du Mexique.

La tour était défendue par une longue ligne d'hommes en uniforme militaire. Des cavaliers superbement habillés parcouraient au galop la colline.

Nous voyions reluire le cuivre des casques et briller les éclairs des baïonnettes. Un obusier de bronze resplendissait aussi aux rayons du soleil; nous distinguions parfaitement les artilleurs à leur poste. La voix du clairon et le son du tambour arrivaient jusqu'à nous. Nous étions si près, que nous pouvions même entendre les commandements.

— Halte! cria Twing en tirant vivement les rênes de son cheval. Grand Dieu! nous allons donner dans le camp ennemi. Guide, ajouta-t-il en se tournant avec colère vers Raoul et tirant son épée à moitié du fourreau, qu'est-ce que cela signifie?

— Cette colline, major, répondit le soldat sans s'émouvoir, est *el Telegrapho*. C'est le quartier principal des Mexicains.

— Et pourquoi nous faire prendre par là alors? Nous sommes à peine à un mille de l'ennemi.

— Nous en sommes à dix milles, major.

— Comment, dix milles? Mais je vois d'ici l'aigle de leur drapeau. Il n'y a seulement pas un mille, vous dis-je.

— Pour l'œil, cela est vrai, mais comme chemin, c'est différent, major, il y a dix milles, comme je vous l'ai déjà dit, car pour aller jusqu'au Telegrafo il faut contourner la barranca; d'ailleurs nous n'avions pas d'autre route pour gagner le Plan.

Ce que disait Raoul était vrai; bien que nous fussions à portée de canon de l'ennemi, nous n'en étions pas moins par le fait à la distance de dix milles.

Un gouffre nous séparait; quelques instants après nous pûmes nous en convaincre, car nous arrivions sur ses bords, et nous nous mîmes à les suivre aussi vite que le permettait une route couverte de pierres et en fort mauvais état.

— Grand Dieu! Haller, nous arriverons trop tard! au galop! cria Twing en donnant l'ordre de hâter le pas.

La troupe obéit et prit une marche plus hâtive. El Plan, le hameau, le camp américain, avec ses pyramides blanches, commençaient à nous apparaître; mais loin, bien loin au-dessous de nous dans la plaine, que nous dominions comme du haut d'une tour. Malgré la rapidité de notre marche, nous n'avions pas encore pu parvenir à tourner la barranca.

— Mon Dieu! cria Twing, notre camp est vide.

En effet, on n'y voyait peu de mouvement; quelques conducteurs de convois, des invalides, des soldats préposés à la garde du camp étaient les seuls êtres animés que nos regards pussent découvrir.

— Voyez, voyez!

Je suivis la direction que m'indiquait le geste de Twing. Sur les hauteurs qui dominaient le camp s'étendait une longue ligne couleur gros-bleu : c'étaient des soldats qui se déployaient, faisant reluire au soleil à chacun de leurs mouvements plus de dix mille baïonnettes. La ligne bleue se déroula comme un long serpent en se dirigeant vers el Telegrafo et bientôt disparut derrière la colline.

Alors du dessus l'éminence en forme de dôme partit un coup de canon, puis un deuxième, puis un troisième, puis plusieurs autres avec accompagnement de mousqueterie, de tambours, de trompettes, de cris et de hurlements.

— La bataille est commencée.

— Nous arrivons trop tard.

Nous nous trouvions encore à huit milles du théâtre de l'action. Il ne fallait pas penser y arriver à temps, et nous nous arrêtâmes furieux en maudissant notre mauvaise chance.

Cependant la fusillade continuait avec une intensité toujours croissante. Nous distinguions au milieu de tous les bruits celui des carabines américaines. Les bombes, les boulets et les fusées se croisaient à chaque instant dans les airs.

La colline tout entière se trouvait enveloppée dans un nuage de vapeur sulfureuse au travers duquel nous entrevoyions de petits détachements de soldats qui se glissaient de rochers en rochers et de buissons en buissons, et avançaient toujours en faisant un feu nourri. Quelques-uns pourtant restaient en arrière atteints par la grêle de plomb qui tombait sur eux du haut de la colline.

Bientôt une troupe nombreuse sortit du bois et se mit en devoir, malgré tous les dangers, d'escalader la colline. Bien des morts furent laissés sur la route, mais enfin on arriva. Alors les baïonnettes furent croisées, les sabres brillèrent, se heurtèrent et se rougirent de sang; des cris de fureur remplirent les airs, puis un long silence, puis enfin un grand cri, un hourra de joie et de triomphe. Au même moment, à travers la fumée qui commençait à se dissiper, nous aperçûmes des milliers d'hommes se précipitant comme un torrent du haut en bas de la colline et gagnant les bois qui s'étendaient à ses pieds.

Le brouillard de soufre qui obscurcissait l'atmosphère ne nous avait pas permis de reconnaître à quel parti appartenaient les fuyards. Nos regards interrogeaient avec anxiété le sommet de la tour, tandis que du nuage qui entourait sa base s'échappait encore le bruit sourd des derniers coups de fusil qu'on tirait sur les fuyards.

— Regardez, regardez! cria une voix. Le pavillon mexicain est abattu! Voici la bannière étoilée!

En effet, l'étendard américain s'élevait majestueusement au-dessus du nuage bleuâtre de fumée; nous le reconnûmes aux bandes dont il est traversé, ainsi qu'au carré parsemé d'étoiles dont un de ses angles est orné.

A cette vue, notre troupe entière poussa un brillant hourra.

Tout était fini. Dans moins de temps qu'il ne m'en a fallu pour la raconter, la bataille de Cerro-Gordo avait été perdue et gagnée.

CHAPITRE LIV.

Singulière manière de se retirer d'un champ de bataille.

Nous étions toujours à cheval, le visage tourné du côté d'el Telegrafo, à contempler notre drapeau qui flottait au-dessus de la tour, quand un officier s'écria :

— Voyez de ce côté! que se passe-t-il là?

En même temps il indiquait la barranca.

Tous les regards se portèrent vers le point indiqué. Une longue ligne blanche se mouvait sur la face intérieure de la barranca.

— En arrière, en arrière! cria Twing les yeux fixés sur cet étrange spectacle. Mettez-vous à couvert derrière quelque accident de terrain.

Une minute après, tout notre détachement, officiers et soldats, avait gagné au galop le lit desséché d'un ruisseau et s'y était posté à l'abri de tous les regards. Trois ou quatre d'entre nous mirent pied à terre, et, en compagnie du major, s'avancèrent en rampant jusqu'à la place que nous venions de quitter à l'instant même et se cachèrent entre des touffes d'herbe de manière à pouvoir examiner la barranca sans courir risque d'être découverts. J'étais au nombre de ces observateurs.

Nous étions ainsi placés sur l'extrême bord de l'abîme, et nous avions en face de nous la joue opposée de la barranca qui se dressait comme un mur de pierres jusqu'à plus de mille pieds au-dessus du niveau de la rivière. Nous n'étions séparés de cette rive que par une distance de mille pieds tout au plus. Cette face de la barranca était coupée presque perpendiculairement, sauf quelques accidents formés par des saillies de roches basaltiques couvertes de cactus et d'agaves au milieu desquels s'élevaient aussi des palmiers et des cèdres rabougris.

C'était sur cette face interne que se mouvait la ligne dont nous avons parlé. Elle s'avançait lentement en zigzag en suivant les accidents de terrain.

Bientôt cette étrange apparition nous fut expliquée : c'était une troupe de Mexicains fuyant le champ de bataille. Plus haut, au milieu d'un bois qui couronnait la rive de la barranca, nous aperçûmes du même coup des milliers de ces guerriers qui se disposaient à descendre dans le gouffre et à suivre le chemin tracé par leurs camarades. Leur dessein était évidemment de mettre la barranca entre eux et l'armée américaine.

Nous demeurâmes quelques instants à examiner les mouvements de ces rusés fuyards, dont la tête de colonne commençait déjà à atteindre les bois qui remplissaient le fond du gouffre.

Le major se taisait et ne nous donnait aucun signal d'action, malgré les regards impatients que chacun de nous dirigeait vers lui.

— Eh bien, major, qu'allons-nous faire? demanda quelqu'un en prenant l'initiative.

— Rien, répondit froidement le major.

— Comment, rien? s'écria en même temps chacun de nous.

— Et que pouvons-nous faire?

— Les prendre prisonniers tous autant qu'ils sont.

— Et qui faire prisonniers?

— Qui! mais ces Mexicains qui sont devant nous.

— Ah! devant nous! nous en sommes loin! il y a dix milles à faire. Mais, en supposant que nos chevaux eussent des ailes et qu'ils pussent s'abattre sans encombre jusqu'au fond de ce gouffre, que ferions-nous là-bas avec cent hommes? Voyez, il y a plus de mille Mexicains sur ces rochers.

— Eh! qu'importe le nombre? dis-je à mon tour en prenant pour la première fois la parole dans cette circonstance. C'est un ennemi battu et en pleine déroute, et je parierais bien que la moitié d'entre eux n'ont même pas d'armes. Allons, major, conduisez-nous, et je vous promets que nous les prendrons tous sans même tirer un coup de fusil.

— Mais, mon cher capitaine, nous ne pouvons pas aller les trouver où ils sont.

— Cela n'est pas nécessaire. Si nous voulons gagner ces hauteurs là-bas, nous n'aurons qu'à les attendre, ils viendront eux-mêmes à nous...

— Comment cela?

— Vous voyez bien cette ligne noire qui est à environ dix milles d'ici : c'est un bois, et vous n'ignorez pas qu'il n'en pousse point sur le sol rocheux de la falaise. Par conséquent il doit y avoir en cet endroit une gorge, et un cours d'eau; soyez sûr que c'est là qu'ils viendront passer.

— Très-bien! nous n'avons qu'à aller les attendre là! crièrent toutes les voix ensemble.

— Non, messieurs, non! vous vous trompez, ils resteront dans le fond de la barranca, au milieu des bois, soyez-en certains. Laissons-les-y, car nous n'avons pas de temps à perdre; il nous faut pousser en avant et gagner la route au plus vite. Qui sait ce qui nous attend avant d'arriver? Allons!

En prononçant ces derniers mots, notre commandant revint au ruisseau et remonta promptement à cheval. Nous obéîmes sans mot dire, malgré tout le désappointement que nous ressentions intérieurement.

Pour ma part, j'aurais été heureux de pouvoir accomplir ce trait d'audace et de revenir au camp avec un bon nombre de prisonniers. Mon ami Clayley était entièrement de mon avis; et comme un écolier qui a manqué l'heure de la classe, il aurait voulu, pour se faire pardonner son absence, rapporter quelque présent au maître. De plus, nous savions qu'il entrait dans les intentions du général en chef de faire en cette circonstance le plus grand nombre de prisonniers possible pour punir l'ennemi de sa mauvaise foi; car on avait appris par des renseignements certains, qu'un grand nombre des soldats qu'on avait laissé sortir de Vera-Cruz sur parole avaient gagné Cerro-Gordo avec l'intention de nous combattre, et nous ne doutions pas qu'il n'y eût beaucoup de ces honorables soldats parmi la foule des fuyards que nous avons vus s'engouffrer dans la barranca.

— Major Twing, permettez-moi de prendre cinquante de vos hommes et de tenter le coup. Vous savez que j'ai un compte à régler avec ces gens-là...

— Je ne puis, capitaine, je ne puis pas vraiment... Allons, en avant!...

Un instant après, nous étions lancés au trot dans la direction d'el Plan.

Dans le premier moment, je fus furieux contre Twing; je m'éloignai de lui en boudant, et j'allai me placer sur les derrières de la troupe. Que n'aurais-je pas donné pour avoir en ce moment mes tirailleurs!

Je fus distrait de ma mauvaise humeur par le bruit d'un coup de feu. Le major, placé en tête de la colonne, venait de crier : Halte! Je m'arrêtai comme les autres et regardai devant moi. A une certaine distance je vis poindre un objet de couleur verdâtre, qui disparut bientôt derrière un rocher. C'était une sentinelle : le coup de fusil avait été tiré par elle.

— Croyez-vous que ce soit quelqu'un des nôtres?

— C'est un soldat de notre compagnie, capitaine, j'ai reconnu la couleur verte de sa coiffure, me répondit Lincoln.

D'un temps de galop je rejoignis Twing. Le major était en train de détacher quelques hommes pour faire une reconnaissance; je me joignis à eux. Après deux minutes de marche, nous aperçûmes, à une distance de quatre cents pas tout au plus, un obusier de dix pouces qu'on venait à l'instant de pointer contre nous. Derrière cette pièce se tenait un groupe d'artilleurs, et sur chacun de ses côtés un corps nombreux de soldats, que je crus destinés pour de l'infanterie légère ou des tirailleurs. Une telle vue avait de quoi nous effrayer; mais heureusement au-dessus du canon flottait un petit drapeau rayé de bandes rouges et blanches, et, sans qu'il fût besoin d'ordre, nos hommes s'arrêtèrent court, ôtèrent leurs chapeaux et saluèrent avec des cris joyeux.

Le poste continuait à demeurer indécis; il ne savait trop que penser sur notre compte, et s'étonnait à bon droit de notre présence, quand un des hommes qui m'accompagnaient fit cesser toute incertitude en galopant du côté du poste et en déployant le drapeau de son régiment.

A cette vue, de joyeux cris partirent de la batterie; et le moment d'après nous étions tous mêlés les uns aux autres, donnant et recevant des félicitations et des poignées de main comme des amis heureux de se revoir après une longue absence.

Le fait le plus important pour moi dans cette rencontre, c'est que ma compagnie, sous les ordres du lieutenant en second, se trouvait là et servait de garde à la pièce d'artillerie.

Nous fûmes reçus par nos camarades comme des gens qui viendraient de l'autre monde, ils croyaient depuis longtemps que nous étions perdus pour jamais; et il fallait voir comment ces braves tirailleurs se groupaient autour de Lincoln et de ses camarades, et avec quel intérêt ils écoutaient le récit de nos aventures.

CHAPITRE LV.

Une capture en gros.

Quelques minutes suffirent pour la reconnaissance et les explications. Twing continua sa route avec son escadron de cavalerie. Quant à moi, j'avais formé la résolution de prendre la direction opposée et de revenir en arrière. Je me trouvais désormais à la tête d'un certain nombre d'hommes, c'était précisément ma compagnie, et je sentais plus vivement que jamais la nécessité de faire oublier ma dernière escapade par quelque action d'éclat. Clayley, je l'ai déjà dit, partageait mon opinion à cet égard.

— Avez-vous encore besoin de mes tirailleurs? dis-je à Ripley, jeune et brave garçon qui commandait l'artillerie.

— Non, capitaine; j'ai assez de mes trente artilleurs pour manœuvrer et défendre ma pièce. Partez avec vos tirailleurs. Adieu! et si vous vous trouvez dans l'embarras, envoyez-moi prévenir. Je laisserai l'obusier ici jusqu'à votre retour, j'ai, s'il en est besoin, quelques boîtes de mitraille à cracher à la figure de ceux qui vous poursuivraient.

Pendant ce colloque, la compagnie s'était mise en rang sur le flanc de la pièce, et au commandement de : En avant, marche! au pas accéléré! on se mit à descendre rapidement la colline.

Il ne nous fallut que quelques minutes pour gagner le point où la route faisait un crochet et s'éloignait un peu du bord de la barranca. Arrivé là, je fis arrêter un moment, et, en compagnie de Raoul et de Lincoln, je m'avançai en rampant jusqu'au point d'observation que nous avions déjà occupé avec Twing.

Nous avions perdu si peu de temps à la batterie et les difficultés de la route étaient telles pour les ennemis, qu'ils n'avaient encore pu atteindre le fond de la barranca. Divisés par groupes de deux et de trois, ils se dirigeaient du côté du cours d'eau qui coulait non loin de là au milieu même du précipice. Plusieurs d'entre eux étaient sans armes, ils s'en étaient sans doute débarrassés pour fuir plus facilement. D'autres, mais en plus petit nombre, avaient conservé leurs mousquets.

Arrivée sur les bords du ruisseau, la troupe ennemie se précipita à terre, s'agenouilla et se mit à boire avec avidité. Plusieurs même remplirent leurs gourdes.

Cette précaution me confirma dans l'idée qu'ils avaient dessein de prendre par les montagnes; car je savais que dans cette direction on ne rencontrait l'eau qu'à une distance de plusieurs milles.

Aucun mouvement des fuyards ne m'échappait, grâce à une longue-vue que Ripley m'avait prêtée. A l'aide de cet instrument je découvris au milieu d'un bouquet de palmiers un objet brillant. Je l'eus bientôt reconnu : c'était une mule richement harnachée et gardée par plusieurs soldats plus somptueusement vêtus que la plupart des autres fuyards.

Sans doute, me dis-je, on attend quelque officier de marque; et changeant la direction de la lorgnette, je me mis à suivre la ligne qui continuait à descendre sur le flanc de l'abrupte pente. Mes regards se fixèrent bientôt sur une petite plate-forme de rochers qui se trouvait à peu près à moitié hauteur de l'escarpement. Elle était couverte de brillants uniformes; sous les palmiers qui l'ombrageaient, un groupe d'officiers était arrêté, dans le dessein, je le supposais du moins, d'attendre que les premiers fugitifs eussent tracé une route au travers du fourré qui encombrait le fond de la barranca. Mes conjectures étaient justes, car à peine la tête de colonne avait traversé la jongle en laissant derrière elle une sorte de sentier, que le groupe d'officiers se mit à continuer sa descente.

Ce que je vis alors fit battre mon pouls avec une rapidité fébrile. Parmi ceux qui venaient de quitter la plate-forme, je remarquai un homme portant une masse noire sur son dos. Cette masse, c'était un autre homme, je le reconnus à l'instant, ce ne pouvait être que le tyran boiteux du Mexique.

Je n'entreprendrai point de décrire les sentiments qui m'agitèrent en ce moment. Tout ce que je puis dire de mieux pour les faire comprendre, c'est qu'ils étaient de même nature que ceux éprouvés par un jeune et enthousiaste chasseur au moment où il tient au bout de sa carabine un noble gibier, tels qu'un ours, une panthère ou un buffle. Je ressentais contre cet homme le mépris et la haine que doit éprouver tout cœur honnête et libre contre un aussi lâche tyran. Depuis le commencement de notre campagne, j'avais appris sur son compte tant d'infamies et de détails odieux, que j'aurais volontiers sacrifié une de mes mains pour que la distance qui nous séparait fût en réalité aussi rapprochée qu'elle me paraissait l'être; car, à l'aide de la longue-vue, je le voyais si distinctement, que je reconnaissais sur ses traits flétris par le vice l'expression de malice et de basse cruauté que je savais leur être habituelle.

Nous n'avions que le temps d'agir. Je serrai la lorgnette et revins en rampant joindre le gros de ma troupe. Je m'étais informé auprès de Raoul de ce qu'était la ligne noire dont j'avais précédemment parlé au major. Ainsi que je l'avais conjecturé, c'était le cañon d'un petit *arroyo* couvert de bois épais et formant une gorge ou défilé qui conduisait jusqu'à la rivière d'el Plan. Je m'étais trompé seulement dans l'appréciation des distances : au lieu de trois milles il y en avait cinq.

En moins d'un instant nous fûmes de nouveau en marche, et nous avançâmes à grands pas vers le but de notre expédition. J'en avais assez dit à mes hommes pour leur faire partager mes espérances. Il s'en trouvait d'ailleurs parmi eux qui n'avaient pas besoin d'être excités et qui eussent volontiers consenti à donner la moitié de leur vie pour pouvoir s'emparer du tyran qui nous avait donné la chasse. Beaucoup aussi avaient à venger un parent, un frère ou un ami laissé dans les plaines de Goliad ou à la forteresse d'Atamo.

Mes hommes étaient encore excités par la circonstance. Depuis le matin ils s'attendaient à faire le coup de feu, et l'occasion qui se présentait en ce moment les dédommageait amplement de n'avoir pas assisté à la bataille. Aussi toute la compagnie marcha avec la précision et la rapidité d'un seul homme, les cinq milles furent franchis en moins de rien. Je crois que nous ne mîmes pas une demi-heure. Connaissant les difficultés de la route que l'ennemi était obligé de suivre, nous espérions avoir le temps de prendre haleine avant son arrivée; et j'avais réservé cet instant pour mûrir le plan que j'avais, chemin faisant, préparé et arrangé dans ma tête.

Le seul aspect des lieux nous convainquit qu'il était impossible de trouver mieux pour une embuscade. La gorge ou cañon ne s'enfonçait pas en droite ligne dans la montagne; l'ouverture, au contraire, se découpait en zigzag, de sorte que ceux qui arrivaient les premiers devaient être pris comme dans une souricière sans avoir le temps d'avertir ceux qui les suivaient. C'était précisément ce qu'il nous fallait; car il ne nous suffisait pas de faire quelques prisonniers, sauf à voir le gros de la troupe s'éparpiller et se cacher ensuite dans les fourrés, mais nous voulions, au contraire, capturer la bande en gros sans tirer un coup de fusil, si faire se pouvait. La disposition du terrain rendait heureusement la chose possible.

Le défilé était un *arroyo* desséché bordé de pins et de cotonniers que reliaient entre eux des lianes et des vignes sauvages. A l'endroit où la gorge entrait dans la montagne, ses rives s'élevaient brusquement; elles étaient découvertes, mais pas assez cependant pour qu'on n'y rencontrât pas quelques touffes de palmiers disséminées çà et là. Derrière chacune de ces touffes fut placé un tirailleur, de telle sorte que notre ligne formait dans son déploiement un arc concave dont les extrémités partaient de l'embouchure de la gorge et venaient se rejoindre au milieu d'un chapparal ou bouquet de bois épais situé dans le fond même du précipice. De chaque côté de la porte du cañon je disposai six hommes de telle manière, qu'ils étaient entièrement cachés et qu'on pouvait pénétrer dans la gorge sans les apercevoir et sans même soupçonner leur présence. Ils devaient, en cas de besoin, couper toute retraite. Au point le plus éloigné, en face de l'embouchure, se tenait un détachement sous le commandement de Clayley avec Raoul pour interprète. Au milieu stationnait le reste de la troupe commandé par Oakes et par moi.

Ces dispositions ne nous prirent que très-peu de temps. J'étais compris à demi-mot par mes hommes, dont beaucoup avaient rabattu des troupeaux dans des conditions à peu près semblables. La chasse était la même, le gibier seul était changé, et je n'eus besoin que de très-courtes explications pour les mettre au fait de mes desseins. En cinq minutes chacun de nous occupait son poste, et la troupe entière attendait en silence et avec impatience l'événement qui allait s'accomplir.

Cependant rien ne nous annonçait encore l'approche des fuyards. Le bruit du vent qui agitait la cime des arbres et les murmures de l'eau se faisaient seuls entendre. Quelques notes d'un instrument guerrier parvenaient par intervalles à nos oreilles; mais c'était un clairon de cavalerie, celui sans doute des escadrons ennemis qui s'étaient dirigés du côté d'Ansero et de Jalapa.

Personne ne parlait parmi nous. Les hommes, disséminés et cachés au milieu des touffes d'herbe, étaient pour la plupart invisibles les uns aux autres.

Ce moment d'attente est, sans contredit, un de ceux où j'ai éprouvé les émotions les plus violentes. Sans doute je n'avais point de motifs particuliers de haine contre les ennemis; ils m'étaient tous, à mon point de vue personnel du moins, complètement indifférents, à l'exception pourtant du tyran dont j'ai déjà parlé; mais il y avait dans cette *trappe* à l'homme quelque chose d'étrange et d'enivrant qui me transportait malgré moi. J'étais, je l'avoue, en proie à une sorte de fièvre.

Je tenais à respecter, autant que possible, les lois de l'humanité; je voulais faire des prisonniers et non des morts, aussi j'avais ordonné de ne tirer aucun coup de feu que dans le seul cas où les ennemis feraient résistance et s'en remettraient eux-mêmes au sort des armes.

Mais quant au tyran l'humanité n'avait rien de commun avec lui, et ce fut sans grande répugnance que je permis aux tirailleurs de se comporter à son égard comme bon leur semblerait.

N'entendant aucun bruit et ne voyant rien paraître, je commençais, après une assez longue attente, à craindre que nous n'eussions dressé une embuscade en pure perte; je tremblais que les Mexicains n'eussent donné à leur fuite une autre direction, quand arriva enfin jusqu'à moi un murmure confus semblable au bourdonnement d'un essaim d'abeilles. Bientôt le bruit augmenta, et je distinguai des voix d'hommes.

Le bruit de mon cœur, qui battait d'anxiété, était plus fort que ces voix.

On se rapprochait toujours. Déjà nous distinguions le fracas des pierres qui se détachaient de la pente et roulaient sous les pieds des fuyards, enfin le dialogue suivant arriva à nos oreilles :

— *Guardaos hombre !* (Garde à vous !) criait un Mexicain.
— *Carajo*, répondait l'autre, attention à ce que vous faites ! Je n'ai pas échappé aujourd'hui aux balles des Yankees pour venir ici me faire casser la tête à coups de pierres.
— *Arriba ! arriba !*
— Antonio, êtes-vous bien sûr que ce chemin conduise dans les hautes terres ?
— Très-sûr, camarade.
— Et de là à Orizava ?
— A Orizava *derecho*, *derecho*.
— Mais que c'est loin, *hombre !*
— Oh ! il y a des étapes, *pueblitas*.
— *Vaya !* j'en aurais grand besoin, je suis harassé comme un coyote affamé.
— *Carai !* les coyotes de ce pays n'enrageront pas de faim d'ici à longtemps, *vaya !*
— Sait-on si les Yankees ont tué el Cojo ?
— Bah ! est-ce qu'un renard se laisse ni prendre ni tuer ? Il aura bien su trouver quelque trou pour se mettre à l'abri. Je vous le garantis.

« El que mata un ladron
» Tiene cien años de perdon [1]. »

Les hommes qui chantaient ce refrain satirique étaient les mêmes qui une heure auparavant avaient crié *Viva el general, viva Santa Anna !*

Les plaisanteries sur le président n'en restèrent pas là, et après maints quolibets l'un des fuyards ajouta en forme de péroraison :
— Si les *Téjanos* pouvaient mettre la main sur le Cojo, nous aurions l'agrément de nous nommer un nouveau président.

Une première troupe venait de pénétrer dans le défilé. Déjà nous ne la voyions plus que par derrière. Ce groupe se composait de quinze à vingt hommes, presque tous soldats appartenant aux recrues. C'étaient des conscrits vêtus d'habits de toile blanche et de larges pantalons de matelot. Tout conscrit qu'ils étaient pourtant, soit par suite de leur position dans la bataille, soit, ce qui est plus probable, à cause de leur connaissance du pays, ils avaient trouvé moyen de s'échapper quand des milliers de leurs compagnons vétérans avaient été faits prisonniers. Peu d'entre eux avaient des armes, ils s'en étaient débarrassés pendant leur fuite.

Au moment où ils venaient de nous dépasser, la voix de Raoul se fit entendre :
— *Alto ! abajo las armas !* (Halte ! bas les armes !) criait le Français.

A cette sommation, les Mexicains firent un bond de terreur; quelques-uns se retournèrent en arrière avec l'intention évidente de rentrer dans la gorge, mais une douzaine de canons de fusil, qui brillèrent à leurs regards, les arrêtèrent dans leur projet.
— *Adelante ! adelante ! somos amigos !* (En avant ! en avant ! nous sommes des amis) !

Je leur adressai ces mots à demi-voix dans la crainte de donner l'alarme à leurs compagnons qui arrivaient par derrière, en même temps je leur fis signe d'avancer.

Placés devant Clayley, qui leur présentait par devant un drapeau blanc, et une ligne de canons de fusil, qui les menaçaient par derrière, les Mexicains ne furent pas longtemps indécis. Dans l'instant même ils poussèrent en avant, préférant de beaucoup la compagnie de Clayley et de Raoul à celle des autres tirailleurs.

A peine en avions-nous terminé avec ceux-ci, qu'un second groupe déboucha dans le cañon. Ces nouveaux venus ne se doutaient pas plus du sort de leurs camarades que de celui qui leur était réservé à eux-mêmes. La chose se passa avec eux comme avec les premiers. Plusieurs autres groupes vinrent après et eurent successivement le même sort. On forçait ceux qui avaient des armes à les remettre entre nos mains, ils avaient ordre de se coucher ensuite à terre et d'y demeurer sans dire un mot sans faire un mouvement.

Cela se continua de la sorte jusqu'à ce que je commençai à craindre que nous n'eussions enfin trop de prisonniers pour pouvoir les

---

[1] Celui qui tue un larron
Gagne cent ans de pardon.

conduire en sûreté. Il n'était pas impossible qu'à la vue de notre petit nombre ils ne cherchassent plus tard à s'échapper.

Mais nous n'avions pas encore atteint le but principal de nos efforts, nous en espérions un prix plus élevé. Santa Anna ne devait pas être loin, si nous pouvions nous emparer de lui!!!

Soutenu par cette perspective, je résolus de pousser jusqu'au bout l'entreprise.

Un événement imprévu mit pourtant malgré nous fin à notre trappe.

Un groupe composé de dix ou quinze hommes dont faisaient partie quelques officiers entra dans le cañon en poussant sans défiance en avant. Quand ils furent arrivés à un point convenu, Raoul cria son formidable *Alto!* Mais, au lieu de s'arrêter comme avaient fait les précédents, ces nouveaux venus tirèrent leurs épées et leurs pistolets, et firent mine de vouloir se défendre.

Ils étaient placés entre deux feux, et nos carabines eurent bientôt raison d'eux. Quelques-uns furent tués, d'autres furent pris, un petit nombre s'échappa par les côtés du cañon; trois ou quatre revinrent sur leurs pas et parvinrent à franchir de nouveau la gorge. Nous n'avions ni la possibilité ni la volonté de les suivre, mais l'alarme était donnée, il ne fallait plus penser à poursuivre notre projet. J'ordonnai donc à mes hommes de se rallier et de surveiller leurs prisonniers de manière à empêcher toute tentative d'évasion.

Nous n'avions point peur d'être attaqués par la ravine; ceux qui nous avaient échappé avaient porté une telle panique avec eux que nous étions de ce côté à l'abri de tout danger. Quant au tyran, il devait être averti; et nous ne pouvions conserver l'espoir de le voir tomber en nos mains.

Plusieurs tirailleurs que les souvenirs de Santa-Fé et de San-Jacinto exaspéraient contre lui, me demandèrent l'autorisation de suivre ses traces. Je fus obligé de repousser leur demande; les circonstances ne le permettaient pas, et nous avions assez de la conduite de nos prisonniers.

Des bandoulières de fusil et des ceinturons de sabre furent coupés en lanières, et l'on s'en servit pour lier nos captifs deux à deux. Ils formaient ainsi une file de cent quinze hommes de profondeur: c'était donc en tout deux cent trente prisonniers que nous avions faits.

Nous nous postâmes devant, derrière et sur les côtés de cette colonne, de manière à la surveiller aussi exactement que possible, et ce fut dans cette attitude triomphale que nous reprîmes la route du camp américain.

CHAPITRE LVI.

Un duel singulièrement terminé.

Après la bataille de Cerro-Gordo, nos troupes victorieuses poursuivirent l'ennemi jusqu'à Jalapa, où l'on s'arrêta pour s'occuper des blessés et préparer l'expédition contre la capitale du Mexique.

Les Jalapeños ne se montrèrent point inhospitaliers envers nous, nous n'eûmes point non plus à nous plaindre de la réception des Jalapeñas. Les uns et les autres s'attendaient à voir leur superbe ville livrée au pillage, aussi la modération que montra notre armée en cette circonstance nous valut-elle de la part des habitants une reconnaissance qui mit en œuvre pour nous faire passer le temps aussi agréablement que possible.

Les plaisirs succédèrent aux combats. Tout le monde autour de moi s'y livra avec entraînement sans souvenir du passé, sans souci de l'avenir. Car c'est le propre de la vie aventureuse du militaire d'oublier vite ceux de ses camarades qui sont restés la veille sur le champ de bataille où peut-être lui-même sera couché le lendemain.

Les bals, les tertulias, les dias de campo se succédaient sans interruption, mais tous ces plaisirs n'exerçaient sur moi aucune fascination : *elle* n'était pas là pour les partager. Où était-elle?... Je l'ignorais toujours. Peut-être même ne la reverrais-je jamais! Tout ce que je savais de son sort, c'est qu'elle avait gagné l'intérieur du pays: Cordova ou Orizava.

Clayley partageait mes sentiments de tristesse.

Des désagréments d'une autre espèce venaient s'ajouter à mes chagrins. La division s'était mise parmi les officiers de notre armée. La rivalité entre les anciens et les nouveaux venus en était la cause. Ceux qui faisaient partie de l'armée permanente affectaient de nous regarder comme des intrus; ce ridicule préjugé semblait partagé par tous les vieux officiers, depuis le général en chef jusqu'au dernier sous-lieutenant.

Malgré les efforts conciliateurs de quelques hommes plus raisonnables et plus tolérants que les autres, cette sotte rivalité allait s'aigrissant de jour en jour.

Parmi les plus ardents champions de cette querelle se trouvait du côté des *anciens réguliers* un certain Ransom, capitaine dans un régiment d'infanterie: c'était un brave soldat, excellent garçon sous beaucoup de rapports, mais qui avait la manie de vouloir trancher de l'aristocratie.

Ce qu'il y a de singulier dans les prétentions de cette nature, c'est qu'elles sont la plupart du temps le partage de ceux qui semblent y avoir le moins de droits. J'ai toujours vu, et le lecteur a sans doute observé comme moi, que ce sont les parvenus qui visent surtout à l'aristocratie. Le capitaine Ransom n'était point une exception à cette règle. En effet, en parcourant quelques papiers de famille, j'avais trouvé un écrit émanant du grand-père de notre aristocrate capitaine. Cet écrit n'était autre qu'une quittance que mon propre père avait retirée du vieux gentilhomme en lui payant la façon d'une culotte de peau.

Il se trouvait par hasard que j'avais ce reçu dans mon portemanteau, et, pour rabattre un peu la vanité du petit-fils du tailleur, j'imaginai de le communiquer à quelques-uns de mes commensaux. Mes compagnons de table rirent beaucoup de cette découverte, et quelques-uns prirent copie de ce renseignement afin de s'en servir au besoin.

Une de ces copies fut communiquée à Ransom, qui, dans le premier moment de sa colère, se permit sur mon compte certaines expressions inconvenantes qu'on eut, comme toujours, grand soin de me rapporter.

Le résultat de tout cela fut un cartel dont mon ami Clayley fut le porteur. La rencontre fut fixée au lendemain matin.

Le lieu indiqué était un endroit retiré sur les bords de la Zeneda, non loin d'une route peu fréquentée qui conduit au Cofre de Perote.

Au lever du soleil nous montâmes dans deux voitures pour nous rendre au lieu indiqué. Nous étions six en tout, y compris les témoins et les chirurgiens.

A environ un mille de la ville nous mîmes pied à terre, et, laissant notre voiture sur la route, nous gagnâmes une petite clairière située dans le milieu du chapparal.

La place aurait pu difficilement être mieux choisie pour le but que nous nous proposions. Nous savions d'ailleurs qu'elle avait servi plus d'une fois de théâtre à des scènes de ce genre à une époque où tout sentiment d'honneur et de dignité n'était pas encore mort chez les descendants de Cortez.

Le terrain fut bientôt mesuré, nous devions nous battre à dix pas; nous nous plaçâmes donc à cette distance en nous tournant réciproquement le dos. Il était convenu que nous nous retournerions au mot *Allez!* et ferions feu au commandement *Une, deux, trois!*

Nous attendions le signal, quand le petit Jack, qu'on avait laissé près des voitures, arriva dans la clairière en criant de toutes ses forces :

— Capitaine! capitaine! les Mexicains sont sur la route!

Ces mots étaient à peine prononcés, que nous entendîmes un grand bruit de chevaux; et un instant après une bande de cavaliers déboucha pêle-mêle dans la clairière. Un coup d'œil nous suffit pour reconnaître la guerrilla.

Ransom, qui était le plus près des nouveaux arrivants, fit feu sur le cavalier qui se présentait en tête de la troupe. D'un bond le guerrillero eut sur son adversaire, son sabre était levé, il allait frapper, quand ma balle l'atteignit et le fit tomber à bas de son cheval.

— Je vous remercie, Haller! me dit mon antagoniste.

En même temps nous nous élançâmes ensemble du côté où avaient été déposés les pistolets, nous en avions quatre paires en tout; les chirurgiens et les seconds avaient saisi chacun une arme et la dirigeaient déjà sur l'ennemi, nous nous emparâmes des deux qui restaient et les armâmes immédiatement en nous retournant vers les Mexicains.

A ce moment mes regards tombèrent sur un cheval noir, l'eus bien vite reconnu ainsi que le cavalier qui le montait. Ce dernier m'avait de son côté reconnu, car, enfonçant ses éperons dans le ventre de son cheval, il arrivait sur moi au galop en poussant des cris de rage. Ses dents blanches grinçaient comme celles d'un tigre en fureur.

Son sabre brilla à mes yeux, je fis feu, un corps pesant s'abattit sur moi, et je tombai à terre privé de sentiment.

Je n'étais qu'étourdi, et bientôt je revins à moi. On se battait avec fureur, j'entendais des coups de feu et le bruit des chevaux mêlés aux gémissements des blessés.

J'ouvris les yeux. Des cavaliers en uniformes noirs traversaient la clairière au galop et se dirigeaient vers les bois. Je reconnus les revers jaunes des dragons américains.

Je passai ma main sur mon visage, il était humide de sang. Un corps lourd était en travers sur moi, le petit Jack essayait de m'en débarrasser; je l'eus bientôt fait moi-même. Ce fut alors seulement que, regardant l'objet qui dans sa chute avait entraîné la mienne, je le reconnus et dis en m'adressant à mon jeune serviteur :

— Dubrosc! il est mort!

Son corps gisait par terre dans tout le luxe de son pittoresque équipement. Une balle, celle sortie de mon pistolet, lui avait traversé le cœur, il était mort sur le coup. Je plaçai ma main sur son front, il était déjà presque froid; ses traits, naguère si beaux et si fiers, commençaient à se décomposer; le feu brillant de son regard avait disparu, ses yeux s'étaient ternis sous la main de la mort.

— Ferme-les-lui, dis-je à Jack en m'éloignant de quelques pas.

Autour de moi gisaient quelques blessés, dragons et Mexicains; quelques morts se trouvaient aussi sur le sol.

Un groupe d'officiers revenait en ce moment de la poursuite des fuyards, parmi eux mon ancien adversaire avec nos seconds et nos chirurgiens ; mon ami Clayley avait été blessé dans la mêlée et portait le bras en écharpe.

Un officier arrivait sur nous au galop, c'était le colonel Harding.

— Ces drôles, cria-t-il en s'arrêtant, sont venus bien à propos pour me dispenser d'une commission très-désagréable. J'avais ordre du commandant en chef d'arrêter les capitaines Haller et Ransom.

— Maintenant, messieurs, continua le brave colonel avec un sourire, je pense que vous vous êtes assez battus ce matin; et si vous voulez me promettre d'être sages et de faire la paix, je me permettrais, pour la première fois de ma vie, de désobéir aux ordres de mon général. Que pensez-vous de cela, messieurs?

Il n'était pas besoin de nous en dire davantage, le sujet de notre querelle était fort frivole, aussi, à peine Ransom et moi avions-nous entendu les paroles du colonel que nous nous avançâmes l'un vers l'autre en nous tendant cordialement la main.

— Pardonnez, mon cher Haller, dit Ransom, je rétracte tout. Les paroles qui vous ont blessé étaient l'effet du premier moment de dépit occasionné par ces diables de culottes de peau.

— Je regrette de vous avoir causé un instant de mauvaise humeur, répliquai-je; si vous voulez venir sous ma tente, nous boirons un verre en ensemble et nous allumerons nos cigares avec ce malencontreux document.

Cette proposition fut acceptée avec empressement par Ransom, nous rentrâmes donc en ville dans la même voiture et les meilleurs amis du monde.

. . . .

Quelques soldats en fouillant Dubrosc trouvèrent sur lui un papier prouvant que le créole était au service de Santa Anna en qualité d'espion. Il s'était engagé dans les volontaires à la Nouvelle-Orléans dans l'intention de découvrir les projets des Américains, et de déserter après son arrivée au Mexique. On a vu comment l'entreprise lui réussit. S'il eût obtenu le commandement des tirailleurs, il eût sans doute trouvé moyen de les livrer à l'ennemi, soit à la Virgen, soit ailleurs.

CHAPITRE LVII.

Deux brigands de soldats.

Peu après l'événement que nous venons de raconter, plusieurs modifications furent apportées dans la disposition de l'armée américaine. Worth, qui commandait la division d'avant-garde, avait poussé jusqu'à Peroté et occupait la ville et la forteresse; l'arrivée de quelques nouveaux régiments rendit nécessaire la formation d'un camp, attendu qu'il n'y avait point à Jalapa de quoi loger toutes les troupes. On choisit pour établir le camp un endroit appelé Serena, du nom d'une habitation située à une lieue et demie de Jalapa, et plus près encore des montagnes. Ce fut donc là qu'on cantonna une partie de l'armée, en attendant, pour pousser vers la capitale, l'arrivée de quelques troupes expédiées par les Etats-Unis.

Les *tirailleurs* furent parmi les corps destinés à camper à Serena. L'annonce de cette disposition produisit sur mes camarades une impression fort désagréable.

Mais, malgré les regrets qu'on témoignait de quitter Jalapa, il n'en fallut pas moins obéir, l'ordre du général en chef était pressant, et dix heures après sa réception nous sortions de la ville saluée à notre départ par les sourires des Jalapeñas qui se penchaient sur leurs balcons pour nous voir une dernière fois.

Serena était un mauvais trou boueux où l'on ne trouvait rien de ce qui est nécessaire à un campement militaire, excepté l'eau cependant. Nous y arrivions dans la saison des pluies, le pays était devenu un étang, il pleuvait régulièrement au moins six ou sept heures par jour.

La solitude la plus complète régnait autour de notre campement. C'étaient des champs et des fourrés déserts ou qui du moins paraissaient tels. Il n'était pas sûr cependant de s'y aventurer, et plusieurs de nos compagnons qui avaient commis l'imprudence de s'éloigner du camp avaient été retrouvés plus tard sans vie avec une croix entaillée dans le front.

Jamais lieu de campement ne fut plus mal choisi. Pour comble de désagrément, mon ami le lieutenant Clayley était resté à Jalapa, où le retenait sa blessure. Pendant son absence, j'avais reporté temporairement mes affections sur un garçon brave et honnête, mais un peu original, qui se nommait Taplin, et était, comme Clayley, lieutenant aux volontaires. Cet officier, avant de s'engager, avait consacré quelques années à la vie aventureuse de la *Prairie*. Quoique jeune encore, il était taciturne et d'une apparence modeste et réservée, ce qui ne l'empêchait pas, dans l'occasion, de montrer le courage d'un lion. Son sang-froid et la franchise de son caractère lui avaient vite gagné mes sympathies, et nous vivions ensemble dans les meilleurs termes.

Un matin, après avoir salué l'officier de garde, nous sortîmes du camp et prîmes dans le chapparal un sentier qui nous conduisit bientôt à la grande route près Banderilla. Nous voulions pousser notre promenade jusqu'à Jalapa.

Au pied d'une petite colline, nous rencontrâmes une famille indienne composée d'un vieillard à l'aspect vénérable, de ses deux jeunes filles et d'un petit garçon à l'air fort intelligent. Deux ou trois ânes, un gros chien de la race du Saint-Bernard, complétaient le groupe qui marchait devant nous. Le père était revêtu d'un costume de cuir en usage dans le pays et enveloppé dans son serapé. Le jeune garçon était habillé de la même manière. Quant aux jeunes filles, elles portaient avec grâce leurs naguas et leurs chemisettes blanches.

Nous avions déjà eu occasion de rencontrer cette famille en allant à Jalapa un jour qu'elle revenait du marché de la ville. L'air de franchise de ces braves gens nous avait séduits au premier abord bien que nous eussions été que quelque temps avant de pouvoir distinguer les traits des jeunes filles, qui, à notre aspect, avaient caché leur visage sous les plis de leur rebozo. A la fin cependant, il nous fut donné de les voir un instant sans voile. De ce moment le sort de mon compagnon fut fixé, il devint épris d'un amour aussi ardent que subit.

Quoique ces deux jeunes filles se ressemblassent beaucoup, ce fut cependant la plus jeune qui attira exclusivement l'attention de mon camarade. Toutes deux étaient d'une beauté remarquable, capable de séduire deux hommes même moins ennuyés et moins romanesques que nous.

Le caractère de leur beauté était celui de la race indienne des Aztèques, à laquelle elles appartenaient. Leurs traits aquilins avaient quelque chose du type juif. Leurs yeux, obliques comme ceux des Mongols, avaient cette forme chérie des poëtes, qui les ont nommés yeux en amandes; leurs dents, blanches comme des perles, étaient enchâssées dans des lèvres de corail, la teinte rouge qui brillait à l'extrémité de leurs pommettes relevait agréablement le bronze de leur teint velouté; leurs longs cheveux noirs, nattés avec soin, tombaient en tresse jusqu'à leur ceinture; des rubans noués gracieusement à ces tresses donnaient à leur toilette un air de fête et de gaieté.

Malgré l'intérêt que mon compagnon et moi-même portions à cette famille, nous n'avions pas encore pu parvenir à lier connaissance avec elle. Toutes nos relations s'étaient bornées à l'échange de quelques *buenos dias* et de quelques remarques sur le temps.

Au moment où nous approchons du groupe, je vis l'Indien faire un signe à ses filles. Celles-ci, pour lui obéir, abaissèrent leurs rebozos et hâtèrent le pas de leurs ânes, sur lesquels elles étaient assises *à la duchesse de Berry*.

— *Buenos dias, niñas!* dit mon ami d'un air contrarié au moment où elles passaient auprès de lui.

— *Buenos dias, caballeros!* nous répondit-on, mais ce fut tout, car l'Indien, portant la main à sa tête, souleva son chapeau et nous adressa un *adios* poli mais qui n'en signifiait pas moins qu'il n'avait pas le temps de causer plus longtemps avec nous. L'enfant, le troisième âne et le chien suivirent, tandis que mon compagnon et moi tournions le dos du côté du camp.

Taplin était en proie à tout le dépit de son désappointement. Cela ne faisait pas son compte, et il résolut d'arriver au succès par la persévérance. La famille indienne se rendait tous les jours à la ville et en revenait à des heures fixes, Taplin se détermina à venir dorénavant les attendre régulièrement au passage. En conséquence de ce beau projet, le lendemain nous sortîmes du camp et dirigeâmes notre course du même côté que la veille. En approchant du lieu où nous avions l'habitude de rencontrer la famille indienne, nous entendîmes des bruits extraordinaires; c'étaient des cris et des gémissements mêlés aux aboiements d'un chien en fureur. Nous précipiter en avant et arriver à l'angle de la route fut pour nous l'affaire d'un instant: l'Indien et sa famille étaient sous nos yeux. Deux étrangers, deux soldats, avaient saisi les jeunes filles et s'efforçaient de les entraîner dans le fourré. Les assaillants, d'une main opposaient leur baïonnette au chien du Saint-Bernard, tandis que de l'autre ils retenaient les tremblantes jeunes filles. Le jeune garçon essayait de défendre ses sœurs, tandis que le vieil Indien s'enfuyait à toutes jambes sur la route.

Mon compagnon et moi, sans perdre notre temps à considérer cette scène inattendue, nous nous élançâmes au secours des jeunes filles. Nous avions reconnu les soldats pour deux des plus mauvais garnements du régiment. En un moment les vauriens furent renversés sous nos pieds; nous eûmes toutes les peines du monde à empêcher le chien du Saint-Bernard de les étrangler.

— Pour nous assurer de leur personne, nous empruntâmes à Pepe, le petit garçon indien, la corde qui entourait le paquet dont il était chargé; il nous en fit avec plaisir le sacrifice.

C'était la première fois que nous pouvions contempler à notre aise les traits charmants des jeunes filles, leurs rebozos étaient tombés par terre pendant la lutte, elles se montraient à nous dans tout l'éclat de leur beauté, rehaussée encore par l'animation inséparable d'un pareil moment. Leur sein était vivement agité, et leurs yeux peignaient à la fois la crainte et la reconnaissance. Notre premier soin, après avoir rassuré nos nouvelles connaissances, fut de conduire les soldats au camp.

Nous avions à peine fait dix pas dans cette direction, que Taplin s'arrêta et regarda en arrière.

— Qu'y a-t-il? lui demandai-je voyant que quelque chose le troublait.

— J'ai oublié le petit Indien, dit-il, c'est un brave garçon dont je suis très-content, il faut que je lui donne quelque chose.

— *Holà, moochacher!*

Comme on le voit, l'Espagnol de Taplin n'était pas très-correct, mais il suffit cependant pour déterminer l'enfant à s'arrêter.

— Tiens, *moochacher*, prends ceci; et il lui offrait un joli couteau de poche. L'enfant, à cette vue, revint sur ses pas, prit le couteau avec de grandes démonstrations de joie, puis rejoignit les siens.

— Il est bon de se faire un ami de ce garçon, ajouta Taplin, qui sait si nous n'en aurons pas besoin?

Le major me désignait cinq Jarochos qui avaient été faits prisonniers.

Je ris beaucoup de cette prévoyance de mon ami, et c'est en me moquant un peu de lui que nous arrivâmes jusqu'au poste avancé du camp. Nous remîmes nos prisonniers entre les mains de l'officier de garde.

Le lendemain matin le tambour de la parade retentissait encore que nous étions déjà en route à travers les bois, nous dirigeant vers le théâtre de notre aventure de la veille. Taplin ne se sentait pas de joie, il était transporté par l'espoir de la gracieuse réception qu'il attendait de nos nouveaux amis.

Quand nous arrivâmes à la route, nous ne rencontrâmes personne; on n'était point encore arrivé. Nous nous assîmes sur le bord du chemin, et nous attendîmes, mais ce fut en vain; elles ne vinrent ni ce jour-là, ni le lendemain, ni même le surlendemain, jours pendant lesquels nous vînmes régulièrement attendre leur passage.

Alors Taplin désespéra de les revoir jamais et se livra à tout son désespoir. Moi-même, je l'avouerai, quoique je fusse loin d'être amoureux, j'éprouvai de cette circonstance une contrariété plus vive que je ne saurais dire, et je devins plus ennuyé que jamais. Quant à Taplin, sa tristesse tournait presque au suicide.

Les deux soldats que nous avions arrêtés reçurent le juste châtiment de leur honteuse action. Ils furent condamnés par un conseil de guerre, leur dos fit connaissance avec le *chat à neuf queues*, et leur solde leur fut retirée pendant une couple de mois.

CHAPITRE LVIII.

Deux fous d'officiers.

— Il est inutile de retourner sur la grande route, dis-je à mon ami après plusieurs voyages demeurés sans résultat.

— Essayons pourtant encore une fois, reprit Taplin.

— Soit; mais allons à cheval. Il nous sera facile de nous procurer des mustangs.

Bientôt après, en effet, nous avions à notre disposition deux chevaux sellés et bridés.

— Il faut remonter la route, cria Taplin en s'élançant sur son cheval et en piquant des deux dans le but de s'éloigner au plus vite du camp.

— Remonter la route! mais vous savez bien, lui dis-je en le rejoignant, qu'il y a du danger au delà de Banderilla.

— Au diable le danger, Haller! reprit mon compagnon en faisant prendre à son cheval une allure encore plus rapide.

Je ne me rendais pas compte du motif qui pouvait engager Taplin à remonter la route; mais, sans contrarier son désir, je le suivis, me réservant de lui faire des observations quand il serait devenu un peu plus calme.

Nous fûmes bientôt à Banderilla. A l'entrée du village il y avait une posada. Une autre posada se trouvait également à la sortie. Ces auberges étaient tenues alors par deux Français qui faisaient assez bien leurs affaires avec nos soldats, auxquels ils vendaient principalement de l'eau-de-vie et du tabac : l'un et l'autre de la plus mauvaise qualité. Mais notre genre de vie nous avait rendus peu difficiles, et j'entrai avec Taplin dans la première auberge pour y prendre un verre d'eau-de-vie : elle était détestable et nous brûla comme du feu.

Nous remontâmes à cheval et gagnâmes au galop la posada numéro deux, où nous fîmes une nouvelle halte et bûmes un second verre d'eau-de-vie. Le liquide était de meilleure qualité. Dans le but d'engager nos soldats à venir jusqu'à lui, l'aubergiste leur servait une liqueur passable connue dans le pays sous le nom de *catalan*. Après

Les oiseaux de carnage s'étaient abattus sur les cadavres.

avoir bu, je laissai Taplin régler au comptoir et j'allai donner un coup d'œil à nos chevaux. Mon ami ne fut pas long à me rejoindre; il me présenta une bouteille de forme ovale, dont il désirait que je me chargeasse. Je l'acceptai et vis en même temps qu'il ne s'était pas oublié lui-même, car il plaçait dans la fonte vide de sa selle une seconde bouteille pareille à celle qu'il m'offrait.

— Où allons-nous maintenant? lui dis-je quand nous fûmes remontés à cheval.

— Nous allons toujours continuer à remonter la route, laissez-vous conduire.

Le liquide que je venais d'avaler avait apparemment fait disparaître mes appréhensions premières; car je ne trouvai rien à opposer au désir de mon camarade, et je le suivis sans lui dire autre chose que ces mots :

— Allons où vous voudrez.

On n'entendait plus parler de guerrilla dans le voisinage; car dépuis que les postes avancés de l'avant-garde américaine s'étaient établis dans le pays, les guerrilleros l'avaient déserté pour se retirer plus avant dans les terres du côté de la capitale. Nous n'avions donc rien à craindre de leur part, mais nous n'ignorions pas que les habitants des campagnes étaient exaspérés par les vexations des pillards de notre armée. Plusieurs de ces maraudeurs avaient disparu, victimes sans doute de la vengeance des paysans, et nous avions même rencontré sur la route que nous venions de parcourir un ou deux cadavres de soldats américains.

Ces considérations auraient dû nous retenir; mais nous étions excités par le grand air, par la magnificence du paysage, et, sans nous arrêter à rien, nous continuâmes un peu témérairement sans doute à pousser en avant.

Twing mit l'alcade en demeure de lui fournir des vivres et du fourrage.

Au bout de quelque temps nous atteignîmes San Miguel Soldado, superbe *parajé* des muletiers. Nous fîmes le tour de sa vieille église, dont le clocher domine au loin une plaine couverte de palmiers; puis nous pénétrâmes dans la plaza.

San Miguel, comme nous l'avons dit, est un parajé, ou, si l'on aime mieux, une étape de muletiers. Un atajo venait d'arriver presqu'en même temps que nous, et les arrieros étaient en train de manger leurs *chicharones* devant la porte de l'auberge. Mon compagnon et moi commencions à être affamés, le catalan nous avait ouvert l'appétit. Nous ne pûmes voir manger sans avoir envie d'en faire autant, et nous résolûmes de dîner à la fonda.

— Que pouvez-vous nous donner? demandâmes-nous au maître de l'hôtel.

— *Chicharones y pan.* (Du pain et des pois chiches.) Nous avons aussi des œufs et du chilé à discrétion.

— Très-bien. Qu'on nous serve tout cela, dit Taplin en sautant de cheval.

Pendant qu'on préparait notre dîner, nous nous promenâmes devant l'hôtellerie en examinant les arrieros.

Il se trouvait parmi eux quelques figures qui ne me semblaient pas devoir appartenir à des gens de cette classe. Un groupe de cinq ou six hommes arrivés après nous fixa surtout mon attention. Ils s'étaient retirés dans un des angles de la fonda avec un air de mystère qui me m'inspirait qu'une très-médiocre confiance. Leur costume d'ailleurs différait de celui des arrieros. Ils paraissaient, par leurs manières, au-dessus du commun des paysans, mais au-dessous pourtant des gens de distinction. Ce pouvait très-bien être des voleurs ou des guerrilleros.

Je fis part à Taplin de mes soupçons.

— Bah! capitaine, répondit celui-ci, je ne sais pas où vous voyez cela. Ce sont tout bonnement de braves rancheros qui vont à la ville acheter du chocolat pour leurs femmes et du chingarito pour eux. Allons, un autre verre de catalan avant de nous mettre à table.

— Cela fait, nous retournerons au camp?

— Non pas avant d'avoir grimpé cette colline que vous voyez là-bas. Il doit y avoir de là une vue magnifique, je vous le garantis, et nous serons bien récompensés de nos peines par l'admirable panorama que nous aurons sous les yeux.

— Qu'il soit donc fait comme vous l'entendez.

Après avoir mangé nous laissâmes derrière nous San Miguel Soldado et ses arrieros, et nous continuâmes la route nationale jusqu'à ce que nous fussions arrivés au haut de la colline en question. A quelque distance de ce point, la route s'enfonçait dans de grands bois de pins derrière lesquels se trouvait le hameau de la Hoyo.

Mon camarade avait eu raison de me promettre une belle perspective. En effet, un magnifique panorama se déroulait sous nos yeux. C'était, sans contredit, un des plus beaux sites de la *tierra caliente*.

Tout entier à la contemplation de ce délicieux paysage, j'en examinais avec soin un des plus charmants détails, quand je fus subitement arraché à ma rêverie par une exclamation du lieutenant. Je me tournai de son côté.

Il avait les yeux fixés sur un objet qui paraissait l'intéresser vivement.

— Que regardez-vous là? lui demandai-je.

— Je contemple ce magnifique monument situé là-bas sur le bord de ce grand gouffre. N'appelle-t-on pas cela une barranca?

— Oui... Qu'est-ce que c'est que ce monument?

— C'est un des endroits les plus célèbres du pays. C'est le lieu de naissance d'un grand saint, qui n'est pourtant qu'un petit enfant. Avez-vous entendu parler du *Niño de Atocha*?

— Oui, répliquai-je, j'ai entendu parler de l'Enfant d'Atocha. J'ai même vu des images de ce saint personnage dans presque toutes les maisons mexicaines où je suis entré.

— Eh bien! c'est ici qu'est né le saint enfant. Il nous faut pousser jusque-là.

Une bande de cavaliers déboucha pêle-mêle dans la clairière.

— Y pensez-vous? C'est à dix milles de notre route.

— A cinq milles tout au plus, capitaine. Je suis sûr que je pourrais presque envoyer une balle de pistolet dans la coupole de cette vieille église.

— Mais c'est nous exposer à plaisir, mon cher ami?

— Ah bah! nous n'avons rien à craindre. Il n'y a pas dans tout le pays jusqu'à Orizava un seul Mexicain qui soit armé. Nous ne trouverons personne, soyez-en sûr, de ce côté-ci de la route.

J'aurais eu beaucoup de choses à dire pour dissuader Taplin d'une aussi téméraire excursion; mais je connaissais mon homme pour le plus étrange qui fût au monde, et je savais que j'y perdrais mon temps. Il se jetait dans le danger avec une étourderie qui n'était égalée que par son seul entêtement; mais une fois qu'il y était engagé, il s'en tirait avec le sang-froid et le courage les plus admirables que j'aie jamais vus. Sa résolution était prise d'aller visiter l'église, rien n'aurait pu l'en dissuader.

— Allons, Haller, continua-t-il, en avant! Cela est presque sur notre route. Ma foi! je suis bien aise d'être ici, j'ai bien souvent désiré y venir. Et puis, ajouta-t-il à demi-voix, j'ai un pressentiment que le vieil Indien habite de ce côté.

Cette dernière réflexion de Taplin m'annonçait une détermination inébranlable. J'aurais refusé de l'accompagner qu'il y serait allé sans moi. Aussi, pour toute réponse, je me contentai de tourner la tête de mon cheval dans la direction que le lieutenant m'avait indiquée.

— Avant d'aller plus loin, dit encore mon ami, je crois qu'il est bon de prendre un peu de catalan.

En même temps il tirait sa bouteille de ses fontes. Son exemple était bon à suivre, et je l'imitai.

Ce préliminaire accompli, nous nous remîmes en route par un étroit sentier qui nous parut devoir conduire au lieu de naissance du Niño de Atocha.

CHAPITRE LIX.

El Niño de Atocha.

Nous suivîmes le sentier qui s'ouvrait devant nous pendant cinq milles ou environ; mais je ne pourrais rendre bon compte du pays que nous parcourûmes; la dernière goutte de catalan que j'avais bue était la feuille de rose qui avait fait déborder le vase, et mon esprit, je le confesse, était un peu sens dessus dessous. Je me rappelle pourtant que la contrée était entièrement inhabitée, que la route traversait des bois et des fourrés, et s'enfonçait en zigzag au milieu des rochers et de toutes sortes d'accidents de terrain.

Au moment où nous descendions une pente si escarpée, que nos mules avaient complétement la tête en bas, la voix de Taplin se fit entendre.

— Nous ne devons pas être loin, disait mon compagnon, et c'est heureux, car voilà un nuage noir qui nous arrive et qui paraît gros de tempête.

A peine ces paroles étaient-elles prononcées, que le nuage en question fut déchiré en mille endroits par les langues de feu de l'électricité, et que sa masse divisée flotta au-dessus de nos têtes en fragments semblables par l'aspect et la couleur à une troupe d'oiseaux de proie. Bientôt l'orage sévit dans toute sa rigueur, et nous fûmes enveloppés dans une obscurité presque aussi sombre que la nuit.

Tout à coup mon cheval s'arrêta brusquement.

— En avant, en avant! cria Taplin voyant que je m'arrêtais sur le bord de l'étroit sentier.

— Eh! pour l'amour de Dieu, reculons, au contraire! répondis-je à mon compagnon, car, à la lueur d'un éclair, je venais d'entrevoir à nos pieds un abîme affreux dans lequel nous eussions été infailliblement engloutis sans l'instinct de nos chevaux.

Devant cet obstacle nous reculâmes, et nous tournâmes à droite en prenant au milieu des bois.

L'orage avait encore redoublé de fureur. La pluie, le vent, le tonnerre, les éclairs se confondaient à chaque instant dans un choc majestueux et terrible. Nous étions toujours plongés dans l'obscurité.

Perdus, ignorant complétement où nous nous trouvions, nous commencions à désespérer de pouvoir reconnaître notre chemin, quand les aboiements d'un chien arrivèrent jusqu'à nous. Cette voix ranima nos chevaux, qui se mirent d'eux-mêmes à prendre cette direction. L'épais brouillard qui nous avait enveloppés se dissipant un peu, nous nous retrouvâmes toujours au bord du précipice, mais sur un point où sa profondeur était beaucoup moins considérable. Au-dessous de la colline que nous étions en train de descendre se dressait un bouquet d'arbres, parmi les feuilles desquels le soleil commençait à se jouer gaiement; car l'orage avait cessé subitement, et nous avions passé sans transition d'une nuit obscure à l'éclat d'un brillant soleil.

Nous regardions comment et par où nous pourrions arriver en bas, quand nous nous entendîmes héler par quelqu'un.

— *Caballeros, bajan por acá!* (Prenez par ce chemin, messieurs!) criait-on.

C'était la voix d'un homme qui nous parlait d'en bas.

En cherchant à découvrir notre interlocuteur, nous aperçûmes un toit de tuiles rouges dans la direction d'où était venue la voix; mais nous ne vîmes point pourtant l'individu qui nous avait parlé, nos yeux étaient encore trop éblouis par la lueur des éclairs.

L'avertissement nous fut répété, en même temps ces mots: *Por acá, por acá!* nous arrivèrent de nouveau comme s'ils eussent été répétés par quelque doux écho. Evidemment il y avait aussi des voix de femmes.

En regardant avec plus d'attention et en mettant la main devant nos yeux pour nous garantir des rayons du soleil, nous découvrîmes enfin des objets en mouvement: c'étaient des vêtements de femmes. Puis bientôt un animal s'élança par une clairière, nous l'eûmes vite reconnu, c'était le saint-bernard. L'instant d'après le brave chien était à nos côtés, et nous témoignait sa joie par toutes sortes de démonstrations amicales.

Nous descendîmes, guidés par le chien, jusqu'au pied de la colline, où nous trouvâmes la famille du vieil Indien.

Le but de notre excursion était atteint.

Le jeune Pepe saisit avec empressement les brides de nos chevaux et les conduisit du côté du rancho, tandis que les jeunes filles, s'approchant de nous avec une innocente familiarité, s'écriaient, au contact de nos vêtements mouillés:

— *Ah! que pobres! an mojadas!* (Ah! pauvres! comme ils sont mouillés!)

Conduits par notre hôte et ses filles, nous eûmes bientôt atteint le rancho: c'était une petite construction en adobé entourée d'une haie vive de cactus. A la porte du bâtiment nous fûmes complimentés et reçus par la mère de famille. Nos vêtements mouillés étaient devenus l'objet de la sollicitude générale. Pepe ne tarda pas à nous apporter deux ou trois fagots de branches de pin qui bientôt flambèrent joyeusement, et devant lesquels nous nous plaçâmes pendant que les jeunes filles, sur un signe de leur mère, rentraient dans l'intérieur du rancho.

Tout en nous séchant nous entrâmes en conversation avec notre hôte. Rien de simple comme la vie de ce bon vieillard. Son industrie consistait à faire des nattes en feuilles de palmier et à les vendre au marché de Jalapa. Sa famille l'aidait dans sa modeste industrie. Ses filles fabriquaient aussi ces charmants paniers de fibres de yuca si recherchés par nos amateurs de curiosités. Ces derniers produits étaient achetés par les *ricos* du pays, et principalement par des marchands qui les expédiaient à l'étranger.

Pendant que nous causions avec le vieil Indien, Taplin paraissait inquiet et suivait avec un intérêt marqué tous les mouvements de Pepita et Ana: ainsi se nommaient les deux filles de notre hôte.

— Laquelle des deux préférez-vous, Taplin? lui dis-je en riant.

— La plus petite, répondit mon ami avec un sérieux qui ne laissa pas de me surprendre un peu.

Du reste, je ne fus point étonné du choix du lieutenant. Ana devait avoir la préférence par cela même qu'elle était de petite taille. Taplin avait près de six pieds, — les contrastes ont eu de tout temps le privilège de s'attirer.

— J'en suis enchanté, répondis-je, il n'y aura point rivalité entre nous, car je préfère la sœur.

— La sœur! ah! capitaine, il n'y a pas de comparaison à faire entre elles! voyez plutôt.

En parlant ainsi le lieutenant désignait avec un sourire d'admiration la petite Ana, qui, au moment même, se montrait à la porte du cottage.

— Ah çà, lieutenant, lui dis-je en le prenant par le bras et le regardant en face, est-ce que vous voudriez l'épouser?

— Dès demain si cela était possible, vrai Dieu! répondit-il avec emphase.

Mon ami était définitivement amoureux. Une beauté rustique et presque à moitié sauvage avait conquis son cœur, et je n'étais pas sans crainte que l'aventure avec la petite *poblana* ne se terminât par quelque folie.

De mon côté, je n'étais point entièrement insensible aux charmes de la jeune Pepita; mais ce n'était de ma part que l'hommage involontaire de l'homme rend à la beauté: mon cœur demeurait tout à fait étranger à ce sentiment passager, il était tout entier ailleurs.

Pendant que je faisais à part moi ces quelques réflexions, un cheval approchait du rancho; je l'entendais distinctement, et bientôt j'aperçus un cavalier qui arrivait au galop et qui à notre vue s'arrêta subitement.

Ce cavalier était un jeune homme vêtu du costume pittoresque des rancheros, mais avec un luxe qui dénotait pourtant une classe supérieure. Son cheval était un magnifique mustang au poil luisant, à l'œil fier; sa selle était enrichie d'ornements précieux, ses bottes portaient des éperons en argent massif; les boutons de sa veste et de ses calzoneros étaient de même métal; sa manga, drapée avec grâce sur ses épaules, était du drap le plus fin. Evidemment ce n'était point un simple ranchero; mais qui était-ce? Ce fut là ce que je demandai tout bas à notre hôte.

— *El dueño!* (Le maître!) me répondit le vieillard.

— Ah! le maître! murmura Taplin évidemment contrarié d'apprendre que cette famille avait un maître.

— Maître de quoi? demandai-je moi-même avec quelque vivacité.

— De la hacienda, señor. Don Juan est le propriétaire de toutes ces terres. — *Buenos días*, don Juan! ajouta l'Indien en saluant le nouveau venu avec un air d'humilité qui nous contraria.

— *Buenos días, viejo* (Bonjour, vieillard), répondit le jeune homme avec un accent hautain qui donnait assez à entendre le peu de cas qu'il faisait de son serf.

— La petite Anita est-elle à la maison? ajouta-t-il en s'approchant du rancho.

— *Sí, don Juan, a su disposicion!* (Oui, don Juan, à votre service!)

— Je ne veux qu'allumer mon cigare et boire un verre de piñole.

— *Esta bueno, esta bueno.*

L'étranger se trouvait déjà sur le seuil de la porte, où il donna ses ordres à ceux qui étaient dans l'intérieur. Un instant après Pepita arriva avec un verre de piñole à la main, sa sœur la suivait portant un brasero rempli de charbons allumés.

De la place que nous occupions, nous entendîmes don Juan demander, en parlant de nous, quels étaient ces étrangers. Et sur la réponse qui lui fut faite que nous étions des officiers américains du camp de Serena, il s'écria :

— Carai, malditos!

En même temps le jeune homme frappait avec colère le haut de ses grandes bottes avec la cravache qu'il tenait à la main.

Je jetai les yeux sur mon ami. Comme moi-même, il n'avait perdu aucun des mouvements du nouveau venu. A la vue des démonstrations injurieuses auxquelles se livrait le jeune Mexicain, le sang gonfla le cou de Taplin, ses joues devinrent pâles, et un cercle noir se forma autour de ses yeux agrandis par la colère. La familiarité dont le jeune haciendado usait vis-à-vis des filles de notre hôte avait excité la jalousie du lieutenant, d'autant plus qu'il était évident que c'était Anita qui se trouvait être surtout l'objet de la prédilection de son maître.

Après que le jeune seigneur eut fini de boire, et qu'il eut remis le verre vide entre les mains de Pepita, Anita demeurée seule avec l'étranger lui présenta le brasero, pour qu'il y allumât son cigare. Ils causèrent tous les deux sous la galerie extérieure. Aucun de leurs mouvements ne nous échappait; et à chaque fois que le jeune Mexicain se penchait familièrement à l'oreille de la petite Indienne, je voyais mon ami Taplin porter machinalement la main à la poignée de son sabre.

— Allons, lui dis-je, tenez-vous tranquille; le jeune homme n'a pas de mauvaises intentions, et il sera bientôt parti.

— Pas de mauvaises intentions! murmura-t-il entre ses dents, n'est-ce pas trop déjà qu'il soit son maître?

— Non, il est simplement leur seigneur.

— Oui, c'est-à-dire qu'il peut les vendre ou les échanger contre un boisseau de maïs ou un sac de fèves. Quelle honte !

La jeune fille paraissait évidemment mal à l'aise dans la compagnie du jeune homme; tandis que celui-ci semblait prolonger sa cour par bravade, et jetait de temps à autre de notre côté des regards pleins d'insolence et de provocation.

Tout en allumant son cigare pour la quatrième ou cinquième fois, il se pencha de telle sorte que ses lèvres vinrent effleurer le front de la jeune fille. Celle-ci se rejeta en arrière avec un air offensé. Je me retournai pour arrêter Taplin, mais il était trop tard. Le lieutenant était entré d'un bond dans l'enclôture, et avant que j'eusse pu rien dire ni rien faire pour l'en empêcher il avait saisi le Mexicain par sa manga et l'avait jeté comme un enfant au milieu de la haie vive de cactus. Les plantes flexibles s'inclinèrent sous ce poids, et le corps du Mexicain passa du côté opposé.

— Carajo, maldito ! cria celui-ci en se relevant et en jetant sur nous un regard empreint de terreur et de haine.

— Décampez au plus vite, mon jeune blanc-bec, dit Taplin en lui montrant les bois, il n'y a pas de temps à perdre si vous tenez à conserver vos cheveux sur votre tête.

Le haciendado, voyant de quel air déterminé son adversaire s'approchait de lui, ne crut pas devoir l'attendre. Il saisit son cheval par la bride, monta rapidement en selle, et disparut sans ajouter un seul mot.

Le vieil Indien paraissait fort étonné de la manière peu révérencieuse dont on s'était comporté envers son seigneur et maître. Pour ma part, j'étais fâché du désagrément que cela pouvait attirer au pauvre homme, et tout disposé à reprocher à mon ami sa conduite irréfléchie ; mais il y avait pour nous un autre point plus important. L'escapade de Taplin nous mettait dans une fort mauvaise position. Nous étions à une grande distance du camp, nous en ignorions le chemin, et nous n'avions pour toutes armes que nos épées de parade et une paire de pistolets pour nous défendre en cas d'attaque ; et ce cas pouvait très-bien se présenter, car le jeune Mexicain, exaspéré de l'affront qu'il avait reçu, ne manquerait pas de rassembler ses péons et de venir à tête haute faire payer l'insulte qu'il avait reçue.

Je fis part de mes inquiétudes à mon ami sans pouvoir les lui faire partager. L'amour et le catalan lui avaient porté au cerveau, et il n'y avait pas moyen d'en tirer une bonne raison. A l'entendre, il n'y avait pas de guerrillero, dans le voisinage, il se moquait de toute une armée de péons, et ne se proposait rien moins que de courir tout le pays à la recherche du jeune dueño, auquel il promettait de couper les oreilles s'il s'entendait jamais dire que le vieil Indien ou ses filles eussent à souffrir de sa colère.

Pour tout dire, je n'étais pas moi-même dans mon assiette ordinaire, j'avais aussi visité trop souvent ma bouteille. Depuis notre arrivée au rancho, notre hôte nous avait encore régalés de quelques coups de mezcal (eau-de-vie de magueys). Si bien qu'à force de prêcher mon ami, ce fut moi qui finis par être de son avis; et que, oubliant tout, le camp et le danger, nous restâmes au rancho sans nous préoccuper de rien.

. . . .

Mes souvenirs sont un peu confus, et pour cause. Je me rappelle cependant que nous dînâmes les jambes croisées sur des petatés; notre hôte et sa famille ne prenaient pas part au repas, car ils avaient dîné avant notre arrivée. Je me rappelle encore qu'après le repas je pressai de nouveau Taplin pour l'engager à partir; mais qu'il résista comme avant, en m'objectant qu'il voulait apprendre à faire des paniers. Je me souviens vaguement encore que nous passâmes plusieurs heures occupés en effet à manier des branches de palmier et que pendant ce temps Taplin fit une cour assidue à la belle Indienne, dont il paraissait éperdument amoureux; je crois même qu'il parvint à l'intéresser à son amour, car à deux ou trois reprises il me sembla que la jeune fille fixait à la dérobée sur lui des regards qui indiquaient qu'elle comptait sur son respect et son courage pour la protéger et la défendre au besoin. Pauvre garçon ! il ne devait jamais la revoir.....

Mais j'anticipe.

. . . .

Les rayons du soleil qui filtraient à travers les interstices des cactus et les teignaient de leurs rouges lueurs nous avertirent que le jour était sur son déclin. Nous commencions à devenir plus sages, et nous demandâmes nos chevaux, que Pepe nous amena en s'offrant volontairement à nous servir de guide pour nous faire traverser la *barranca*, passage dangereux qui se trouvait sur notre route. Nous voulûmes forcer nos hôtes à accepter de l'argent, mais en eut la délicatesse de refuser; ce que voyant, nous tirâmes nos anneaux d'or de nos doigts en priant les jeunes filles de vouloir bien les conserver en souvenir de nous. Nos présents furent acceptés. Nous nous fîmes de tendres adieux, et nous nous séparâmes enfin non sans nous être promis de nous revoir.

CHAPITRE LX.

La barranca.

Nous descendions dans la vallée. Notre marche était silencieuse. Pepe et le chien nous servaient de guides.

La ravine que nous traversions était couverte de bois. L'approche de la nuit ajoutait encore à son aspect sombre et morne. Mon compagnon marchait à quelques pas en arrière et paraissait absorbé dans ses pensées. Pendant plus d'un mille il garda un silence obstiné. Tout à coup je l'entendis s'écrier :

— Eh ! Haller !

— Quoi ? dis-je en m'approchant de lui ; il venait de s'arrêter et paraissait déconcerté.

— Je pense que j'ai fait une sottise en m'attaquant à ce jeune drôle, il est capable de se venger sur ces pauvres gens.

— Ah ! vous ne faites que vous en apercevoir?

— Mais, par le ciel ! ajouta-t-il en grinçant des dents, s'il leur fait quoi que ce soit, je le saurai ! car le petit garçon a promis de venir nous voir au camp et de nous dire ce qui se passera là-bas, et si... ah !

Je me tournai pour voir quelle pouvait être la cause de cette brusque exclamation poussée par Taplin avec un singulier accent. Le lieutenant était en train de fouiller dans celle de ses fontes où il avait mis un pistolet, mais la fonte était vide.

— Grand Dieu ! m'écriai-je en visitant également mes fontes, nos pistolets n'y sont plus !

Nous nous regardâmes avec une expression d'épouvante, il devait y avoir là quelque danger caché. Qui pouvait avoir enlevé nos pistolets? Nous appelâmes Pepe, il ne savait pas ce qu'ils étaient devenus. Les avait-il vus? Non. Il avait visité nos fontes au moment de notre arrivée et avant celle de don Juan, il n'avait trouvé dedans, disait-il, que *dos botellas — nada madas* (deux bouteilles, et rien de plus).

— Quand avez-vous vu nos pistolets pour la dernière fois, Haller? demanda mon camarade.

— Pas depuis... Ah ! une idée ! je sais maintenant ce qu'ils sont devenus. Vous rappelez-vous ces gens de mauvaise mine que nous avons rencontrés à San-Miguel, ce sont eux qui les auront pris pendant que nous étions à manger nos chicharones dans l'intérieur de la *fonda*.

— Ah ! vous avez raison, c'est là que nous les avons perdus. Nous sommes deux grands fous. Il vaut encore mieux pourtant les avoir perdus là qu'au rancho, cela a toujours moins de rapport au danger qui nous menace.

— C'est vrai ; néanmoins ce que nous avons de mieux à faire, c'est de nous mettre en garde.

— En garde ! et avec quoi? Avec ces aiguilles à tricoter que nous avons au côté! elles nous seront d'un grand service! Que le diable emporte le catalan!

Nous venions d'entrer dans une gorge profonde au fond de laquelle roulait un torrent considérablement grossi par l'orage de la journée. Le sentier que nous suivions longeait le cours d'eau, mais en s'élevant graduellement au-dessus de son lit jusqu'à ce que le torrent finît par se trouver à quatre ou cinq cents pieds au-dessous de la route. La falaise était coupée perpendiculairement et dépourvue de toute végétation, à l'exception toutefois de quelques arbres rabougris et de quelques cactus épineux qui avaient poussé entre les fissures des rochers. Tout au bas de l'escarpement, sur le bord de l'eau, se trouvaient des arbres en plus grand nombre et d'une végétation plus vigoureuse.

C'était une de ces routes si communes au Mexique, qui ne peuvent être gravies que par des chats sauvages ou par des mules et des mustangs. Cette gorge sombre et désolée est connue dans le pays sous le nom de *Puerto del Infierno* (Porte de l'Enfer). L'aspect du lieu justifie parfaitement ce nom.

Pour ajouter encore à la désolation de ce site sauvage et à la difficulté de notre route, l'orage avait recommencé, les éclairs sillonnaient le ciel, et l'eau tombait à torrents.

Cependant il était impossible de songer à faire halte dans un lieu aussi dangereux, et nous avancions toujours, guidés par l'enfant, qui sautait de rocher en rocher avec l'agilité d'une chèvre. Il tenait à la main son chapeau blanc de palmier. Ce chapeau, qui brillait de temps à autre à la lueur des éclairs, était pour nous comme un phare qui servait à guider nos pas ; quelquefois aussi nous entendions la voix de Pepe s'élever au-dessus de l'orage, c'était un avertissement pour éviter quelque danger.

Cet enfant paraissait prendre à cœur sa mission de guide, et se jouait de tous les obstacles qu'il rencontrait avec une adresse et un sang-froid qui lui valaient notre admiration en même temps que notre reconnaissance.

L'orage qui nous avait pris à l'entrée de la barranca commençait à se dissiper lorsque nous arrivâmes de l'autre côté. Nous devions approcher du camp ; mais la nuit était épaisse, et nous ne pouvions avancer que pas à pas sur une route glissante et difficile. Les éclairs étaient devenus moins brillants et moins rapprochés ; cependant, à la lueur de l'un d'entre eux, je crus remarquer des traces de chevaux imprimées dans la boue sur le bord du torrent, que nous côtoyions alors de très-près. Taplin avait fait la même observation que moi ; aussi penchâmes-nous les regards vers la terre, afin de profiter du premier éclair pour vérifier nos observations. L'éclair brilla, et avant que sa vive lumière se fût entièrement perdue dans les profondeurs du ciel la voix de mon ami se fit entendre.

— Elles sont toutes récentes, disait-il, et aussi multipliées que s'il eût passé par ici un troupeau de moutons.

— Vous pensez qu'elles sont récentes ?

— Je n'en suis que trop sûr. On est passé depuis la pluie. Tenez, regardez, en voici d'autres ! Elles ne datent pas de cinq minutes, j'en suis sûr. Il y a là au moins cinquante chevaux. Nous voilà dans une jolie position, capitaine !

— Chut, donc, parlez plus bas, ils ne doivent pas être loin.

Au moment où je murmurais cet avertissement, le chien, qui était avec Pepe à quelques pas en avant de nos chevaux, se mit à hurler en tournant en rond ; puis bientôt il s'élança en avant au milieu du bois en continuant ses aboiements avec une violence croissante.

— Ma foi, nous voilà au milieu d'eux ! dit mon camarade à voix basse. Descendons, Haller, et tâchons de gagner les broussailles, c'est notre seule chance de salut. Allons !

Au même instant je l'entendis qui mettait pied à terre au milieu de la boue. Je me disposais à suivre son exemple, quand un cri sauvage frappa mes oreilles. Un objet lourd venait de s'abattre derrière moi sur la croupe de mon cheval, deux bras m'entouraient le corps, j'étais serré comme dans l'embrassement d'un ours, mon cheval effrayé s'élança en avant, puis se rejeta brusquement en arrière comme si quelqu'un l'eût fait reculer en appuyant sur le mors. Je fis tous mes efforts pour me délivrer de l'étreinte de mon antagoniste, nous roulâmes ensemble dans la boue, plusieurs corps tombèrent en même temps sur moi, j'avais le dessous et j'étouffais.

Un éclair qui vint illuminer la scène me fit voir la route remplie d'un grand nombre d'hommes à l'aspect sauvage, ils criaient en brandissant des épées nues qui brillaient de mille feux.

Un nouveau jet de lumière me fit entrevoir mon camarade entouré d'un grand nombre d'hommes, il était étendu dans la boue, il me sembla voir du sang sur son visage, je crus qu'il était mort.

— Taplin ! m'écriai-je de toutes mes forces, afin de dominer le tumulte.

— Eh bien ! mon vieil ami, qu'est-ce que vous devenez ? me fut-il répondu.

— Dieu soit loué ! m'écriai-je, ils ne l'ont pas encore tué.

Le tumulte commençait à se calmer, nos agresseurs, après s'être appelés les uns les autres, s'étaient tous rassemblés autour de nous. L'un d'eux, qui paraissait être leur chef, commanda le silence et donna quelques ordres à voix basse. Un instant après je fus saisi, ainsi que mon compagnon, et conduit au milieu du bois dans un lieu découvert où se trouvaient plusieurs chevaux.

— Fuego ! cria le chef.

A cet ordre quelques hommes apportèrent des branches sèches, et bientôt on eut du feu.

Aussitôt que la flamme brilla je regardai nos ennemis. Le premier coup d'œil suffit pour me faire reconnaître le brillant costume du haciendado don Juan, qui se tenait à l'écart et s'entretenait avec celui qui paraissait être le chef de la bande. Quant aux autres, ce ne pou-

vaient être des *péons* ; car ils étaient tous armés et équipés non pas avec luxe comme don Juan, mais comme des gens qui font leur métier de se battre. Tous avaient des escopettes attachées à l'arçon de leur selle, plusieurs même portaient des fontes militaires. Nous étions tombés entre les mains d'une nouvelle guerrilla, et, en regardant ces hommes d'un peu plus près, je reconnus facilement parmi eux les physionomies qui m'avaient frappé et préoccupé le matin à l'auberge de San Miguel. Mais ce qui nous fit ouvrir de plus grands yeux à mon camarade et à moi fut la présence, au milieu de ces brigands, de deux hommes vêtus de l'uniforme de notre propre régiment.

— Ils sont sans doute prisonniers, pensâmes-nous.

Nous fûmes bien vite fixés à leur égard, car l'un d'eux, s'emparant d'un brandon enflammé, nous l'approcha du visage en s'écriant :

— Voyons donc qui nous avons pris !

— Lanty de ma compagnie, murmura Taplin en reconnaissant un de ces deux hommes, infâme gredin !

— Togel de la mienne, misérable Prussien ! dis-je de mon côté en reconnaissant aussi mon homme.

Les déserteurs nous eurent bientôt aussi reconnus à leur grande joie.

— Ah ! tête et sang ! murmura l'Irlandais en scandant ses paroles, ah ! c'est mon... sieur Tap... lin qui est ici ! mon... sieur le lieu... te... nant Tap... lin, c'est donc vous !

— Was ! cria le Prussien d'une voix gutturale en s'adressant à moi, c'est montchir Haller qué ché foi ici, mein Gott, c'être pien pon !

— Ah ! monsieur Taplin, continuait l'Irlandais en apostrophant toujours mon compagnon, c'est vous qui êtes cause que j'ai reçu vingt-neuf coups de fouet sur le dos, un prêté vaut un rendu, mon officier, voilà pour vous !

En disant ces mots, le déserteur frappa Taplin d'un soufflet à la joue.

Le coup fut porté sans violence, il était donné moins dans l'intention de faire du mal au lieutenant que dans celle de l'outrager. Le misérable eut lieu de se féliciter du résultat de son action, car il avait atteint son but. Les yeux de Taplin brillèrent à cette insulte comme deux charbons ardents, on eût dit qu'ils voulaient sortir de leurs orbites, son corps fut agité d'un tremblement convulsif, mais il se contint et ne prononça pas un seul mot dans la crainte sans doute de provoquer quelque nouvel outrage.

Le Prussien s'était approché de moi, et je m'attendais à être traité de la même manière que mon camarade ; je me trompais, le sentiment de vengeance du Germain était mieux raisonné. Après avoir regardé autour de lui pour voir si on ne l'observait pas, le déserteur tira fort adroitement de ma poche ma montre à répétition, dont il avait aperçu la chaîne, et la cacha sous ses vêtements. Lanty, qui avait observé l'action de son camarade, ne voulut pas être en reste, et s'appropria de la même manière la montre de Taplin.

Plusieurs des guerrilleros s'étaient rassemblés autour de nous pour jouir de l'entrevue des déserteurs et des prisonniers, mais peu se bornèrent au simple rôle de spectateur ; chacun voulait avoir part au gâteau, et nous fûmes en un clin d'œil dépouillés de notre argent, de nos épées, de nos ceintures et de nos éperons.

Nous nous imaginions en avoir fini avec tous ces voleurs, car il nous semblait que, nous ayant tout pris, ils n'avaient plus rien à nous prendre. Nous nous trompions.

— Mère de Moïse ! Vogel, dit Lanty en se tournant vers le Prussien et en lui montrant son uniforme râpé, savez-vous que vous n'êtes pas trop bien habillé, l'habit du capitaine vous irait beaucoup mieux que le vôtre ! qu'en pensez-vous ?

— Gott verdamme mich ! vous afre là ine ien pone itée, répondit l'autre.

— Je ne suis pas moi-même, reprit Lanty, dans un costume très-brillant, mais j'espère que M. Taplin fera quelque chose pour ma garde-robe ; il est justement de ma taille.

Vogel indiqua par un signe de tête le chef de la guerrilla.

— Oh ! n'ayez pas peur, il ne s'y opposera pas, reprit l'Irlandais, mais ce n'est pas assez : il nous faut avant tout obtenir le consentement de nos officiers, ajouta-t-il d'un ton de politesse affectée.

— Ya, ya ! répondit le Prussien.

— Il faut toujours en soldats respectueux. Monsieur Taplin, laissez-moi vous débarrasser de ces bottes, elles ont déjà du service, et véritablement elles ne sont pas faites pour un climat aussi chaud. Je vous demanderai également la permission d'emprunter votre tunique ; c'est bien mal commode pour courir le chaparral, vous vous accrocheriez à tous les buissons.

Taplin ne répondant pas aux grossières plaisanteries du soldat, celui-ci ajouta en forme de péroraison :

— Qui ne dit mot consent... A vous, Vogel, maintenant, faites votre affaire avec le capitaine.

Pour imiter l'exemple de son camarade, le Prussien m'adressa quelques demandes dans un langage que personne ne comprenait excepté lui ; et, voyant que je demeurais sans répondre, il se contenta de mon silence, qu'il daigna prendre, comme avait fait son ami, pour un consentement suffisant.

Cette petite cérémonie accomplie, l'Irlandais s'éloigna de nous pour s'approcher du chef des guerrilleros qui causait à quelques pas avec le jeune haciendado et deux ou trois autres individus. Je vis qu'il s'agissait de nos vêtements, car le déserteur, en s'adressant au chef, nous désignait du doigt. Lui et son camarade avaient des droits à la faveur qu'ils réclamaient, car c'était à leur force musculaire que les guerrilleros étaient redevables de la facilité avec laquelle nous avions été capturés; et ce n'étaient certes pas des bras mexicains qui m'avaient serré la poitrine à m'étouffer.

Quelques instants après notre homme revint accompagné de Vogel et de plusieurs guerrilleros; on s'empara de nous, on nous délia les mains et l'on nous dépouilla de nos habits. C'étaient les habits de petite tenue. On les remplaça par les tuniques des déserteurs, qu'on nous jeta sur les épaules. Nous ne fîmes aucune résistance, elle eût été inutile, et nous savions très-bien, que si nous refusions les jaquettes de nos soldats on nous laisserait en chemise.

Après cette première opération, on nous relia les mains et on nous délia les jambes. Nos pantalons, nos bottes et nos bas nous furent enlevés à leur tour; nos pantalons furent remplacés par ceux de Vogel et de l'Irlandais. Nos bonnets de police tentèrent aussi nos voleurs, et de la sorte nous demeurâmes nu-tête et nu-pieds : car bien que nos boîtes se trouvassent trop petites pour les déserteurs, deux Mexicains à qui elles allaient se les approprièrent sans nous donner les leurs en échange.

En un clin d'œil Lanty et Vogel furent habillés de nos dépouilles, et nous les vîmes se pavaner dans leur nouveau costume, en se traitant réciproquement, à la grande joie des guerrilleros, de *capitaine Vogel* et de *lieutenant Lanty*.

Pendant ce temps, le chef de la bande et le haciendado s'étaient approchés de nous. Je compris à leur conversation que la guerrilla n'était pas fixée dans le voisinage, et que c'était une bande d'éclaireurs envoyée d'Orizava par Santa Anna.

Ils étaient arrivés le matin même, c'était leur avant-garde que nous avions vue à San Miguel. Après notre rencontre au rancho avec don Juan, celui-ci était venu les trouver; et, heureux d'avoir sitôt le moyen de se venger de l'affront qu'il avait reçu, il s'était chargé de les conduire sur nos traces.

J'appris en outre que leur dessein était de nous mener à San Andres Chalcomulco, lieu situé sur la route que Santa Anna suivait pour se rendre d'Orizava à la Puebla, et où le chef de la bande devait se rencontrer avec le général.

L'attention du chef venait d'être attirée de nouveau sur nos deux déserteurs, qui, comme je l'ai dit, se pavanaient dans leurs beaux habits. Après quelques mots adressés à voix basse à don Juan, il leur ordonna de passer avec lui de l'autre côté de la clairière. Les deux soldats obéirent au chef et le suivirent. Ils causèrent longtemps ensemble, car l'Irlandais parlait espagnol, c'était un déserteur de l'armée anglo-canadienne qui avait déjà servi en Espagne dans la légion d'Evans.

Après quelques pourparlers, il devint évident qu'on venait d'arrêter un plan. Lanty et Vogel s'approchèrent du feu, leurs habits furent inspectés; nos épées, dont s'étaient emparés quelques Mexicains, furent remises aux déserteurs, qui se les pendirent au côté; nos chevaux furent amenés; on fit monter dessus les deux soldats métamorphosés, et ils s'éloignèrent de nous en prenant la direction du camp américain.

Mon camarade et moi fûmes alors saisis de nouveau, enlevés et fortement attachés chacun sur une mule de selle.

Le clairon retentit, c'était le signal du départ; et bientôt après nous reprîmes le chemin de la barranca, dans laquelle nous pénétrâmes à la file les uns après les autres.

CHAPITRE LXI.
Suprême effort.

Sans les conséquences probables de ce nouveau voyage, il eût été pour nous moins terrible et moins effrayant que celui que nous avions fait dans les mêmes lieux quelque temps auparavant. La tempête s'était calmée, le ciel s'était éclairci, et nos mules marchaient d'un pied sûr à la suite d'un guide qui paraissait parfaitement connaître le terrain.

Non loin du rancho de l'Indien, à environ un mille de cette demeure, se trouvait une route qui coupait celle que nous suivions. Cette route se divisait elle-même en deux branches dont l'une conduisait à la hacienda de don Juan, située à environ trois milles, et l'autre, après avoir traversé les montagnes, venait aboutir à San Miguel Soldado.

Ces routes, en dépit de leurs noms, n'étaient que des sentiers bordés de tous côtés par les bois et le chaparral.

Ce fut à cet embranchement que la troupe s'arrêta. Le dialogue suivant parvint à mes oreilles.

— Vous ne voulez donc pas venir à ma demeure, capitaine?

Cette question, faite par le jeune haciendado, s'adressait au chef des guerrilleros.

— Je vous remercie, don Juan, répliqua celui-ci, cela m'entraînerait trop loin de ma route. Ce vieux rancho suffira pour abriter la plupart d'entre nous; quant aux autres ils coucheront dans les bois, ce n'est pas chose nouvelle pour des gens de notre sorte. Le général quittera demain Orizava et je dois le rencontrer à San-Andres. Ses mouvements peuvent dépendre de ce que ces gens...

Ici le chef baissa la voix, et nous ne pûmes pas entendre le reste de sa phrase.

— Très-bien! répondit le jeune homme en donnant de l'éperon à son cheval, je serai heureux de trouver bientôt l'occasion de vous recevoir. *Va con Dios, y mueran los Yankees!*

Ce fut au milieu des *vivas* que cette exclamation patriotique avait excitée dans la troupe que le haciendado prit la route opposée, et s'éloigna au galop.

A quelques pas du lieu où nous nous étions arrêtés s'élevait un rancho abandonné, à moitié détruit et presque caché par les arbres. Ce fut de ce côté que la troupe se dirigea après le départ de don Juan. Arrivés à ce rancho, les guerrilleros mirent pied à terre; le chef et plusieurs de ses hommes entrèrent dans la maison. Mon ami et moi nous nous attendions à être conduits dans l'intérieur, nous imaginant qu'on nous ferait l'honneur du toit; moins, bien entendu, dans l'intention de nous être agréables, que dans celle de pouvoir nous surveiller plus facilement. A notre grande surprise, cette idée ne fut pas celle des guerrilleros. On nous renversa tout bonnement à terre, on resserra les liens qui attachaient nos mains et nos pieds, et on nous laissa là sous la garde de deux brigands à l'air fort éveillé, qui se mirent à marcher en cercle autour de nous avec leurs carabines chargées sous le bras. De la sorte, nos ennemis se croyaient suffisamment en garde contre toute tentative d'évasion de notre part.

Les chevaux de la guerrilla furent attachés autour de nous à des pieux enfoncés en terre avec de grands lassos qui leur permettaient de paître.

Nous étions placés sur le dos; nous demeurâmes quelque temps dans cette position, sans prononcer une seule parole, les yeux tournés vers le ciel, où flottaient de sombres masses de nuages que sillonnait parfois la lueur brillante des éclairs.

Au bout d'un certain temps arrivèrent quelques hommes avec des mules chargées de provisions qui furent immédiatement transportées dans le rancho, et bientôt nous entendîmes les guerrilleros qui se livraient bruyamment à la joie du festin. Nos deux gardiens étaient parvenus à s'emparer d'une bouteille d'*aguardiente*. Ils se la passèrent si souvent l'un à l'autre, que nous ne tardâmes pas à nous apercevoir que leur surveillance devenait moins active; mais nous n'y gagnions guère, car nos pieds et nos mains étaient si étroitement liés, que nous ne pouvions faire un mouvement sans que les cordes nous entrassent dans les chairs. Pour tout dire, en un mot, nous avions été attachés par des Mexicains. Nous pensions donc avec douleur qu'il n'y avait à espérer dans aucun moyen de fuite.

— Qu'il nous serait facile de nous échapper, si ce n'étaient ces diables de cordes ! murmura Taplin après quelques efforts demeurés infructueux.

Depuis notre capture, nous avions perdu de vue le jeune garçon indien. Il avait disparu comme par enchantement. Que pouvait-il être devenu ? Il me vint alors à l'esprit que cet enfant avait bien pu nous trahir. Je fis part de cette réflexion à Taplin, qui s'efforça de la combattre : me rappelant les témoignages d'amitié que l'enfant nous avait donnés. De plus, le jeune garçon lui avait fait confidence des sentiments haineux qu'il nourrissait contre le haciendado en raison de quelques coups de fouet que celui-ci lui avait un jour distribués.

Il répugnait à mon ami de croire à la trahison de cet enfant, qu'il avait pris en amitié moins encore, je suppose, pour sa gentillesse qu'à raison des liens de famille qui l'unissaient à la petite Anita.

— Je ne puis, dit-il après un long silence, pendant lequel il avait examiné toutes les faces de la question, non! je ne puis croire à cette infamie. Si l'enfant avait voulu nous livrer, il n'aurait pas emmené le chien avec lui. Pauvre animal! il nous avait bien avertis, mais il était trop tard. Non, je vous le répète, cet enfant n'est point un traître, seulement il aura eu peur et sera retourné chez lui.

Je ne pouvais me rendre aux arguments de Taplin en faveur de notre dernier guide. Sa conduite étrange pendant la route, sa disparition merveilleuse combinée avec celle de nos pistolets me donnaient des soupçons dont je ne pouvais me défendre.

J'allais encore insister à cet égard auprès de mon ami, quand je sentis sur ma joue quelque chose de froid et d'humide. Je tressaillis, me soulevai sur ma couche, et regardai de tous côtés pour découvrir la cause de cette sensation.

Il faisait très-peu clair. Ce fut à peine si je pus apercevoir une forme noire qui se mouvait dans l'ombre, et vint s'arrêter près de la tête de mon compagnon couché à quelques pas de moi. Celui-ci tressaillit à son tour, et se leva sur son coude en poussant cette exclamation involontaire :

— Que diable est cela?

Un murmure à moitié étouffé répondit à cette question, nous reconnûmes le saint-bernard. Au bout d'un instant, l'animal revint à moi et plaça de nouveau son museau sur ma face en agitant la queue en signe de joie. Je l'appelai par son nom, mais à voix basse; car à la vue du chien j'avais pensé que le jeune maître n'était peut-être pas loin, et l'espoir d'une prochaine délivrance m'était revenue au cœur. J'engageai Taplin à se tenir tranquille. Au moment où je faisais cette recommandation un éclair traversa les nuages, et j'aperçus, non sans surprise, que le chien tenait entre ses dents quelque chose de brillant que je reconnus de suite : c'était un couteau, celui que mon camarade avait donné au jeune Indien le jour de la délivrance de ses sœurs.

Taplin le reconnut en même temps que moi, et il s'écria sans réflexion.

— Merveille ! le chien me rapporte mon ancien couteau.
— Chut ! fis-je.

Le chien voyant que je ne prenais pas le couteau, retourna à Taplin, puis de Taplin revint à moi, paraissant fort étonné de nous voir rester si tranquilles.

Pendant ces allées et venues du chien, je finis par deviner dans quel but on nous l'avait envoyé ; et tout en admirant l'adresse de l'artifice, au moment où le chien venait de nouveau poser son nez sur ma joue, je saisis avec mes dents la lame du couteau, qui était ouvert, et je le retins fortement. Mais l'animal voyant mon intention de m'emparer de l'objet qu'il portait, se rejeta brusquement en arrière, et disparut dans l'ombre sans avoir lâché le couteau.

— Quel malheur ! s'écria Taplin, qui s'était approché de moi, et qui avait suivi la scène avec la plus grande anxiété.

Nous étions encore à échanger nos regrets, lorsque le chien reparut, mais le couteau n'était plus dans sa gueule... il le portait pendu au cou.

Il s'approcha d'abord de mon camarade, qui s'efforça à son tour de saisir l'instrument avec ses dents ; mais il n'y put réussir, le chien ne demeurait pas tranquille.

— Ho ! perrito ! Loro ! ho !

Je prononçai ces mots d'un ton caressant. En entendant ma voix, le chien s'approcha de moi si près, qu'enfin je pus parvenir à saisir avec mes dents la corde qui retenait le couteau ; je tirai avec tant de violence qu'elle se rompit, et que l'instrument tomba sur le sol directement au-dessous de ma figure.

— Arrière, chien ! criai-je alors d'un ton de colère pour éloigner l'animal, qui se disposait à reprendre le couteau.

Mais en mot d'Afuera, que je lui adressai, il s'éloigna en courant et retourna vers celui qui l'avait envoyé. Durant toute cette scène, nos gardiens, qui s'étaient assis à terre, paraissaient trop occupés de leur bouteille pour penser à nous surveiller.

— S'ils pouvaient seulement nous laisser cinq minutes en repos ! murmurai-je à mon compagnon. — Approchez-vous plus près... bien ! Maintenant, tournez-moi le dos... C'est cela !

Nous avions les mains liées par derrière, et, par suite, nous ne pouvions rien faire que l'un par l'autre. Mon compagnon s'étant tourné la face contre terre, ainsi que je le lui avais indiqué, j'appuyai mon menton sur son dos, après avoir eu soin de placer le couteau entre mes dents de manière que la face coupante fût en dehors. Je mis le coupant de la lame en contact avec la corde, et je remuai la tête de haut en bas en appuyant sur les cordes. Après un certain nombre d'oscillations répétées, j'eus le bonheur d'entendre un bruit : c'était une corde qui cédait. J'avais rencontré le bon endroit du nœud ; un instant après, mon camarade avait les mains libres.

Le reste était peu de chose, et en une seconde nous fûmes débarrassés de tous nos liens.

Nous avions résolu de gagner le fourré, qui se trouvait à environ vingt pas de nous ; mais nous crûmes prudent d'attendre que l'attention de nos gardiens fût concentrée sur une seconde bouteille d'aguardiente qu'un de leurs camarades leur apportait à l'instant même. Bientôt, tous trois furent assis et parurent exclusivement occupés à fêter la généreuse liqueur.

Le moment était propice ; nous parvînmes, en rampant comme de gigantesques lézards, à nous glisser sans bruit derrière quelques chevaux. Là, nous nous arrêtâmes encore, pendant quelques instants, le cœur pantelant et l'oreille au guet. Nous attendions qu'un éclair vint nous fixer sur la direction à prendre. Cet éclair parut enfin, et aussitôt, nous dressant sur nos pieds, nous nous élançâmes, en trois ou quatre bonds, atteint la lisière du chapparal. Le chien vint en bondissant à notre rencontre ; au même instant, je vis mon camarade enlever quelqu'un dans ses bras et l'embrasser avec la fureur d'un maniaque. C'était Pepe notre sauveur, auquel Taplin témoignait ainsi sa profonde reconnaissance.

Nous n'avions pas de temps à perdre, car il nous fallait passer le défilé avant qu'on se mît à notre poursuite ; nous n'avions plus besoin de guide, nous connaissions assez la barranca, à l'autre extrémité de laquelle nous savions que se trouvait le village de Banderilla. Si l'on venait à nous poursuivre, nous avions encore la ressource de nous cacher dans les broussailles qui bordaient la route. D'ailleurs, le chien aurait eu soin de nous avertir, il valait mieux que nous fussions seuls.

Tous ces motifs nous déterminèrent à renvoyer notre jeune guide, qui emmena le saint-bernard avec lui et reprit la route du rancho. De notre côté, nous engageâmes sans perdre de temps dans celle qui conduisait à la barranca.

Bientôt nous eûmes atteint cette gorge. Elle était plus sombre que jamais ; nous n'y avancions que lentement, obligés que nous étions d'attendre la plupart du temps qu'un éclair vint nous indiquer notre chemin. Ce fut de la sorte, et non sans beaucoup de peine, que nous atteignîmes le point culminant où la route se trouve, comme nous l'avons déjà dit, suspendue presque perpendiculairement au-dessus du torrent qui mugit à plus de mille pieds de profondeur. Quand les éclairs nous permettaient d'entrevoir notre position nous frémissions d'horreur en reconnaissant que nous n'étions séparés de l'abîme que par quelques pouces, et qu'un seul faux pas suffirait pour nous y précipiter.

Nous étions nu-pieds, comme on se le rappelle, et cela peut-être valait mieux pour nous, car nous étions moins exposés à glisser sur la pente rapide que nous parcourions. Il est vrai que d'un autre côté nous avions les pieds en lambeaux.

Taplin était à quelques pas en avant, lorsqu'il me sembla entendre un bruit de voix. Je m'arrêtai pour écouter, ce pouvait être des gens lancés à notre poursuite. Malgré toute mon attention, je n'entendis plus rien ; et je dus croire que je m'étais trompé et que j'avais pris pour des voix humaines le bruissement du torrent. Dans cette conviction, je rejoignis mon compagnon sur une petite plate-forme où la route faisait un angle et tournait autour du rocher. Je me rappelai ce lieu pour l'avoir vu au commencement de la nuit. C'était un petit plateau de quelques pas de large et duquel on dominait de tous côtés. Taplin était monté sur cette plate-forme et m'y attendait ; sa grande taille se dessinait sur le vague du ciel, et je crus remarquer qu'il était placé dans l'attitude d'un homme qui écoute.

— Entendez-vous quelque chose ? lui demandai-je après l'avoir rejoint.

— Silence, silence, écoutez, au nom de Dieu ! silence...

Nous nous prîmes par le bras et nous nous penchâmes sur l'abîme pour mieux entendre.

C'étaient bien des voix, un bruit de pas de chevaux s'y mêlait ; l'instant d'après deux hommes à cheval parurent sur la rive de la barranca et s'arrêtèrent. Nous ne les voyions que très-imparfaitement et, dans l'obscurité qui nous environnait, ils nous apparaissaient comme deux statues équestres aux gigantesques proportions. Quels pouvaient être ces hommes ? Ce n'étaient pas des gens à notre poursuite, puisqu'ils venaient du côté opposé, précisément à l'encontre de nous... Un éclair jaillit...

— Ah ! ce sont ces damnés renégats ! s'écria Taplin en poussant en avant. Nous allons voir, maintenant...

Deux coups de pistolet avaient suivi l'éclair ; en même temps les deux soldats se précipitèrent en bas de leurs selles, mais ceux-ci reculèrent comme pour laisser aux hommes la place libre pour le combat. Je vis Taplin s'accrocher à l'un de nos adversaires, je saisis l'autre, je levai d'une épée passa devant mes yeux ; je l'empoignai et la brisai dans mes mains. Le juron allemand qui suivit m'annonça assez à qui j'avais affaire.

Sans armes tous deux, nous nous saisîmes à bras-le-corps. La force seule devait décider... Qui de nous deux lancerait l'autre dans l'abîme ?...

La certitude du destin réservé au vaincu doublait nos forces. Nous tombâmes ensemble sur le rocher, mais nous fûmes en même temps sur pied prêts à une nouvelle lutte... Quelle allait en être l'issue ?...

Tout à coup mon adversaire, pris d'une peur subite, se recula de quelques pas, se pencha et disparut dans l'obscurité.

Heureux d'en être quitte à si bon marché, je n'essayai point de le poursuivre, préférant de beaucoup aider mon camarade, qui avait engagé avec l'Irlandais une lutte semblable à la mienne.

Un nouvel éclair vint en ce moment illuminer une scène qui glaça d'effroi mon sang dans mes veines. Deux combattants luttaient sur l'extrême bord du précipice. C'étaient le soldat et son officier, ce dernier presque déjà suspendu au-dessus de l'abîme tandis que l'autre, solidement appuyé sur ses pieds, semblait faire un dernier effort pour détacher son ennemi du sol et le lancer dans l'abîme. Horreur !... avant que la lumière électrique eût entièrement disparu du ciel, je vis le soldat seul sur le rocher, j'entendis un cri terrible : l'officier avait disparu.

Je m'élançai avec un cri de vengeance.

— Misérable ! tu vas le suivre ! m'écriai-je.

Et saisissant le soldat au collet je m'efforçais de l'entraîner sur le bord de la plate-forme.

— Ah çà, à qui diable en avez-vous, mon cher Haller, c'est moi !
— Grand Dieu !... Taplin ! m'écriai-je en lâchant le collet de son habit et tombant à genoux dans une sorte de prostration.

C'était, en effet, mon ami qui était devant moi, le cri sorti des profondeurs de l'abîme avait été jeté par le déserteur.

J'avais tout à fait oublié notre changement d'uniforme.

Nous trouvâmes nos chevaux dans les bois ; nous montâmes dessus et nous regagnâmes le camp, où nous arrivâmes un peu après minuit. Le lendemain matin on nous apprit à notre réveil que le régiment avait ordre de partir dans la journée. A midi nous étions en route, et nous gravissions la route montueuse qui conduit aux plaines de Peroté.

Pauvre Taplin! il tira encore son épée en plusieurs batailles, mais, hélas! cette brave épée est restée sur la fosse de son maître dans le champ de carnage de Molino del Re.

CHAPITRE LXII.
L'Adieu.

Peu après l'aventure que je viens de raconter, les tirailleurs reçurent l'ordre de revenir à Jalapa. J'eus la joie d'y retrouver mon ami Clayley, dont la société m'était chère à plus d'un titre. Mais un ami ne suffisait point à mon bonheur, les jolis sourires des Jalapeñas étaient eux-mêmes impuissants à me tirer de ma mélancolie; ma pensée était sans cesse occupée de Guadalupe, je tremblais de ne jamais la revoir. Je devais pourtant avoir ce bonheur.

Un jour que j'étais attablé avec Clayley et quelques joyeux camarades à la *fonda de Diligencias*, le meilleur hôtel de Jalapa, Jack vint me toucher doucement l'épaule et me murmurer à l'oreille :

— Capitaine, il y a un Mexicain qui vous demande.
— Qui est-il? demandai-je un peu contrarié de ce dérangement.
— C'est *le frère*, répondit Jack toujours à voix basse.
— Le frère! quel frère?
— Le frère des jeunes señoritas, capitaine.

Je me levai si brusquement de ma chaise, que je renversai une bouteille et plusieurs verres.

— Eh! diable! qu'y a-t-il donc? crièrent plusieurs voix en même temps.
— Messieurs, excusez-moi, j'ai besoin de vous quitter un moment, je....
— Certainement, certainement! dirent mes camarades tout en se demandant ce qui pouvait m'arriver.

Un instant après j'étais dans l'*ante-sala*, embrassant le jeune Narcisso...

— Et vous êtes tous ici... Depuis quand arrivés?
— Depuis hier, capitaine. Je suis venu à la ville pour vous, mais je croyais ne jamais pouvoir vous trouver.
— Et on va bien, tout le monde est en bonne santé?
— Oui, capitaine. Mon père vous attend ce matin avec le lieutenant et l'autre officier.
— L'autre officier! de qui parlez-vous, Narcisso?
— Je pense qu'il s'agit de celui qui vous accompagnait lors de votre première visite à la Virgen, *un señor gordo*.
— Ah! le major! Oui, oui, nous irons. Mais où avez-vous été tous depuis que nous ne nous sommes vus, Narcisso?
— A Orizava. Mon père a des plantations de tabac de ce côté, et il les visite quelquefois. Mais, cher capitaine, j'ai été fort étonné d'apprendre ici que vous aviez été fait prisonnier et que vous aviez voyagé avec nous. Nous savions bien que ces guerrilleros avaient pris quelques Américains, mais nous étions loin de soupçonner que ce fût vous. *Carrambo*, si nous l'avions su...
— Mais comment vous trouviez-vous avec cette guerrilla, Narcisso?...
— Quand mon père a quelque chose à transporter, il fait comme plusieurs familles de ce pays, il s'arrange avec le colonel Cenobio. Le pays est tellement infesté de voleurs...
— C'est très-vrai... Dites-moi, Narcisso, pouvez-vous me dire d'où vient ceci?

En parlant ainsi, je montrais au jeune homme le poignard que je lui avais donné et qu'on avait retrouvé sur le pauvre Zambo tué par Lincoln.

— Je n'en sais rien, capitaine, et je suis honteux de vous avouer que j'ai eu la maladresse de perdre cette arme le lendemain même du jour où vous me l'aviez donnée.
— Ne vous en inquiétez pas davantage; prenez de nouveau ce poignard, et dites à votre père que j'irai le voir et que je lui amènerai *el señor gordo*.
— Vous trouverez facilement le chemin, capitaine, voilà notre maison de ce côté.

Tout en disant ces mots, le jeune homme m'indiquait du doigt une maison à tourelles qu'on apercevait à travers les arbres à environ un mille de la ville.

— Ne craignez rien, je saurai bien la trouver.
— Adieu donc, capitaine, n'oubliez pas que nous serons tous en proie à l'impatience jusqu'à ce que vous soyez arrivé.

Je communiquai à Clayley la cause de ma sortie, et bientôt après, nous quittâmes la table, sous le premier prétexte venu, laissant nos compagnons vider leurs bouteilles.

Le soleil était sur son déclin et nous allions monter à cheval, quand je me rappelai que je m'étais engagé à mener le major avec moi. Clayley proposa de le laisser, il n'y eut pas fort à trouver une excuse; mais l'idée vint au lieutenant que le gros homme pourrait servir à occuper l'attention de don Cosme et de sa femme; aussi, changeant subitement d'avis, il se mit avec moi à la recherche de Blossom.

Nous n'eûmes pas de peine à persuader *el señor gordo* de nous accompagner, il y consentit sitôt qu'il sut où nous allions. Le brave major n'avait pas entièrement perdu le souvenir du fameux dîner. Hercule fut bientôt prêt, et nous partîmes tous trois au galop dans la direction de la maison de notre hôte.

Après avoir suivi pendant quelque temps une route bordée d'arbres en fleur nous arrivâmes à la demeure de notre hôte, une des plus somptueuses villas que j'aie vues de ma vie. Nous étions d'ailleurs dans les meilleures dispositions du monde pour admirer les magnificences d'un printemps éternel et d'un paysage *siempre verde*. De son côté, le major était l'homme qu'il fallait pour apprécier dignement le souper qui nous fut servi.

Comme nous l'avions prévu, le major nous fut pendant cette visite d'une grande utilité. Ses relations de quartier-maître l'avaient obligé à apprendre un peu l'espagnol, il en savait assez pour faire compliment à don Cosme de la magnificence de son service et de l'excellence de ses vins. Pendant ce temps, Clayley et moi causions avec Lupe et Luz.

Nous sortîmes sous la verandah pour admirer le beau clair de lune. Le ciel était si pur, la lune était si belle, que nous ne pûmes résister à la tentation de faire un tour dans le jardin. Ce fut une nuit céleste. Je n'oublierai jamais cette promenade deux à deux sous les ombrages frais de grands orangers dont la lune argentait les feuilles. Le rossignol des tropiques ajoutait encore par ses chants au charme de notre situation.

Les périls passés furent oubliés, ceux de l'avenir ne nous préoccupaient pas, nous étions tout au bonheur d'être ensemble.

Il était tard quand nous souhaitâmes *buenas noches* à nos amis; nous ne partîmes pas sans nous être promis de nous revoir. Inutile de dire que le lendemain matin nous tenions notre promesse, et que nous nous engagions par une nouvelle qui fut tenue comme la précédente. Cela dura jusqu'à ce que la trompette nous donnât le signal du départ.

Je ne ferai point au lecteur le récit de ces jours heureux, cela ne l'amuserait guère; ils furent cependant pour nous d'un suprême intérêt. Le temps s'écoula avec rapidité, quoique sans événement marquant. Peut-être dira-t-on que c'était de la monotonie... d'accord. Mais mon ami et moi ne nous serions jamais lassés d'une pareille monotonie.

Je ne me rappelle pas bien les détails, cependant je me souviens en gros que la veille de notre départ je pris don Cosme à part et que je lui dis franchement que je désirais épouser une de ses filles. J'ajoutai que mon ami, qui n'avait point encore appris la langue, m'avait chargé d'être son truchement et de faire savoir au père de la charmante Luz qu'il s'estimerait heureux de la recevoir de ses mains.

Je me rappelle également très-bien que don Cosme, moitié grave, moitié souriant, me répondit avec une certaine dignité qui ne me fut pas désagréable :

— Capitaine, quand la guerre sera terminée.

Il ne voulait point exposer ses filles à devenir veuves presque aussitôt que femmes.

Nous nous dîmes encore adieu, et je partis avec Clayley pour aller de nouveau tenter la chance des batailles. Nous nous dirigeâmes vers les hauts plateaux des Andes, nous traversâmes les plaines brûlantes de Peroté, nous passâmes à gué les ondes glacées du Rio-Frio, nous escaladâmes les pitons neigeux du Popocatepec; enfin, après une longue et pénible marche, nos baïonnettes brillèrent sur les bords du lac Tezcoco. Là nous nous battîmes, — combat terrible et meurtrier, — nous savions que nous n'avions pas de retraite possible qu'avec la victoire.

Heureusement nos efforts furent couronnés par le succès, et le pavillon étoilé de la jeune Amérique flotta sur l'antique cité des Aztèques.

Ni moi ni mon ami ne fûmes épargnés dans cette bataille, nous reçûmes chacun une blessure. Par bonheur que nos os ne furent point brisés et que nous ne fûmes point métamorphosés en deux disgracieux invalides.

Enfin la guerre fit place à la paix. Clayley et moi passions nos journées à aller à cheval sur la route de Jalapa au-devant de la voiture qui devait amener vers nous les êtres chéris dont l'arrivée nous avait été annoncée.

Elle arriva enfin, traînée par douze mules, et déposa son précieux fardeau dans un superbe palais de la calle Capuchinas.

Peu après son arrivée, deux officiers en brillant uniforme pénétrèrent dans le même palais, remirent leurs cartes et furent introduits à l'instant. Quel heureux moment! Plus heureuse encore pourtant fut l'heure sacrée où nous échangeâmes des serments dans la petite chapelle de San-Bernardo!

. . . .

Santa-Catarina est le plus beau couvent du Mexique et peut-être du monde entier. Il renferme de belles créatures, de jeunes religieuses dont plusieurs sont riches à millions. Pauvres enfants du ciel condamnées à ne jamais voir le visage d'un homme!

Une semaine environ après ma visite à San-Bernardo, j'eus le privilége, rarement accordé à mon sexe, de pénétrer sous les voûtes sacrées de Santa-Catarina. Un triste et touchant spectacle m'y attendait. Pauvre Maria de Merced! qu'elle était belle sous ses vêtements blancs! plus parée de sa douleur que je ne l'avais jamais vue! Puisse Dieu, dans sa bonté, accorder l'oubli à cet ange déchu mais repentant!

. . . .

Je retournai à la Nouvelle-Orléans à la fin de 1848.

Je me promenais un matin sur la levée avec mon aimable compagne, lorsqu'une voix bien connue arriva à mes oreilles :

— Dieu me damne, Raoul, si ce n'est pas le capitaine! disait-on.

Je me retournai et me trouvai face à face avec Raoul et le chasseur. Ils avaient quitté l'état militaire et se préparaient à une expédition de trappe dans les montagnes Rocheuses.

Je n'ai pas besoin de dire quel plaisir me fit cette rencontre. Ma femme, à laquelle j'avais souvent raconté les exploits de mes camarades, était presque aussi heureuse que moi de se retrouver avec ces braves.

Je m'informai de Chane. L'Irlandais, en quittant les volontaires, était entré dans un régiment de réguliers, où il était, selon l'expression de Lincoln, le premier sergent de la compagnie.

Je ne voulus pas permettre que mes anciens compagnons d'armes se séparassent de moi sans emporter un souvenir. Ma femme tira sur-le-champ de ses doigts deux anneaux, qu'elle les pria d'accepter. Le Français, avec cette galanterie qui caractérise ceux de son pays, passa immédiatement le sien à son doigt; mais Lincoln, après maints efforts inutiles, dut renoncer à en faire autant. Il ne pouvait, disait-il, y faire entrer le bout de son petit doigt, et il se contenta de serrer précieusement l'anneau dans sa cartouchière.

Mes amis nous accompagnèrent jusqu'à notre hôtel, où je leur fis des présents plus à leur convenance que des bagues. A Raoul je fis cadeau de mes revolvers, dont je ne comptais plus avoir occasion de me servir. Quant au chasseur je lui demandai ce qui lui ferait le plus de plaisir. Il se fit un peu prier, mais il finit par me parler de la fameuse carabine allemande du major, la zündnadel, avec laquelle il se promettait de jouer plus d'un tour aux ours gris des montagnes Rocheuses. Je fus heureux de la lui abandonner en toute propriété.

Peu de jours après cette rencontre je reçus la visite du major Twing, qui était en route avec plusieurs autres de mes anciens camarades, pour rejoindre les frontières du Texas. Ce fut par lui que j'appris que Blossom, par suite de sa belle conduite à l'affaire de la Virgen, avait reçu le brevet de colonel et qu'il était employé en cette qualité à Washington au département de la guerre.

Cher lecteur, j'allais écrire le mot adieu pour prendre congé de vous, mais le petit Jack vient de m'apporter une lettre marquée au timbre de Vera-Cruz. Elle est en date à la Virgen du 1er novembre 1849.

Je veux vous la communiquer.

« Vous êtes un fou d'avoir quitté le Mexique, vous ne serez jamais ailleurs moitié aussi heureux que je suis ici. Vous reconnaîtriez à peine le rancho ainsi que les champs qui l'entourent. J'ai débarrassé le terrain des plantes parasites qui l'encombraient et j'espère une bonne récolte pour l'année prochaine. Le coton doit être ici aussi bon qu'à la Louisiane. J'ai aussi consacré un petit coin à la culture de la vanille. Tout cela m'occupe agréablement. Ma petite Luz prend une part active à toutes ces améliorations. Enfin, mon cher Haller, je suis l'homme le plus heureux du monde.

» J'ai dîné hier avec notre vieil ami Cenobio, et je vous aurais souhaité là quand je lui dis l'homme dans la compagnie duquel il se trouvait. Il aurait voulu être à cent pieds sous terre. Après tout, c'est un assez bon vivant que ce Cenobio malgré sa profession de contrebandier.

» Vous avez appris, je suppose, que notre autre vieil ami le Padre avait été tué. Il avait pris le parti de Parédès contre le gouvernement; on s'est emparé de lui à Queretaro, et on lui a fait son affaire en moins d'un saut d'écureuil.

» Maintenant, mon cher Haller, un dernier mot : Nous attendons tous votre retour. La maison de Jalapa est prête pour vous recevoir. Dona Joaquina se rappelle à vous, elle attend votre retour. Don Cosme regrette vivement Lupe, qui était sa favorite, et il attend votre retour. Le vieux Cenobio veut absolument savoir comment vous avez fait pour couper les cordes et vous échapper de l'adobé, il attend pour cela votre retour. Luz demande sa Lupe, et attend votre retour. Enfin il y a encore moi qui attends votre retour plus impatiemment peut-être que tous les autres.

» Ne vous faites donc pas plus longtemps désirer et revenez-nous vite.

» A vous pour toujours,

» EDWARD CLAYLEY. »

Lecteur, désirez-vous aussi mon retour [1]?

[1] Je suis heureux de dire que depuis longtemps le lecteur a répondu affirmativement à cette question. (L'AUTEUR.)

Ariero (muletier du Mexique).

FIN DES TIRAILLEURS AU MEXIQUE.

Paris. Typographie Plon frères, rue Garancière, 8.

www.ingramcontent.com/pod-product-compliance
Lightning Source LLC
LaVergne TN
LVHW050616090426
835512LV00008B/1517